潘晓成 著

OUT OF
FARMING SOCIETY

"SOCIAL TRANSFORMATION"
IN THE DIVISION OF CIVILIZATIONS

文明分野之『社会改造』

走出農耕社會

社会科学文献出版社
SOCIAL SCIENCES ACADEMIC PRESS (CHINA)

序　言

一

经过了 2020 年的"灾难"（新冠肺炎疫情），国家和社会的未来，乃至人类的命运引起人们更大的关注。其中的期待和担忧，在激烈的争辩和专注的思考中显现。作者谨以本书献给与"灾难"抗争的"逆行者"，以及关注未来的"善思者"。

2020 年，新冠肺炎疫情肆虐全世界，不仅影响到全球的政治、经济格局，而且可能持久地影响到人类的命运。撰写本书的后期，正值鼠年新春疫情在全国扩散之时，人们交谈的、网络上五花八门的消息，闹得人心惶惶。从上到下都在关注这场疫情，人们被告之守在家里躲避疫情、街道上行人稀少的时候，从上海、西安、重庆等地出发的军人、医生、护士奔赴了疫区……这个与往常不同的鼠年春节，没有热闹与喧嚣，却经历了彷徨、痛苦和不安，也收获了很多关于"逆行者"的感动。

2020 年开局遇到疫情肆虐，人们始料未及，但国人相信这是充满希望的一年。在中国改革开放 40 多年以后的今天，我们终将迎来"全面小康"社会，跃上前进道路上的新起点。我们有理由相信，中国人前进道路上的任何困难，都不能阻挡我们一直向前的脚步，诸如中美贸易摩擦、外国势力对中国崛起的排斥和打压，以及国内在改革中遇到的一些矛盾和社会问题，这许多困难都将如这场瘟疫一样被我们所战胜。历史告诉我们：中华文化上下五千年，一代一代延续，从来都是在战胜各种困难和挑战中迎来新的曙光。

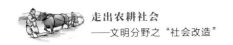
战争、瘟疫、饥荒，从未压垮中国人的脊梁。近代百年，饱受外国列强的打击，在凤凰涅槃浴火重生后，中国人依然挺直了腰板。

曾经我们以为2020年很遥远，可跨入2020年的门槛就有了"弹指一挥间"的感觉。过去有多少美好的、不美好的东西已经离我们而去，曾经历的一切或多或少被记忆留存。曾经，我们认为2020年很美丽，"小康"的图景让我们甘愿挥洒汗水为之奋斗，可临近这个门槛，我们发现生活中不仅有鲜花，还布满荆棘。未来的路还很长，至少离实现中华民族伟大复兴的"中国梦"还有很长距离。从新年开始，"不负韶华"成为一个热搜词，那是习近平总书记在新年贺词中提到的。

"不负韶华，以梦为马"让我想起海子的诗句："我要做远方的忠诚的儿子，和物质的短暂情人，和所有以梦为马的诗人一样……"当人们的生活节奏被突如其来的"灾难"打乱，封城、设卡、戴口罩、测体温，所有人被劝告勿远出、居家避疫时，善良的人性和美德得以彰显，丑恶的心灵和肮脏的欲望也暴露无遗。在疫情肆虐之下，"逆行者"拼死救人，无良厂商制假、投机；面对死亡威胁，全国的医生、护士、志愿者走进疫区，自私的人闯关、藏匿、逃逸，不惜传播疫情；在困难面前，农民的大米、蔬菜和各行各业捐赠的物资送到武汉，少数公职人员却私分捐赠物资、在网上"晒丑"。

法国作家加缪的作品《鼠疫》中有这样的话："当灾难来临时，没有人是'孤岛'，无论是'善'人，还是'恶'人，都无路可逃，唯一的路就是拼死搏斗。"中国在打响抗击疫情之战两个月以后，终获控制疫情的阶段性胜利，中国在抗疫中获得许多国家的援助，也感受到一些心灵的刺痛。在国外的中国人被歧视；新冠肺炎病毒被冠以"中国病毒""武汉病毒"之名，中国人又一次被称为"亚洲病夫"。有的国家将这场人类的灾难看成自己的"机会"，乘人之危、频频出招，挑动周边国家与中国对抗，派出军机、舰只到中国周边游弋。

瘟疫是人类共同的敌人。比尔·盖茨说："病毒提醒我们，人都是平等的，无论我们的文化、宗教、职业、经济状况，或是一个人有多么出名，在病毒眼中我们都是平等的，也许我们应该平等对待他人……我们的命运都是连在一起的，影响一个人的事情同时也会影响另一个人。病毒也提醒我们，我们建立的虚假国境线毫无价值，因为病毒并不需要护照。"

各种封锁隔离使喧嚣的世界沉静下来，大街上冷清了，各种聚会少了，另一个热闹的世界就是网络空间。各种消息真的假的、各种议论实的虚的、各种图像美的丑的……通过网络刺激着人的感官。听到的、看到的左右着人的情绪，人们争论着各种问题，发表着各种观点。病毒来自哪里？病毒是自然界产生的还是实验室制造的？当人们逐渐理性下来，似乎这些问题已经不再重要，无论是来自哪个地域，是天灾还是人祸，都在阐明一个道理：人类文明没有远离"灾难"，这些始料未及的"灾难"正在压缩人类的生存空间。如果是来自自然的"灾难"，说明自然具备摧毁人类的能力；如果是人为的"灾难"，也表明人类具备毁灭自身的手段。也许在未来的某年某月某日，地球上的人类将不得不找寻《圣经》中的"诺亚方舟"。

这不是盛世危言，这是当代人已经明白的事实，难道我们不应该对未来尽点责任、做点什么吗？其实，类似话题在屡次大灾难到来时都被提起，但之后我们真正能做到多少？1918 年大流感盛行，据说感染人口达到了 10 亿人，死亡人口达 4000 万人，这还不算混乱的远东因疾病死亡的人口。当时处在一战中，人们更醉心于战争以宣泄仇恨，而无暇顾及肆虐的病毒，因为只有人类才有利益之争，而病毒则不会与人争利，即使病毒致死的人比战争致死的人还多。约 20 年前，"非典"在全球流行，造成近万人感染、近千人死亡时，病魔已警醒人类它的存在，但人们并未在意它，仍然一如既往地为"功利"奔忙。

二

人类需要改变什么？在获取和积累丰富的物质财富后，人类需要改变自己，即在改造自然的同时，改造人类自身。

在资本盛行的社会，人变成了资本的奴隶，人的本质被扭曲。在遇到巨大灾难时仍不能忘记现实的物质利益，甚至视利益重于生命。这就是往往

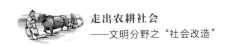
"人祸"大于"天灾"的社会根源，背后深藏的则是私有制带来的功利性使人类贪得无厌。贪婪的欲望所表现出来的恶行姿态万千，虚伪、奸诈、欺骗、掠夺不一而足。疫情流行期间形形色色的表演，不仅在国内也在国外大量存在，这不是一个国家、一个民族的"专利"，而是私有观念下的"盛宴"。

私有制铸就了一个竞争的社会，这种竞争让物质世界丰富多彩，但极度的物质化使精神世界变得颓废。在人类文明的"轴心时代"，中西方先圣设想的社会理想模式，就是"人的幸福"和"社会和谐"，最终的归宿就是谋取"人"的幸福。从农耕社会到工业社会，从一个文明形态到另一个文明形态，物质生产创造了丰富的财富，但人们并没有收获到先圣所谓的"幸福"。"幸福"成为人们始终追求的境界，变成人们"改造社会"的原动力。"社会改造"的实质就是追求"和谐中的幸福"，即实现人与自然、社会及人与自身的"和谐"。

从农耕社会到工业社会，两种不同的社会形态体现了不同"质"的文明，这是一种价值体系替代另一种价值体系的过程。即在代表农耕文明的价值体系消亡过程中建立起新的工业文明价值体系。实现文明更替的主要方式是"社会改造"，人在对自然持续恒久的"改造"中推动生产力发展，最终带来生产关系的变革，这种变革意味着对社会进行了"能动的改造"。

社会是什么？在中国古籍中，"社"是土神和祭祀土神的地方、日子和祭礼，以后演变为庆典和聚会的场所。"会"则有聚集的意思，"社"与"会"连用，则表示特定的时间和地点的聚会活动。英语中"社会"（society）一词源于拉丁语socius，从词源上看表示同伴的意思。日本学者在明治年间将英文"society"一词译为汉语"社会"，近代中国学者在翻译日本社会学著作时，使用此词。马克思主义经典作家认为，社会在本质上是生产关系的总和，只有具体的社会，没有抽象的社会。具体的社会是指处于特定区域和时期，享有共同文化并以物质生产活动为基础的人类生活的共同体。

社会是自然环境、人与文化的系统，是特定时间和空间构成的人类生活共同体，在共同体内由生产关系衍生出各种社会关系，人们按照一定的规范从事各种社会活动。"社会改造"由"社会"和"改造"两词组成，就其所包含的意思而言，"社会改造"所代表的是对现存的社会结构进行修复或变革，包括改良和推翻两种含义。自近代以来，对"社会改造"的定义各异，第一次世界大战以后，世界政治经济秩序紊乱、社会问题丛生，促使各国改造社会的呼声高涨。如1919年陈达材在《新潮》发表的《社会改制问题》称：欧美各国经过此次大战争，受了一次大教训，无论思想家或实行家都觉得现存的社会制度，不适合于人生美善的生活，因而从事改良，各处蜂起。急进者如列宁一派，用直接的手段去改造社会，缓进者如威尔逊一派，用迂回的手段，去改造社会。正如西方的"社会改造"包罗万象，在中国五四运动前后，"社会改造"的内容亦丰富多样。大致说来，婚姻家庭、女子解放、个人改造、平民教育、劳工问题、农村改造、组织建设、风俗变革、国民心理、宗教问题都是"社会改造"的热门话题。

与"改造""改良"对应的英文是reform，而五四运动前后中国引入的"社会改造"中的"改造"却多用"reconstruction"。按照国人的理解，似乎"改造"的本意不在于"改"而在于"造"，重点在于建设。按照马克思生产力、生产关系和上层建筑关系的学说，生产力是推动人类社会发展的根本动力，是社会发展的决定因素。生产力由劳动力、生产工具和劳动对象构成，包括了"人"和"物"的进步和调整两个方面，推动生产力进步即可带来生产关系的调整；同时因经济基础决定上层建筑，生产关系的调整也带来上层建筑的变革，因此，按照马克思主义的观点研究"社会改造"应具有生产力、生产关系和上层建筑三个层次的视角，内容十分丰富而宽泛。大多数学者研究"社会改造"的课题，对"社会改造"的界定，都本着"适用"和"实际"的原则做出具体界定。许多学者关注现代组织的建设，使现代组织建设成为"社会改造"的"核心问题"。如傅斯年认为中国只有"群众"而无"社会"，"社会改造"的关键是"造有组织的社会"。中国传统社会是以小农经济为主体的农耕社会，近代以来，中国的"社会改造"经历了波澜壮阔的过程，从物质层面到精神层面，从器物、制度到文化观念都经历了血与火的"裂变"。有许多的中外学者从不同的角度观察研究中国近代"社会改造"问题，方法、观点、结论可谓林林总总。本书所界定的"社会改造"主要有以下含义：①以传统农业为中心的农耕社会形态的变迁；②以现代农业生产方式取代传统农业生产方式，以及与之相适应的价值理念、文化观念和社会治理形态的变化和发展；③以18世纪世界工业革命为先决条件，近代机器大生产和现代科技成果对农业和农耕社会产生的影响，以及农耕社会向工业社会演变的过程；④"社会改造"是"人"调整与自然、社会关系的积极的、有目的的集体行动。

按照以上对"社会改造"概念的界定，本书提出以下可供商榷的观点。①早在人类"轴心时代"，先哲们提出的"理想社会"具有两个维度，即"人的幸福"和"社会和谐"。人类为了追求"幸福"和实现社会"和谐"而去"改造"现实社会。②人类对宇宙本源的探索无不围绕"人的幸福"而展开，众多的思想流派从不同的视角诠释对"幸福"的理解，因而形成不同的文化价值理念和传统。幸福相关于物质与精神、人与他人、人与自然，相关于"身"与"心"，对于这些关系的不同态度，构成不同的"幸福观"，并主导着人类不同的价值追求。③"社会改造"包括"改造物质世界"和"改造精神世界"，"两个世界"的改造是支撑"人的幸福"和"社会和谐"、使社会处于"理想状态"的基础。④人类社会从低级向高级阶段发展，物质生活不断丰富，社会文明程度不断提高，但现代社会并没有使人们的幸福感增强，以致出现"幸福悖论"。

"幸福悖论"又称"幸福——收入之谜"，表示"更多的财富不能带来更大的幸福"的现象。现代经济学建立在"财富增加导致福利或幸福增加"的命题之上，然而，"幸福悖论"却动摇了现代社会热衷于经济盘算的基础。对"幸福悖论"的解释存在多种理论，这些理论大体分为两类：一类是"忽视变量理论"，这类理论认为经济理论忽略了非经济因素对幸福的影响，特别是非经济因素与经济因素呈负相关时，随着GDP的增长，影响幸福的非经济因素就会抵销经济增长对幸福的正面作用；另一类"比较视角"理论认为，从收入本身出发，个人效用与自己的收入水平正相关，但与社会的平均收入水平（攀比水平）负相关；当社会变得更富裕时，攀比水平随之提高，导致收入—幸福曲线下移，从而使得总效用水平保持不变。本书的观点是：幸福是人的心理感受，是人的意识对自我存在状态的反映，即持续的、对现有生活产生的满足感。现代文明状态下所出现的"幸福悖论"，其背后的根本原因在于私有制所决定的"功利社会"条件下，人们（包括社团、国家等人类社会组织）对利益追逐的欲望不可遏制，其所带来的自私和贪婪降低了人们对美好生活的幸福感。

　　人类没有绝对的幸福，所有存在于现实中的"幸福"都是相对的。幸福离不开必不可少的物质条件，但物质生活的富足并不意味着"全部的"幸福。农夫可能因为风调雨顺或简单的田园生活而心满意足，而富翁可能因为时刻提防财富流失而忧心忡忡。人们所期望的"理想社会"就是要创造让更多的人获得幸福的"机会"，这个"机会"所决定的前提要求社会必然是"和谐的"。由此，"理想社会"的两个维度就是"人的幸福"和"社会和谐"。在现实的人类历史中，人们为了"理想"而改造"现实"，但现实中真正符合所有人"理想标准"的社会并不存在。现实的社会不可能满足所有人的愿望，也不可能离开所处的历史的、现实的条件而存在。脱离现实的"理想社会"就是"乌托邦"式的，只存在于幻想中。现实中"社会改造"所确立的目标既要尊重历史发展规律，顺应时代发展趋势，又要服从于大众认知的道德和伦理规范。在人们的认知中，没有绝对的僵化的"最好的社会"，而只有变化发展中的"更好的社会"。在社会化生产基于细微分工条件下，人们对财富的创造方式趋于"合作共享"；在私有观念存在和以私有产权为制度基础的社会，人们所追寻的理想是"社会正义"；在人的基本权利被压制的状态下，人们期盼得到"平等"的地位，按照公民意识重塑"国民性"。由此，本书从建立"合作共享、社会正义、国民性"社会的视角，提出阐述和诠释现代社会理想的基本范式，为现实的"社会改造"探明方向。

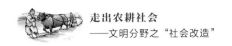
三

人类按照理想开展社会实践，按照心目中的"理想社会"模式进行"社会改造"。所有的"社会改造"实践中，哲学家、政治家、社会活动家所提出的变革主张都以心中所想的"理想社会"为目标。从农耕社会到工业社会，既是生产方式的变革，也是社会组织方式和结构的调整，其中生产力是推动变革的积极力量。同时，社会的变迁发展也是在一系列的"社会改造"实践中实现的。"社会改造"涉及经济的、政治的和社会的各个方面，最终表现在不同价值观所代表的文化体系的改弦易辙上。农耕社会是封闭、保守的系统，而工业社会则是开放、合作的体系，工业社会取代农耕社会意味着建立在"共享"价值理念上的合作代替了狭隘的小农意识支配下的自给自足生产方式。从欧美工业革命先行国家对农耕社会的改造历史来看，农耕社会改造的重心是传统农业的改造，改革的核心是土地制度变革。从中世纪庄园经济向现代化大农业的发展，其中最为关键的是土地集中所带来的大农场规模经营，这种生产方式打破庄园经济的封闭状态，使农业走上了社会化大生产轨道，树立了在社会分工基础上合作"共享"的价值理念。

中国传统的农耕社会以"小农"生产方式为主要形式，封闭的经济系统、保守的思维模式和专制制度下的文化桎梏，使整个社会处于僵化中，社会失去创新活力。当受到外部冲击而不得不面对近代化时，整个国家经济、社会和文化进入艰难的转型中，传统的农耕文明体系逐渐步入衰落境地。从1840年帝国主义的枪炮叩开中国大门以后，一代代中国人为了社会进步与发展推动"社会改造"，唤起民众经过疾风骤雨式的革命，使中国进入新的时代。回眸180余年的艰苦历史过程，站在建设"小康社会"的新起点，我们清醒地看到：传统农耕文明对现代社会的影响仍然存在，特别是"小农社会"的意识形态尚存在于现实生活中；虽然社会财富和物质生活极大丰富，工业文明的生活方式占据主导地位，但在中国辽阔的乡村特别是边远山区，传统农耕生产方式仍是人们维持生计的主要方式。中国社会迄今还处在转型发展时期，且由于外来文化的影响和突飞猛进的信息化、智能化，中国社会的转型面对多因素的叠加影响，情况更加复杂。

"社会改造"的目的是建设"理想社会"，实现"人的幸福""社会和谐"，中国针对传统社会的"改造"从近代开始从未停止。进入 21 世纪，中国共产党在十六大和十六届三中、四中全会上，从开创中国特色社会主义事业新局面的全局出发，明确提出构建和谐社会的战略任务，提出按照民主法治、公平正义、诚信友爱、充满活力、安定有序、人与自然和谐相处的总要求，以解决人民群众最关心、最直接、最现实的利益问题为重点，着力发展社会事业、促进社会公平正义、建设和谐文化、完善社会管理、增强社会创造活力，走共同富裕道路，推动社会建设与经济建设、政治建设、文化建设协同发展。中国共产党第十九次全国代表大会明确提出"以人民为中心"的发展思想，这一思想归根结底就是要"让人民群众有更多的幸福感和获得感"。可见在中国新的历史条件下，"社会改造"的目标和理想就是"人的幸福"和"社会和谐"。

本书定名为"走出农耕社会"，基于一个基本的认识：中国社会现阶段还没有完全脱离传统的农耕社会，至少在辽阔的乡村地区或欠发达地区，多数乡村仍然沿袭传统的农耕方式。同时，中国社会转型发展中，传统的农耕思维在人们的社会生活中、在社会治理和文化理念等方面还有较大影响，有时甚至左右个人或社会集体行动的方向。本书所议"改造社会"就是改造传统的农耕社会，即不但从生产方式上改造传统的农耕生产形式（重点改造"小农"生产方式），更重要的是改造与之相关的传统思维习惯，以及由传统思维所支配的、与现代文明发展不相适应的价值观念、社会治理方式和文化羁绊。

如何对社会进行"改造"？近代中国知识界曾围绕"自上而下""自下而上"争论不休，即围绕"国民性决定制度""制度决定国民性"各持己见。梁启超等人认为没有合格的新人，就建立不了新制度。胡适思想经历了"国民性决定论"到"制度决定论"的转变，后期的胡适认为："人民只有在民治制度之下才能得到政治上的训练，才能变成好公民。反转来说，人民

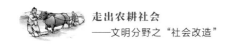
如果没有执行政治的权利，永不能得到那种相当的政治训练，永没有做好公民的机会。"本书所持观点是：国民性改造与社会制度创新同等重要，两者之间相辅相成，缺一不可。当社会处于转型发展时期，在各种社会矛盾交织的状况下，国民性颓废将阻滞社会制度创新，由此，"社会改造"的重点应是重塑"国民性"，积极培育驱动社会向前发展的"精神力量"。

"人的幸福"既是个人的，也是社会的；既是物质的，更是精神的。每个人对幸福的感受因其自身所处环境、自我修为不同而不一样，"社会改造"所追求的社会理想状态就是"和谐"的状态，为每个人追求幸福感受提供必要的物质条件和精神体验的文化氛围。李大钊对"社会改造"的看法是："不改造经济组织，单求改造人类精神，必致没有结果；不改造人类精神，单求改造经济组织，也怕不能成功。我们主张物心两面的改造，灵肉一致的改造。"[①] 本书所关注的对中国农耕社会的"改造"，就是在梳理近代社会革新和思想运动的主要论点基础上，从社会组织、社会治理和文化观念等三个方面的"改造"探讨新时期中国社会的发展方向。在篇章安排上，第一篇为"社会改造"的命题，包括两章，阐述古代先贤对人类理想社会的设想，以"人的幸福"和"社会和谐"为现实的"社会改造"预设目标，建立可以参照的"范式"；第二篇为文明更替中的"农耕社会"改造，包括两章，阐述欧美国家对传统农耕社会的改造过程，以及中国农耕文明在近代的衰落，回眸文明交替中东方和西方所遭遇的不同命运；第三篇为走出农耕社会：中国"社会改造"的三个视角，包括三章，以本书所建立的"范式"为分析框架，从合作与组织化、社会正义和国民性三个方面论述中国农耕社会的"改造"，分别从农耕社会组织改造、社会治理转型和文化观念革命几个方面凸显现实中"社会改造"的重点。本书既借鉴相关理论、前人观点，也有对历史事件的描述和评价，并且在综合这些素材基础上提出作者的一些看法，其中可能不免存在疏漏、以偏概全的情况，在此致歉读者并希望得到批评指正。

---

① 李大钊：《我的马克思主义观》，载《新青年》第六卷第五号，1919。

四

改造现实社会是为了建设人们心目中的"理想社会",而心目中的"理想社会"往往属于未来。即人们为了未来,按照心中的美好期待调整社会生产关系,消除社会中的现实弊端,这就是"社会改造"的实质。未来是可期的,但也是不确定的,历史经验和教训表明,人类先哲所希冀的"理想社会"存在于人们的思想中,与现实相距甚远,而历史上发生过的众多"社会革新"往往以失败告终。不如人意的"社会改造"往往超越历史、超越现实,失败的根本点在于没有认识和掌握人类社会的变化发展规律,没有认识到"社会存在"不依人的意志而转移。柏拉图的"理想国"、空想社会主义的"乌托邦",以及中国古代的"大同"社会,前人所设想的"理想社会"往往建立在"财产公有"的前提之下,而现实社会的"私有制"及人们固有的私有观念却不能因此而改变。这里并不是说"私有制"或人们所具有的私有观念不能被消灭或改变,而是正如马克思所说"无论哪一种社会形态,在它所能容纳的全部生产力发挥出来以前,是决不会灭亡的;而新的更高的生产关系,在它存在的物质条件在旧社会的胞胎里成熟以前,是绝不会出现的。"① 社会形态的消亡如此,私有制的消亡也如此。

马克思、恩格斯在《共产党宣言》中指出:"资产阶级在它不到一百年的阶级统治中所创造的生产力,比过去一切世代创造的全部生产力还要多,还要大。过去哪一个世纪料想到在社会劳动里蕴藏着这样的生产力呢?"资本存在"文明"的一面,正如马克思在《资本论》中说:"资本的文明面之一是,它榨取剩余劳动的方式和条件,同以往的奴隶制、农奴制等形式相比,都更有利于生产力的发展,有利于社会关系的发展,有利于更高级的新形态的各种要素的创造。"人类社会历史中,交换、货币和资本的出现,推动了人类文明向前发展。在交换形式出现之前,人与人之间通过暴力争夺财物,交换则使人们采取和平的"易物"方式。西美尔(Georg Simmel)在

① 《马克思恩格斯文集》第 2 卷,人民出版社,2009,第 592 页。

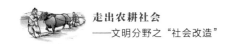

《货币哲学》中称"交换……是把公正与产权变更结合在一起的第一种手段"。随着货币的产生，交换关系得到进一步强化，货币的可计算性，使交换实现了真正的平等。过去暴力产生的恩怨被公平买卖所代替，西美尔认为这也许是历史进程所产生的"最高尚、最值得尊敬的结果"。当货币成为资本、劳动力成为商品，现代意义上的市场经济才真正出现，它导致一切要素进入市场，一切产品都成为商品。市场的"等价交换原则"成为社会存在和发展的基础。

资本的文明一面就是创造了一种以市场经济为基础的社会形态，这种将一切要素融入社会化大生产的方式，创造了现代最有效的经济发展模式，从而瓦解了一切传统的生产方式和生活方式。因为舍此不会走向现代化，落后的国家或民族不得不选择市场经济作为"振兴"的发展道路，并接受以市场交换规则为基础确立的社会运行秩序。所谓的"社会改造"所赋予的现实性即在建立现代市场经济体制基础上，建立与之相适应的社会治理理念和新的文化模式。因各个国家和民族的历史、文化传统具有差异，"社会改造"的道路选择既要顺应人类社会普遍发展规律，在学习和借鉴人类优秀文明成果基础上创新，又要适合本国实际，在保持优秀"民族性"上传承与发展。

资本在创造文明的同时，并不是完美的，甚至其本性是自私的。它的疯狂、残忍和血腥在其发展史中暴露无遗，马克思揭露："一旦有适当的利润，资本就胆大起来。如果有10%的利润，它就保证被到处使用；有20%的利润，它就活跃起来；有50%的利润，它就铤而走险；为了100%的利润，它就敢践踏一切人间法律；有300%的利润，它就敢犯任何罪行，甚至冒绞首的危险。如果动乱和纷争能带来利润，它就会鼓励动乱和纷争"。[①]资本在运动过程中，因其自私的本性带来贫富不均，使贫者愈贫、富者愈富。社会因人的自私、贪婪而激发对立，因人的欲壑难填而失去正义。马克思在《资本论》中论述资本原始积累时说："资本来到世间，从头到脚，每

---

① 马克思：《资本论》（第1卷），人民出版社，1975，第829页。

个毛孔都滴着血和肮脏的东西。"资本主义制度发展的历史似乎也印证了这一论断，西方资本主义制度在向全世界输出市场经济模式的同时，其"自由民主"标签并未给人类带来"普遍的幸福"福音，相反带来的却是掠夺和战争，是对其他弱小民族和国家的奴役。

过去的历史和今天的事实都证明，西方所谓的民主自由制度是自私、狭隘的，是与"自由"和"民主"原则相悖的、给世界带来灾难的制度，是给人类社会带来风险和毁灭的制度。从第一次世界大战、第二次世界大战、经济大萧条、金融危机、地缘战争、石油战争、反恐战争到2020年新冠肺炎疫情在全世界蔓延，处处可见一些资本主义发达国家的身影。在这场疫情中，各个国家本可资源共享、通力合作以应对共同的危机，事实上却发生"甩锅"大战、"索赔"大戏，进而世界各个阵营出现分化，贸易保护主义、单边主义抬头，逆全球化的趋势越来越明显。二战以后，资本主义强国主导国际秩序已达70余年，这次疫情发生后加剧的危机可能导致世界从"多极化"向"两极化"发展。当然，世界秩序的演变存在太多的不确定性，在人类文明面临转折点时，人们有理由担心世界向何处去。毕竟进入后工业时代后，科技所赋予人类的能力足以毁灭人类自己，而世界走向对立将加剧未来的风险，人类手中所拥有的"毁灭性武器"足以终结世界。

人类社会的"改造"，既表现在物质和器物层面，也表现在精神层面。未来社会面临的"改造"重点正是改造人类自己，即对精神层面的"人"加以改造。本书论及的"改造中国农耕社会"，不仅要在物质层面创造一个繁荣的社会，更要建设一个摆脱现代社会"幸福悖论"、在未来发展大势中民族精神得到"升华"的社会。马克思把人类社会看成人的本质异化和复归的历史，他在对摩尔根《古代社会》一书的摘要中，摘录了摩尔根的一段文字："单纯追求财富不是人类的最终的命运。自从文明时代开始以来所经过的时间，只是人类已经经历过的生存时间的一小部分（而且是很小的一部分），只是人类将要经历的生存时间的一小部分。社会的瓦解，即将成为以财富为唯一的最终目的的那个历程的终结，因为这一历程包含着自我消灭的因素……这（即更高级的社会制度）将是古代氏族的自由、平等和博

爱的复活，但却是在更高级形式上的复活。"这意味着未来社会对"人"的改造方向就是使人的本质复归，这也是贯穿本书始终的重要观点。

本书所关注的"社会改造"是一个非常宽泛的课题，即使聚焦于"农耕社会改造"也是很复杂的系统工程。作者将"改造"的视角放到"观念"层面，也就是所谓理念的角度思考问题、所提出来的一些观点和意见，难免以偏概全，仅供读者参考。

在本书撰写和出版过程中，笔者得到了陈昕、赵联飞、陈博洲、毛华松、罗斌、陈鹏、杨国兴、刘华、冉美容、魏军、李寒等师友的倾力帮助，借此机会一并致谢。同时，致谢中国国家画院院长卢禹舜先生为本书题写书名。感谢本书所借鉴相关理论观点、资料的原作者。

2020 年 4 月于重庆

目　录

第一篇
"社会改造"的命题

世界上最快乐的事，莫过于为理想而奋斗。——苏格拉底

人无法选择他所在的时代，但时代从不剥夺"人"追求理想的权利。人是社会的人，他无法超越现实而生活，但他可以为了某一个目标——即为了他的"理想"而奋斗。

"轴心时代"的先哲们设想的人类"理想社会"，是"幸福"和"和谐"的社会。这样的社会不仅是物质和器物层面的，更是精神和道德层面的，数千年来人们为了实现这个理想而改造现实。

当文明跨越农耕时代，进入五彩缤纷的现代生活，人们发现：精神世界的改造远远落后于物质世界的改造。人们努力地改造物质世界，却忽视了对"人"的改造，即对人的"精神世界"的改造，以至于"幸福的""和谐的"理想社会远远没有到来。

社会在不断的"改造"中进化，人类在"社会改造"中觉醒。先哲们的"理想社会"何时到来？人类寄望于未来，这个未来虽然遥遥无期，但从不拒绝人类努力靠近。在我们生活的现实"功利社会"，怎样在"社会改造"实践中诠释"理想"？本书提出建立"合作共享"、"社会正义"和"国民性"改造的范式，并以此为分析框架，研究"改造农耕社会"这一课题。

第一章
"理想社会"的两个维度

　　"轴心时代"的先哲们设想的"理想社会"有两个维度：一是"人的幸福"；二是"社会和谐"。他们的精神世界皆以此为原点纵横捭阖，最终的归宿也没有离开这两个方面。此后经历三千余年，人类历史跨越了农耕时代，进入近现代的工业文明时期，"轴心时代"的理想之光仍是现代国家、族群"改造社会"的目标。而今，人类仍然行进在追寻幸福与和谐的"理想社会"途中，正如首先提出"轴心时代"概念的德国哲学家雅斯贝尔斯（Karl Jaspers）所说："至今人类依然靠着那时所产生、所创造以及所思考的东西生活。每值新的飞跃产生之时，人们都会带着记忆重新回归到那轴心时代，并被它重燃激情。"人类族群无法选择所在的时代，无法跨越文明进化中的鸿沟，但人类对心目中的"理想社会"从没有放弃过。直到今天，当社会发展使人类引以为自豪地捕捉到现代文明时，他们仍在疑惑中思考先哲们的理想："我们所在的文明世界和谐了吗？人类获得幸福了吗？"

　　正如先哲们的"理想社会"谜一般地存在，先哲们所在的时代也谜一般地不可思议。公元前 500 年前后的几百年，现代文明的种子同时在独立的几个地方发芽。"人类的精神基础同时或独立地在中国、印度、波斯、巴勒斯坦和古希腊开始奠定，而且直到今天，人类仍然附着在这种基础之上。"①

---

　　① 〔德〕卡尔·雅斯贝尔斯（Karl Jaspers）：《历史的起源与目标》，李夏菲译，漓江出版社，2019。

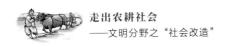
1902 年梁启超在《论中国学术思想变迁之大势》中说："此前后一千年间，实为全地球有生以来空前绝后之盛运。兹三土者，地理之相去如此其辽远，人种之差别如此其消异，而其菁英之磅礴发泄，如铜山崩而洛钟应，伶伦吹而凤凰鸣。"同时期的严复撰写《天演论》按语中，也有这样的说法："世运之说，岂不然哉！合全地而论之，民智之开，莫盛于春秋战国之际。中土则孔、墨、老、庄、孟、荀，以及战国诸子，尚论者或谓其皆有圣人之才。而泰西则有希腊诸智者，印度则有佛。……当其时一经两海，崇山大漠，舟车不通，则又不可以寻常风气论也。呜呼，岂偶然哉！"

德国哲学家卡尔·雅斯贝尔斯把公元前 500 年前后同时出现在中国、西方和印度等地区的人类文化突破现象称为"轴心时代"。这些地区在北纬 30 度上下，即北纬 25 度至 35 度之间，这些独立的文明发源地同时出现了伟大的思想家、哲学家。如古希腊苏格拉底、柏拉图、亚里士多德，以色列犹太教先知们，古印度释迦牟尼，中国的孔子、老子等。为什么那个时期在几个区域出现文明"同轴共振"？学界历有争论。自雅斯贝尔斯以后，众多的学者推测这大多与当时历史条件有关。虽然中国、印度和希腊远隔千山万水，相互独立地存在，但这几个地方文明进展的特征基本相同。同样处于铁器文明诞生之后，同样处于战乱环境之中，同样处于言论和思想最为活跃期。也许，所有的答案只能永远存在于人们的想象中，正如人类在地球上存在了300 多万年，为什么距今短短一万年突然引爆人类文明？这些引人遐想的问题可能永远没有标准答案。

第一节 "人的幸福" 理想

历史的脚步从未停歇，人类对理想的追求永无止境。从远古蒙昧中走过来，人类经历了生产方式从原始游牧到定居式农耕、从传统农耕社会到工业社会，继而进一步向信息化和智能化社会发展。在每一个曾经跨越的历史阶段，人类皆付出过巨大努力和艰辛，漫长岁月里凝聚了先民无比的智慧。直到今天，"轴心时代"先哲倡导的"幸福观""和谐观"仍然具有现实意义，"人的幸福"与"社会和谐"如标尺般衡量着人的生存状态和社会状态，成为度量社会"进步"或"落后"的价值尺度。

一 东方：幸福之"乐与福"

何谓幸福？幸福总与快乐相伴。对于个体而言，幸福通过快乐表现出来，幸福是快乐的结果，快乐是幸福的缘由，有幸福就一定有快乐，但有快乐并不一定就是幸福。如何理解快乐与幸福以及两者之间的关系？宗教、哲学、艺术以及人文领域诸多学科皆有涉及，且有不同的注解。总的说来，给快乐与幸福两个独立的概念做出明确的界定，可理解为快乐和幸福都是心理需要得到满足状态的体验，两者处于不同的层面，幸福较快乐为高。快乐是"人"的精神愉悦，是一种心灵上的满足，是从内心感受到一种非常舒服的感觉。德国哲学家康德（Immanuel Kant）认为："快乐是我们的需求得到了满足。"快乐是人的身体机能、感官组织对外界事物以及人本身所处环境的反应，使人处于满意、开心和高兴状态。满足感官的事物使人愉悦、快乐，但人世间的事物和个人所处的境况并不总是令人"满意"的，所以作为与快乐相对的"痛苦"也经常存在，快乐与痛苦经常发生转换，所以快乐是暂时的。幸福从字面上可理解为："幸"为精神生活的满足感，"福"为物质生活的满足感。幸福乃是持续时间较长的对生活的满足和感到生活有巨大乐趣并自然而然地希望它持续久远的愉快心情。幸福包含了对物质和精神两方面的满足。古希腊哲学家伊壁鸠鲁（Epicurus）说："快乐就是幸福的开端与归宿，我们的一切取舍都从快乐出发，我们的最终目标乃是得到快乐。"[1] 人是生命的有机体，生命运动中各器官机能的正常发挥，产生对外界环境要素、物质及能量传递的渴求，这种外在的物质对人的生理满足，在人的心理方面就表现出快乐。幸福具有两个层面的含义，既是物质层面的快乐，更是精神层面恒久的快乐。幸福既表现为个体的快乐，也表现为群体的快乐，所以幸福也具有社会属性。

---

[1] 唐士红、喻权良：《伊壁鸠鲁的快乐论及其伦理反思》，载《伦理学研究》2006年第3期。

古人的幸福观是所处时代个人或社会价值观、世界观的内核，是形成价值观、世界观的出发点和最终归宿。古代中国的幸福观围绕"人的快乐"和如何获得快乐而展开，对"乐"的现实认知和不同阐释形成各种理论流派。儒家对于"乐"的论述中，推崇"箪食瓢饮"。《论语·雍也》中说："一箪食，一瓢饮，在陋巷，人不堪其忧，回也不改其乐，贤哉回也!"这是孔子盛赞颜回"一箪饭，一瓢水"的快乐，颜回住在简陋的小屋里，别人都忍受不了这种穷困清苦，他却没有改变好学的乐趣，颜回的品质是多么高尚啊！在《论语·述而》中有："饭疏食，饮水，曲肱而枕之，乐亦在其中矣，不义而富且贵，于我如浮云。"其意是：吃粗粮，喝白水，弯着胳膊当枕头，乐趣也就在这中间了。用不正当的手段得来的富贵，对于我来讲就像是天上的浮云一样。孔子认为：对君子而言，快乐不是为自己的生活去奔忙，君子即使在贫困艰苦的情况下照样可以很快乐，不道义而得到的富贵是不好的。以上"孔颜之乐"所表现的人的幸福观，诚如《论语·卫灵公》中所谓"君子忧道不忧贫"，其意思是君子的忧乐不受"一箪食"、"一瓢饮"及"居陋巷"的影响，不局限于生理欲求和感官体验，君子所追求的"乐"是理性的乐，是建立在"学而时习之，不亦乐乎"上的个人求知修为之乐，是"有朋自远方来，不亦乐乎"之义者之乐，是"人不知而不愠，不亦君子乎"的仁者之乐。这种"乐"是理智的、智慧的，是在与他人相处中从"独乐"到"众乐"的人伦之乐，更是脱离物质欲望的精神体验和愉悦。"孔颜乐处"与个人的物质生活无关，即使个人处于不堪的生活环境，君子之乐也不会被外界物质条件所牵绊，仍能保持心情的愉悦和满足。

《孟子·尽心上》中说："君子有三乐，而王天下者不与存焉。父母俱存，兄弟无故，一乐也；仰不愧于天，俯不怍于人，二乐也；得天下英才而教育之，三乐也。"孟子之乐关乎个人德行和社会伦理，是以个人的道德良知看待和处理家庭、社会及个人所追求之事，这在个人道德品行的支配下是快乐的。孟子所谓个人之德在孔子的"仁、义、礼"基础上延伸为"仁、义、智、礼"四德。《孟子·离娄上》说："仁之实，事亲是也；义之实，从兄是也；智之实，知斯二者弗去是也；礼之实，节文斯二者是也；乐之实，乐斯二者，乐则生矣；生则恶可已也？恶可已，则不知足之蹈之，手之舞之。"《孟子·告子上》载："恻隐之心，人皆有之；羞恶之心，人皆有之；恭敬之心，人皆有之；是非之心，人皆有之。恻隐之心，仁也；羞恶之心，义也；恭敬之心，礼也；是非之心，智也。仁义礼智，非由外铄我也，我固有之也，弗思耳矣。"董仲舒在此基础上，再一次扩展加入"信"，从而形成"仁、义、礼、智、信"同天地长久的经常法则，曰"五常"之道，构成中华传统伦理、价值体系的核心要素。荀子将"乐"区分为"君子之乐"和"小人之乐"。《荀子·乐论》中说："君子乐其道，小人乐其欲。以道制欲，则乐而不乱，以欲忘道，则惑而不乐。故乐者，所以道乐也。"道是什么？《荀子·儒效》中说："道者，非天之道，非地之道，人之所以道也，君子之所道也。""道"在这里非天道，也非地道，乃是人的行为准则和社会伦理、规范的总称。君子之乐需要依"道"而行，需要遵行一系列行为规范，这种快乐不至于形成"人心之乱"和社会"秩序之乱"。而小人建立在个人欲望满足基础上的"乐"，忘记"道"的约束，在物欲的刺激和诱惑下，欲壑难填而达不到内心的满足，始终是不快乐的。

儒家"安贫乐道"的传统是一种精神境界，君子在对"道"的追求中方能得到真正的快乐。宋人罗大经在《鹤林玉露》中说："夫子有曲肱饮水之乐，颜子有陋巷箪瓢之乐，曾点有浴沂咏归之乐，曾参有履穿肘见、歌若金石之乐，周程有爱莲观草、弄月吟风、望花随柳之乐。学道而至于乐，方是真有所得。"儒家的快乐是理性之乐，并非排斥感性之乐，而是对感性之乐应加以节制，对感性之乐应"适度"而不可沉溺其中。儒家对于"乐"的态度以及与此相连的幸福观，是传统社会价值体系的重要思想内核，顺应了中国传统社会秩序而备受推崇。

道家认为只有"自然"才是万物之宗和万物之本，唯有以自然为宗，效法自然，才可能得到个人或社会的幸福；主张圣人以"无为"为事，一切顺其自然，去智绝欲，过自然的生活，鸡犬之声相闻，老死不相往来，那样就会天下大治，人人都能过上幸福生活。老子认为要达到无为境界，就要守弱，坚强有害，柔弱有益，柔弱能胜刚强。天下之柔莫过于水，然攻坚强者亦以水为最。在欲望、快乐与道德的关系上，老子主张寡欲，要求人们把欲望降到最低。道家之乐表现在个人修为中的清静和自然。众人昭昭，我独昏昏；俗人察察，我独闷闷。意为众人光辉自炫，我独迷迷糊糊；众人都严厉苛刻，我独淳厚宽宏。人在世俗社会中要经受"声、色、味、觉"等外界的诱惑，不可沉溺于感官享乐之中而迷失本性。久观五彩缤纷的颜色，就会眼花缭乱；久听娓娓动听的音乐，就会嗡嗡耳鸣；久享山珍海味，就会食欲不振；醉心于驰马行猎，就会心灵放荡，最终神志发狂；迷恋贪图珍贵的财货，就会产生图谋不轨的心思。晋朝葛洪所作《抱朴子·内篇》卷九中说："凡夫不能守真，无杜遏之检括，爱嗜好之摇夺，驰骋流遁，有迷无反，情感物而外起，智接事而旁溢，诱于可欲，而天理灭矣，惑乎见闻，而纯一迁矣。心受制於奢玩，情浊乱于波荡，于是有倾越之灾，有不振之祸。"人的欲望随感官享受而膨胀，导致名利、好恶、是非、色欲随心而生，若得不到满足，轻者会感到痛苦，重者神智迷乱，产生疾病以致衰竭而死。

道家认为：合于自然、顺应自然之性就会得到幸福，所谓"与天和者，谓之天乐。"[①] 老子在《道德经》中说："祸兮福所倚，福兮祸所伏。孰知其极？其无正邪！正复为奇，善复为妖。人之迷，其日固久。"道家的幸福是合道顺道的幸福，道是自然规律，合于和、顺应自然规律（包括人与社会）就会得到快乐和幸福，反之违反自然规律，逆道而行是不快乐的、痛苦的，给自身带来伤害甚而死亡，这样的人生是不幸福的。怎样判断人的行为是"合道顺道"的？要以"道法自然"为基本标准。道的自然是事物的本性和运动规律的表现，符合自然本性就是合道顺道，违反自然本性就是悖道逆道。人的七情六欲产生对外界物质的需要，这种本性既不可压制，也不可放纵。按照人及天地万物之"道"来生活，保持人与物处于自然之道的状态，就可以进入虚静逍遥的境界，并可感受到快乐自在的幸福。道教认为修道成仙就能摒弃声色等感官享受，不慕功名利禄和虚荣，而是在静中追求

---

① 出自《庄子·外篇·天道》中"与人和者，谓之人乐，与天和者，谓之天乐。"庄子认为快乐分两种，一种是人与人之间的乐；一种是与天地和谐的乐，即达到极致的"至乐"。

与"自然"相契的精神境界。"少私寡欲"就能"淡默恬愉"。葛洪说："人能淡默恬愉，不染不移，养其心以无欲，颐其神以粹素，扫涤诱慕，收之以正，除难求之思，遣害真之累，薄喜怒之邪，灭爱恶之端，则不请福而福来，不禳祸而祸去矣。"葛洪在《抱朴子内篇·论仙》中分析秦皇、汉武为什么好养生之道、成仙之法，却不能得道成仙时，认为仙法以"静寂无为"为特点，需要修道者保持"少私寡欲"的心态。然而，秦皇、汉武有无节制的欲望与贪心，无休止地辟地拓疆，使自己的身体充满着臭腥，也给天下百姓带来了残酷的战争、悲伤的血泪和无尽的灾难。他们的做法都与少私寡欲、不尚浮华的仙法不符，怎么可能长生成仙呢？[①]

与儒家并称为"世之显学"的墨家在董仲舒提出"罢黜百家，独尊儒术"之前盛行 300 多年，对中国传统价值观的形成也具深远的影响。墨子生活在春秋末期至战国初期，其时群雄并起、相互攻伐，社会处于动荡之中，"天命论""宿命论"盛行，人们相信命运由上天安排，不可改变，只能通过占卜知晓天意或通过祭祀祈求上天赐福于己。墨家在反思儒家学说的基础上，提出人能"明天志"但"非天命"。人的命运不是上天安排的，上天不是主宰者，而是判断是非、赏善罚恶的监督者，"明天志"但"非天命"，天不能决定个人的命运，幸福掌握在自己手中，通过个人努力争取就能得到幸福。"官无常贵，民无终贱"，主张"强必富，不强必贫，强必饱，不强必寒。"个人凭自身的努力和发奋图强，就能争取到个人所欲得。同时墨家的幸福观主张"义利并重"，个人的强力取"利"要坚持"义"的准则。"万事莫贵于义"，"义"就是天志在人间的表现，"天下有义则生，无义则死；有义则富，无义则贫；有义则治，无义则乱。"在《墨子·鲁问》中，墨翟提出了墨家的十大主张，即"兼爱""非攻""尚贤""尚同""尊天""事鬼""非乐""非命""节用""节葬"。

印度佛教大概于东汉永平年间传入中国，以公元 68 年（永平十一年）迦叶摩腾与竺法兰白马驮经来华，是为佛教传入之年。汉明帝刘庄为纪念白

---

① 孙亦平：《道教的幸福观》，载《中国社会科学报》2013 年 12 月 6 日。

马驮经,将二僧所住的鸿胪寺改名为白马寺,它成为中国第一座佛寺。佛教经长期传播和发展,在不同的地域和环境下形成多个派系,最终衍变为对中国传统社会和思想体系颇具影响力的宗教。佛教的思想和教义渗透到中国社会各个层面,从上层社会延及草根阶层,糅合中国传统思想形成独具特色的世界观和价值体系。佛教认为,人生的"苦"与"乐"源自"自心"看待外界事物的态度和思想,而非源于外界事物本身。获得安乐的方法是调整"自心"而不是外境,所以佛教修心保持安乐与祥和,即使在艰苦的环境下,也能自得其乐。恶心断除,恶行和恶语就无由而生。善心生起,则善行和善语就会随念而生。善心生起的当下我们的心自然就是安乐祥和的,恶心生起的当下我们的心自然就是痛苦和不安的。佛教认为人生是一个苦难的历程,唯有苦才是人生的本质,人世乃"苦海"。《法华经·寿量品》中说:"我见诸众生,没在于苦海"。在判定"人生唯苦"基础上,佛教经典从不同角度对苦做了划分,所谓八苦为:生苦、老苦、病苦、死苦、怨憎会苦、爱别离苦、求不得苦、五取蕴苦。佛教的苦、集、灭、道四谛围绕"苦"而展开,苦谛指世间有情皆苦;集谛说明产生苦的原因;灭谛讲如何消灭苦因;道谛论修道乃是消灭苦因的路径。佛教不否认"乐"的存在,但乐相对于苦是极其短暂而有限的。《佛遗教经》说:"知足之人,虽卧地上,犹为安乐。不知足者,虽处天堂,亦不称意。不知足者,虽富而贫。知足之人,虽贫而富。"一个贪得无厌的人,即使拥有再多的财富、再高的地位,总是不满足,生不起幸福感;而知足者,却能在极为简单的物质条件中,得到满足和快乐。从佛教的观点出发,人世间芸芸众生所追求的功名利禄、福寿安康只不过是一种虚妄的"幻像"。这些东西不能让人的灵魂摆脱外界的纷扰,反而束缚精神、成为获得幸福的羁绊①。

佛教告诉人们:人世间无论是苦或乐,是福或是祸,都只不过是空幻而已。唯有"看破"世俗红尘,方能放下对于世间万物的执着而使心得到自

---

① 郭春牛:《中国古典哲学视域下幸福观的多重面向》,《南通大学学报》(社会科学版)2004年第2期。

由。"看破"是脱离人世苦海的路径，需要智慧与理性，人世间许多痛苦都是由人的痴愚造成的，因为对人生和世界缺乏真正的了解，所以无法认清人生和世界的本质，进而引发种种苦果。若要使人生从无尽的痛苦中解脱出来，在看破世间万物虚幻不实的本质之后，需要通过一系列的修行从"世间乐"达到"出世间福"，最后进入涅槃境界。通过修行克服人们心中固有的"贪""痴""迷"，识得万法皆空，度"一切苦厄"。佛教的修行不单是个人的私事，还涉及自我之外的人，即"不为自身求快乐，但欲救护诸众生"，蕴含着"自度"与"度人"的双重维度。涅槃境界是"出世间福"，这种幸福不依赖于外界的人和物，是斩除一切烦恼、消除一切执着，从而达到寂静、湛然与极乐的状态。《杂阿含经》中说："贪欲永尽，嗔恚永尽，愚痴永尽，一切烦恼永尽，实名涅槃。"

二　西方：幸福之"善与德"

西方文化的传承植根于古希腊时期。古希腊的先哲们多有对人生幸福的论述，并形成不同的理论观点，影响到后世价值观的形成与发展。梭伦（Solon，约公元前638年～约公元前558年）是古代雅典执政官，雅典民主政治的奠基者。他与克洛伊索斯（Croesus）关于幸福的辩论成为经典，是千百年来诸多学者审视历史与人类命运的典型素材。记载于希罗多德（Herodotus）著作《历史》中关于梭伦与吕底亚王国国王克洛伊索斯的故事，人们有理由怀疑其存在的真实性，但关于梭伦对幸福的看法以及克洛伊索斯后期命运对梭伦幸福观的印证，则成为影响后世学者思考"何为幸福"的思想之光。拥有财富和权势的克洛伊索斯询问博学多才的梭伦："谁才是你所见过的最幸福的人？"梭伦回答："雅典的泰勒斯是我见过最幸福的人！"克洛伊索斯再问："那么世界上第二幸福的人是谁呢？"梭伦答道："阿尔戈斯的克列欧比斯和比顿是世界上第二幸福的人。"听了梭伦的回答，克洛伊索斯恼火极了。他说："雅典的客人啊！为什么您把我的幸福这样不放在眼里，竟认为我的幸福还不如一个普通人重要呢？"梭伦回答说："在一个人活着的日子里，其中的每一天都会有与以往不同的事情发生。所以，在一个人死前，你无法断定他这一生是否幸福；而你作为尊贵的国王所认为的幸福，其实并不是真正的幸福。真正的幸福是充满智慧地享受你所拥有的人生财富和荣誉，而你现在所拥有的感觉，只不过是眼下的一种被权力所装饰的虚荣，是一种对占有欲一时的满足罢了。"最后，梭伦的结论是："任何人都不可能是十全十美的，一个人总是拥有某种东西，却又缺少另一种东西，拥有最多优点的人，把它们保持到生命的最后一天，……只有这样的人，才能给他的名字前加上幸福的头衔。"

梭伦代表的幸福观提供了个人拥有财富和人生的价值的两个视角，他认为不到人生的最后终结，千万不要说自己是最幸福的。泰勒斯、克列欧比斯和比顿在生前享尽了安逸和富足，在身后又尽享荣耀和祝福。所以他们是最幸福的人！梭伦认为："一般拥有中等财产的人，是最幸福的！""富人并不比仅能维持日常生计的人更幸福，除非他得以善终。许多富有的人会遭遇不幸，而许多中产者却能交到好运。很富有的人与拥有中等财产的人相比，只在两个方面优于后者，中产者却在很多方面胜出。富有的人更有能力满足自己的欲望，具有承受大灾难的能力。中产者承受大灾难的能力和满足自己欲望的能力都不如富豪，但他的幸运却使这些灾难免于降临，也使他免于肢体残缺和疾病，免遭罪恶，儿子优秀，容貌俊美。此外如果他又得以善终，他就是你要寻求的称得上幸福的人。但即使这样的人，在他去世之前也不能称之为幸福的人，只能称他为幸运的人。"[①]

梭伦对幸福的理解创立了伦理的基本范式。亚里士多德（Aristotle）在《欧台谟伦理学》和《尼各马可伦理学》中都引用了梭伦的观点，他在《欧台谟伦理学》中说："正如梭伦所建议的，我们不能称任何一个活着的人为幸福的人，只有在一个人死去以后才能如此评判。"他在《尼各马可伦理学》中说："中等程度的外在善且有节制的生活即幸福。"亚里士多德提出的"善"在继承苏格拉底（Socrates）、柏拉图（Plato）理论的基础上，批

---

① 希罗多德：《历史》，徐松石译，上海人民出版社，2018，第70~71页。此处也参考辛世彪译文，http//blog. sina. com. cn。

判性地将"善"区分为灵魂的善、身体的善和外在的善。灵魂的善是德性的实现活动造成的善,身体的善包括健康、强壮、敏锐等,外在的善包括财富、权力、荣誉等。亚里士多德认为人的幸福不是指某个特定的善,而是所有善的综合。最重要的善是灵魂的善,"灵魂的善是最恰当意义上的最真实的善"。幸福是自足的,它使得生活无所欠缺,这样,幸福也离不开身体的善和外在的善。虽然身体的善和外在的善比起灵魂的善居于次要地位,但实现灵魂的善也离不开这二者,如慷慨的人做慷慨的事需要金钱,勇敢的人做勇敢的事需要强健的体魄。

亚里士多德认为,我们活动的目的是善,而最终目的是至善。幸福是最完满的善,完满的善是自足的,所谓的自足是指一个事物自身便让生活值得欲求且无所缺乏,而幸福恰恰就是这样的事物。亚里士多德进一步指出,幸福的要义在于实践德性,是合德性的实践活动。亚里士多德把德性分为伦理德性和理智德性,伦理德性是伦理生活中培养出来的好的品质,如勇敢、正义和友爱等;而理智德性是人的理智部分的德性,是指向一种属于思维的道德品质和美德,包括智慧。前者是进行理论活动的理智德性,后者是进行实践活动的理智德性。亚里士多德认为进行哲学思考的德性是最高级的,因而智慧的沉思活动是最好的、最幸福的。不过,人不能总是生活在沉思中,需要开展社会交往和政治活动,他又说合乎于其他德性的活动也是第二重要的。

亚里士多德"善"的思想师承于苏格拉底和柏拉图,在他们的思想基础上批判性地继承,形成了他自己独立的思想体系。在苏格拉底那里,"善"是一切行为的最终目的和最高境界,是人与社会最高的道德价值。苏格拉底说:"我们的一切行为,归根结底的目的就是善,所有事情都是为善而做,而不是为了其他目的。"苏格拉底认为趋善避恶是人的本性,是行善还是行恶,关键取决于人的知识,所以每个人在他有知识的事情上是善的,在他无知的事情上便是恶的。他充分强调知识对于个人道德的重要性,把德性与知识等同起来,提出"美德即知识"的命题。得到的结论是"知识即德性,无知即罪恶"和"无人有意作恶"的结论。苏格拉底关于德性和幸福的关系,由于他本人并未著书立说,根据其追随者的观点,近现代学者归纳成三种看法：①德性工具论，即德性是获得幸福的工具。苏格拉底的追随者阿里斯底波和后来的伊壁鸠鲁持这种看法，即幸福是一切行为的目的，德性是达到这种目的的工具。②德性自足论。主张德性是幸福的主要成分，德性本身具有内在价值，并足以保证幸福，值得为人们所追求，同时具有或缺乏与道德无关的善会增加或减弱幸福的程度，但不足以颠覆人们"幸福"的基本状态，这是柏拉图和亚里士多德传承的苏格拉底的德性观点。③德性至上论，即德性不但是幸福的成分，而且是唯一的成分，德性即幸福。斯多噶学派认为这是苏格拉底德性学说的精髓，唯有德性本身值得追求，而其他一切与道德无关的善不值得人们去追求。① 什么是善？苏格拉底第一个把"善"提到至高点，一生致力于对"善"的研究，但对善的本质并未做出明确的界定。柏拉图继承并发展了"善"的学说，对于"善"的理解，他说道："因为要我把现在揣摩到的解释清楚，我觉得眼下还是太难，是我怎么努力也办不到的，但是关于善的儿子，那个看上去很像善的东西，我倒很乐意谈一谈，假如你们爱听的话。"② 他凭借"日喻""线喻""洞喻"间接描述了"那个看上去很像善的东西——善的儿子"。

柏拉图把世界划分为可理知世界和可见世界，他认为存在许多具体的或美或善的事物，也存在与之相对应的美和善本身。这样一类或美或善的事物构成了人们所能感知的可见世界；而美本身、善本身等理念构成了一个只可知而不可感的可理知世界。柏拉图通过"日喻"形象生动地描绘出了"善"理念，进而推之可理知世界中的理念并不是地位平等的关系。他用"线喻"说明了可理知世界理念的排序，即把一条线分成不等的两部分，其中一部分代表可见世界，另一部分代表可知世界。然后再进行二次划分，以表示清楚与不清楚的程度。在可见世界区间内的第一部分是影像；第二部分就是影像的原本，即具体的事物。在可知世界区间内，第一部分是数理理念，即几何、数学及相似的研究对象；第二部分是伦理理念，包括美、正义、勇敢

---

① 孔祥润：《论苏格拉底的幸福观》，《南昌大学学报》2015年第2期。

② 宋秀娟、李西科：《论柏拉图的善》，载《商业文化》2010年第4期。

等，而最高的理念就是善。在可理知世界中，从数理理念到伦理理念，再到最高的"善"理念，是一个层级分明、不断上升的系统。柏拉图认为："知识的对象不仅从善得到它们的可知性，而且从善得到它们自己的存在和实在，虽然善本身不是实在，而是在地位和能力上都高于实在的东西。"① 所有理念是其代表属性最完满的体现，而"善"理念是最高的理念，各种理念必须"分有""善"理念才是完美的。在可见世界里，只有"分有"了可理知世界的理念的具体事物才称得上"善"，或具有了"善"的成分。

柏拉图把人的本性归结为灵魂，而现实的身体只是灵魂追求"善"的工具而已，"善"包含在灵魂之中，"回忆"是体现"善"和得到"善"的方式。柏拉图在探讨正义问题时，他认为个人与城邦是可见世界"善"的主体，只有正义的个人才是分有"善"理念的人，或者可以说"分有"善理念的个人才是正义的。对于城邦而言，只有当一个城邦是正义的，才能说这个城邦具有了某种"善"，或者可以说"分有""善"理念的城邦才是正义的。灵魂在可理知世界里只是理性，而在可见世界里被分裂为三个部分：理性、激情和欲望。人们用以思考推理的部分是灵魂的理性；用以感受爱、饥渴等物欲部分的是心灵的无理性部分或欲望部分，这是人获得种种满足和快乐的基础；灵魂中存在的激情部分，时而与理性联盟压制欲望，时而陷入欲望对抗理性。灵魂的三部分各有其德性，与理性相对应的德性是智慧；与欲望相对应的德性是节制，与激情相对应的德性是勇敢。在灵魂的三部分中，理性居于主导地位，它告诉人们什么是值得追求的，并以此帮助人们确立目标和实现目标；欲望的基本性质是贪婪的，占据灵魂的大部分，因此，需要理性监督它，"以免它会因充满了所谓的肉体快乐而变大变强不再恪守本分，企图去控制支配那些它不应该控制支配的部分，从而毁了人的整个生命"；激情应该在理性的指导下为控制欲望而出力，勇敢的人能保持真正"善"的信念从而抵制快乐和欲望。②

---

① 龙倩：《柏拉图论"善"》，载《中共郑州市委党校学报》2014 年第 6 期。
② 龙倩：《柏拉图论"善"》，载《中共郑州市委党校学报》2014 年第 6 期。

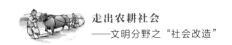
　　柏拉图在《理想国》中说:"我们都要坚定地走向上之路,紧紧追随正义和美德,相信灵魂是永恒的且能经受住一切善与恶的考验。我们相互之间以及我们和神之间都要相亲相爱,这两种爱都在这儿,我们就像竞赛的胜利者环场一周收集奖品那样得到它们。无论在今世还是在我们所说的千年之后,我们的生活都会美满幸福。"柏拉图认为人内心的和谐即幸福,如果人受到欲望的驱使而偏离理性,欲望引导人偏离真实的自我,这样获得短暂的快乐是幸福的假象,不会持久。心灵混乱失衡的话是没有幸福可言的。于人而言,解除痛苦是虚假的快乐,知识的快乐才是真实和纯粹的。通过追求知识,人"将自身的思想与事物真正的属性相接洽,并把自己的心灵融入事物中"① 从而获得智慧,进而达到理性的境界,这个层面的快乐才是真正的幸福。追求知识、智慧,使理性主导灵魂,人就获得了真实的幸福,这种幸福才是长久的。他说:"正义的人能真正做到自己主宰自己,善待自己……在智慧的指导下,灵魂的理性、激情和欲望组成一个和谐的整体。"② 人通过正义使自身的智慧、勇敢和节制的德性得到发挥,保证灵魂受理性的主导。这种内心和谐的人生活在和谐的国家,他的各方面很顺利,人生很圆满,所以能够获得幸福。反之,不正义的人内心混乱无序,与社会的矛盾很深,自然无幸福可言。人的灵魂兼具善恶,通过"优雅的言辞"和"进步的教育"培养理性,进而理性"就会支配占据人灵魂最大部分的欲望……监视贪得无厌的本性",这样人的灵魂就会变得善良和美丽。实现洞穴中人的"灵魂转向",需要通过追求"至善"。幸福的人对不幸福的人进行指导,使不幸福的人产生对幸福的认知,从而在追求"至善"的过程中获得幸福。

　　苏格拉底、柏拉图和亚里士多德开了西方理性主义幸福观即德性幸福论的先河,对后世西方思想体系的形成产生了重大影响。亚里士多德强调的德性,被禁欲主义幸福观的倡导者大加推崇,古罗马哲学家塞涅卡(Lucius Annaeus Seneca)从德性出发,发展了其后对欧洲社会影响极深的基督教幸

---

① 柏拉图:《理想国》,唐译译,吉林出版集团有限公司,2014,第208页。
② 张莉:《柏拉图的幸福观及其现代启示》,载《青年与社会》2014年第22期。

福观。禁欲主义幸福观的主要代表犬儒学派，更加强调节制欲望、苦修苦练在实现灵魂幸福中的作用，他们认为自制、自足、自主的美德就是幸福。斯多噶学派把"不动心"视为幸福的目标，强调精神幸福而否认物质享受，倡导"按照自然生活"的原则。自然意指世界本性，世界本性即理性，"按照自然生活"就是按照理性生活。中世纪基督教的幸福观强调禁欲和按照自然生活的原则，与禁欲主义不同的是基督教所要求的忍耐、禁欲所合乎的自然本性是由神所创造的，而非人的自身潜能和价值。塞涅卡认为，幸福生活就是符合人的本性的生活，是有德性的生活。他指出："德性是快乐的先行者、引导者"，"真正的幸福建立在德性之上"。① 塞涅卡认为，不生感情、无动于衷是获得德性的唯一途径。古罗马的基督教神学代表人物奥古斯丁（Augustine）认为，以爱上帝为快乐的幸福是至高无上的幸福。基督教神学认为，人性本恶是人间苦难的根源，摆脱人间的不幸，获得永恒的幸福，单靠个人的力量是无法实现的，上帝是至真至善至美的绝对者，只有对基督的信和爱，才能使人们脱离世俗的苦海，获得彼岸世界的永久幸福。

理性主义幸福观发展到近代，其代表人物笛卡尔、康德、黑格尔等，皆强调人的精神快乐和理性能力，主张抑制欲望，追求道德完善。与理性主义相对应的、同样历史悠久的感性主义幸福观，把"趋乐避苦"当作人的本性，认为幸福就是追求感官的快乐、避免感官的痛苦。快乐主义幸福观的代表昔兰尼学派将感觉作为幸福的唯一来源。他们认为：人有感觉，感觉是最真实的，人们除了能够感觉到快乐和痛苦之外，再也没有什么可感觉的东西了。"快乐就是幸福"是快乐主义的核心命题，德谟克里特是第一个打破古代的自然幸福观的哲学家，他从人的自然本性出发，推导出"趋乐避苦"的行动原则，即人活动的目的都是追求快乐、避免痛苦。他写道："人们通过享乐的节制和生活的协调，才得到灵魂的安宁。缺乏和过度惯于变换位置，引起灵魂的大骚动。摇摆于这两个极端之间的灵魂是既不稳定又不安宁的"，他提出了人生的目的在于灵魂的愉快，称这种愉快为幸福。伊壁鸠鲁

---

① 唐凯麟：《西方伦理学名著提要》，江西人民出版社，2000，第79～109页。

继承了德谟克利特幸福观思想，对欲望进行合理划分，认为只有达到身体的无痛苦和灵魂无扰，人的享乐与幸福才会达到统一。在《致美诺冠的信》中，伊壁鸠鲁认为："快乐主义的中心问题是人生问题，人生的目的就是追求快乐，快乐就是幸福生活的开端和终结，是人生最高的善。"伊壁鸠鲁将欲望分成三类：一是自然的和必需的欲望，人的生存需要满足这类欲望，如饥餐渴饮和困乏后需要休息这类欲望。二是自然的但是非必需的欲望，这种欲望是主体自然而然产生的，需要一定的物质基础即可满足，这种欲望的满足需遵守最少原则，同最少原则相违背是不明智的选择，如花钱购买奢侈品及满足性欲等。三是非自然又非必需的欲望，这种欲望是由虚荣心引起的，能否满足这种欲望并不影响个人的快乐和幸福，因而不宜提倡。比如权力和名誉的追求就属于这类欲望，这种欲望短暂易逝，来得快去得快，有可能招致那些远大于快乐的痛苦。同时，在追求权力和名誉的过程中，难以达到心灵的宁静。伊壁鸠鲁的幸福包含了快乐的成分，是从有限的欲望和节制的享乐达到内心宁静。他虽然赞成快乐是最大的善，但并不将快乐最大化，快乐只是通向幸福的途径。

感性主义幸福观的代表人物有古代的德谟克利特、亚里斯提卜、伊壁鸠鲁等，近代有霍布斯、爱尔维修、边沁等。从文艺复兴开始，为了反对中世纪禁欲主义对人的自然天性的泯灭，自然主义、快乐主义的幸福观再次复兴。英国经验论哲学家洛克（John Locke），从人类所具有的"趋乐避苦"的心理和自然倾向出发解释了快乐主义幸福观。洛克认为，幸福与不幸是由外物作用于人的身心所产生的不同的感受和情欲所决定的。他的观点是"极度的幸福就是我们所能享受的最大的快乐"。近代以边沁（Jeremy Bentham）为代表的功利主义幸福观，在近代西方思想史上产生了重大影响。边沁生活在 18 世纪至 19 世纪上半叶，正是英国工业革命蓬勃发展、引领世界发展潮流的时期，其时欧洲从中世纪的桎梏中解脱出来，整个社会处于急剧的转型发展中，经济制度、政治、司法制度等尚未完全脱离中世纪的黑暗阴影，人们的思想还受到宗教神学的影响，崇尚禁欲，反对追求感官快乐。那时，人被看成生而有罪的堕落生物，必须不断惩罚自己才能拯救自己。边沁于1789年所著《道德与立法原则》一书，创造性地继承伊壁鸠鲁等感性主义伦理学思想，形成了自己以功利原则为核心的幸福观，提出以"最大多数人的最大幸福"作为衡量善恶是非的标准，他认为这是行使国家权力的唯一宗旨。国家的意志体现和任何政治方针都必须服从最大多数人的最大幸福原则，边沁的主张直接挑战封建专制统治，为民主政治建立提供了理论依据。边沁的幸福观不仅给予人新的思想启迪，而且对立法产生了重要影响。

边沁认为人类的一切行动的目的就是求乐避苦。他说："自然把人类置于两个至上的主人——快乐与痛苦的统治之下。只有它们两个才能够指出我们应该做些什么，以及决定我们将要怎样做。在他们的宝座上紧紧系着的，一边是是非标准，一边是因果的连环。"① 边沁认为"善"即快乐，是每一个人实际生活中能感觉到的快乐。只有给人精神上和感官上带来快乐的东西，才是善，衡量是非善恶的唯一标准就是快乐和痛苦。边沁说："当我赞成还是反对某一公共或私人行动时，我看的是该行动导致快乐或痛苦的可能；当我使用正义、非正义，道德、不道德，善、恶等词时，我只是将它们作为包含有某些痛苦和快乐的理念的集合术语。"② 边沁认为，不了解个人利益、个人幸福，就无从奢谈社会利益和社会的幸福，个人的利益和幸福得不到满足，社会的利益和幸福就无从谈起。社会是生活在社会中的个人的总和，社会利益就是组成社会的成员利益之和，社会的幸福存在于最大多数人的最大幸福之中。边沁认为快乐和痛苦是可以度量的，人们要想得到更多的快乐，就要权衡比较行为所产生的价值，通过对某个行为产生快乐和痛苦的强度、持久性、确定性、接近性、生产性、纯粹性和广度等七个方面的价值计算来衡量好坏，如果快乐的价值大于痛苦的价值，就是好的趋势，反之则是坏的趋势。政治只是一种类似于会计事务的活动，要计算利害关系人的数量，计算社会幸福总量和痛苦总量及其比重，以最大多数人的最大幸福为履

① 陈晓平：《面对道德冲突：功利与道义》，载《学术研究》2004年第4期。
② 孙冬博：《幸福指数，满足效用——基于心理经济学研究视角》，引自：https://www.doc88.com。

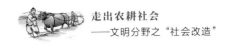
行政府职能的原则。国家制度要体现最大多数人的最大利益，制定和实施相应的法律。应扩大议会权力，实行普遍的成人普选权和年度议会选举，这样才能证明国家权力是合理的，而不是少数特权阶层压榨人民的工具。19世纪的费尔巴哈幸福观批判了以往的唯心主义幸福观，将人们对幸福的理解从"天国"拉回尘世。他提出"生命本身就是幸福"的主张，"所有一切属于生活的东西都属于幸福"，号召人们追求现实的幸福。他强调维护生命的存在，追求现实的物质利益。

第二节 "社会和谐"理想

"和谐理论"的起源与音乐相关。悦耳的音乐来自和谐的奏鸣，古希腊先哲毕达哥拉斯（Pythagoras）发现音与音之间的频率比是简单的整数比时，所发出来的声音是最悦耳动听，即"和谐"的。由此，他发明了推算音律的方法即五度相生律。毕达哥拉斯生活在公元前5世纪的古希腊，是百科全书式的哲学家和数学家，他提出的学说在当时影响很广。无独有偶，历史往往在偶然中重合，就在毕达哥拉斯生活的年代，东方世界的先哲也发现了音乐之美，并提出了与五度相生律近似的三分损益法，并用这种方法推导出自己的音阶体系。在西方和中国古代先哲的头脑中，和谐不仅于音乐，而且于自然界及人类社会皆能引起哲学思考，由此推导出各自学派的"和谐理论"。从古至今，人类社会的理想就是致力于社会和谐共处，以此开创人类幸福之源。

一 西方"和谐理论"

毕达哥拉斯提出"美是和谐"的观点，从"数"的角度，他对和谐的理解是作为本原的数之间的比例关系。在一切立体图形中，球形是最美的，而在平面图形中最美的则为圆形。"数"的和谐产生音乐美，而且其他一切美都呈现为事物中合理的或理想的数量比例关系。毕达哥拉斯认为"杂多中的统一"就是"和谐美"，是"不协调因素的协调"，由此他提出了"整体说"的观点。毕达哥拉斯认为任何事物都有量的规定性，事物的性质就是由数量关系决定的。他说:"每一个数都与奇偶这组对立有关,都是奇偶两个对立方面的统一,而奇偶两个对立方面的统一就是和谐。"天地万物都存在某种比例的数量关系,适宜的数量比例构成和谐,和谐将不同的事物联系在一起,形成相互协调发展的关系。毕达哥拉斯的和谐观认为"数"作为一个尺度,可以调整一个统一体中的差异,保持这种差异的存在,从而达到整体和谐。其本质就是对立面的统一、协调和整合。

另一位古希腊先哲赫拉克利特(Heraclitus)丰富和拓展了毕达哥拉斯的观点,他提出"对立和谐"的观点,认为:"自然也追求对立的东西,它是从对立的东西产生和谐,而不是从相同的东西产生和谐。例如,自然就是将雌与雄配合起来,而不是将雌配雌、将雄配雄。自然是由联合对立物造成最初和谐的,而不是联合同类的东西。艺术也是这样造成和谐的,显然是由于模仿自然。"① 事物内部的对立与斗争形成某种均衡与统一,从而表现为稳定与和谐。赫拉克利特的"对立和谐"观点,不仅适用于自然界,也适用于人类社会和生物体,对立统一是宇宙的普遍现象。人类社会的善与恶、好与坏、正义与不义、战争与和平都是对立统一的。正是对立的、不同的对立统一才造就了社会的和谐。古希腊医学学派提出了人的灵魂和谐说,认为灵魂是按比例结合处于两极端的事物而形成的一种和谐,灵魂的和谐依赖于肉体。斯多噶学派则认为,宇宙中的动力形成一种无所不包的力或火,它在本质上是有理性的,是世界的活动的灵魂。宇宙是一个统一体,它的各组成部分是和谐的。

苏格拉底将"和谐"思想引入人文社会领域,从而产生"和谐社会"的理念。苏格拉底认为,人们关于"善"的知识和确立"善"的规则对人的灵魂起到教化和净化的作用。这种教化与净化最直接、最本质的表现就在于使人的灵魂和身体表现为和谐有序。他提出道德在城邦政治中具有独特作用和价值,可通过美与道德来实现城邦的和谐稳定。苏格拉底将他的哲学视角从之前的自然转向人类社会,提出了和谐社会思想。苏格拉底生活的时代经历了雅典民主制由盛而衰的过程,此时,雅典处于政治腐败、社会混乱、

---

① 鲍鑫:《"和"文化与当下文化的发展》,载《巢湖学院学报》2006年第1期。

道德滑坡的状态之中。波斯战争后三十年，随着雅典执政官伯里克利（Pericles）的离世，新兴的民主势力与传统贵族势力的矛盾逐渐白热化，民主政治陷入了空前紊乱，公民大会难以发挥预期的清晰判断、群策群力的政治效能。雅典将军小伯里克利与苏格拉底的对话较为真实地反映了当时雅典的局势："究竟什么时候才能像拉开代莫尼人（斯巴达人）尊重他们的前辈呢？他们从他们的父辈起就藐视年长的人了。或者，什么时候他们才像拉开代莫尼人那样锻炼身体呢？他们不仅自己不注重健康，而且还嘲笑那些注意健康的人。什么时候他们才能像拉开代莫尼人那样服从领袖呢？他们甚至还以藐视领袖为夸耀哩！什么时候他们才像拉开代莫尼人那样同心同德呢？他们不仅不能互助合作以谋求互利，还互相伤害，彼此嫉妒，比对世上其余的人更甚。他们无论在私人或公众集会中都比任何人更爱争吵，他们最爱彼此控诉，宁愿互相占便宜也不愿互助互利。他们看待公众事务就好像和自己无干的别人的事情一样，然而却彼此争吵着要管理这些事务，甚至还以有力量能够这样争吵为乐。"[1] 正是这样的社会和政治状况，使苏格拉底提出了变革制度、建立和谐城邦的主张。

雅典昔日荣光的感召，使苏格拉底产生建立强大、幸福的和谐城邦的设想。在和谐城邦内，公民守法是最突出的特点："那些最能使人民守法的城邦领导人是最好的领导人，那些拥有最守法人民的城邦，在和平时期最幸福，在战争时期不可抵抗。"[2] 他强调城邦的团结，他说："对城邦来说，同心协力是最大的幸福！这样的城邦的议会和领导人也经常劝导人民要同心协力。"他认为："如果没有同心协力，任何城邦也治理不好，任何家庭也管理不好"。苏格拉底主张城邦应由懂得治理城邦的人来管理，认为"君主和统治者并不是那些拥有大权的人，也不是那些由群众选举出来的人，也不是那些中了签的人，也不是那些用暴力或欺骗手段取得政权的人，而是那些懂得如何统治的人"。统治城邦的人应具备

---

① 〔古希腊〕色诺芬（Xenophon）：《真理的殉道者——苏格拉底》，陈琪、滕建译，中华工商联合出版社，2015。

② 黄潇筱：《法律信仰的悖论》，载《法制与社会》2009 年第 4 期。

管理城邦的知识，没有这些知识，就不可能对国家有好处，也不可能使自己有光荣。

苏格拉底建立"和谐城邦"的设想对柏拉图的"理想国"和亚里士多德的"优良城邦"思想均有重要的影响。柏拉图的和谐观贯穿"理性、激情和欲望"的灵魂和谐、"智慧、勇敢和节制"的道德和谐，以及对于城邦而言"国家正义"的政治和谐。[①] 只有充满正义的社会才是和谐的社会，社会缺乏正义则永远不会和谐。在柏拉图看来，正义就是构成社会的各阶层"各安其分，各行其是"。在柏拉图的"理想国"中，每个人都有职业分工，每个人都安于自己的职业精益求精，社会和谐由此而实现。对于不同的社会成员，柏拉图认为应受相同的教育，相同的教育往往具有相同的观点，在讨论和解决问题时就会有融洽的气氛，而不至于因为见解不同而争得面红耳赤。他说："真正受过音乐教育的人，对于同道趣味相投、一见如故；但对于浑身不和谐的人，唯恐避之而不及。"柏拉图的"和谐"是国家层面的整体幸福，而非少数人的恣意妄为，他说："我们的首要任务乃是铸造出一个幸福国家模型来，但不是支离破碎地铸造为了少数人幸福的国家，而是铸造一个整体幸福的国家。"亚里士多德在考察了158年城邦的政治历史基础上，撰写了《政治学》一书，他的和谐社会思想主要体现在该著作中。他所提出来的"城邦正义"主要指"政治正义"，政治正义是建立良好社会秩序和构建"优良城邦"的基础。他指出："城邦以正义为原则，由正义衍生的礼法可凭以判断是非曲直，正义恰是树立社会秩序的基础。"[②] 柏拉图最早提出"政治公正"问题，并认为政治公正源于个人公正。亚里士多德认为政治公正优先于个人公正，政治公正决定个人的行为公正，并且二者都服从于一般的公正。他说："一种善即或对于个人和对于城邦来说，都是同一的，然而获得和保持城邦的善显然更为重要，更为完满。"[③] 他还说："城邦虽在发生程序上后于个人和家庭，但就本性来说，

① 马海鸿：《试论柏拉图和谐思想的现代价值》，载《时代报告》（下半月）2011年第11期。
② 唐诗人：《城市伦理与文学伦理——相悖式同构史》，载《南方文坛》2018年第4期。
③ 何建华：《正义是树立社会秩序的基础》，载《复旦学报》（社科版）2002年第3期。

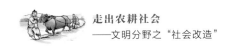
全体必然先于部分。"① 对于亚里士多德而言，公正的政治制度是最为重要的。各种制度安排要"以公共利益和平等原则为依归"，充分考虑制度所及的各方利益需求综合平衡。应严格要求执政者的品德和行为，他认为"执政者为事业之半，执政者小小一点过失就等于余众的种种错误。"他更为深刻地指出"一切政体都应订立法制并安排它的经济体系，使执政和民属官不能假借公职，营求私利"。②

亚里士多德认为"优良城邦"政体应混合平民政体与寡头政体，建立中间形式的以中产阶级为基础的混合政体即共和政体。他批评寡头政体和平民政体的执政者"所持的正义都是不完全的，各人都只看到正义的某些方面"，因而社会陷入内乱和纷争之中。共和政体最合乎正义的完整要求，是各种政体中最为稳定的类型。一个优良的政体不应该凭借外力支撑，而应依赖内在均势保持稳定。在一个政体内部，多数人拥护是不够的，只有没有任何一个部分存在改变规制的意愿才是稳定的。因为中产阶级是最为稳定的，所以社会需要形成中间大两头小的橄榄形结构，他说："一个城邦作为一个社会而存在，总应该尽可能地由相等而同样的人们组成，中产阶级就比任何其他阶级较适合于这种组成了。据我们看来，就一个城邦各种成分的自然配合说，惟有以中产阶级为基础才能组成最好的政体。"③ 亚里士多德在《尼各马可伦理学》中对公正这种美德进行了论述，他将公正分为总体的公正和具体的公正，总体的公正就是总体的德性，具体的公正是德性的一部分，区分为分配的公正、矫正的公正和回报的公正。在《政治学》中，亚里士多德提出了"一个人能否对自己行不公正"的问题，指出一个人可能出于意愿而接受不公正的事，但不可能出于意愿地接受不公正的对待。在现实生活中，一个人出于意愿接受不公正的事，不是源于个人品质，而是由外在的原因导致的。而从个人的内在品质来看，一个人是不可能出于意愿接受不公

① 王平：《从"人天生是一种政治动物"到亚氏的城邦理念》，载《赤峰学院学报》（哲学社会科学版）2013 年第 2 期。
② 马捷莎、李祥：《亚里士多德正义观及其启示》，载《学术交流》2006 年第 1 期。
③ 张璐：《析亚里士多德政治哲学的三重关系》，载《保定学院学报》2013 年第 5 期。

正的对待，也就是说没有人愿意接受来自他人的奴役。

亚里士多德认为"正义是一种美德"，而美德根源于人与人之间的利益关系，超越利益考虑的美德即友爱。友爱是把城邦联结起来的纽带，只有在一个正义的城邦中才会有真正的友爱。亚里士多德将友爱分为三种：一是因有用而成为朋友；二是因能够获得愉悦而成为朋友；三是因对方的善而成为朋友。他指出友爱就是平等，友爱的平等和公正的平等有所不同，公正的平等首义是比例的平等，数量的平等居其次；而友爱的平等是数量居其首，而比例的平等居其次。城邦中如果形成友爱的关系，就会相应淡化对自身私利的关注，从而有助于城邦的团结和稳定。在亚里士多德看来，一个社会既有公正的制度又有人性的柔情就是和谐的。现实中的优良城邦既要通过法制，也要通过教育，同时要实行民主政治方能达成。法律的权威高于任何个人的权威，遵从法律应优先于遵从个人命令。法律从制度他律的角度对社会和谐稳定发挥关键作用，而教育则展现思想感化和内化从而达到促进公民自律的决定性作用。社会矛盾和冲突主要表现为利益差别和利益矛盾，理想的政治应是全体公民参与的民主政治。

古希腊各哲学流派从不同的视角诠释"和谐"的观念，既体现不同的价值观念，又相互借鉴适合本学派价值理念的合理观点。伊壁鸠鲁强调和谐的快乐主义，提出追求人生快乐和幸福是人生的出发点和最高目标，是判别一切的道德准则。他把传统的智慧、公正、节制和勇敢的德性归于快乐主义之中，认为："各种美德都与愉快的生活并存，愉快的生活是不能与各种美德分开的。"[①] 伊壁鸠鲁强调"审慎"是一切善之中最大的善，一切美德都由它而产生。伊壁鸠鲁非常重视公正的作用，认为："公正是人们相互交往中以防互相伤害的约定，无论什么时间、地点，只要人们相约以防互相伤害，公正就成立了。"[②] 公正是一种社会契约，它集中体现为国家的法律。伊壁鸠鲁的公正或正义即社会契约，以人们的互利为基础，主张社会共同体

---

① 张路：《伊壁鸠鲁幸福观解读及其现实意义》，载《中国·东盟博览》2013 年第 9 期。
② 蒋银华：《论国家义务的理论渊源：社会契约论》，载《云南大学学报》（法学版）2011 年第 4 期。

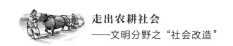

应建立在保障个体安全与个体间互利基础上，正如马克思指出的"国家起源于人们相互间的契约，起源于社会契约，这一观点就是伊壁鸠鲁提出来的"。[①] 西方人文主义传统很大程度上得益于古希腊智者学派的观点，从"人是万物的尺度"出发，智者学派探索了人的道德和政治原理以及人的共同政治法律生活的合理规范、发展规律与作用。其代表人物普罗泰哥拉（Protagoras）的思想与赫拉克利特和德谟克利特（Democritus）相连，认为"万物都是由于运动变化和彼此之间的混合而产生的"。他首次提出"人是万物的尺度"的思想，强调世间万物虽有其定规，但还是必须通过人们的头脑去认识。斯多葛学派倡导"顺应自然而生活"，其代表人物塞涅卡认为人们应遵循自然而生活，因为正是自然本性引导人走向美德，从而实现和自然和谐相处。西塞罗（Marcus Tullius Cicero）生活在希腊和罗马文化交流、融合的时期，是使古希腊哲学思想在罗马时期得以延续的重要学者，其著作和思想在此后欧洲文明的不同时期都产生过重要影响。西塞罗受到古希腊哲学思想的影响，特别斯多葛学说对他影响很大，他赞成和谐就是顺应自然而生活、与自然保持一致的观点。

　　进入中世纪，宗教神学超越自然和社会科学，取得了至高无上的地位。在基督教文化中，经院哲学从理论上论证教义，使神学理论化、系统化。他们主张摈弃感觉和思维，从而获得心灵的宁静，实现人与自然、社会的和谐统一。从文艺复兴起，欧洲哲学思想突破宗教神学的桎梏，达到空前活跃的程度。众多的门派和大家在古贤思想基础上吐故纳新，提出了众多不同的对"和谐"的解释和观点。社会契约理论认为人类最初平等地生活在一种不受他人权力约束的自然状态，国家和政府诞生于社会成员普遍同意将自己所拥有的个人权利进行让渡的基础上。社会契约论以霍布斯、卢梭和洛克等人为代表，并系统地建立了国家、政府基于契约规则的理论体系。霍布斯（Thomas Hobbes）认为在没有政府的自然状态，人们的"自然权利"使他们对同一事物有同等的权力诉求，不可避免出现"一部分人反对另一部分

---

① 《马克思恩格斯全集》第3卷，人民出版社，2002，第147页。

人的战争状态",人的欲望使其不顾一切地攫取别人的东西,人们依照理性引导建立政府来维护和平与安全。霍布斯认为人们在订立社会契约时,将权力让渡给专制主权者后,便不能索回原始权利。与霍布斯的观点不同的是,洛克强调人们在建立契约时只是让渡了部分权力,而生命、自由和财产等权利并没有被放弃。卢梭(Jean-Jacques Rousseau)主张在社会契约中,每个人都放弃天然自由,而获取契约自由,在参与政治的过程中,只有每个人同等地放弃全部天然自由并转让给整个集体,人类才能得到平等的契约自由。他的《社会契约论》提出主权在民的思想,是现代民主制度的基石,深刻地影响了欧洲的革命运动和英属北美殖民地的独立战争。

属于科学主义思潮的哲学流派主要有实证主义、马赫主义、以逻辑经验主义为主的分析哲学以及当代科学哲学,也包括美国实用主义、法国结构主义等。科学主义从结构的和谐、社会的和谐、宇宙的和谐等方面论述和谐。人本主义主要从人与自然的关系、人与社会的关系、批判人的异化现象和高扬生命的和谐等方面论及和谐。以新康德主义、新黑格尔主义、新托马斯主义、人格主义等流派为代表的宗教哲学和思辨唯心主义哲学,主要从上帝创造的有序结构、和谐宇宙等方面论述和谐。近代西方空想社会主义的和谐观:从16世纪英国莫尔的《乌托邦》、德国的闵采尔、意大利的康帕内拉,到19世纪的英国空想社会主义者圣西门的《新实业体系》、傅立叶的《新世界》、欧文的《新道德世界书》,都提出了社会和谐的思想。[①]

二　中国古代"和谐思想"

中国古代"和谐思想"的源头在最古老的《易经》和《尚书》。"和"遍及诸事万物,是自然、人类和社会存在和发展的基础,是中华文化之"根"。《易经》分《连山》、《归藏》和《周易》三部,远古时代人们创制历法与易书,文明开始。天皇氏创《连山》,汉代典籍《春秋命历序》中

---

① 王志红:《走向共识:东西方文化对社会和谐的诉求》,载《安徽大学学报》(哲学社会科学版)2007年第9期。

载:"天地开辟,万物浑浑,无知无识;阴阳所凭,天体始于北极之野……日月五纬一轮转;天皇出焉……定天之象,法地之仪,作干支以定日月度。"《归藏》被认为成书于殷商时期,以坤为首卦,故名为归藏。现存于世的《周易》相传系周文王姬昌所作,内容包括《经》和《传》两个部分,其基本观点建立在阴阳二元论基础上,对事物运行规律加以论证和描述,并对天地万物进行性状归类。《周易》的基本观点成为中国传统儒家、道家思想的重要源头。《尚书》被视为中国远古历书,历经后世修编增广,相传西汉学者伏生口述二十八篇《尚书》即今文《尚书》;孔子晚年整理古代典籍,成《尚书百篇》。

和谐合于易理,在《彖》辞和《象》辞中,多有论及。《乾·彖》中说:"乾道变化,各正性命,保合太和,乃'利贞'",意思为大自然变化的法则,目的在于促成万物适应环境繁衍生息,通过变化,给它们相互结合提供保障,使它们在自然界和谐生存,这就是万物"宜于战胜艰难"生存的原因。《豫·彖》中说:"天地以顺动,故日月不过,而四时不忒;圣人以顺动,则刑罚清而民服。豫之时义大矣哉。"其意是天地运行和谐,日月不会有错,四季分明没有偏差;圣贤之人以和谐之举治理社会,刑罚清明,万民拥戴。娱乐中的动作和谐,在自然界与社会中也有表现。《恒·彖》中说:"日月得天,而能久照;四时变化,而能久成;圣人久于其道,而天下化成。"即日月在于天永放光辉;四季轮回,万物繁衍;圣贤遵行自然规律,使自然和谐、天下繁荣昌盛。《贲·彖》说:"刚柔交错,天文也;文明以上,人文也。观乎天文,以察时变,观乎人文,以化成天下。"意思是阴阳交错,形成丰富多彩的大自然;文明至上,纲常有序,就会社会和谐。审视自然和谐,就会洞察四时变化,了解大自然的规律;审视社会和谐,就会洞察人类发展演变的规律,促成天下繁荣昌盛。《咸·彖》中说:"天地感,而万物化生;圣人感人心,而天下和平。观其所感,而天下万物之情可见矣。"表示天地感应,阴阳结合,生成天下万物。圣贤感化人心,让人们去学习效仿,天下就能太平。审视所感,自然界和万事万物也莫过于此。《解·彖》说:"天地解而雷雨作,雷雨作,而百果草木皆甲坼,解之时,大矣哉!"意思是天地开而雷雨大作,雷雨大作,才使种子的果壳裂开,催生幼苗长成大树,阴阳和谐才给草木创造生长的宽松环境,社会也是一样的道理啊!

《周易》关于和谐的价值理念,通过抽象的符号体系来体现。阴爻(- -)和阳爻(一)两个基本符号,构成64卦共384爻的符号体系,呈现平衡、和谐的系统。这一体系的平衡与和谐在动态变化中,"卦者时也,爻者,适时之变者也。"其朴素的哲学思想,模拟了宇宙万物在运动变化中的平衡、和谐状态,体现了事物从量变到质变的过程,即"穷则变,变则通,通则久"。《周易》的和谐价值理念,主要体现了三个方面的"和谐观":①天、地、人的"和谐"。《易传》说:"《易》之为书也,广大悉备,有天道焉,有人道焉,有地道焉,兼三才而两之,故六。六者非它也,皆三才之道也。"六爻成卦,上二爻象征天,中二爻象征人,下二爻象征地,天、地、人三者和谐一体。"夫大人者,与天地合其德,与日月合其明,与四时合其序,与鬼神合其吉凶。先天下而天弗违,后天而奉天时。天且弗违,而况于人乎?况于鬼神乎?"其意指人的德性要与天地的功德相契合,要与日月的光明相契合,与四季变化相契合,与鬼神的吉凶相契合,先天的自然规律不能违背,后天的变化法则也需奉行。先天或后天的天道,尚且不能违背,何况是人或是鬼神呢?这里所指"大人"是有修养的君子,顺应自然,与天、地、日、月、鬼神俱不违悖,最终与天地"和谐"一致。②天地阴阳"和谐"育生万物。乾、坤两卦在《周易》中象征天和地,乾坤之间既有对立、矛盾的一面,更有互补和统一的一面,乾坤之间的协调统一即天地和谐育生万物。③人格修养的心灵"和谐"。《周易》强调天、人"和谐",所以"君子"效法天地宇宙提升自身修养。《易传》根据每一个卦象、卦义,塑造了理想的"君子"形象,即天、人"和谐"的典范。如乾卦六阳纯阳,性刚健,对应的君子形象就是"天行健,君子以自强不息";坤卦六爻俱阴,性柔顺,对应的君子形象就是"地势坤,君子以厚德载物"。①

---

① 庾潍诚:《从周易看和谐理念的历史渊源与思想内涵》,https://www.ixueshu.com。

关于"和谐"，在另一部远古经典《尚书》中也多有提及。《尚书》强调"德"，有着较为丰富的德治思想，这种德治思想与治国安民的社会实践结合起来，旨在实现社会"和谐"。《尚书·尧典》中说："诗言志，歌永言，声依永，律和声，八音克谐，无相夺伦，神人以和。"以上为舜帝任命夔为乐官时所说的话，意思是："诗歌是用来表达思想感情的，歌曲是表达感情的语言，声情和声调服从咏唱的内容，乐曲的旋律配合声情和声调。各种乐器演奏出来的声音能够和谐，而不互相侵夺乱了次序，就会使神和人都感到和谐融洽。"《尚书·尧典》中载："克明俊德，以亲九族。九族既睦，平章百姓。百姓昭明，协和万邦，黎民于变时雍。"这几句话的意思为："能够修明美德者，才能实现自己九族的亲睦。九族和睦了，就可以管理百官族姓，昭明礼义。百官族姓明理彰义，就会实现天下万邦的亲睦和谐。理义昭明，万邦协和，风俗大化，天下百姓自会雍和而化，循时而进。"① 司马迁称赞尧"能明驯德，以亲九族。九族既睦，便章百姓。百姓昭明，合和万国。"此为帝尧领导下的"合和"社会景象。

《尚书》从夏商周三代王朝的更替，总结反思王朝兴亡的原因，其观点十分注重"德治"。德治之下就会实现邦国的和谐，帝王即受到百姓拥戴。《尚书》中的很多篇幅从统治者的角度，阐述统治者的德行对社会和谐所产生的决定作用。夏朝创始人禹是传说中的道德榜样，他"其仁可亲，其言可信；声为律，身为度……居外十三年，过家门不敢入"。② 《尚书·盘庚》中记载："汝克黜乃心，施实德于民，至于婚友，丕乃敢大言汝有积德。"这是告诫统治者："你们能克制私心，把实际的好处施给百姓，以至于亲戚朋友，于是才敢扬言你们有积德。"《尚书·吕刑》中说："穆穆在上，明明在下，灼于四方，罔不惟德之勤"，即为天子有穆穆的美德居于上，百姓有明明之美德察于下，自上而下，自然是政治清明、光明和美的景象。实现天下和美的景象，是要告诫君上和臣下勤勉于德政。《尚书·梓材》中说：

---

① 孙熙国：《易经和尚书——中国和谐思想的两大源头》，《理论学刊》2008 年 8 月。
② 司马迁：《史记·卷二·夏本纪第二》，http://www.guoxue.com。

"先王既勤用明德，怀为夹，庶邦享作，兄弟方来，亦既用明德。"先王如勤用明德，怀远而近，就会万邦来朝，四方宾服。

《尚书·虞书》的《皋陶谟》中记载了大禹和皋陶关于以德治国的对话。皋陶曰："允迪厥德，谟明弼谐。"禹曰："俞，如何?"皋陶曰："都!慎厥身，修思永。惇叙九族，庶明励翼，迩可远在兹。"禹拜昌言曰："俞!"意思为查考往事古迹，皋陶说："君能诚实地履行其德行，就能有远见，而辅佐的臣子也能同心协力。"禹说："好啊!如何去做呢?"皋陶说："啊!要谨慎地修养自身，思虑深远。要亲近九族，那些贤明的人就会相互勉励来辅助，由近及远，道理就在于此。"禹听了这番言论，拜谢说："对呀!"皋陶提出用"宽而栗，柔而立，愿而恭，乱而敬，扰而毅，直而温，简而廉，刚而塞，强而义"的九德来选拔官吏。"无教逸欲，有邦兢兢业业，一日二日万几。无旷庶官，天工，人其代之。天叙有典，敕我五典五惇哉!天秩有礼，自我五礼有庸哉!同寅!天命有德，五服五章哉!天讨有罪，五刑五用哉!政事懋哉懋哉!"（皋陶）说："治理国家的人不要贪图安逸和私欲，要兢兢业业，因为情况天天变化万端。不要虚设百官，上天命定的工作，人应当代替完成。上天规定了人与人之间的常法，要告诫人们用父义、母慈、兄友、弟恭、子孝的办法，把这五者敦厚起来啊!上天规定了人的尊卑等级，推行天子、诸侯、卿大夫、士和庶人这五种礼制，要经常啊!君臣之间要同敬、同恭，和善相处啊!上天任命有德的人，要用天子、诸侯、卿、大夫、士五种礼服表彰这五者啊!上天惩罚有罪的人，要用墨、劓、荆、宫、大辟五种刑罚处治五者啊!政务要劝和了!要努力啊!"

《尚书·洪范》中的"大同"即有"和谐"之意。"汝则有大疑，谋及乃心，谋及卿士，谋及庶人，谋及卜筮。汝则从、龟从、筮从、卿士从、庶民从，是之谓大同。"意思是对于疑难问题的解决，不只是自己一方的深思熟虑，还要谋及诸方面的同意。这里的"大同"，包含了"和"的思想。西周末年，"和"开始逐步演变为与"同"相对应的哲学概念。《国语·郑语》载史伯之言："和实生物，同则不继。以他平他谓之和，故能丰长而物归之。若以同裨同，尽乃弃矣。"这里的"和"是不同元素在矛盾对立中的统一。"和"能产生新事物，如五音相和、五味相和、五色相和、多种意见相和，便可悦耳、悦口、悦目，辨明是非，利于昌明真理和政治。而"同"则是相同元素相和而求得的绝对等同，只有相同事物简单量的增加而无法产生新质。《左传·昭公二十年》载：齐景公问："和与同异乎？"晏婴回答："和好比做汤，要在水里放上酱、醋、盐、梅等各种佐料，与鱼、肉一起烹，每一样东西的分量都要合适，少了加一点，多了去一点，这样才能做出美味的汤来。如果只是一锅水，又不断加水，那就还是一锅水，而做不成汤，谁喜欢喝呢？"① 这里所指前者为"和"，后者为"同"。对于"和"与"同"，孔子描述为"君子和而不同，小人同而不和"。孔子之"和"意在处理人际关系中，不同的意见在一定道德规范下可实现统一和谐，并非实现没有差别的雷同。《论语·颜渊》中说："君君臣臣，父父子子"要求在等级秩序中，做到各安其位，达到"和而不同"。孔子认为实现社会和谐，必须用"仁"来调整人与人之间的关系，"仁"就是"爱人"。"仁"以家庭伦理关系为基础，"爱人"就是爱自己的家庭成员，其适用原则是"孝悌"，"孝"就是尊养父母，"悌"就是爱惜兄弟。"仁"不仅是血缘关系的伦理原则，也是人际交往的道德原则。孔子说："弟子入则孝，出则悌，谨而信，泛爱众而亲仁，行有余力，则以学文。"他要求学生在内孝敬父母，在外尊敬兄长，泛爱众人。《论语·卫灵公》中说："己所不欲，勿施于人。"就是自己不想做的和不想要的，不要强加于人。《论语·雍也》中有"己欲立而立人，己欲达而达人"，即既要成就自己，也要成就别人。《论语·颜渊》中说"君子成人之美，不成人之恶"，就是君子成全别人的好事，不去促成别人的坏事。

在《论语·学而》中，孔子主张人际交往中"礼之用，和为贵"，即在人际交往中互相谦让、相互尊敬，达到和谐共处。只有人的和谐才能实现社会和谐。在《论语·为政》中，孔子提出要"道之以德，齐之以礼"，"礼"代表着一定的秩序，不合于"礼"就没有社会的和谐。"礼"就是周

---

① 潘震、邢海龙：《孔子和谐思想探析》，《商业经济》2015 年第 10 期。

礼，孔子以"恢复周礼"作为自己的政治追求，一生不遗余力。《论语·颜渊》中说："克己复礼为仁。一日克己复礼，天下归仁焉。为仁由己，而由人乎哉？颜渊曰：请问其目。子曰：非礼勿视，非礼勿听，非礼勿言，非礼勿动。"孔子以礼为教，有礼便是行仁。克己就是克制自己，施礼于人。"礼"对人的行为具有指导、节制、制衡作用，从而促进人与人之间关系圆满。在孔子的思想体系中，"仁"是基本内核，"礼"是外在表现形式，两者都体现了"和"的精神。对于构建和谐的人际关系，孟子有一名句："天时不如地利，地利不如人和"，充分说明人之"和"在现实中的重要性。如何构建和谐的人际关系，从而实现天下和谐？《孟子·梁惠王上》中说："老吾老，以及人之老；幼吾幼，以及人之幼，天下可运于掌。"即尊敬自己的长辈，推及尊敬别人的长辈，爱护自己的孩子，推及爱护别人的孩子，像这样治理天下，就像手掌里玩弄东西一样简单。

儒家从效仿天地之道入手，将天地之道内化为人德，而后修身、齐家、治国、平天下。宋人张载在其著作《正蒙》中说："儒者则因明致诚，因诚致明，故天人合一，致学而可以成圣，得天而未始遗人。"其意为：儒者则由明察人伦而通达天理之诚，由通达天理之诚而洞明世事，因此天与人相合为一，通过学习而可以成为圣人，把握天理而不曾遗失对人伦的洞察。今人大多由此上溯探究"天人合一"自然观的思想渊源，孔子不但主张以仁待人，也主张以仁待物。《中庸》中"致中和，天地位焉，万物育焉"强调了天地人的和谐。《论语》中有"天言何哉？四时行焉，百物生焉，天言何哉？"的观点，表示万事万物有其自身的运动规律，天通过四季更替、万物繁衍来显示运行秩序。孔子认为"不知命，无以为君子也"，强调"顺天命""畏天命"，顺应自然、敬畏自然，才能实现人的自身发展和与自然和谐共处。孔子说"子钓而不纲，弋不射宿"，即钓鱼而不张网捕鱼、不射杀归巢之鸟，即爱惜自然。《孟子·尽心上》中说："尽其心者，知其性也；知其性，则知其天矣"，表示如果能竭尽心力，就会知道本性。知道了本性，就会知道天了。保存自己的本心，修养自己的本性，就可以侍奉天了。孟子通过"尽心知性知天"的途径，达到"上下与天地同流"的境界。由

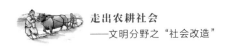

此，他提出了"亲亲""仁民""爱物"的主张，由己及人，由人及物，把仁爱精神扩展到宇宙万物。

人与社会、自然的和谐，最初的出发点和归宿乃是实现人自身的身心和谐。身心和谐的关键是要具备敬畏之心，孔子说君子有三畏："畏天命、畏大人、畏圣人之言。"怀有敬畏天命、敬畏地位高和德行高尚的人，敬畏圣人之言，才知道什么事情可做、不可做，什么物该拥有、不该拥有，具备是非观念，杜绝非分之想。人的身心和谐在于处理好"理"与"欲"的关系，保持平和、恬淡的心态。在《论语·季氏》中，孔子说："君子有三戒，少之时，血气未定，戒之在色；及其壮也，血气方刚，戒之在斗；及其老也，血气已衰，戒之在得。"他主张人在追求情欲和物质欲望的过程中，要恪守"中道"，掌握适度的原则。人的身心和谐就是要达成"仁者不忧，智者不惑，勇者不惧"，就是有仁爱之心的人，不会有忧愁，他会用宽容来对待给他带来忧愁的人和事；有大智大慧的人，遇见有不解的事，他会利用他的聪明才智去求得解决问题的方法；勇敢的人，面对强敌是无所畏惧的，他会义无反顾地迎接挑战。君子要通过"为仁由己"来实现身心和谐，即靠"仁"的自觉，来达到"我欲仁斯仁至矣"。孟子的"性善论"提出"人性善"是先天固有、与生俱来，而非后天形成。孟子认为"人皆可以为尧舜"，达到此境界需要通过自身修炼，即"修其身而天下平"。《孟子·尽心上》说："人不可以无耻，无耻之耻，无耻矣。"其意为人不可无羞耻之心，不知羞耻的羞耻是真正的羞耻。在《孟子·公孙丑上》中，孟子认为要善养"浩然之气"，即"其为气也，至大至刚。以直养而无害，则塞于天地之间。其为气也，配义与道；无是，馁也。是集义所生者，非义袭而取之也。行有不慊于心，则馁矣"。意思是伟大而刚强的浩然之气，如果一直下去就能充斥天地之间；浩然之气需要与正义和道德结合，否则就气馁了；浩然正气是集无数次正义行为而产生的，而非一两次正义行为所取得的。如果做了一两次有愧于心的事，浩然之气就没有了。

《老子》中有"人法地，地法天，天法道，道法自然"。人道效法天地运行之道，天地之道是自然的，所以人道也是自然的。庄子进一步指出：

"天地有大美而不言，四时有明法而不议，万物有成理而不说。圣人者，原天地之美，而达万物之理。"① 道家"天人合一"思想强调人与自然的和谐统一，在人与自然构成的完整系统中，"天"与"人"共生共荣。人应遵循自然规律，效法自然，只有自然和谐，人类才能和谐。老子的和谐思想以"道"论为基础，其内涵就在于追求事物的和谐统一。"道之为物，惟恍惟忽"，"其中有象"，"其中有物"，"其中有精"。就是说道无处不在，恍恍惚惚，在无形之中有事物的影像，在依稀隐约之中有具体的物质，在深渊幽暗之中有真实的东西，即和谐关系。"道"作为世界的本源，是"天地之始"和宇宙的本体。老子说："道可道，非常道，名可名，非常名"，"道"是不可名状的。"大道无名，生养万物，吾不知其名，强名曰道。"《庄子·齐物论》中说："天地与我并生，而万物与我为一"，作为自然之"天"，万物皆融为一体。庄子认为，人类生活的至德境界就是"同与禽兽居，族与万物并"。

道家所推崇的"道法自然"，强调人要尊重自然，顺应自然，由此扩展到追求人类自由自在的精神境界。如何顺应自然？道家提出了"无为"主张，对于自然的索取，人类要"知常"、"知足"、"知和"及"知止"，不可贪得无厌、竭泽而渔。《庄子·齐物论》中说："一受其成形，不亡以待尽。与物相刃相靡，其行尽如驰，而莫之能止，不亦悲乎！终身役役而不见其功，苶然疲役而不知其所归，可不哀邪。"在社会治理方面，老子主张"我无为而民自化，我好静而民自正，我无事而民自富，我无欲而民自朴。"即告诫统治者要"无为"、"好静"、"无事"及"无欲"，不去过多地干涉百姓之行为，顺其自然，让老百姓自我管理、自我发展。《道德经》中说："圣人处无为之事，行不言之教"，即要求统治者注重自身修养，树立榜样，实行"圣人之治"，达到"不尚贤，使民不争；不贵难得之物，使民不为盗；不见可欲，使民心不乱。是以圣人之治，虚其心，实其腹；弱其志，强其骨。常使民无知无欲。使夫知不敢弗为而已，则无不治。"其意思是：不

---

① 参见：《庄子·外篇·知北游》，https：//www.douban.com。

提倡具体的贤能德行，才会避免民众效仿形式而争夺贤名，人们各安本分，以利于选拔真正的贤能；不把稀罕之物作为奇珍异宝，人们就不会因贪欲而引出种种盗贼行径；不挑动人们的欲望，就能保持民众平和的心态。所以圣德君主的统治在于消解民众虚妄的心思；让他们吃饱穿暖；使他们不产生试图胡作非为的野心；强健他们的体魄以抵御外敌。经常使民众保持因循自然、心境平和的状态，那些别有用心、怀有阴谋诡计的人就不敢也不能造作生事了，这样天下无不大治。

儒家尚"礼"，墨家尚"义"。墨家的和谐主张包括"兼爱非攻、尚贤尚同、节用节葬、非乐非命、天志明鬼"等。墨子倡导的"义"包含了社会各方面、各层面的关系，要求社会成员照"义"行事，承担应尽之责和应尽之义务，实现"义行"；告诫统治者依"义"治理国家，实施"义政"。其主张在于倡导人人兼爱、消除战争、举贤用能、发展经济等各个方面，是针砭时弊的治国方略。

佛教中的和谐观是其宗教理论的重要组成部分，并且在长期的本土化中融汇了中国传统文化理念。《无明罗刹集》卷上云："能善和谐，造作业果，转轮生死，无有穷已……能如此者，即是众生真善知识。不毁净戒能修禅定，增长觉慧能坏恶趣，得解脱道观四谛方。"指人的一切生死轮回、因果报应，全部缘于"和谐"，达到和谐境界，就能超越一切，得到解脱。《四念处经》中有"佛之遗嘱，以戒为师。师训七支，弟子奉行。莫令污染，仁让贞信。和雅真正，战战兢兢，动静和谐，故言以戒为师也"。《维摩经疏》中有"今以平等空中出声导之，和谐两家不学偏执"，即平等是不偏不倚的中空，和谐两家即中道，以和谐行中道，必得自由解脱。佛家主张"诸恶莫作、众善奉行"，恶行即杀生、偷盗、邪淫、妄语、绮语、恶口、两舌、贪欲、瞋恚、愚痴。善业则是不杀生、不偷盗、不邪淫、不妄语、不绮语、不恶口、不两舌、不贪欲、不瞋恚、不愚痴。佛教的"缘起论"认为世间万物皆处于因果相续相连之中，万物共生、相互依存。佛教所提倡的"中道正观"就是脱离边邪，行中正之道。《大宝积经》中说："常是一边，无常是一边，常无常是中，无色无形，无明无知，是名中道诸法实现；我是一边，无我是一边，我无我是中，无色无形，无明无知，是名中道诸法实现。"佛教的"六和敬"提出："身和同住、语和无争、意和同悦、戒和同修、利和同均、见和同解"，以此维护僧众团结的和谐共处，弘扬正法。

宋明理学在儒学的基础上实现了"儒、道、佛"三教的融合与会通，和谐思想的内涵得到进一步升华。宋明理学是受到道教和佛教思想影响的"新儒学"，宋明理学将先秦儒、释、道各学派的和谐理论，整合为一个体用结合、紧密联系的有机整体，从而完成了对和谐思想理论体系的建构。周敦颐的《太极图说》以"太极"说明"人极"，阐明了"天地合其德"的思想。他说："无极而太极，太极动而生阳，动极而静，静而生阴，静极复动。一动一静，互为其根。分阴分阳，两仪立焉。阳变阴合，而生水火木金土，五气顺布四时行焉。……圣人定之以中正仁义而主静，立人极焉。故圣人与天地合其德。"其后以程颐、朱熹为代表的"理本论"学派，把"理"作为形而上之道，认为"理"是构成事物的本原；"气"作为形而下之器，是构成事物的质料，天下无理之气，亦无无气之理。以张载和王夫之为代表的"气本论"则强调"气"是宇宙的本体，认为理是气之理，理依于气，理在气中，天下无虚托孤立之理。张载在吸取前人思想精华的基础上，提出了"天人合一"观点，提出"民吾同胞，物吾与也"的命题，指出天地万物本为和谐的整体，人人皆兄弟，人与物亦朋友，相互之间应共存共荣。王夫之认为："未有弓矢而无射道，未有车马而无御道，未有牢醴璧币、钟磬管弦而无礼乐之道。则未有子而无父道，未有弟而无兄道，道之可有而无者多矣。故无其器则无其道，诚然之言也。而人特未之察耳。"① 从宋明理学的流派上看，"理本论"与"气本论"从"理"与"气"的关系层面，阐述了宇宙和谐、万物生成运动规律，深刻论证了"天人合一"思想，二者不同之处在于"理"或"气"谁为本原而已。以陆九渊、王守仁为代表的"心性论"阐述了儒家的心性本体和心性修养的思想，为"人"的自我和谐奠定了理论基础。陆九渊提出"心即是理也"，认为："心"与"理"至当

---

① 王夫之：《周易外传·系辞上传第十二章》，https://m.pinshiwen.com。

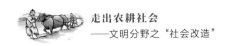
归一，精义无二。他提出"心外无理"和"心外无物"，把人心界定为"良知"，即"知是心之本体，心自然会知，见父自然知孝，见兄自然知弟，见儒子入井自然知恻隐，此便是良知，不假外求"。"心本论"强调了人心良知与"理"的相融相通，提示了主观世界和客观世界的内在联系，凸显了人的主观能动性和创造性。

第三节 "理想国"与"现实国"

人类追求未来目标的动机，始终是所有社会运动的动力之源。"轴心时代"的先哲们希冀的未来世界，基于批判现实而又超越现实的理想，虽然难于脱离现实并无法避免所在时代的局限，但其对哲学层面的思考及成果为此后的"社会运动"夯实了理论基石，并激励一代又一代的社会实践者为此不懈奋斗。当今世界已进入后工业化时代，许多国家的物质生活十分富足，甚至可能已经超越古代先哲的想象，但现实中的世界离古代先哲的理想社会仍有很大的距离，发达的人类文明直至今天皆尚未超越古人的视界，人类和社会的进步恰恰印证了先贤关于"幸福"相关于人与人、人与天、人与自己，相关于物质与精神的这一哲学命题。

一 中国传统视野中的"理想国"

从蒙昧时期起，人类对未来的理想追求从未停歇过。《列子·黄帝》载："（黄帝）昼寝，而梦游于华胥之国。华胥氏之国，在弇州之西，台州之北，不之斯（离）齐国几千万里。盖非舟车足力之所及，神游而已。其国无师长，自然而已。其民无嗜欲，自然而已。不知乐生，不知恶死，故无夭殇。不知亲己，不知疏物，故无所爱惜。不知背逆，不知向顺，故无利害。都无所爱惜，都无所畏忌。入水不溺，入火不热，斫挞无伤痛，指摘无痛痒。乘空如履实，寝虚若处床。云雾不硋其视，雷霆不乱其听，美恶不滑其心，山谷不踬其步，神行而已。"黄帝所梦见的华胥国就是他心目中的理想国度，其国上无国君，下无贵贱愚贤之分，人民无所嗜好，既不恋生也不畏死；既无亲疏向背之隔，也无爱憎利害之心，是一个没有人间利害得失的奇妙极乐世界。这样的国度里人们没有超出必需的欲望，对人对物一以待之，生死也很淡然，一切都顺其自然。

孔子生活的春秋时代，礼崩乐坏、天下无道，他以"仁""礼"学说为基础设想的理想社会应为"天下有道"。何为有道或无道？孔子说："天下有道，则礼乐征伐自天子出。天下无道，则礼乐征伐自诸侯出。"即社会从上而下有一套完整而稳定的制度和秩序，则为"天下有道"，如果社会处于混乱状态，各种势力当道，以下犯上，政出多门，则为"天下无道"。孔子的理想就是要恢复"天下有道"，他视自己最为推崇的周礼为最为合理的制度，周礼盛行的天下即"有道"。孟子提出"仁政"主张，希望通过仁政实现"王道乐土"。他认为治理天下需要赢得民心，而赢得民心就必须施行"仁政"。圣王对百姓应具有同情心，关心百姓疾苦，不把百姓厌恶的事情强加于人。孟子的仁政主张"制民之产"，即让人人都有一定的土地财产，从而使人民的生活有保障，这样就会使人民"仰足以事父母，俯足以畜妻子，乐岁终身饱，凶年免于死亡"。他在《孟子·梁惠王上》中告诫："无恒产者而有恒心，惟士为能。若民，则无恒产，因无恒心。苟无恒心，放辟邪侈，无不为己。"意思是没有财产而有道德只有士人才能做到，百姓的财产被剥夺，就会失去道德准则，没有了道德的约束，就会为己私利胡作非为了。怎样落实"制民之产"措施？具体的办法就是恢复井田制，即《孟子·滕文公》上记载的"方里而井，井九百亩。其中为公田，八家皆私百亩，同养公田；公事毕，然后敢治私事"。

秦汉时期儒家学者描述的理想社会就是"大同"和"小康"，从一个侧面反映了孔孟思想中的理想社会图景。即《礼记·礼运》中说："大道之行也，天下为公。选贤与能，讲信修睦，故人不独亲其亲，不独子其子，使老有所终，壮有所用，幼有所长，鳏、寡、孤、独、废、疾者，皆有所养。男有分，女有归。货恶其弃于地也，不必藏于己；力恶其不出于身也，不必为己。是故谋闭而不兴，盗窃乱贼而不作，故外户而不闭，是谓大同。"在大同社会，大道盛行，所有权利唯公。贤能的人能被推选出来为公众服务，人们讲求信用，和睦相处。人人之间亲密无间，互相帮助。老、幼皆各得其所，正值壮年的人都能发挥作用，鳏、寡、孤、独、废、疾者都能得到关照。正常的男女都有工作，也能获得自身的幸福。人们没有私心，不必私藏财货，不必为己劳心劳力。社会和谐安定，没有盗贼和暴乱。这样的社会存在于远古氏族部落时期，那时的人类文明处于原始状况，生产力水平低下，没有多余财物（生产的剩余产品）供个人占有。自私有制产生以后，"大同"社会的和谐记忆，成为一种超越现实的"理想"，变得可望而不可即。

原始公社以后的阶级社会，从夏、商、周至春秋这一阶段，儒家的理想"大同"难于实现，但亦可建立圣德君主统治下的"理想社会"，这一低于"大同"而高于现实的社会模式就是"小康"。何为"小康"？《礼记·礼运》中的表述是："今大道既隐，天下为家，各亲其亲，各子其子，货力为己，大人世及以为礼，城郭沟池以为固，礼义以为纪。以正君臣，以笃父子，以睦兄弟，以和夫妇，以设制度，以立田里，以贤勇知，以功为己，故谋用是作，而兵由此起。禹、汤、文、武、成王、周公，由此其选也。此六君子者，未有不谨于礼者也，以著其义，以考其信，著有过，刑仁讲让，示民有常，如有不由此者，在执者去，众以为殃，是谓小康。"这段话的意思是在大道消逝的今天，天下由家庭构成，人们各自把自己的亲人当亲人，把自己的儿女当作儿女；财物和劳力，都为私人所有；天子及诸侯们的权力成为世袭，并名正言顺地变成礼制；修建坚固的城郭沟池用于防守，制定礼仪为纲纪，以此确定君臣、父子、兄弟、夫妻关系，使之尊卑有序、和睦共处。各种制度被建立起来，划分田地和住宅，尊重智勇之人。由于建功立业有惠于自己，所以就有了阴谋诡计，战争也由此产生。夏禹、商汤、周文王、周武王、周成王和周公旦，由此成为其中的杰出人物。这六位君子，都谨慎地奉行礼制，用礼制来激励人们做符合道义的事，用来考察人们的信用，以此揭露过错，树立讲求礼让的典范，以仁爱为法则讲求礼让，以此教育人们成为常规。如果有越轨的行为，对有权势者也要斥退，百姓也会把它看成祸害。这种社会就叫作"小康"。

"大同"是儒家的最高理想社会，"小康"是失去"大道"的一切唯私的社会，在贤德君主的治理下建立起礼制和秩序，人们各安本分、尊卑有序。这种社会虽然难于达到"天下为公"的"大同"境界，但对于纷争不断、危机四起的现实社会，"小康"不失为一种最佳选择。即使如此，这样的社会模式相对于现实而言，也只能成为儒家的一种"理想"。

孔子的理想是恢复"周礼"的社会。孟子心目中的理想社会更为具体，是农耕社会的理想状态。《孟子·梁惠王上》中记载了孟子和梁惠王的对话，他想象中的理想社会是"不违农时，谷不可胜食也；数罟不入洿池，鱼鳖不可胜食也；斧斤以时入山林，材木不可胜用也。谷与鱼鳖不可胜食，材木不可胜用，是使民养生丧死无憾也。养生丧死无憾，王道之始也。"这样的社会有仁义的君主施行"仁政"，树立"王道"，百姓就能安居乐业。只要不违背农时，粮食就吃不完；密孔的渔网不入池塘，那鱼鳖水产就吃不完；砍伐林木有定时，那木材便用不尽。粮食和鱼类吃不完，木材用不尽，这就使百姓能够养活家小、葬送死者而无遗憾了。老百姓养生送死无缺憾，这便是王道的开始。"五亩之宅，树之以桑，五十者可以衣帛矣；鸡豚狗彘之畜，无失其时，七十者可以食肉矣；百亩之田，勿夺其时，数口之家可以无饥矣；谨庠序之教，申之以孝悌之义，颁白者不负戴于道路矣。七十者衣帛食肉，黎民不饥不寒，然而不王者，未之有也。"在五亩大的住宅旁，种上桑树，上了五十岁的人就可以穿丝绸了；鸡鸭猪狗不失时节地繁殖饲养，上了七十岁的人就可以经常吃到肉食了。每家每户种百亩田地，不误农时、尽力耕种，数口之家就不会闹灾荒了。注重教育，强调孝敬长辈的道理，须发花白的老人们就不再肩挑头顶，老百姓不缺衣少食，做到了这些而不称王于天下是绝不可能的。

孟子的理想社会是一个注重"礼制"、讲"人伦"的社会。《孟子·滕文公上》中说："圣人有忧之，使契为司徒，教以人伦，父子有亲，君臣有义，夫妇有别，长幼有序，朋友有信。"即圣人任命契为司徒，教导百姓遵守"人伦"。使父子有亲情，君臣有仁义，夫妻有区别，长幼有顺序，朋友有诚信。这样的社会即"老吾老，以及人之老；幼吾幼，以及人之幼"，就是爱别人的长辈和儿女就像爱护自己的一样。对于一个国家而言，要以人为本，即《孟子·尽心下》中说"民为贵、社稷次之、君为轻"，这是告诫君王要以民为贵，理想社会中，在民众、社稷和君主之间，百姓是最重要的。孟子对理想社会的描述，表达了构建理想国家既需"天时"，即风调雨顺客观条件；又占"地利"即百姓拥有属于自己的土地安居乐业；更讲"人和"，即在君主仁政之下，天下君臣、父子、长幼、夫妻等各种社会关系和谐。

道家的理想社会如何？《道德经》第八十章提到了"小国寡民"的设想："小国寡民，使有什伯之器而不用，使民重死而不远徙。虽有舟舆，无所乘之；虽有甲兵，无所陈之；使民复结绳而用之。甘其食，美其服，安其居，乐其俗。邻国相望，鸡犬之声相闻，民至老死不相往来。"这是老子崇尚自然、倡议"无为"思想在治国方略上的体现，后世多误读老子"小国""寡民""结绳"等概念，多认为老子心目中的理想社会是回到更加原始的社会，是"倒退"和"愚民"的思想。其实就老子所表述的这段话所处环境而言，老子生活在春秋时期，所在陈国处于大国环伺之下，老子的"小国寡民"特指陈国，这段话是陈国作为小国应有的治国方略和生存之道，而非所有理想的国家皆"小国寡民"。老子认为："失道而后德，失德而后仁，失仁而后义，失义而后礼，夫礼者忠信之薄而乱之首。"即天下失去大道后才会提倡德性，失去德行才会出现仁慈，失去仁慈就会要求礼法，如果社会靠礼法维持，让人们不敢违纲乱纪，人的忠义诚信就失去了，这个社会离乱世也就不远了。老子的"道法自然"即自然是无为的，所以"道"亦无为。圣人以"道"治理国家，就要提倡顺其自然、不强制、不苛求，因势利导，遵循客观规律。他认为："不尚贤，使民不争；不贵难得之货，使民不为盗；不见可欲，使民心不乱。"提醒君王（假如）不重用贤能之人，人们就不会为了功名而奔忙；不以稀有财物为贵，人们就不会成为盗贼；不用欲望引诱人民，人心就不会出现乱象。人与人、国家与国家之间因利益争夺就会产生矛盾和战争，这是造成世间一切"恶"和一切"乱"的根源。老子关于治国的"无为"理念，并非要当时的陈国回到原始状态而采取愚民之举，而是说明道家思想在治国上的理念。若有更有效率的工具而不用，人们就不会因竞争而产生矛盾，国家对邻国领土无觊觎之心，拥有武备也没有地方陈列。对老百姓而言，爱惜生命而不远离家乡；即使有船和车子，也没有机会乘坐；百姓以他们所吃的食物为甘美，以他们所穿的衣服为美好，以他们所住的房子为安适，以他们的风俗为快乐。这样就回到了"结绳记事"的时代，平和而安宁。

庄子的理想社会"至德之世"，是脱离和超越现实的社会理想。《庄子·外篇·马蹄》中说："故至德之世，其行填填，其视颠颠。当是时也，山无蹊隧，泽无舟梁；万物群生，连属其乡；禽兽成群，草木遂长。是故禽兽可系羁而游，鸟鹊之巢可攀援而窥。夫至德之世，同与禽兽居，族与万物并。恶乎知君子小人哉？"意思是：大德昌盛的时代，人们持重而专注，那时山岭上没有道路和隧道，水面上没有船只和桥梁；万物共生，比邻而居；鸟兽成群，草木滋长。所以，人们可以牵上鸟兽一起游玩，随意攀缘到高处窥视鸟鹊之巢。在这样的至德之世，人和鸟兽混居，与万物并存，何从区分什么君子与小人呢？在"至德之世"里，人们"不拘一世之利以为己利分，不以王天下为己处显"，人们"忘怀于物""清淡寡欲""不计生死"。这样的社会近乎原始的状态，以至于"民居不知所为，行不知所至，含哺而熙，鼓腹而游"。

中国传统文化价值体系中的理想社会，不乏明君、贤臣和顺民，体现了儒家思想更接近于现实的主流思想。道家超越现实的"天人合一"观、忽略现实矛盾而构建"至德之世"的思想更多地表现为逃避现实的空幻之想。儒家的理想更合于建立等级分明、尊卑有序的社会秩序，被历代帝王、士大夫所接受和推崇，以"正统"的价值理念浸润到社会生活的各个层面，成为民族灵魂和特殊的文化基因。从秦汉至近代，社会的诟病和民间疾苦激起民众不满，以至于在逃避和反抗现实中，出现了许多脱离现实的理想社会构想。晋初的阮籍认为无君王统治的社会，就是理想社会。他指出："盖无君而庶物定，无臣而万物理……君立而虐兴，臣设而贼生。"[1] 东晋鲍敬《无

---

[1] 参见阮籍《大人先生传》，https://baike.so.com。

君论》的理想社会无君无臣之分；陶渊明的"桃花源"置之世外，"不知有汉，何论魏晋"；宋末元初的邓牧提出"至德之世"是尧舜之治，认为"立君主为天下之利，非以天下之利奉君主一人"；明末清初的黄宗羲提出理想社会应君臣平等，主张："天下为主，君为客"、"分治之以群工"、立"天下之法"；绝对平均主义的"太平天国"设想"有田同耕，有饭同食，有衣同穿，有钱同使，无处不均匀，无人不饱暖"；近代康有为在《大同书》中描述的"太平世"中，人人相亲、人人平等、天下为公。

二 西方传统视野中的"理想国"

柏拉图的"理想国"是"正义"的化身，他借苏格拉底的语言从"个人正义"讨论到"城邦正义"。他认为正义是最高的善，符合至善理念的理想国就是正义的国家。"正义"在理想国中就是只做自己应该做的事，而不兼做他人的事，他认为："正义就是在国家中做正当的事，当每一个人只做一种与国家有关的工作，而这个工作又是最适合他的天性时，这个国家就有了正义。所以这样一来，每个人不必兼做多种职业，而是各人做特别适合的工作，不论老幼、男女、自由人、奴隶、手工业工人、统治者和被统治者都是这样。"正是因为正义这种美德的存在，国家中才会产生智慧、勇敢、节制这三种德性，三种德性对应的是拥有理智的治国者、具有意志的卫国者以及具有欲望的体力劳动者。治国者靠智慧把国家治理好，卫国者凭勇敢保卫好疆土，劳动者以节制搞好生产，从而使国家处于安全稳定之中。三者只有分工合作、协调一致，才能保持社会普遍的和谐。每个人只能从事最适合自己天性的职业，各行其是，各司其职，不得任意改变。柏拉图的"正义"包括了被统治者在内的国家全体公民的利益，而不仅仅代表强者的利益。他说："在任何政府里，一个统治者，当他是统治者的时候，他不能只顾自己的利益而不顾属下老百姓的利益，他的一言一行都是为了老百姓的利益。"正因为如此，治理国家的任务只能由"高尚、智慧、德高望重"的哲学家担当，治国者的职责既可因继承而产生，也可通过培养从普通人中选拔。

柏拉图的"理想国"类似于中国的"大同"社会，甚至其"公"达到了极端的状态。他说:"第一,除了绝对的必需品以外,他们任何人不得有任何私产;第二,任何人不应该有不是大家公有的房屋或仓库,至于他们的食粮则由其他公民供应,作为能够打仗既智且勇的护卫者职务的报酬,按照需要,每年定量分配,既不让多余,也不让短缺。他们必须同吃同住,像士兵在战场上一样。"除了财产公有外,治国者和护卫者不能拥有家庭和私产,因为有了家庭和私产就会产生私念。不但财产公有,甚至共妻共子,他说:"例如婚姻嫁娶以及生儿育女,处理所有这一切都应该本着一个原则,即如俗话所说的,朋友之间不分彼此。"这样的制度保证了优良的男子和优良的女子结合,生出优良的后代。而女子所生育的子女也不属于个人所有,而成公共的子女。

柏拉图《理想国》的许多观点虽有悖于客观实际,但其中的许多政治和伦理思想对后世影响深远,许多理念渗透到宗教和社会学理论中,成为重要的组成部分。亚里士多德的"优良城邦"是优良生活、优良政体和优良品德的统一体,国家追求的"最高的善"表现为外物的善、身体的善和灵魂的善三者的和谐,这样的城邦仅存于梦幻中。此后随着城邦制的衰落和罗马帝国的兴起,在古希腊民主理念基础上,古罗马的斯多葛学派提出"正义和公正、人人平等和天赋人权"的主张,创造了较为发达的民主共和制。从公元前8世纪中叶起,罗马从军事民主制、共和制再到君主制,不断强化的中央集权为其扩张奠定了基础。

在财产私有的现实社会,基于对现实社会诸多不公平现象的不满,思想家的社会理想建立在"大公无私"前提下。正如柏拉图所持有的观点:私有制是一切动乱和争端的根源,理想的国家没有暴力,没有贫困对立,确立公正原则,实行物质财富的公有制。对于公有制形式,理想的社会设想又建立在对现实的批判基础上,带有强烈的时代气息。古希腊人幻想"黄金时代"存在于人类社会之初,那时没有私有制,没有政权,人人平等而幸福。在生产力水平低的状况下,人们幻想"物产丰富",表现为人们共同生产的劳动产品丰富而公有。至农耕文明勃兴的时期,人们对公有的理解表现为对土地的关注。正如罗马时期的诗人维吉尔(Vergil)在《农事

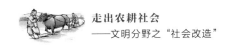
诗》中描述的一样:"没有篱笆和界石来分开田垄,没有土地的争讼,天下为公!"这样的社会是农民心目中的理想社会。至近代资本主义时期,随着生产力大幅进步,社会贫富差距巨大,人们就理想社会所设想的"公有",则表现为财产公有。

与佛教描述的"极乐世界"一样,中世纪神学的"天国"是享受快乐的理想世界,但这样的理想社会不存在于现实中,只在信徒的思想中。基督教教义认为:好人或正直者死后,其灵魂就进入神所居住的空间,与神在一起,永生不灭,享受着幸福美好的生活。恶人死后,就要受到神的审判,被打入地狱中受尽苦难。基督教认为耶稣基督复活升天后会再次降临人世,建立千年王国,并对世界进行末日审判和最后拯救,迎来永恒的新天地。这是与现实社会相距甚远的设想。

继文艺复兴之后,欧洲进一步摆脱中世纪宗教束缚,长达百年的启蒙运动开启了现代社会之门。追求的自由、平等和民主思想是启动现代社会之门的钥匙。从洛克到贡斯再到密尔,政治自由主义扩展到经济领域。亚当·斯密(Adam Smith)在《国富论》中提出了经济自由和竞争可形成和谐的社会、经济秩序。自由经济的"自然秩序"引导资本所有者在为自己私利而活动时,也为社会做出贡献,从而实现个人利益和社会利益的统一。因此,理想的社会状态应充分尊重市场的权威,政府只能发挥"守夜人"的作用。在这一时期开始的思想文化解放运动中,在资本主义发展进程中,众多思想家对现实问题进行思考,并提出了众多理想社会设想。其中包括英国空想社会主义者托马斯·莫尔(St·Thomas More)的"乌托邦"、法国的傅立叶提出的"法朗吉"、英国空想社会主义者欧文提出的"新和谐公社"以及德国空想共产主义者魏特林的"和谐社会"思想。

三 "理想维度"与"现实功利"

"幸福"与"和谐"是构建理想社会的两个维度。从一般意义而言,所谓的理想社会就是个人和集体能够获得幸福的和谐社会。首先,幸福与和谐两者相辅相成,个人幸福以社会和谐为基础,没有和谐就没有个人或社会的幸福。没有多数人的幸福，社会和谐无从谈起。其次，幸福与和谐在人、自然、社会的矛盾运动中产生，互相联系，相互转化。个人的幸福来自个人身心和谐、人与社会和人与自然的和谐，人只有在与环境的协调互动中才会产生幸福感。和谐来自集体内成员的幸福感受，只有社会成员感受到快乐幸福而非痛苦和不幸，社会才是和谐的。同时，不幸福的人生可带来社会的不和谐，不和谐的社会带来个人的不幸。最后，幸福与和谐并非僵化静止，而是随着事物的变化发展处于运动中。如个人的幸福观随社会时代变迁而不同，社会和谐相关的各种要素亦处于变动中，并对社会的和谐状况产生影响。

从人类"轴心时代"开始，在世界文明各个发祥地，无论是东方还是西方，众多先哲对宇宙本源的探索无不围绕"人的幸福"而展开，众多的思想流派从不同的视角诠释自己对"幸福"的理解，因而形成不同的文化价值理念和传统。中国与西方传统文化对幸福的理解虽在形式和内容上有异，但围绕"幸福"所探讨的基本问题则殊途同归。①幸福相关于物质与精神。幸福是物质的满足还是精神层面的富足？对二者之间同一性与特殊性关系的判断，产生不同的思想流派和对"幸福"的不同诠释。②幸福相关于人与他人。于个人而言，幸福既来自自己，也来自他人。是为了他人的幸福而幸福，还是为了自己的幸福而牺牲他人幸福，不同的幸福观演绎出不同的幸福追求，这也成为各学术流派阐释幸福的分界线。③幸福相关于身与心。中西方古代先哲不约而同地论及了身体欲求与心灵追求的关系，将人的身体欲求或心灵感应视为"幸福"的源泉。④幸福相关于人与自然。对自然的认识和对待自然的态度是古代中西方哲学的基本议题，由此形成对人生、社会的基本价值观念及不同的理论体系。

英国哲学家罗素（Bertrand Arthur William Russell）在《变动世界的新希望》一书中曾经指出："人类有三种冲突：人和自然的冲突，人和人的冲突及人和他自己的冲突。"人与自然、社会的和谐相处是人类发展、进步的基础，是个人幸福和社会幸福赖以存在的前提。古代思想家把和谐社会的理想寄托在掌握天下苍生命运的君主身上，希望他们通过"仁政"恢复"礼制"。道家的理想使社会归于自然，这种自然状态并不存在于现实社会中，只是空泛的臆想。古希腊柏拉图式的"理想国"和孔子的"大同"社会，来自对现实不满和对过去原始公社状态的追忆，当然，历史不会回头重演，这种理想化的"公有"社会也只能存在于幻想中。在西方哲学传统中，伊壁鸠鲁的社会契约说是近代社会契约论的先驱，对功利主义产生了深远影响。这一理论传统坚信：国家是个人让渡全部或部分"自然权利"后的产物，与此同时也获得了公平的"契约权利"，国家或政府所代表的制度规范对社会关系发挥调节作用。在具体的制度框架下，国家或政府的"正义"则成为构建社会和谐的关键。古代先哲或"游说"、或"著书立说"宣扬其理想，自然把希望寄托在掌握国家命运的君主身上，因而国家的统治者成为他们推行主张的主体力量。

人类私有制产生以后，阶级划分成为突出的社会特征。国家从产生开始即成为阶级统治的工具，代表统治阶级的利益主导社会管理。中国古代和古希腊先贤所倡导的理想社会，都远离现实、忽略了社会的阶级划分，漠视了阶级之间利益博弈的矛盾普遍性。柏拉图的"理想国"设想不同德性的公民在国家管理中担负不同的角色，个人的身份固定而不可轻易变动，现实中没有一个甄别的标准严格界定个人的品行德性，参与治理国家的哲学家、武士和普通劳动者的付出不尽相同，所处的社会地位各异，在以私有制为基础的阶级社会，要实现柏拉图提出的"城邦幸福"是难以想象的。况且，柏拉图的"公民"范畴从开始即排除了奴隶治理国家的可能，就其本意而言，这样的"理想国"中，人与人之间先天就是不平等的。古希腊斯巴达人建立的平等者公社中，其成员平均分享土地份额，拥有相同数量的奴隶（希洛人）为其耕种，所有成员（平等者）吃"公餐"，过严酷的军营生活。这种看似平等的社会仍然不能长久维持下去，最终归于消亡的原因，除了与希洛人及皮里阿希人的等级对立外，还在于"平等"对个人自由的完全扼杀，以致后期（公元前245年至前241年），试图恢复这种"平等"制度的改革，也因受到贵族的反对而破产。中国古代儒家提出的"大同"社会，与柏拉图"以智治国"相比，更以"以德治国"为其出发点。在生产力水平低下、物质资料匮乏的现实中，依靠道德约束治理社会很难见效。

从古至今，许多思想流派设想的理想社会模型都建立在社会财富"公有"基础上，在公有制度体系下实现人的平等和社会和谐。柏拉图之后1000年，欧洲处于城市扩张、工商业繁荣、资本主义萌芽的重要时期，在社会转型发展、各种社会矛盾十分尖锐的特定背景下，空想社会主义思潮开始出现。19世纪初期，一批著名学者如欧文（Robert Owen）、圣西门（法Comtede Saint-Simon）和傅立叶（Charles Fourier）等，主张建立没有资本主义弊端的理想社会。英国学者托马斯·莫尔著书《乌托邦》，他所描述的理想社会"乌托邦"，存在于遥远的海岛，以至于后人在现实中找不到"乌托邦"，期望于"遥远"的远方和"未来"的等待。法国空想社会主义者夏尔·傅立叶认为人类经历了蒙昧、宗法、野蛮和文明四种制度，每一种旧的制度都会被新的制度所取代，被资产阶级视为永恒的文明制度是万恶之源，是人人互相反对的战争，是贫富分化的极端、商业欺诈的乐园、道德败坏的温床。他主张消灭文明制度，建立和谐制度。提出人民按性格组成"法朗吉"，人人按兴趣爱好从事工作。法郎吉的产品按劳动、资本和才能分配，人人都可入股成为资本家从而消灭阶级对立。欧文于1820年《致拉纳克郡报告》中提出消灭私有制，进行财产公有、权利平等和共同劳动的改革，并于1824年变卖了所有家产，带着子女和追随者从英国来到美国，在美国创建了"新和谐公社"。在他所设想和付诸行动的和谐社会实践中，个人的功利和自私吞噬了他的良好愿景，他最终因巨大的亏损而破产。

在中国小农社会，和谐社会的思想基础是"均贫富"。《晏子春秋·内篇问上》中说："其取财也，权有无，均贫富，不以养嗜欲。"即（国君）应根据负担能力，对穷人与富人合理征收赋税。孔子在《论语·季氏》中说："闻有国有家者，不患寡而患不均，不患贫而患不安。盖均无贫，和无寡，安无倾。"孔子认为财富不均是造成社会不安、政权不稳的根源。战国时商鞅在《商君书·说民》中认为："治国之举，贵令贫者富，富者贫。"在长达数千年的历史长河中，"均贫富"的实践主要体现在土地政策的施行中，具体表现为"耕者有其田"的政策主张。如汉代董仲舒提出的限田制，西晋的占田制，北魏、隋、唐期的均田制等，这些制度虽然在一定时期内缓

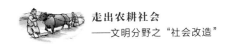
解了社会矛盾，但并不能从根本上解决社会的阶级分化和对立问题。历代农民战争围绕土地不均而展开，"等贵贱、均贫富"是凝聚力量的政治主张。近代洪秀全建立"太平天国"，在其主要的政治纲领《天朝田亩制度》中，以改革土地所有制为核心，提出整套制度体系，希望把"无人不饱暖"建立在"无处不均匀"的制度基础上："凡分田，照人口，不论男妇，算其家口多寡，人多则多分，人寡则分寡……凡天下田，天下人同耕，此处不足，则迁彼处，彼处不足，则迁此处。凡天下田，丰荒相通……务使天下共享天父上主皇上帝大福，有田同耕，有饭同食，有衣同穿，有钱同使，无处不均匀，无人不饱暖也。"这样看似理想的制度，在现实中仍难推行，以至于在强力推行下，其"平均主义""禁欲主义"所带来的诟病最终导致制度的崩溃和瓦解。

第二章
"社会改造"与"人的改造"

　　怀着理想去改变现实，用理想开创未来。从古至今，人们用"幸福"与"和谐"衡量现实社会，以至于对理想的关心胜过对现实的批判。生活在纷繁复杂的现实社会，人们习惯性地诟病现实，总是希望通过"社会改造"而改变现实。在以"资本崇拜"为中心的功利社会，财富给人们带来了快乐，但没有带来"幸福"，甚至人们生活在"欲壑难填"的痛苦之中。当人类进入高度物质文明的时代，一个严峻的课题摆在面前：那就是人类贪婪自私的欲望极度膨胀，不仅离"幸福和谐"的境界越来越远，甚至将人类的未来置于危险之中。人类需要反思在与自然、与社会以及与自身关系中，如何改变人类自己？即在"社会改造"中既改造客观世界，又改造主观世界。

第一节　"幸福社会"和"人的改造"

　　人类社会从低级向高级发展，是社会文明进化的重要体现。马克思在《〈政治经济学批判〉序言》中，对社会发展形态作了如下概括："大体说来，亚细亚的、古代的、封建的和现代资产阶级的生产方式可以看作是社会经济形态演进的几个时代。资产阶级的生产关系是社会生产过程的最后一个对抗形式……在资产阶级社会的胎胞里发展的生产力，同时又创造着解决这种对抗的物质条件。因此，人类社会的史前时期就以这种社会形态而告终。"人类不同发展时期和不同的文明形态皆离不开对"幸福"生活的追求，在生产力水平低下、物质资料匮乏的初级阶段，对"幸福"的理解更多地建立在对物欲的满足基础上，满足物质欲求的"快乐"是幸福之源。当然，对普通大众而言，处于物质匮乏的饥寒状态中谈不上快乐，更无幸福可言。"一箪食，一瓢饮"的孔颜之乐，将"安贫乐道"视为人的幸福，体现了人的精神和谐，表现了君子修为所达成的境界。但是，现实中的"君子"不是大众，大众的"快乐"来自物质给予的感官享乐，相较于个人德性修养，社会大众为衣食奔忙始终处在第一位。个人对快乐的追求兴趣远高于对所谓幸福的追求，个人对物质利益的追逐使社会具有强烈的功利性，这个社会特征在私有制产生以后更为突出。随着生产发展和认识水平的提高，不同时代的人秉持的幸福观处于变化发展中，在物质丰富、衣食无忧的现代社会，精神世界的富足才构成幸福的主要成分。在过去的人类历史发展中，人对自然的"能动"改造推动社会从低级向高级发展，从石器文明向农耕文明，继而向现代的工业文明跃进。在这个历史进程中，人对自然的改造始终居于首要地位，与此同时却忽视了对自身的改造，以至于面对未来，对"人的改造"显得更为重要。

一 马克思主义的"幸福观"

过往哲学所阐释的幸福观，并在此基础上构建的理想社会模式，将人的物质生活和精神生活割裂开或对立起来，走上"禁欲主义"或"享乐主义"的极端，使理想脱离现实而存在。马克思主义幸福观坚持主观与客观的统一，克服了以前"幸福观"的偏见，开创了人类对幸福追求的新境界。马克思早期在其博士论文中，通过探讨人的自由，提出了"定在的幸福"和"脱离定在的幸福"观点，强调必须打破必然性的束缚，摆脱所谓命运的安排，实现"脱离定在的幸福"；1843年在《黑格尔法哲学批判》导言中，提出"现实幸福"观点。"现实幸福"观超越直观感受主义的幸福和人道主义的抽象幸福，其核心是人对自己本质的全面占有，人的本质力量在社会历史中得到充分展现，个人得到全面而自由的发展，过上有尊严的生活；在

《1844 年经济学哲学手稿》中，马克思阐述了异化劳动导致幸福异化的思想；在《德意志意识形态》中，他的理论从"对人的幸福本质本身关注转为对人自由全面发展目标实现条件的探索"。①

在马克思看来，幸福不应当是纯粹满足私利的主观感受，那不过是"可怜的、有限的、自私的乐趣"；真正的幸福在于"为人类而工作"。马克思在青年时期这样写道："历史把那些为共同目标工作因而自己变得高尚的人称为最伟大的人物；经验赞美那些为大多数人带来幸福的人是最幸福的人……我们的幸福将属于千百万人，我们的事业将悄然无声地存在下去，但是它会永远发挥作用，而面对我们的骨灰，高尚的人们将洒下热泪。"② 马克思将他的毕生精力和全部生命献给了人类最伟大的事业，即为人类的解放而斗争。他说："无产阶级只有解放全人类，才能最终解放自己"，这是他始终如一秉持的"幸福观"。1883 年 3 月 17 日，在伦敦城北海格特公墓举行的马克思葬礼上，恩格斯说："因为马克思首先是一个革命家。他毕生的真正使命，就是以这种或那种方式参加推翻资本主义社会及其所建立的国家设施的事业，参加现代无产阶级的解放事业，正是他第一次使现代无产阶级意识到自身的地位和需要，意识到自身解放的条件。斗争是他的生命要素，很少有人像他那样满腔热情、坚韧不拔和卓有成效地进行斗争。"马克思在《青年在选择职业时的考虑》中说："如果我们选择了最能为人类福利而劳动的职业，那么，重担就不能把我们压倒，因为这是为大家而献身；那时我们所感到的就不是可怜的、有限的、自私的乐趣。"

人的幸福孕育于现实社会中，是现实中物质生活与精神生活的统一。马克思认为："人对其生存享受和发展的客观条件的依赖和需求，完全是正当的，满足正当需要是人不可剥夺的权利，一切压抑人的正当需要的行为，都是违背人性的。"③ 很难想象一个衣不蔽体、食不果腹，终日处于死亡威胁

① 于亚南、刘华：《马克思主义幸福观及其当代价值》，载《淮北职业技术学院学报》2018 年第 4 期。
② 〔德〕马克思：《青年在选择职业时的考虑》，《马克思恩格斯全集》第 1 卷，人民出版社，1995。
③ 朱晓林：《从哲学视阈探究当代大学生的幸福观》，载《山东省团校学报》2013 年第 1 期。

中的人，会感到幸福。马克思说："忧心忡忡的穷人甚至对最美丽的景色都没有什么感觉。"物质是幸福追求的基础，也是人类追求幸福的基本条件。如恩格斯所言："追求幸福的欲望只有极微小的一部分可以靠观念上的权利来满足，绝大部分却要靠物质的手段来实现。"① 恩格斯在马克思的墓前说："正像达尔文发现有机界的发展规律一样，马克思发现了人类历史的发展规律，即历来为繁茂芜杂的意识形态所掩盖着的一个简单事实：人们首先必须吃、喝、住、穿，然后才能从事政治、科学、艺术、宗教等等。"马克思重视物质生活的幸福，更注重精神生活的幸福，他反对将享乐主义等同于幸福的观点，认为单纯的物质主义幸福观以物化遮蔽了理性。他说："享乐主义把丑恶的物质享受提高到了至高无上的地位，毁掉了一切精神内容。"② 在现实社会中，实践活动就是人追求幸福的活动，马克思将现实世界作为人类幸福根基的理论，既克服了感性主义把幸福看成单纯的肉体感官享受，又克服了理性主义和宗教神学中人类幸福受"绝对精神"和上帝支配的命运。

马克思主义强调，幸福是个人幸福与社会幸福的统一。这是马克思主义幸福观与以往幸福观的显著区别。任何人在追求幸福的过程中，都必然要与他人和社会发生联系，既不能脱离社会关系，也不能脱离为其创造条件的社会文化背景。马克思说："个人是社会的存在物，因此，他的生命表现，即使不采取共同的、同其他人一起完成的生命表现这种直接形式，也是社会生活的表现和确证。"③ 个人的幸福只有在社会中才能实现，同时，只有为社会谋求幸福才是最大意义上的幸福。

马克思认为劳动是幸福的源泉，人是自身幸福的创造者。人类社会在劳动中创造历史，也在劳动创造中不断追求幸福。在原始社会中，人类早期脱离动物本性、学会直立行走始于劳动中的进化。从人类运用石器，到铁器时代以至于现代化大机器出现，劳动既创造了生产工具，又在工具的更新中推

---

① 《马克思主义著作选读》（甲种本），中共中央党校出版社，2001，第317页。
② 臧峰宇：《马克思的幸福观及对物质主义的批判》，载《光明日报》2019年3月25日。
③ 孙子威：《试论马克思主义的人性观》，载《华中师院学报》（哲学社会科学版）1981年第2期。

动社会生产力发展。在社会进化中，劳动为人类创造了丰富的物质产品，在改造自然的同时，也改造人类社会以及改造着人类自身。劳动是人类最基本的生存方式和生活方式，是人类存在和发展的基础。马克思说："任何一个民族，如果停止劳动，不用说一年，就是几个星期，也要灭亡。"① 劳动是人类最本质的特性，人在生产劳动中的自由性和自觉性是人的劳动创造区别于动物本能生产的本质所在。马克思主义"幸福观"批判了资本主义社会"劳动异化"导致人的本质同人相异化。他在《1844 年经济学哲学手稿》中指出劳动异化使人在"自己的劳动中不是肯定自己，而是否定自己，不是感到幸福，而是感到不幸，不是自由地发挥自己的体力和智力，而是使自己的肉体受折磨，精神受摧残。"

在私有制存在的社会环境中，人的活动不是自由的。私有制使劳动者和生产资料分离，从而实现统治阶层支配他人的劳动；社会分工不是出于自愿而是自发，人本身的活动对人而言就成为一种异己的、与他对立的力量，这种力量驱使着人，而不是人驾驭着这种力量。异化与劳动分工和私有制存在联系，但只有在资本主义条件下，异化才第一次以完备的形式出现。马克思在《德意志意识形态》中，论述了消除异化的实际前提。即"这种'异化'（用哲学家易懂的话来说）当然只有在具备了两个实际前提之后才会消灭。要使这种异化成为一种'不堪忍受的'力量，即成为革命所要反对的力量，就必须让它把人类的大多数变成完全'没有财产的'人，同时这些人又同现存的有钱有教养的世界相对立，而这两个条件都是以生产力的巨大增长和高度发展为前提的；另外，生产力的这种发展（随着这种发展，人们的世界历史性的而不是地域性的存在同时已经是经验的存在了）之所以是绝对必需的实际前提，是因为如果没有这种发展，那就只会有贫穷、极端贫困的普遍化；而在极端贫困的情况下，必须重新开始争取必需品的斗争，全部陈腐污浊的东西又要死灰复燃。"

马克思强调消除劳动异化就要消除资本主义私有制，消除产生劳动异化

---

① 《马克思恩格斯选集》第 4 卷，人民出版社，1997，第 368 页。

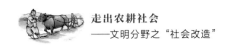
的社会关系。同时，人类要摆脱"拜物教"的束缚，不为"物役"所困扰。人的幸福追求的终极目标是人的全面发展，只有每个人具有独特的个性并得到充分自由，人类才能获得真正的幸福。马克思所设想的理想社会制度是"共产主义"，这样的社会是"一个更高级的，以每个人的全面而自由发展为基本原则的社会形式"。① 马克思在《资本论》中指出的共产主义社会所谓"人的自由全面发展"，是指人的社会特性在个人那里的充分发展，每个人的自由发展是一切人的自由发展的条件。共产主义社会消除了使劳动异化的私有制，并随私有制的消亡，它的分工也将逐渐消失，由此，人的劳动从一开始就成为直接的社会劳动。个人的劳动直接互换，劳动的价值不再通过商品的表现形式进行交换。伴随私有制的消亡，与私有制相伴而生的阶级、国家亦不存在，世界上的各民族将自动融为一体。马克思指出在社会占有生产资料这个共同基础上，共产主义社会的初级阶段实行等量劳动相交换的原则，劳动的差别决定消费的差别，而在共产主义社会高级阶段，则实行各尽所能、各取所需的原则，个人劳动之间的差别不再引起消费的差别。

二 讨论几个基本问题

马克思主义关于"幸福"的思想吸取过往哲学流派的精华，在充分论证和推理中建立起科学的思想体系，符合人类社会发展规律，是指导人们思考和解决人类社会发展问题的基本方法论。综合中国古代先哲和西方古典哲学流派对"幸福"的阐释，人的物质生活和精神生活是幸福的本源，两者之间的关系调和以至于各自的侧重分界，形成各个思想流派阐释幸福的出发点。什么是幸福？怎样获得幸福？在不同的思想者脑海里存有不同解读，不同的解读形成不同价值标准，变为衡量现实社会的尺度。马克思把"人的自由全面发展"视为人类幸福追求的终极目标，人既是"获得幸福"的主体，又成为被改造即达到"自由全面发展"的客体，包含了既改造客观世界又改造主观世界。对"人的改造"不是单个人通过独立行动而达到"自

---

① 《马克思恩格斯全集》第 23 卷，人民出版社，1972，第 649 页。

由全面发展",而是社会整体意义上的自由全面发展。对这一命题的研究需要讨论以下几个基本问题。

1. 先天与后天的"善"与"恶"

中国古代围绕人性之善恶展开了持续而长久的争论,各持己见未有定论。人性是区别于动物的本质属性,是人所独有的高于一般动物的心理属性。人与动物一样具有心理需求,但与动物不同的是人能动地认识世界,并改造世界,动物对外界的反应为条件反射。人的心理活动是进化的产物,是人之所以为人的那一部分属性,人性源于理性,与低等动物源于本能的兽性相区别。人在缺乏理性状态下,就有可能丧失人性而成为感性的动物。人的概念不单指个体的生命体,更是具有社会属性的整体。人与人因为相互需要、合作共生而产生组织,进而演化成社会,形成民族与国家。人不能离开社会而生存,每个生命个体从出生开始即处于严密的社会网络中。人的社会属性决定了个人生存与生活中的社会规定性,个人在与他人的合作中,受欲望的驱使,同时也受到理性的束缚。个人的理性占胜欲望,其行为不对其他人带来伤害或不影响其他人利益,那么他的行为能被社会所接受,这种行为普遍被视为"善",反之则为"恶"。人性有善恶之分,善恶通过行为表现出来,但并非人的所有行为都可分出是"善"的或是"恶"的。"善"与"恶"是人性的两面,具有相对的独立性和稳定性,是人的精神层面的价值理念,同时,善恶之间又相互联系,在一定条件下相互转化。即个人在所处的环境中受到潜移默化的影响,以及在所经历的事件中受到教育后,个人的善恶观可发生转化。

对"善"与"恶"下一个准确的定义很不容易,各古典哲学流派的认识亦不一致。有别于将"善"作为纯理性的概念,德谟克利特(Democritus)认为"善"就是人的行为准则,是道德规范中最根本的因素。他认为人不但要有善的行为,还要有为善的动机,要将二者统一起来。在德谟克利特心目中,善是人的美德,是一种最好的德性。行善包括两方面的含义:首先,在人与人的关系方面,行善就是要做有利于他人或社会的事,养成正直、节制的德性,使自己的人格完美、至善;其次,在个人与国家的关系方面,国家利益代表"公共的善",个人应履行对城邦的义务,个人利益服从城邦利益，个人利益包含在城邦利益之中，两者相统一。① 苏格拉底认为："对于任何人有益的东西，对他来说就是善。"② 善通过正义、秩序和技艺知识植根于身体和灵魂之中，人的一切合理行为都是为了从善。苏格拉底认为要使善成为每一个城邦成员共同遵守的准则，有两个必不可少的条件：一是城邦必须有一部符合正义原则的法律，法律的严格运行可以使每一个城邦成员的灵魂得到约束，欲望得到节制，从而使城邦的公共事业秩序井然、有条不紊；二是城邦必须有统一的知识教化，使成员为了城邦的整体利益而节制个人利益，在城邦的兴盛中获得自身的善与快乐。本文无意阐释人性"善"与"恶"的本质特性，从所关注的问题出发，对"善的行为"和"恶的行为"做出如下界定：个人在组织和社会中，符合群体和社会共同认知的规范或正义原则，不损伤他人或社会共同利益的行为即善的行为，反之则为恶的行为。

在古代中国，对人性善恶的争鸣由来已久。儒家传统主张"性善论"，《三字经》开篇即说"人之初，性本善"。孟子认为人生来就具有先天的"善端"，这是人异于禽兽、高于禽兽的本质特征。《孟子·告子章句上》中说："人性之善也，犹水之就下也。人无有不善，水无有不下……人皆有不忍人之心……无恻隐之心，非人也；无羞恶之心，非人也；无辞让之心，非人也；无是非之心，非人也。恻隐之心，仁之端也；羞恶之心，义之端也；辞让之心，礼之端也；是非之心，智之端也。人之有是四端也，犹其有四体也。"人性向善就像水往低处流一样，人性没有不向善的，水没有不向低处流的。孟子认为人都有忍让他人之心，无恻隐、羞恶、辞让、是非之心就不是人了。恻隐之心是"仁"的开端，羞恶之心是"义"的开端，辞让之心是"礼"的开端，是非之心是"智"的开端，人天生就有这"四端"，就像人天生有四肢一样。战国时期的荀子主张"性恶论"，《荀子》中说："人之性恶，其善者伪也……今人之性，生而有好利焉，顺是，故争夺生而辞让

---

① 杨俊明、李枫：《西方古典思想家和谐与和谐社会思想研究》，湘潭大学出版社，2013。
② 何仁富：《苏格拉底：通向至善之路》，载《四川大学学报》（哲学社会科学版）1996年第4期。

亡焉；生而有疾恶焉，顺是，故残贼生而忠信亡焉；生而有耳目之欲，有好声色焉，顺是，故淫乱生而礼义文理亡焉。"其意是人的本性，一生下来就有喜欢财利之心，依顺这种人性，所以争抢掠夺就产生，而推辞谦让就消失了；一生下来就有妒忌憎恨之心，依顺这种人性，所以残杀陷害就产生，而忠诚守信就消失了；一生下来就有耳朵、眼睛的贪欲，有喜欢音乐、美色的本能，依顺这种人性，所以淫荡混乱就产生，而礼义法度就消失了。对于人性之"善恶"争论，也存在于西方哲学和宗教理论中，古希腊的斯多葛学派认为人虽然自利但有理性，理性支配人协调与他人的利益冲突。18 世纪法国思想家卢梭认为人性本善，因社会变迁而"变恶"。基督教认为人自从出生的那一刻起就有罪，这种"原罪"来自亚当和夏娃。无法消除的原罪产生了贪婪、嫉妒、傲慢、仇恨等"罪性"。

对人性的认识除了"善恶论"外，还有"无善无恶论"和"有善有恶论"。战国中期人告子与孟轲论人性问题，认为"生之谓性"，"食色，性也"。告子说："性无善与无不善也……性犹湍水也，决诸东方则东流，决诸西方则西流。人性之无分于善不善，犹水之无分于东西也。"① 英国近代思想家洛克认为人之初始，人心都是空如白纸的，不存在善与恶的问题。战国初期人世硕，主张人生来就具有"善"和"恶"两种不同的自然属性，是先天具有的、与生俱来的。后天养之善性，则是善性不断增长；养之恶性，则是恶性不断增长。汉代王充在《论衡》一书中记载："周人世硕，以为'人性有善有恶，举人之善性，养而致之则善长；恶性，养而致之则恶长'。"在古希腊，柏拉图认为人有欲望、意志和理性，当理性能驾驭欲望和意志时，就能获得善；反之，就是恶。亚里士多德也认为人有理性和情欲。人生的目的在于用理性节制情欲于一个合理的状态，恰到好处，以获得人生的幸福。康德则认为人有两个我，一个是"实我"，另一个是"真我"。"真我"是理性主导的我，"实我"是情感主导的我，"真我"因为善性的约束而高于恶性欲望的"实我"。

---

① 《孟子·告子上》，https://baike.so.com。

我们关注"人性善恶"问题，回到现实社会中，旨在构建理想中的"幸福"和"和谐"的社会状态，对此，"人的善行"和"人的恶行"比人的"善"和"恶"更重要，对他人和社会真正具有影响的是人的行为，而非存在于精神层面的善和恶。人的善行或恶行并非由先天的"善"或"恶"的本性造成，如果人的行为由先天的善恶本性决定，则人的"善"或"恶"所产生的行为是不可逆转的，社会也不是有序的，人就还没有真正从低等的动物进化到"人"。在现实社会中，人们通过"善行"或"恶行"衡量人性的善恶，或者说人的言行就是考察善恶的参照物。后天的善行或恶行比先天人性的善恶更重要，善行有益于社会和谐，恶行有害于社会和谐。先天人性的善或恶，或人性的无善无恶、有善有恶与现实中的善行或恶行不能画等号。假如认可人性普遍先天向善，则现实中的恶行不能怪罪于先天的善，只能在后天去查找原因；如认可人性普遍先天向恶，则现实中的善行不可能由先天的人性之恶产生，产生善行的因素也只能在后天中寻找；如认可先天人性无善无恶，现实中的善行或恶行也只能解释为后天的因素；如认可人性先天有善有恶，那么先天就存在的"谁善谁恶"将误导人类社会进入一种野蛮的状态。因为人不能选择出身，即意味着人不能选择善恶，人因先天的善恶身份对社会而言只有对抗，而无和谐可言。

如果存在普遍的先天"善"或"恶"，那么现实中"善恶共存"的结果只能解释为后天的作用，这就隐喻着人性的善恶之分来自后天，而非先天形成。人性的"善恶"既非父母的善恶基因遗传，也非来自上天的有意安排，那么后天是怎样影响人性善恶呢？就其生物个体而言，从出生开始并无生理结构和功能差异，从呱呱坠地到牙牙学语，从幼儿、童年、少年至成年，所有的人都经历相同的生长和成熟过程。有出生就有死亡，任何人概莫能外，人之不同来自后天的安排，婴儿因出生的环境不同而不同。人的不同源于所处的国家、地区、家庭不同，以至于有贫富、职业及个人身份之别。每个人所处的政治、经济、社会及文化环境不同，所受到的教育、所经历的事件、所选择的职业、所思虑的问题、所持有的态度等各个方面千差万别，以至于个人的性格特征、处事原则、心理需求亦大相径庭。人性之"善"

和"恶"，在大千世界并非完全处于绝对对立状态，崇德扬善可彰显善举，法治抑恶可减少恶行，社会"德治"与"法治"并举方能建立和谐秩序。

2. 功利社会的"自利"与"自私"

从私有制产生以来，财富的归属权衍生出不同的利益主体，由此，基于权属明晰和利益划分的规定性形成社会制度。任何利益主体皆希望用最少的付出获得最大的利益，人的行为趋功利性带来社会整体的功利性。个人或利益集团对自身利益的追逐，激励了个人或集体愿意为此付出体力或脑力，以至于人类不甘于现状，脱离懒惰选择勤勉去劳动、思考和创造，财富和思想的积累促进人类一步一步从低级向高级、从落后向现代进化。人对财富追逐的功利性以追逐快乐和幸福为动机，快乐和幸福既是出发点又是最终归宿，而对财富的追逐作为人的具体行为，则成为达成快乐和幸福的手段。人类自私有制以来的所有社会形态，皆为"功利社会"，个人因财富等不同而成为不同的阶级，国家因富而强、因贫而弱。功利社会复杂而多元的利益主体相互之间为利益而竞争，在竞争中既有合作又有纷争。从传统的农耕时代过渡到近代的工业化时期，社会的功利性越发突出。人类对财富的追求，造成对自然资源的过度消耗，为未来的可持续发展带来隐忧。正如恩格斯所说："我们不要过分陶醉于我们人类对自然界的胜利，对于每一次这样的胜利，自然界都报复了我们。每一次胜利，在第一步都确实取得了我们预期的结果，但是第二步、第三步却有了完全不同的出乎意料的结果，常常把第一个结果又取消了。"① 建立在私有制基础上的个人财富积累、阶梯式等级制度下的个人地位、暴力争夺下的政治权威不会被自动放弃，以至于必然出现"社会不公"，也不可能使社会的对立和争端从根本上被消除。

中国古代的"大同"理想、柏拉图的"理想国"以及近代空想社会主义思想家构想的"理想社会"，是财富公有、人人崇尚美德的"道德社会"，而非私有制下的"功利社会"，此种社会理想超越私有条件下"人人自利"的社会规范和行为原则，注定在现阶段只能是想象。马克思主义的理想社

---

① 恩格斯：《自然辩证法》，《马克思恩格斯选集》第 3 卷，人民出版社，1995。

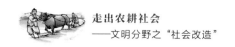

会——"共产主义",建立在消灭私有制、消除产生劳动异化的社会关系基础上,"以每个人的全面而自由发展为基本原则的社会形式",以批判资本主义劳动关系为基础,揭示了人类社会发展规律,反映了科学的世界观和方法论。共产主义既是远大理想,激励人们为之而奋斗;又是发展目标,激发人们脚踏实地、甘于奉献。共产主义既要求改造客观世界,又需要改造主观世界,人的自由而全面的发展既需要创造丰富的物质财富,更需要改造人的精神世界,创造丰富的精神财富。

消灭私有制既要从制度层面消除私有化,更要在意识层面消除私有观念。对此,本文讨论"人的自利"和"人的自私"话题,旨在对此后相关问题的研判预先做出铺垫。人的自利与生俱来,人的自私则产生于后天。人们习惯于将"自利"与"自私"等同,从而模糊了两者之间的界限。本书对两个概念加以区别,并尝试对其内涵作出具体界定。"私"即为己谋利,可分为"自利"和"自私",这两个相对独立的概念之间既有联系又有区别。自利和自私虽然都是为己谋利,但区别在于自利符合社会道德、法律规范,是社会认同和群体内能容忍的谋利,而自私则违反社会道德、法律规范,是社会不认同和群体难容忍的谋利。在以私有制为基础的功利社会,自利是理性行为,而自私是非理性的。亚当·斯密在《国富论》中阐述:"我们每天所需的食料和饮料,不是出自屠户、酿酒家或烙面师的恩惠,而是出于他们自利的打算。"尽管屠户、酿酒家或烙面师"通常……不打算促进公共的利益……他所盘算的也只是他自己的利益……他追求自己的利益,往往使他能比在真正出于本意的情况下更有效地促进社会的利益"。① 功利社会中的市场交换建立在"经济人假设"基础上,人们根据自利原则进行理性选择。市场交易中,一方获得了来自交易方的物品或利益,另一方也获得了等价的物品或利益,双方都从中获益的交易遵守市场规则,这种自利行为被视为能被社会接受的正当行为。自利行为既可利己,也可利他,或对他人无

---

① 〔英〕亚当·斯密:《国民财富的性质和原因的研究》(下卷),商务印书馆,1974,第27页。

利，但也不会损害别人的利益。如竞技场的获胜者，让对手失去获得奖励的机会，这种机会属排他性的；于对手而言，遵循共同规则下的获利是自利而非自私行为。

中国古代文献对"自利"与"自私"没有做出严格的划分，甚至将自私与自利连用，表示极端的自我意识。《墨子·非攻上》中记载："今有一人，入人园圃，窃其桃李，众闻则非之，上为政者得则罚之。此何也？以亏人自利也。"显然，此处的自利实则自私行为。宋·程颐《二程语录》："释氏之学……然要卒归乎自私自利之规模。"《孟子·尽心上》里写道："杨子为我，拔一毛而利天下，不为也。墨子兼爱，摩顶放踵利天下，为之。"意思是说杨朱这个人主张一切为自己，连拔下自己的一根汗毛而造福天下都不愿意。墨子提倡爱世界上所有的人，只要对天下人有利，做一切事情都愿意，哪怕是磨秃头顶、走破脚跟，也心甘情愿，这两个人是多么不同呀！《列子·杨朱》中的原文是："损一毫利天下，不与也；悉天下奉一身，不取也。人人不损一毫，人人不利天下，天下治矣。"意思是说，牺牲个人来满足社会，是不可以的；牺牲整个社会来满足一个人，更是不对的。个人和社会是平等的，不能互相侵害，只有个人和社会的利益都不受损，都不用牺牲，这才叫"天下大治"。孔子说：富与贵，人之所欲也。对富贵的索取，来自人的本能欲望，孔子所表述的更接近于人的自利行为，这种行为是与生俱来的。春秋时晏婴说："凡有血气，皆有争心。"战国时商鞅也认为："民之性，饥而求食，劳而求佚，苦则索乐，辱则求荣，此民之情也。"[①] 商鞅同样表达了人的自利之心来自本能的观点。人的生理功能先天具有对外部物质和环境的渴求，只有在获得外部能量交换的条件下才能确保生命运动。少年儿童在发育之初，一切行为意识大多来自本能。新生儿在四至五个月便能注视自己的手，并开始抓物。至此，生命个体开始意识到自己的存在，自我意识开始觉醒。之后随着大脑的发育，幼儿便知道哪

[①] 《商君书·算地》（第六），https://baike.so.com。

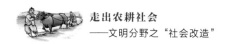
个玩具是自己的。①

自利的极端便为自私，其行为表现在为一己私利不择手段。与自利的区别在于：当人事实上表现出损人利己的行为时，就可以被称为自私。自私的行为在现实中有多种表现，主要以"自我"为中心，轻者违背良知占有他人劳动和劳动产品、欺凌弱小为己谋利、漠视公德损公肥私等；极端自私导致贪婪、嫉妒、报复、吝啬、虚荣等病态心理，是践踏社会秩序的万恶之源。《荷马史诗》中记载的著名特洛伊战争，起因于三个女神对属于最美女神的"黄金苹果"的争夺。女神们的自私带来一场十年战争，现实中人性的自私导致了谋财害命、杀人越货、贪赃枉法等种种罪恶。人性的自私通过自私行为表露出来，虽然人性的自私是罪恶之源，但真正对社会造成破坏的是自私的行为。人有自私的心理和自私的动机，而道德、法律等社会规范的约束，可减少罪恶。

自利通过理性的经济人行为表现出来，"自私"与"自利"的动机通过行为特征得到甄别。常言所道"公私分明"提醒我们，"私"与"公"相对应，人性除了有"私"，亦应有"公"，现实中有"私为"，也存在"公举"。从概念上划分，为己即为"私"，那么为他人（包括为集体）的行为则为"公"。人对待利益可能出现舍己利他、舍他利己行为，其间还有利己利他、舍己舍他的情况，区分这几种情况，舍己利他即为"公"，其他含有为己谋利的则为"私"。人性的"私"有自利和自私之分，即利己利他和舍他利己，还存在舍己舍他的状况，这种状况在现实中表现为"害人害己"或"损人不利己"的行为。以上对人性的"善"与"恶"予了界定，用"善恶"的价值标准来衡量人性的"公"与"私"，则可得出一个结论。含有自私之心或损人利己以及害人害己行为则为"恶"。人的"善恶"本性取决于"后天"，那么个体的"人"在社会集群中的"公私之心"及行为也与后天诸多因素相关，道德体系、法律体系、社会教育体系以及诸多制度性因素决定了人的"公私行为"。

---

① 王泽全：《儿童自私行为分析》，http：//mall. cnki. ne。

以上关于"自利"与"自私"及扩展到"公"与"私"的讨论，从人的"个体"和"物质利益"占有的角度，分析了人的本性和行为，似乎对这一问题的讨论尚未穷尽，还有补充的必要。①社会建立在人的"合作"基础上，个人通过组织化与他人形成共同的利益集团，利益集团在博弈中仍需遵循社会道义和法律规范。对个人自利与自私的界定，延展至社会组织、民族甚至国家皆同理。②人是有意识的动物，其行为具有目的性，但并非所有的目的都是谋取直接的物质利益。行动的目的除直接利益外，还有间接的利益；除眼前利益外，还有预期利益；除物质的外，还有精神上的体验。也存在以个人爱好、兴趣、享乐等为目的的行为方式。显然，对以非物质利益为目的的行为分析更为复杂，不是所有的行为动机都可区分为"公"或"私"。③道德的自我约束和法律的强制约束具有社会规定性，是社会全体成员认可的个人行为规范。在人的合作所产生的集体行动中，可能存在对他人有利而己不获利的情况，如他人溺水，自己有能力施以援手，救人上岸为"善举"，见死不救则为恶行。于己而言，个人没有直接损害他人利益，但无动于衷也是一种行为，虽然这种行为不是导致他人死亡的直接原因，但这种行为让他人失去了获救的机会。社会约定俗成的道德规范需要人们在他人处于危险中施以援手，"见死不救"则是违反道德的自私行为。另一种见死不救如地震中老师抛下学生独自逃跑、置学生于危险之中的行为，不但是不道德的，而且是极端自私的失职、渎职行为，因为教师的职业规范赋予了其保护学生的职责，抛下学生不顾被教师的职业规范所不容。

3. "快乐"的需求与生产

理性主义"幸福观"反对将建立在物质享乐基础上的快乐等同于幸福，而感性主义则把幸福归结为欲望得到满足时的感官快乐和灵魂愉悦。苏格拉底、柏拉图和亚里士多德强调高尚的道德是人生幸福的最高境界，这与中国古代儒家所倡导的"孔颜之乐"极为接近。而近代功利主义代表人物边沁和密尔都认为：人类的行为完全以快乐和痛苦为动机，幸福即享有快乐、免于痛苦。马克思主义幸福观是现实中物质生活与精神生活的统一，幸福既不能等同于贪图物质的感官享乐，也不能脱离人对物质的需求而虚幻地存在，人对物质的基本需求是维持生命运动的本源，人的机体失去对物质和能量的渴求，生命将会终止，幸福无从谈起。儒家所倡导的"箪食瓢饮"之乐也是以物质为基础的，试想没有"箪食瓢饮"，乐从何来？柏拉图的"理想国"也是强调物质生产的，理想的城邦中除了管理国家的哲学家、护卫国家的士兵和职业军人外，还有被统治的普通人，即从事各种一般职业的人，包括农夫、木匠、铁匠、牧羊人、建筑工人、纺织工人、鞋匠等，试想没有这些普通人为城邦生产和生活提供产品，城邦何以存在？宗教引导人脱离现实的物质生活，倾向于禁欲，而其所描述的"上帝居住的地方"和佛教中的"极乐世界"，则是物质极为丰富、奢靡的地方，《圣经》中的天堂是一个充满爱和自由的喜乐之地，其中有珍珠门、黄金街、碧玉墙，有生命树、生命果、生命水，人进入天堂就没有忧愁，永远与上帝同在，享有永远的生命和福乐。佛教中西方极乐世界极其美丽奢华。如阿弥陀佛四十八愿中第三十九愿所说的那样："我作佛时，国中万物，严净光丽，形色殊特，穷微极妙，无能称量。其诸众生，虽具天眼，有能辨其形色，光相、名数，及总宣说者，不取正觉。"有以金、银、琉璃、水晶为材料制成的建筑，一排排整齐美观的宝树，永远不会凋谢的巨大的莲花，七宝为地，七宝即金、银、琉璃（青色宝）、玻璃（水晶）、砗磲（青白色宝）、赤珠（赤色宝）、玛瑙。七宝池里的水是八功德水，香甜清澈，好处多多。

康德认为："快乐是我们的需求得到了满足。"人的需求是多方面的，有物质的、安全的、情爱的各个方面，当需求得到满足时就有了快乐，反之则可能表现为沮丧、失望、痛苦、不安等情绪。1943 年，美国心理学家亚伯拉罕·马斯洛（Abraham Harold Maslow）在人类需求理论中提出人类需求像阶梯一样从低到高按层次分为五种，分别是：生理需求、安全需求、社交需求、尊重需求和自我实现需求。各层次需求之间，当低层次的需求得到满足时，更高层次的需求就成为新的激励因素，而低层级的需求则不再产生激励作用。同一时期，一个人可能有几种需求，但每一时期总有一种需求占支配地位，对行为起决定作用。任何一种需求都不会因为更高层次需求的发展而消失。各层次的需求相互依赖，高层次的需求满足后，低层次的需求仍然存在，只是对行为影响的程度大大降低。这些需求中既包括对物质的需求，又包括精神上的需求，物质需求处于较低的层级，从低向高则表现为从物质需求向精神方面的需求发展，以及从感官快乐向精神愉悦跨越。

感官享乐产生的快感是暂时的、多变的。物质需求满足产生的效应呈边际递减趋势，如处于荒漠缺水状态中的人，第一杯水产生的满足感最大，随后喝下去的每杯水满足感逐渐降低。人在追求幸福的旅程中，物质需求满足、感官享乐的结果与干渴中的人饮水是相同的，过度地追求物质以及刺激感官，不但不会产生持续的快乐，反而会令人陷入痛苦的境地。美国南加州大学经济学教授理查德·伊斯特林（Richard Easterling）在《经济增长可以在多大程度上提高人们的快乐》中提出："通常在一个国家内，富人报告的平均幸福和快乐水平高于穷人，但如果进行跨国比较，穷国的幸福水平与富国几乎一样高。"他的调查认为古巴的快乐和幸福水平与美国几乎一样高，在所调查的国家中美国居第一、古巴居第二。

每个人都需要快乐，快乐从何而来？马克思认为劳动创造幸福，主要指人的劳动创造劳动产品，包括物质的和精神的。劳动创造的成果被自己消费或用作商品交换回来自己需要的东西，总之，这些被自己消费并给自己带来快乐的东西都是通过劳动产生的。劳动在创造幸福的过程中，也是一件令人快乐的事。但是，马克思认为在资本主义生产关系下，劳动与"生产资料"分离，从而被"异化"，劳动变成个人不情愿的、痛苦的体力和脑力支出，劳动过程是不快乐的。在资本主义社会，一部分人占有另一部分人的劳动，社会财富分配不公，社会矛盾十分突出。现代物质文明兴旺发达，在提升人们生活品质的同时，刺激人们对物质的需求超过理性限度，使人们跌入物质主义的陷阱。人们在沉溺于财富占有、物欲横流的生活中忘记了自我实现的更高追求。正是过度追求实现原始欲望的感官刺激，使人们忘记了超越物质之外的精神富足。正如马克思指出的那样："享乐主义把丑恶的物质享受提高到了至高无上的地位，毁掉了一切精神内容。"①

① 《马克思恩格斯全集》第 1 卷，人民出版社，1956，第 636 页。

在功利社会里，利益主体小到个人、家庭、企业，大到地区、民族、国家，皆以创造财富和积累财富为行事目标。财产归属感分明成为重要的是非判定标准，个人或组织为自身谋取利益的"私"大于为他人或他组织谋取利益的"公"，以至于"因私废公"的行为为社会所诟病。社会合作中个人追求利益最大化有利于最大化增进社会福利、创造更高的效率以增进个人和社会的财富积累，但个人的快乐与幸福并非与社会的快乐与幸福同步发生，私有条件下财富分配不均，富人为自己的快乐而剥夺了穷人的快乐，个人的幸福并不能与社会整体的幸福同频共振。从个人的消费来看，每个人在享有属于自己的私有产品外，还享有由社会共同创造的公有产品，即个人在维持自身生命运动中，除了消费和享有属于自己的财富外，如食品、服装、房屋等，还消费和共享了由社会创造的公共财富，如道路、通信、教育、医疗及社会保障的诸多方面，而且随着社会文明不断发展，公共物品在个人消费中所占的比重越来越大，这意味着个人的快乐或幸福越来越多地依赖于社会共同拥有的公共财富，而越来越少地依赖于个人所独有的私有财富。当满足个人温饱变成微不足道的事情后，个人可能更热衷于健康、旅游和艺术，在美丽的风景、畅通便捷的交通、周全的公共服务中寻找快乐，而这些非个人拥有的公共产品事实上由社会创造和供给，所有社会成员需要承担生产这些公共物品的成本，即"高福利可能带来高税收"。这意味着随着社会文明程度提高，"个人的快乐"与"众人的快乐"互为条件。

"私"与"公"、"私行"与"公为"之间看似对立，实则在对立中可实现和谐"统一"。在自由竞争的市场体系中，个人在实现利益最大化的同时，也促进了社会福利最大化。与此同时，社会福利最大化也促进了个人利益的最大化，因为，社会福利被所有社会成员共享，且不具有排他性，社会福利相关于每个社会成员的利益，社会福利最大化让所有社会成员的利益也实现最大化。除了市场机制调节资源配置所带来的社会福利外，社会成员所享有的福利范围随经济、社会发展水平提高而扩大，而且许多公共产品必须通过政府这个代理人进行生产和供给，诸如教育、医疗和社会保障体系等方面，这些事业的发展以所有社会成员的"公心"和"公为"为基础，方能达到目的。有一则流传甚广的寓言有助于说明这个问题，传说有人问上帝天堂和地狱的区别，上帝对这个人说："来吧，我让你看看什么是地狱。"他们走进一个房间，屋里一群人正围着一大锅肉汤。每个人都面黄肌瘦，手持很长的汤匙争先恐后地抢着肉汤。由于汤匙柄太长，装满肉汤的匙无法送到嘴里，他们看上去非常绝望和悲惨。"来吧，我再让你看看什么是天堂。"上帝把这个人领到了另一个房间，这里的一切与上一个房间没有什么不同。一锅汤、一群人、每人一个汤匙，不同的是每个都在相互喂食并快乐地歌唱。"我不懂"，这个人说："为什么一样的待遇与条件，他们却很快乐，而上一个房间里的人却很悲惨？"上帝说："你仔细看看，这是因为在地狱里，人人为自己，而在天堂里，人们互相喂食、彼此合作啊！"这个故事喻示了社会中，人人为"公"则人人有"利"，人人为"私"则人人失"利"，天堂与地狱本无不同，真正的不同乃人心不同而已。

三　论"人的改造"

自然界物竞天择，始终遵循适者生存的铁律。人类在改造自然的进程中进化、脱离动物本性，从学会直立行走到智人，经历了数百万年时间。大致6500万年前，据称陨石撞击地球造成的灾难，使原始的动物物种大多灭绝，其中包括恐龙的消亡，结束了爬行动物的黄金时代。逃过劫难的一种哺乳类动物在漫长的岁月中，进化为人类。200万年至20万年前，地球上的直立人已学会用火和使用工具。直到20万年前，地球上才出现真正的智人。人从什么地方来？每个民族都有关于祖先来自何方的传说。埃及传说第一个人是由哈奴姆神用陶土塑造成的，中国古代有女娲氏抟土造人的故事。古希腊阿那克西曼德（Anaximander，约公元前6世纪）认为生命最初由海中软泥产生，原始的水生生物经过蜕变（类似昆虫幼虫的蜕皮）而变为陆地生物。中世纪的西方，基督教圣经把世界万物描写成上帝的特殊创造物。建立在科学认识基础上的"进化论"兴起于近代，1809年，法国生物学家拉马克（Jean-Baptiste Lamarck）发表《动物哲学》一书，提出高等动物起源于低等动物，人类来源于人猿，在历史上第一次提出了系统的进化论观点。1859

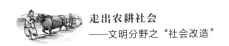

年，英国生物学家达尔文（Charles Darwin）撰写了著名的《物种起源》一书，系统地阐述了他的进化学说，认为生物的变异、遗传和自然选择作用能导致生物的适应性改变。生物在繁衍过程中，由于生存空间和食物有限，必须为生存而斗争。那些能够适应生存环境、被自然选择存活下来的个体，继续繁衍后代，并随生物个体的变异，由简单到复杂形成新的亚种和种群。而那些不能适应环境变迁，不被自然选择的生物个体则不断消亡。1871年，达尔文推出了《人类起源》一书，用进化论的原则和自然选择的原理，运用解剖学、胚胎学、返祖现象、心理活动等科学知识，系统地论证了人类进化的过程。

人类自产生开始，数百万年处于原始的蒙昧状态，在脱离动物本性的道路上蹒跚前行，真正进入人类文明的时代不过数千年时间。为什么短短的几千年里人类如此神速地成长，以至于开创了地球上独一无二的人类文明？人类超越众多物种孤独进化似乎非自然选择所能及，"进化论"不能为我们彻底厘清其中奥秘，也许自然之力给人类留下了更为广阔的想象空间。无论如何，从现有的科技所能掌控的角度，考古学、人类遗传学等学科证实了人类非天外生物，而是存在了几百万年的地球居民。人类被证实其先祖真正脱离野蛮状态，始于能动地对自然物加以改造，正如恩格斯所说："摩擦生火第一次使人支配了一种自然力，从而最终把人同动物界分开。"① 事实也证明人类文明进步皆开端于工具的改进和使用，"铁器畜耕"使人类进入农业文明时代；"大机器生产"使人类迈入工业时代，人类逐渐变为自然的"主宰"。人类对工具的改进，每一次提升都意味着人的能力提升，以至于人与自然的平衡关系因人的能动性而被打破。从从属地位到支配地位，人类对自然的改造渐入佳境。

过去，人类在自然面前显得无能为力，面对毁灭性的灾难只有向所有神明祈祷膜拜。饥饿、战争和瘟疫肆虐人类，随时夺去数万、数十万、数百万人的生命。随手翻阅任何一部历史书籍，皆可看到过去发生过的事实：即人

---

① 《马克思恩格斯选集》，（第3卷），人民出版社，1995，第154页。

类的命运始终与灾难为伴，人类正是在灾难的夹缝中生存和改造自我。过去几千年，人类的自我改造所获取的能量，足以打破"自然选择"左右人类命运的铁律，人类的命运越来越被自己所掌握。上古时期，由于自身能力弱小，人们幻想拥有超能力的神灵存在，上仙、诸神、天使、魔鬼无不拥有上天入地、翻江倒海之威，只有渺小的人类，则是被神明随意支配和蹂躏的族群。而今，人类所拥有的能力已大大增长，上天入地成为轻而易举的事。以色列学者尤瓦尔·赫拉利（Yuval Noah Harari）在其著述《未来简史》中说："过去几十年间，我们已经成功遏制了饥荒、瘟疫和战争。当然，这些问题还算不上完全解决，但已经从过去不可理解、无法控制的自然力量转化为可应对的挑战。我们不再需要祈求某位神或圣人来解救人类，而是已经非常清楚怎样预防饥荒、瘟疫和战争，而且都能成功。"

人类对自己的改造，表现为在"自然选择"面前的能动行为，这可能是人类区别于其他动物，并在自然进化中获得成功的重要原因。早在蒙昧时期，人类产生婚姻、家庭以后，才有了财产的归属感，以至于开创了人类数千年维护和划分财产权属的社会制度和组织形式。人类"一夫一妻"制婚姻的产生，与工具的发明和武器使用有关，弱小者掌握了武器使用方法，尽管可能仅仅是粗糙的石器和削尖的木棍，客观上缩小了族群内男性之间在自身体力上的差距。稳固的家庭不仅让人们产生财物的归属感，也让人们产生相互的感情归属感。家庭的产生奠定了人类社会以家庭为基本单元的社会组织结构和制度模式。在族群内部，人们更趋向于承认和接受以家庭为基础的伦理观念，从而建立起符合全体成员利益的价值体系，以及被所有成员认同的道德标准。

人类在改造自然和改造自我的进程中前进。对自身的改造超越自然对物种的选择，改造带来的进步超过自然进化的脚步，未来留给人类的时间和机会还很多，我们无法揣测人类的后代将是什么模样。有人预测：1000 年以后，人的外部形象将发生大的变化，更大的前额，较大的鼻孔，巨大的眼睛和更多色素的皮肤，甚至在未来清楚人的基因组后，父母可以选择孩子的样貌。物理学家霍金预测未来人类的寿命可长达千年。尤瓦尔·赫拉利在《未来简史》中认为人类将从智人进化到智神。通过生物工程、半机械人工

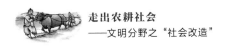
程、非有机生物工程三条路径对人进行改造。生物工程给智人改写遗传密码，重接大脑回路，改变生化平衡，甚至要长出全新的肢体；半机械人工程是让人结合各种非有机的机械装置，例如仿生手、义眼，抑或是将几百万个纳米机器人注入我们的血管，让它们在血液中巡航、诊断病情并修补损伤；非有机生物工程则是打造完全无机的生命，生命进入无垠的无机领域，变成我们在疯狂的梦中都未曾设想的样子。非有机的人工智能，将改写有机生命不能离开地球的宿命，为人类进入更加遥远的太空展望蓝图。

人们在津津乐道人类的成就和拥有巨大能量的新新人类时，似乎忽略了一个古代先哲提出的问题：我们幸福吗？尽管现代文明给许多人带来了富足的生活，人类仍然行走在寻找幸福的征途中。人类追求幸福的脚步一刻也没有停歇过。在改造物质世界的同时，人的精神世界尚有待提升，留给未来的问题可能比过去和现在更多，人类未来不得不面对已经显现的和潜在的危机。尤瓦尔·赫拉利认为在人类已经能有效应对饥饿、瘟疫和战争的风险后，新的挑战接踵而至，其中的一项中心议题是要保护人类和地球不被人类自己的力量所害；另外就是当人类社会达到空前的繁荣、健康与和谐后，人类追求的目标很可能是长生不死、幸福快乐和化身为神。这些目标中，最接近于现实的问题是如何重新界定"人、社会、自然界"的关系，实现人的身心、人与社会、人与自然的和谐。虽然这是一个老话题，却是一个直到现在都没有解决好的问题。人与社会、人与自然的和谐取决于人对自身的改造，包括人的物质世界和精神世界两方面，甚至精神世界的改造比物质世界的改造更为紧迫和重要。

第二节 文明的"幸福悖论"

每一个时代都有属于自己的"文明"，通常认为社会从原始形态向初级形态再向高级形态过渡是文明进步。现代社会来自传统社会，所创造的文明成果超越以往的任何时代，包括物质财富的积累、制度文化、现代科技以及众多的精神文化产品。通常我们用物质标准来度量一个时代的文明程度，却往往忽视精神力量对社会的支撑作用，这里说的精神力量主要指社会道德力量对社会行为的引领；个人向"善"的修为对欲望的约束；社会功利性趋向掩盖了社会道德缺失所带来的隐忧。18 世纪英国哲学家边沁主张，所谓"至善"就是为最多数人带来最大的快乐。进入 19 世纪和 20 世纪，虽然许多政府、企业和实验室也曾号称追寻边沁的理想，但实际上仍然专注于更直接和明确的目标。要判断国家是否强大，看的是领土大小、人口增长、GDP增长，而不是国民是否幸福快乐。许多制度设计包括教育、卫生和社会福利制度皆为了满足国家利益而设计，即让国家更强大，而非让人民更快乐幸福。[①] 值得人们反思的是：现代"文明"社会里，更多的财富并没有给人们带来更大的幸福，人们在物化生活中遭遇了"幸福悖论"。

一 "文明"与"幸福"的距离

因为有野蛮，所以才有文明。因为人类曾经度过漫长的野蛮时代，所以才对今天所拥有的文明引以为豪。在近代欧洲，文明一词最初用来形容人的行为方式，和有教养的、有礼貌的、开化的这一类词意思相似。法国启蒙学者最初使用这一名词，"该词最初确指对知识进步、技术进步、道德进步和社会进步的一种朦胧向往，也就是所谓启蒙思想"。[②] 法国史学家费尔南·布罗代尔（Fernand Braudel）对文明的界定比较强调它的物质内容，他说："文明首先是一个地域范围，要有一定的地域空间，因此包括气候，动、植物种类，农牧业，衣、食、住、行方式等；其次，文明可以等同于社会，两个词可以互换使用；第三，文明也就是经济，每个社会、每个文明的物质的、生物的状况常常决定着文明的命运；第四，文明包含着思维方式，也就是集体心理。"[③] 布罗代尔的文明概念与"文化"相

---

① 〔以色列〕尤瓦尔·赫拉利：《未来简史：从智人到智神》，林俊宏译，中信出版集团，2017。

② 〔法〕费尔南·布罗代尔：《文明史——人类五千年文明的传承与交流》，《资本主义论丛》，顾良、孙慧君译，中信出版社，1997，第 125 页。

③ 马克垚主编《世界文明史》北京大学出版社，2004，第 2 页。

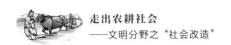

通，他认为狭义的文明包括宗教、精神和生活方式，以及文学、艺术、意识形态、觉悟等，这是与经济、政治、社会等并列的概念。广义的概念包罗万象，就是社会、政治以及经济扩张。亨廷顿（Samuel Huntington）的文化概念更多强调精神方面的内容，他认为文明是"人类最高的文化归类，人类文化认同的最广范围，人类以此与其他物种相区别。"① 在所有界定文明的客观因素中，最重要的通常是宗教，人类历史的主要文明在很大程度上被基本等同为世界上的伟大宗教。亨廷顿以宗教的区别把当今世界上的主要文明确定为中华儒教文明、日本文明（中国文明的后代）、印度文明、伊斯兰文明、西方文明（基督教文明，其中的拉丁美洲文明被称为西方文明的次文明）、非洲文明等。

每一种文明都有其发生、发展和演变的过程。阿诺德·汤因比（Arnold Joseph Toynbee）提出文明的挑战、应战学说，他认为文明通常起源于人类应对自身所处环境的挑战。环境的挑战与人类的应战是文明发展的动力，挑战与应战之间存在辩证关系。文明产生以后，那些不断接受挑战，进而不断改变和提高自己文明程度的文明就发展起来，而那些不能成功应对挑战的文明或流产或处于停滞状态。文明既有发展，也有衰落，直至最后解体或消亡。汤因比认为，在人类历史上曾经存在过26个成熟的文明，发展到今天，已有许多文明消亡或被同化，在现存的为数不多的文明中，有的已经表现出衰落或死亡的现象。美国历史学家卡罗尔·奎格利（Carroll Quigley）认为两种或多种文明的"混合"才会产生新的文明，文明经过酝酿阶段后即进入扩张阶段。文明的扩张要有扩张的工具，即要有发明、积累和投资。奎格利的扩张工具是三种东西：一是能导致做事方式的创新；二是产品的非平均分配能导致剩余财富的积累；三是所积累的剩余财富能用于对做事方式创新的激励。文明经过扩张后的工具制度化，使财富控制者不再投资而转为奢侈享受，失去变

---

① 塞缪尔·亨廷顿：《文明的冲突与世界秩序的重建》，周琪、刘绯等译，新华出版社，2010。

革动力的既得利益者与不满于扩张衰减前景的大众之间就会出现矛盾，从而导致冲突。文明的紧张时代会出现三种反应：改革、规避和反动。改革是重新安排扩张组织使之工具化，规避是发现新的扩张工具，反动是利益集团成功阻止改革或规避其发生。文明的挑战在于应对扩张工具制度化所带来的各种后果。

马克思基于对文明及社会发展阶段的划分，提出生产方式理论。即用生产力和生产关系、经济基础和上层建筑的矛盾运动来说明社会发展阶段、发展规律，为我们理解文明的更替提供了科学的范式。根据生产力发展变化情况，可将人类文明划分为两个阶段，即农业文明时代和工业文明时代。各个民族、国家从传统社会到现代社会，都经历了农业文明向工业文明进步的过程，但所经历的时间先后和延续的时间不尽相同，而今世界上既有以工业为主且发展程度不一的工业化国家，也有正在向工业化过渡、农业仍占主体地位的欠发达国家，是工业文明与农业文明共存的时代。

农业文明以农业种植为显著特点，经历了原始农业和传统农业的漫长时期。大约公元前5000年，中国、印度、埃及、两河流域以及地中海的克里特岛几乎同时进入文明社会。这些区域的农业文明诞生于大江大河流域，因地势平坦、水源充足、土地肥沃、气候温和，适宜于农业耕种，所以农业较为发达。由于各区域的农业种植习惯、传统技术以及人文、艺术和民族特性不同，所以农业文明的区域特点也极为鲜明。希腊文明以及后续的古罗马文明，以地中海为发源地，是现代西方文明的摇篮。农业文明以人力、畜力、风力、水力为动力，受土地规模和生产潜力约束，农民是社会财富的主要创造者。农业社会的人口呈现散居状态，城市发展较慢。与王权结合紧密的宗教崇拜，是社会的主导意识，以佛教、伊斯兰教、基督教为主的宗教意识在相关文明区域发挥重要作用。从公元前8世纪至公元前3世纪，在希腊、印度和中国，人类理性精神开始觉醒，并对人与自然、人与社会的关系开展探索和思考，形成系统的、各具文明特色的价值理念。

工业文明以工业生产为显著特点。开始于18世纪的英国，繁盛于欧美地区。"如果人们把整个人类社会的演进用12小时来表示，那么现代工业

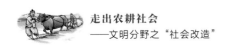
时代只代表最后 5 分钟，而不是更多。"① 工业文明时代以煤炭、石油、天然气为动力，科学技术在生产力中的作用日益重要。工业、商业高速发展进一步推进社会分工，城市快速发展，乡村沦为欠发达区域。随财富积累和生活条件改善，人的寿命有所增长，人口数量增长更快。工业化生产方式创造了有别于农耕时代的生活方式，物质生活和精神生活异彩纷呈。在各文明内部，政治结构都在酝酿改变或者正在改变或者已经改变，民主成为人类政治的主要诉求，各文明均为之付出了艰难的努力，并且取得了许多成果。不过达到理想的民主境界，仍然是人类的长远目标。② 虽然宗教仍然在各文明内部发挥重要作用，但科学与理性日益主宰人类的意识形态。

农业文明孕育了工业文明，在工业文明到来之前，至少经历了长达几个世纪的准备和酝酿。西欧早在 16 世纪即开始工业化进程，并为 18 世纪工业革命的到来积淀了资本、技术等各种资源。为什么工业文明没有出现在其他农业文明更为兴盛的区域？这是一个长期困扰学术界的重要课题。对于这一问题，许多人提出了不同的观点。在创造辉煌农业文明的东方，与西欧同一时期的汉文化圈也同时出现了工业化萌芽，但工业化远远落后于欧洲，其中的复杂因素有待稽考。

工业文明产生于农业文明，既是对农业文明成果的继承和发展，又是与农业文明在生产力发展水平、生产方式、社会关系和社会组织形态等方面迥异的，远远高于传统农业文明的现代生活方式。工业文明所支撑的社会及社会运行机制与农业文明之不同在于：①单干或合作。传统农业时期典型的欧洲庄园式经济，或东方式的小农经济的共同特点以"生产自给"为主，庄园或以家庭为生产单元的小农形式都是孤立地进行生产，与外部较少产生生产的合作或联合。工业生产方式在分工基础上专业化，企业内部生产各工序之间紧密合作，以及企业与企业之间有生产合作，生产与市场有产销合作，工业文明是合作的经济。②分散或集中。农业依赖于土地，土地的分散分布

---

① 马克垚主编《世界文明史》，北京大学出版社，2004，第 10 页。

② 马克垚主编《世界文明史》，北京大学出版社，2004，第 9~10 页。

决定了农业生产、居住方式处于分散状态。工业社会的大机器生产需要人力、资本与原材料等要素集中,人口集中分布于城市。③封闭或开放。农业社会系统处于封闭状态,与外部系统之间缺乏输入或输出的能量交换。工业社会系统处于开放状态,产品以交换为媒介,市场沟通各方。工业社会系统对外交往十分频繁,系统对外合作成为常态。④保守或求新。农业生产日复一日、年复一年在同一区域、同一地块内进行,生产技术来自祖传技能或经验积累,生产观念以及生活观念处于保守状态。工业社会是高度竞争的社会,创新是个人、企业乃至国家、民族在竞争中生存发展的必要手段。⑤服从或共享。农业社会是服从的社会,在封建的、专制的制度体系下,个人权益被动地服从于君权、神权和庄园主及族权等,依附于各种权威生存。工业社会倡导民主与科学,在倡导民主治理基石上共建共享。

从农业文明到工业文明,生产方式、生活方式颠覆传统,发生嬗变。工业化时代创造的多于农业文明时期的物质财富,极大地改变了人们的生活质量。工业文明带来的生活方式克服枯燥的农耕生活,以令人眼花缭乱的方式渗入社会各个层面,快节奏地改变人们的生活习惯和生活理念。但是,所谓以物质标尺衡量的文明进步,所带来的快乐和愉悦并没有达到幸福的境界,甚至新的困惑让我们对正在突飞猛进"变化的世界"产生了疑惑。18世纪中叶英国著名哲学家、历史学家和经济学家大卫·休谟(David Hume)作过一个关于人类的简短论断:"一切人类努力的伟大目标在于获得幸福。"① 那么,进入现代社会的人获得幸福了吗?1974年,美国经济学家理查德·伊斯特林(R. Easterlin)提出了著名的"幸福—收入之谜"或"幸福悖论"。其核心基于"财富增加将导致福利或幸福增加"的经济学原理,从横断研究来看,收入和幸福感正相关,即富裕的国家(或居民)普遍比贫穷的国家(或居民)更幸福,富人普遍比穷人更幸福。从时间(通常10年及以上)序列上看,财富与幸福却无关系,即在一个国家(或社会)收入增长的同时,居民幸福感

---

① 杨明辉:《消费主义与重建精神家园》,载《南京工业大学学报》(社会科学版)2011年第1期。

并不会随之增加。令人迷惑的是：为什么更多的财富并不能带来更大的幸福？对"幸福悖论"的解释大体有以下观点：定点理论认为人们的幸福感由基因或遗传决定，这种解释突出种族差异，某些种族天生具有较高的幸福感；相对效应理论认为人的幸福感取决于相对收入，是与他人收入和自己过去的收入比较的结果，增加所有人的收入并不能改变人们的相对位置，所以不能增加幸福感；适应理论认为短期内的收入增长会使幸福感上升，但是在对比和习惯中产生的适应使幸福感降低；欲望理论认为收入增长的同时欲望也随之上升，增长的欲望削弱了收入增长对幸福感的效应。对于社会而言，作为一个整体，收入增长过程中的竞争是一个零和游戏，只能导致个人相对位置的调整，成功者得到的被失败者失去的抵消，总的幸福感不会增加。

对"幸福悖论"的传统解释，暗喻了人们所要追求的幸福只能是"理想"，所有的努力都难以到达"彼岸"。近年来，对忽略变量的研究似乎打破了这个"魔咒"，许多学者研究认为，收入不是决定幸福感的唯一因素，除此之外，幸福感还与国家的社会、文化特征相关。当个体脱离贫困，幸福感的主要来源就不是收入而是其他因素。当非收入因素与收入因素呈反方向变化时，非收入因素的下降产生的效应就会抵消收入增长带来的效应，从而使幸福感的总体效应不变甚至下降。在所研究的忽略变量中：①收入不平等。收入不平等对幸福感的影响虽存在争议，但大多数人赞同当收入增长与收入不平等同时发生时，收入不平等的负效应将抵消收入增长所产生的效应。②受教育程度。受教育程度对幸福感存在两方面影响，一方面，受教育程度越高，越容易获得更好的职业和更高的收入，有利于增加对幸福感的效应。另一方面，受教育程度越高，增加的收入对幸福感的边际效应越低，而受教育程度越低，增加的收入对幸福感的边际效应越高。③社会资本。社会资本是决定幸福感的重要因素，经济增长对幸福感产生积极效应，但同时因竞争造成人际关系弱化，从而对幸福感产生消极影响。④个人主义—集体主义。在个人主义社会，人们为个人的目标和愿望追求幸福。在集体主义社会，人们为集体的目标和愿景奋斗，个体获得集体的支持而获得幸福感。⑤婚姻状态。家庭是组成社会的基本单元，家庭的完整使人获得安全感和归属感，有益于提高幸福感。家庭生活是个人幸福感的重要来源，离婚导致家庭的爱和关心、支持丧失，从而降低幸福感。[①] 引入忽略变量对幸福感的影响分析，肯定了经济收入对幸福所产生的积极效应，忽略变量对收入产生的积极效应发挥重要影响。因而，对"幸福悖论"的破解因忽略变量在不同国家、社会的表现不同而有不同的因应之策。有学者研究认为，增加社会信任、降低收入不平等水平可使收入增长和幸福感上升并实现社会和谐共存。

二 社会"和谐"与制度"正义"

个人在"合作"中形成社会，社会的"和谐"取决于人们之间的良好合作，其中发挥重要作用的是作为社会运行规则的"正义"。何谓"和谐"？最朴素的民意表达就是："公平与正义是最大的和谐。"[②] 和谐的社会是正义的社会，其中制度正义是其灵魂。何谓"正义"？亚里士多德把"正义"用于人的行为。近代西方思想家把"正义"用于评价社会制度，被看作社会制度的首要价值。制度正义即分配社会财富、自然资源、公民权利与义务以及政治责任的公共政策和制度规则体系的公平性与正当性。"正义"一词在中国典籍中，最早见于《荀子·儒效》，其中说："不学问，无正义，以富利为隆，是俗人者也。"《论语·颜渊篇》中载：鲁国的正卿季康子问政于孔子，孔子对曰："政者，正也。子帅以正，孰敢不正？"意思是"政"就是端正，自己带头端正，谁敢不端正呢？中国传统的正义观集中于"义利之辩"，表现出不同的倾向。一种是"事利而已"[③] 的功利至上倾向，另一种是"思义为愈"[④] 的道义至上倾向。中国传统正义观强调个人的道德完善，突出个人对整体的道义责任，但缺乏对制度正义的研究。近现代西方正义观则重视制度正义问题。正如罗尔斯（John Rawls）指出的那样，正义的主要问题是社会制度问

---

① 晏小华等：《幸福悖论及其最新解释》，《心理科学进展》2018年第1期。

② 2007年"两会"期间，国务院总理温家宝在答记者问时提出。

③ 《左传·襄公二十七年》："晋、楚无信久矣，事利而已。"其意为："晋国、楚国缺乏信用很久了，唯有去做对自己有利的事就是了。"

④ 出自《左传·昭公十年》："凡有血气，皆有争心，故利不可强，思义为愈。"意思是："凡是有血气的人都有争利之心，故利不可强取，而应见利思义"。

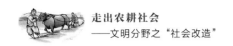

题。他说："正义是社会制度的首要价值，……某项法律和制度，不管它们如何有效率和有条理，只要它们不正义，就必须加以改造或废除。"①

伊壁鸠鲁认为公正或正义是一种社会契约，以人们的互利为基础。此后的社会契约理论解释国家实则人们在权利让渡基础上的产物。与国家相伴而生的"制度"乃社会"和谐"的产物，人们为了创建一种社会和谐的状态，才有了所有社会成员共同认可的制度规则。社会契约理论设想了一种人类的原初状态，在没有国家和政府的约束下，人类的自然权利不可避免带来争斗，从而失去"和谐"，人类的理性引导建立社会秩序，从而在让渡自然权利基础上产生国家、政府和制度规则。洛克的观点是人的自然权利部分让渡，个人没有放弃生命、自由和财产权；卢梭认为放弃自然权利，则获得了契约权利，由此产生主权在民的思想；密尔认为基于功利之上的正义才是一切道德的主要内容，制度的正义包含在"功利"和"最大幸福原理"之中。当代美国哲学家约翰·罗尔斯（John Rawls）在其著作《正义论》中，指出正义是社会制度的首要美德，提出正义的主题是社会的基本结构。他所指的社会基本结构是社会主要制度分配基本权利和义务，决定由社会合作产生的利益之划分的方式。罗尔斯两个正义原则中，第一个原则是平等的自由原则，主要对应基本政治制度。即每个人对与所有人所拥有的最广泛平等的基本自由体系相容的类似自由体系都应有一种平等的权利。第二个原则主要对应基本的经济制度和社会制度。社会的和经济的不平等应这样安排，使其符合于：①差别原则。即在与正义原则一致的情况下，适合于最少受惠者的最大利益。②机会的公正平等原则。即在机会平等的条件下职务和地位向所有人开放。② 从"合乎每一个人的利益"的一般正义原则，到罗尔斯的第二个原则"合乎最少受惠者的最大利益"，其中的转换是罗尔斯正义论的关键所在。

罗尔斯的制度正义观除了保证每个人自由平等这个基本（政治制度）

---

① 〔美〕约翰·罗尔斯：《正义论》，何怀宏、何包钢、廖申白译，中国社会科学出版社，1988，第3页。
② 〔美〕约翰·罗尔斯：《正义论》，何怀宏、何包钢、廖申白译，中国社会科学出版社，1988，第61页。

前提外，主要有两个基本内涵：①尽可能实现正当与善的统一。近代以来，以功利主义为代表的目的论道德学说强调"善优先于正当"。功利主义认为，世间一切行为都应遵循增加快乐和减少痛苦的功利原则。根据这一原则，行为的正当性与否与其增进幸福或造成不幸的倾向成正比。如果行为所带来的快乐能够超过痛苦，即能够实现某种"善"的目的，那么行为即正当的。功利主义将"最大多数人的最大幸福"作为人类行动的唯一正确适当的目的，特别是权力运行与执法唯一正确适当的目的。然而，义务论者认为一个行为的后果的善并不能确保一个行为本身的正当性，一个行为是否正当，取决于行为动机以及行为本身是否遵循了普遍的道德准则。康德是义务论伦理学的典型代表，他反对一切以功利后果评判行为正当性标准，认为出于某种私利或偏向的行为都不是真正美德的行为，而"只有出于责任（义务）的行为才具有道德价值"。罗尔斯的制度正义观，不仅试图克服纯粹功利主义使善脱离正当的缺陷，也试图克服绝对义务论的正当独立于善的缺陷，即试图最大限度地实现正当与善的统合或统一。一方面，在罗尔斯看来，纯粹的功利主义仅仅以追求社会总体福利最大化为目的，这会使得制度本应保障的个人权利受制于社会总体福利的计算，即会出现以牺牲少数人的自由权利来换取多数人更大福利的情况，这无疑与正义的制度应保证个人自由权利的要求是相悖的；另一方面，罗尔斯也认为，绝对义务论的制度正义观遵循一种为正当而正当的纯粹理论逻辑，这会使他们所辩护的制度正义有可能背离有利于人类幸福的各种善，因而显得多少有些滑稽，即应该被抛弃。②制度正义必须弥合人们的偶然性差异。罗尔斯基于公平的机会平等原则和差别原则所彰显的制度正义观，核心在于如何处理诸如基因、天赋、出身等偶然性对人的命运的任意影响。罗尔斯认为，由于人们的自然和社会的偶然性差异从道德的观点来看具有任意性，因而一个正义的制度必须对人与人之间的基于偶然性占有的不平等进行平衡和补偿。① 罗尔斯理论的逻辑起

---

① 柳新元、夏语：《罗尔斯制度正义观的两个基本内涵及其现实启示》，载《湖北社会科学》2017 年第 5 期。

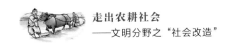

点是处于"无知之幕"的原初状态，有别于古典契约论的"自然状态"和人类文明最初的"原始状态"，这是契约脱离个人的利益倾向，理性选择的最佳主观环境预设。原初状态的预设旨在建立一种公平的程序，以使一致同意的原则都是正义的。

罗尔斯所提供的"正义范式"，表现出试图达成全面和综合的倾向。既满足于为执着构建永恒正义理论的人提供广阔的思辨空间，又为思虑于现实的"不正义"而绞尽脑汁的人提供某些启示。他试图为他所处的美国民主社会提供一个合适的、能最广泛地为人接受的道德基础。然而，罗尔斯的正义论不仅表现出平等主义倾向，也表现出自由主义倾向，这种调和仍然受到来自两方面的诘难。就资本主义提出的"自由、平等、博爱"思想而言，自由与平等是矛盾的，因为保障个人自由，则可能因人们天赋和出身差异而导致不平等；因为推行平等主义政策，则可导致对个人自由的限制。自由主义者主张个人的自由权利神圣不可侵犯，平等主义者主张只有平等、公平才符合社会正义理想。对于罗尔斯正义观，自由主义者认为对"最少受惠者的偏爱"是没有道理的，致力于事实上的平等将侵犯人们的自由权利；平等主义者则认为罗尔斯对自由优先性的强调将影响平等和正义的实现，这种理论仍然有利于富有者和剥削者阶层。① 在私有制主导的功利社会，资本趋利性一方面造成事实上的不平等，另一方面也带来财富、技术、思想理念的积累，使社会有更高效率。由此，判定一个社会是好是坏，不只有正义标准，还有效率等其他衡定标准。在功利至上的社会环境中，"平等"作为体现制度正义的道德原则，更多地处于一种不确定状态。事实上，绝对的平等不但是抽象的，而且对于制度设计也是不现实的。

制度正义的最初出发点是使社会处于"和谐"中，从而避免无序的争斗带来伤害。制度是否正义需要一个检验的尺度，是按照边沁的"最大多数人的最大幸福"，还是罗尔斯的合乎"最少受惠者最大利益"原则？总之

---

① 〔美〕约翰·罗尔斯：《正义论》，何怀宏、何包钢、廖申白译，中国社会科学出版社，1988，第26页。

需要一个衡量标准。除此之外,制度不但要按照正义的原则进行设计,更重要的是要在实施中体现正义原则,并使制度得到全体社会成员或大多数人的认可。被社会普遍接受或认可的制度才是相对稳定和长久的,但是,在现实中并没有这么简单,由于社会分层产生不同利益取向,对制度的偏好不同,很难让具体的制度被所有人或者大多数人心悦诚服。政府作为社会规则的执行者,对其行为的评判只有更好,没有最好。对政府的诟病在于制度本身的自由偏好损伤社会平等,而对平等的偏好则限制了自由,所以政府永远是被批评的对象。托马斯·潘恩(Thomas Paine)在其著作《常识》中说:"社会是由我们的欲望所产生的,政府是由我们的邪恶所产生的;前者使我们一体同心,从而积极地增进我们的幸福,后者制止我们的恶行,从而消极地增进我们的幸福。一个是鼓励交往,另一个是制造差别。前面的一个是奖励者,后面的一个是惩罚者。社会在各种情况下都是受人欢迎的,可是政府呢?即使在其最好的情况下,也不过是一件免不了的祸害;在其最坏的情况下,就成了不可容忍的祸害。"托马斯·潘恩是美国民主的启蒙思想家,其思想观点此后被吸收进了《独立宣言》。

专制制度没有正义,这也可以从托马斯·潘恩的著作《常识》中找到答案,他认为英国政体是羼杂着一些新的共和政体因素的两种古代暴政的肮脏残余。第一,由国王所体现的君主政体暴政的残余;第二,由上议院所体现的贵族政治暴政的残余;第三,由下议院所体现的新的共和政体的成分,而英国的自由便是以下议院的效能为基础的。前两种是世袭的,与人民无关。因此,从法治上讲,它们对于国家的自由是毫无贡献的。他认为在宇宙万物中,人类本来是平等的,王权以及世袭制度是荒谬而无根据的。他说:"有一种不能用真正自然的或宗教的理由来解释的更大的差别,那就是把人们分成'国王'和'臣民'的差别。有一类人降生世间,怎么会高出于其余的人之上,俨然像一个新的人种那样与众不同。"人类对"王权"的争夺导致混乱、带来战争。潘恩说:"他们(国王们)究竟是促进人类幸福的手段还是招致人类苦难的手段?在世界的古代社会,根据《圣经》上的记载来看,并没有帝王。这种情况所产生的结果是,当时没有什么战争;而现在

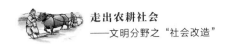
使人类陷入混乱的,乃是帝王的傲慢。"① 英国"从 1066 年以来,有三十个国王和两个幼王统治了这个混乱的王国,在这段时期中,至少发生过八次内战和十九次叛乱(包括革命在内)。所以它不是对和平有贡献,而是不利于和平,并破坏了它所依赖的基础"。潘恩所推崇的共和体制体现了"主权在民"的思想,任何政体愈接近共和,需要国王做的事情就越少。他认为:在专制政府中国王便是法律,而在自由国家中法律便应该成为国王,而且不应该有其他的情况。

三 对"历史终结论"的讨论

第二次世界大战以后,世界政治格局形成以美国、苏联为核心的两大阵营,在各自固守的意识形态引领下,"冷战"近半个世纪,直至 20 世纪 90 年代初,以苏联解体为标志事件,冷战正式结束。"冷战"是两个政治集团(华约与北约)围绕经济、军事、外交等各个领域的全方位斗争,也是两种不同制度、两条不同发展道路的对垒。意识形态领域的对立,使美苏两个"二战"后的"超级大国"意欲将自身的社会制度推行到全世界,反映到对国际问题处理上即秉持对抗性的思维而非平等协商的方式,即"冷战思维"模式。很多人在分析美苏争霸的实力对比时,更多地从军事实力上做出判断,事实上,两个"超级大国"也正是将竞争的筹码更多地放在军备竞赛上,尽管双方皆拥有足以毁灭人类数次的军事装备,但冷战的结束并非这些武器在战争对抗中发挥威力的结果,拖垮苏联的除外部军备压力产生的影响外,更多的则来自内部诸多社会问题,以及长期集聚的矛盾。

日裔美籍学者福山(Francis Fukuyama)在《历史的终结与最后的人》中,阐述了自由民主制度是"人类意识形态发展的终点"和"人类的最后一种统治形式",并构成"历史的终结",即西方的自由民主已经成为一种普适的价值观念。福山继承黑格尔、科耶夫历史终结论的观点,提出自由民主制在各种社会意识形态的竞争中,以其优越性战胜了其他的意识形态,诸

---

① 托马斯·潘恩:《常识》,何实译,华夏出版社,2004,第 4 页。

如世袭君主制、法西斯主义以及近代的共产主义，世界将趋于同质。他说："黑格尔和马克思都认为，人类社会的演化并不是无限开放的，在人类达成一个能满足其最深层、最基本的愿望的社会形式时，它就会终结。因此，这两位思想家都设定了一个历史的终结：对黑格尔来说，这个终结就是自由国家，而在马克思那里，则是共产主义社会。""根据黑格尔的说法，人与动物一样，有饮食住居及最重要的自我保存的自然需要和欲望。然而，人从根本上说又不同于动物，因为他还对他人有欲求，即他想要'被承认'，特别是他想要作为一个人被承认，即作为一种具有一定价值或尊严的存在者而被承认。"要求作为一个有尊严的人而被承认的这种欲望，在历史开端之际曾驱使人为了名誉进行充满血腥的殊死决斗。这一决斗的结果就是，人类社会分成了主人和奴隶两个阶层。在科耶夫看来，历史已然终结，因为所谓"普遍同质国家"——我们可以把它理解为自由民主国家——用普遍的、平等的承认取代了主奴关系，从而一劳永逸地解决了承认问题。用福山自己的话来说，所谓历史的终结并非"生老病死的自然循环会终结，也不是说重大事件不再发生，或者报道这些重大事件的报纸不再发行。确切地说，它指的是那些奠基性原则和制度不再有进一步的发展了，因为所有真正的大问题都得到了解决。"[1]

《历史的终结与最后的人》出版以后，20多年以来，它既获得了无数的掌声，又受到了同样多的批评。之后世界动荡，因恐怖主义、宗教极端主义以及反对"西化"的各种势力崛起，包括西方世界内部的分化也从未停止过。如果将该书作为"意识形态的符号"进行批判，批判者有充足的理由驳斥它，但是"自由与民主"作为一种普遍的政治合法性原则，似乎至今还没有更好的替代方案。

如何理解自由？自由就是没有外在障碍，按照自己的意志行事。人生来就有追求自由的欲望，但自由并不是随心所欲。自由是相对的，绝对的自由

---

[1] 弗朗西斯·福山：《历史的终结与最后的人》，陈高华译，广西师范大学出版社，2014，第10页。

是不存在的,法国大革命期间《人权宣言》对自由的定义是:"自由乃是有权做一切无害于他人的任何事。"美国在《独立宣言》中指出:"人人生而平等,他们都从他们的造物主那边被赋予了某些不可转让的权利,其中包括生命权、自由权和追求幸福的权利。"约翰·穆勒(John Stuart Mill)的《论自由》被誉为19世纪英国自由主义集大成之作,其自由的要义为:只要不涉及他人的利害,个人(成人)就有完全的行动自由,其他人和社会都不得干涉;只有当自己的言行危害他人利益时,个人才应接受社会的强制性惩罚。这就是约翰·穆勒所划定的个人与社会的权利界限。穆勒的个人自由,以不侵犯他人的自由为自由。第二次世界大战期间,美国总统罗斯福提出了著名的"四大自由":①表达自由;②信仰自由;③免于匮乏的自由;④免于恐惧的自由。联合国《世界人权宣言》重申了这四大自由精神。西方从中世纪黑暗中走过来,向现代政治文明转型发展,其中"自由"凸显了人的自主、自立,意味着人摆脱强制、克服人身依附关系,使人格走向独立。无疑这是巨大的政治进步和人类文明的胜利,西方近代众多思想家,提出了众多的相关自由、民主、平等的思想观点,其中以洛克和穆勒的著作最具现实性。洛克的《政府论》探讨政府权力的正当来源,其中心在于构建一个人民同意的有限政府,其逻辑的深层含义在于彰显个人权利,这种权利可视为一种绝对的自由,即自然权利论的自由。此后100多年中,自由主义时代主题催生了穆勒的《自由论》,其中心为捍卫个人自由、划定"群己权界",要旨就是限制政府以及社会权力,限制权力行使的方式、范围以及强度,给那些可能是谬误也可能是真理的思想言论和个性拓展留下自由的空间,为人性内涵向更丰富发展创造条件①。

民主是保护人类自由的一系列原则和行为方式,是"自由"的体制化表现。公民平等的自由通过民主来体现,同时政府遵循法治,确保全体公民获得平等的法律保护。民主是按照平等和少数服从多数的原则管理国家

---

① 高全喜:《导读:为什么我们今天还要读穆勒?》,载约翰·穆勒《论自由》,孟凡礼译,上海三联书店,2019。

的制度，在民主制度下，全体公民直接或通过选举代表行使权力。民主国家都在尊重多数人意愿的同时，极力保护个人与少数群体的基本权利。民主政府没有至高无上的权力，所有权力属于人民。从近代民主发展的历史来看，体现民主原则的民主制度即实施民主的形式是多样的，每个国家、民族有选择自己民主形式的权利，这本身就是民主的原则所确定的。几百年来，从传统威权社会向现代民主社会过渡中，民主制度成为人类文明进步的标志，被大多数的国家、民族所接受，但是，民主制度的产生从来就不是自发的，而是各民族特别是社会被压迫阶层通过不懈的斗争所获得的结果。纵然民主制度是一个好的东西，它也赋予了各个国家、民族选择具体民主方式的权利。

马克思把人类历史看成人的本质异化和复归的历史。他在对摩尔根《古代社会》一书的摘要中，重点摘录了摩尔根的一段文字："单纯追求财富不是人类的最终的命运。自从文明时代开始以来所经过的时间，只是人类已经经历过的生存时间的一小部分（而且是很小的一部分——马克思评语），只是人类将要经历的生存时间的一小部分。社会的瓦解，即将成为以财富为唯一的最终目的的那个历程的终结，因为这一历程包含着自我消灭的因素……这（即更高级的社会制度）将是古代氏族的自由、平等和博爱的复活，却是在更高级形式上的复活。"① 马克思描绘的人类未来社会的蓝图中，劳动不再是人谋生的手段，而是人本质的需要，人与自然的矛盾、人与社会的矛盾、人与自身之间的矛盾最终得到解决，人类最终获得了全面的解放，未来的社会将是"一切自由人的联合体"。他提出共产主义社会是人和自然界之间、人与人之间的矛盾的真正解决，是存在和本质……个体和类之间的斗争的真正解决，② 是全人类的自由解放。

马克思用"自由"描述未来，他的未来社会是以"自由的联合劳动条件去代替劳动受奴役的生产条件"，建立"广泛的、和谐的、自由合作

---

① 马克思：《摩尔根〈古代社会〉一书的摘要》，载《马克思恩格斯全集》第45卷，人民出版社，1985。

② 《马克思恩格斯全集》（第42卷），人民出版社，1979，第120页。

劳动的制度",即"自由平等的生产者联合制度",在这个联合体内,每个人的自由发展是一切人的自由发展的条件。他认为自由人的联合体"应当避免重新把'社会'当作抽象的东西同个人对立起来"。马克思主义奠基人将始终追求"自由"作为理论的基石,从而形成完整的哲学体系。可以看出,自由或民主并非资本主义独有的,而且"自由观"和"民主观"并非僵化的资本主义所固守的。回过头来再看《历史的终点与最后的人》,福山所提出的观点将自由、民主与共产主义割裂开来,是站不住脚的。

如果文明不能给人类带来幸福,文明就是莫大的笑话;如果文明只是部分国家统治全人类的工具,那么文明就意味着倒退。福山所说的自由民主只是西方的自由民主,实际上等同于现有的西方制度。他将其他的、更为广阔的自由形式和民主方式排除在自由和民主的概念之外,这本身即带有他本人所处立场的偏见。福山本人也承认现在西方的自由和民主并非尽善尽美,将西式自由、民主贴上普世价值的标签,并且认为所有社会,无论其历史渊源或文化遗存如何,都将日趋同质化的结论是牵强的。黑格尔认为世界历史从东方发展到西方,它开始于中国,终结于日耳曼世界,即他所谓的"我们的世界"。他把近代社会的开始作为历史最高和最理想阶段的起点,即世界历史也终结于"我们的时代",具体为1806年耶拿战役结束之后。进入20世纪末期,随着"冷战"落下帷幕,福山的"历史终结论"与黑格尔所称的"我们的时代"都没有到来。19世纪西方世界确立的自由民主并没有给人类带来福音,并未如人们所愿已经解决人类社会应该解决的重大问题。它的存在不仅没有给人类带来"幸福与和谐",与此相反,还给世界带来了动荡和不安。西方制度输出的不是人类"普遍的幸福",而是极端自私的"掠夺"和战争,是对其他弱小民族和国家的奴役。资本主义对世界的瓜分和势力争夺导致了两次世界大战,其破坏程度堪称人类有史以来之最。冷战结束以后,几乎世界上产生过的动荡、战争中皆能看到发达的西方帝国主义推波助澜的影子,是他们策动了弱小国家的政变和倒戈,让弱小国家和民族同室操戈、内战连连，以至于人民痛不欲生、妻离子散。海湾战争中美国称伊拉克藏有"大规模杀伤性武器"，可战争结束了 20 年，美国人在伊拉克至今没有找到大规模杀伤性武器。战争的结果是伊拉克人失去了和平和安宁，陷入了动荡和恐怖。

即使在冷战结束以后，福山所期盼的世界同质化也没有到来，历史也没有终结在当下。冷战中苏联解体纵然有许多主观和客观方面的原因，与美国争霸造成的力量透支固然是很重要的因素，但绝非美国式自由和民主直接战胜的结果。冷战已经过去几十年，所有的往事成为历史，但是，人们对冷战的疑惑却从来没有停止过，特别苏联解体的原因吸引了众多的探索者，产生了很多争论。有的学者将苏联的失败主要归因为"斯大林模式"的失败，如莫斯科大学教授 A. B. 布兹加林、А. И. 科尔加诺夫等。但"斯大林模式"所取得的成就奠定了苏联强大的工业基础，以及获得了航空、国防、现代科技等方面的成果，这是不可否认的。当然，斯大林执政后的集权化，如特权阶层产生、民生水平下降、民族矛盾激发以及对外霸权扩张，从内部撕裂了苏共和底层人民的联系，这些因素的综合作用应是导致苏联解体的重要因素。事实表明，冷战的结束不是资本主义战胜了共产主义，而是在现代世界新秩序建立过程中，任何凭借强权支撑的专制主义都注定走向失败。

第三节　现实社会的"改造"范式

自由和民主没有唯一的标准和范本。人类对自由和民主的选择按自身的意愿而为，试图将自己的想法变成固定的模式强加于人，其本质就是限制他人的自由选择权，与自由的原则是相悖的。西方自由民主模式建立在私有制基础上，无论现有的资本主义式自由或民主模式多么吸人眼球，皆不能掩盖资本逐利带来的罪恶，因此，资本主义私有制度下对外输出的"自由"和"民主"具有欺骗性，它已经变成了掠夺弱小族群的工具。第二次世界大战以后，世界形势风云变幻、跌宕起伏，弱小的民族纷纷崛起，走上独立、自

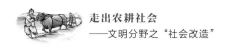

主之路。对自由、民主的探索不再是资本主义世界的专利,多元化的治理模式、多种文化的包容互通成为大势所趋。事实表明:西方自由民主模式不是终极的制度模式,人类对自由民主的探索尚无穷尽。从"必然王国"到"自由王国"的路还很长,人类的美好愿景与风险并存,对未来的把握取决于今天的现实选择。

一 功利社会的"终结"

人类历史上很长一个时期里,个人所拥有的物质财富水平决定个人在社会中所处的阶层或地位,同时,阶级特性又影响个人的世界观和价值观。自从人类产生私有制以来,对物质利益的追逐成为人类的重要行为方式。从原始社会开始,对自身免于痛苦、饥饿的动机,使人们对物质利益的追逐变为有目的的理性活动,这也是"人"脱离动物本性的表现。从蒙昧时代到现代文明就是人类功利社会的历史,无论个人、家庭、家族还是地缘性组织,甚至国家、民族皆为了改善自身的生存环境、生活条件而争斗。弱肉强食皆为利起,胜王败寇、适者生存,正是这种对利益的争夺和竞争驱动了社会向前发展,从低级到高级、从简单到复杂。以私有制为基础的社会,即本文中所谓的功利社会的共同特点是:①社会由相互联系、对立的利益主体构成。私有制下的个人、家庭、家族以及社会组织都是相互联系、对立的利益主体。个人与组织、社会形成千丝万缕的利益关系,或因共同利益而联合,或因利益争夺而竞争。对财富的占有关系将社会划分为不同的阶级,其中政权沦为阶级统治的工具。②社会功利行为倾向。人的行为遵守功利原则的正当性,即"付出是为了获得利益"的正当性。虽然人的行为动机多种多样,追求功利也并非唯一动机,但在功利社会,功利原则成为社会认同的基础。③人的"异化"。私有制使自然、社会与人的关系扭曲,从而扭曲人的本质,人的物质生产、精神生产及产品变成异己力量,反过来统治人,即"异化"作为一种历史现象,将随着私有制的存在而存在,随着私有制的消亡而消亡。

人的本质是人之为人的根本，区别于人的属性和人性。① 马克思关于"人的本质"思想有三个命题：一是自由的劳动实践就是人的本质。在《1844年经济学哲学手稿》中，他指出："人的类特性恰恰就是自由的自觉的活动。"人的劳动实践是"有意识的生命活动"，将自己的活动与对象区别开来，这是人与动物的根本区别所在。二是人的本质是一切社会关系的总和。在《关于费尔巴哈的提纲》中，马克思指出："人的本质不是单个人所固有的抽象物，在其现实性上，它是一切社会关系的总和。"在一切社会关系中，生产关系是其余一切关系的基础，并在此基础上形成复杂的社会关系。这些社会关系从不同侧面、不同层次映现着"人的本质"。三是人的需要的本质。人类发展史就是人的需求不断变化发展的历史，离开人的需求，人的一切社会实践活动、一切社会关系皆不复存在。马克思在《德意志意识形态》一文中指出："需要的发展是人的本质力量的新的证明和人的本质的新的充实。"在以私有制为基本制度的功利社会，人的本质异化是显而易见的事实。马克思认为人的异化归根到底是劳动的异化，他从几个方面进行了论述：从生产结果看，"劳动为富人生产了珍品，却为劳动者生产了赤贫。劳动创造了宫殿，却为劳动者创造了贫民窟"②。从生产过程看，劳动者同他的劳动行为本身相异化。劳动是人区别于动物的自由的、自觉的行为，而异化劳动则使劳动变成了外在于人的东西。"只要对劳动的肉体强制或其他强制一消失，人们就会像逃避鼠疫一样地逃避劳动"③。从人的类本质上看，人的类本质与人相异化。马克思认为"人是类存在物"，人类通过改造对象世界，使人类的类本质对象化。"异化劳动从人那里剥夺了他所生

---

① 所谓人的属性，是指存在于人身上的所有性质。只要可以在人身上找到的性质都可将其归入人的属性。人的属性是最表层的东西，不仅包括了人区别于动物的属性，也包括了人与动物共有的属性。人的属性是一个十分宽泛的概念，可以分为自然属性、社会属性和精神属性。所以说，单单从人的属性来看是无法将人与动物区别开来的。所谓人性，是指人区别于动物的所有属性。人性与人的属性的关系：人性包含于人的属性，但人的属性不能归结为人性。（陈仕伟：《人的本质：自由的劳动实践》，载《胜利油田党校学报》2014年第6期。）

② 《1844年经济学哲学手稿》，载《马克思恩格斯文集》第1卷，人民出版社，2009。

③ 《1844年经济学哲学手稿》，载《马克思恩格斯文集》第1卷，人民出版社，2009。

产的对象，从而也剥夺了他的类生活，他的现实的、类的对象性，而把人对动物所具有的优点变成缺点""异化劳动把自我活动、自由活动贬低为单纯的手段，从而把人的类生活变成维持人的肉体生存的手段"。从人的社会交往看，人与人的关系相异化。"人同自己的劳动产品、自己的生命活动、自己的类本质相异化这一事实所造成的直接结果就是：人从人那里的异化。"①他进一步指出"人的异化，一般说来，就是人同自己本身的任何关系只有通过人同其他人的关系才得到实现和表现"。当人同自身相对立的时候，他也同他人相对立。

　　私有制是异化的主要根源，社会分工固定化是它的最终根源。以私有制为基础的功利社会，追求自身利益最大化的本能激发人的创造力和勤奋精神，从而使私有制度成为推动人类社会进步的力量。至现代资本主义社会，以极端方式追逐物质利益和财富积累的行为，扭曲了人类本性；以极端自私的方式将部分人的快乐和幸福建立在大多数人的痛苦之上，从而放弃了对人类本质的追求，则现代资本主义走向灭亡亦具有历史的必然性。日本人稻盛和夫同本山博所著《对话稻盛和夫：人的本质》一书中，两人以对话的方式谈论了资本主义社会的前景，对未来的担忧跃然纸上。本山博认为：在2008年金融危机引发全球经济萧条以来，资本主义社会进入了一个非常严峻的时代，如果每个人都为自身利益的话，那么不管是国家、社会，还是个人都必将灭亡。他认为今天的人类社会充斥着自私自利的思潮，活着除了让自己赚钱发财、过上好日子外，其他的一切都可以不在乎。他说："一旦凡事都以物质原理为基准的话，就无法避免陷入只顾自身、无视他人的状况。极端一点地说，有的人为了自身利益就算去杀害他人也在所不惜。"稻盛和夫认为到2008年止，以美国为中心的资本主义达到了鼎盛的巅峰，资本主义的兴盛理念就是必须确保"经济的持续发展"。2008年的危机，充分展示了通过刺激人类欲望来谋求自身发展的资本主义最丑恶的一面。他认为，根本的问题并不在于资本主义的正确与否，而是背后操纵和主导这种资本主义

---

① 《1844年经济学哲学手稿》，载《马克思恩格斯文集》第1卷，人民出版社，2009。

的那种人的本性。同样在美国，既有拥有亿万财富的富豪，也有在城市的大街小巷仅凭微薄薪水过着精打细算日子的无数普通民众，并且这种巨大的贫富差距还在不断地扩大。不管是富人还是穷人，皆沉湎于永不知足的欲望之中，必然会继续一心提升自己的生活水准。他预测至 2050 年，世界人数将超过 90 亿，在这种情况下，不管是食物还是能源，都将不足以让人类继续目前的生活水准。到时候，人类将很有可能不得不通过战争来抢夺食物与能源。

二　功利社会的"延续"

马克思认为单纯追求财富不是人类社会的命运，人类社会的未来是"自由人的联合体"，即他和恩格斯在《共产党宣言》第二章中指出的"代替那存在着阶级和阶级对立的资产阶级旧社会的，将是这样一个联合体，在那里，每个人的自由发展是一切人自由发展的条件。"在《哲学的贫困》一书中，马克思指出："劳动阶级在发展过程中将创造一个消除阶级和阶级对立的联合体来代替旧的市民社会。"在《资本论》中，马克思说："共产主义社会（即自由人的联合体）是比资本主义社会更高级、以每一个人全面而自由的发展为基本原则的社会形式。"怎样来理解"自由人的联合体"？首先，"自由人"是在阶级和阶级对立消亡、社会旧的分工不再存在的条件下，异化劳动以及人的异化的本质回归，即从根本上扬弃异化，消灭对立，实现人与自然、人与社会、人与自身的和谐；其次"联合体"是国家消亡后的社会组织形态，这种社会形态是平等、友爱、团结、融合的和谐社会。联合体内每个人都能获得自由而全面的发展，每个人自由而全面的发展与其他人自由而全面的发展相互依存，即"每个人的自由发展是一切人自由发展的条件"。

实现每个人自由而全面的发展，必须满足两个基本条件，即物质财富的极大丰富和生产资料私有制的彻底消除。以上两个条件其实是不容易"满足"的，物质财富的极大丰富在于满足社会成员的"需要"，这种"需要"只要私有制还存在，就避免不了少数人占有多数财富的命运，财富的多寡并不能满足人类的贪婪之心。在生产力没有"质"的飞跃时，以私有制为基础的生产关系仍然有生命力，人类创造的财富即使足够多，也不足以让每个人"自由而全面发展"。只有当私有制成为人类发展的阻碍，生产力与生产关系的矛盾不能调和时，高度发展的生产力所创造的丰富物质财富才能成为每个人"自由全面发展"的条件。私有制是历史的产物，必将随着历史进程而消亡。马克思认为私有制的存在与社会生产的一定历史阶段相联系，私有制不是从来就有，也不会永远存在下去。"只有在废除私有制所必需的大量生产资料创造出来之后才能废除私有制"，[①] 他还认为："生产力的这种发展之所以是绝对必需的实际前提，还因为如果没有这种发展，那就只会有贫穷的普遍化；而在极端贫穷的情况下，就必须重新开始争取必需品的斗争，也就是说，全部陈腐的东西又要死灰复燃。"[②] 因此，当生产力还没有发展到足以消灭私有制的程度时，任何人为地消灭私有制的企图都会遭遇失败。

马克思说："无论哪一种社会形态，在它们所能容纳的全部生产力发挥出来以前，是决不会灭亡的；而新的更高的生产关系，在它存在的物质条件在旧社会的胎胞里成熟以前，是绝不会出现的。"社会形态的消亡如此，私有制的消亡也如此。在人类历史上，私有制的出现和发展对社会生产力发挥过巨大的推动作用。即使在奴隶社会，私有制的出现"甚至对奴隶来说，这也是一种进步；成为大批奴隶来源的战俘以前都被杀掉，在更早的时候甚至被吃掉，现在至少能保全生命了"。[③] 马克思进一步指出："资产阶级在它的不到一百年的阶级统治中所创造的生产力，比过去一切世代创造的全部生产力还要多，还要大。过去哪一个世纪料想到在社会劳动里蕴藏着这样的生产力呢?"[④] 马克思将资本主义与过去的奴隶制作比较，肯定了其积极的一面，他说："资本的文明面之一是，它榨取剩余劳动的方式和条件，同以往的奴隶制、

---

① 《马克思恩格斯全集》第 1 卷，人民出版社，1972，第 219 页。
② 《德意志意识形态》，载《马克思恩格斯全集》第 3 卷，人民出版社，1960 年，第 39 页。
③ 《马克思恩格斯选集》第 3 卷，人民出版社，1972，第 525 页。
④ 马克思、恩格斯：《共产党宣言》，人民出版社，2014。

农奴制等形式相比，都更有利于生产力的发展，有利于社会关系的发展。"① 第二次世界大战以后，以西方国家为代表的现代资本主义制度率先实现工业化，创造了极为丰富的物质财富。同时，按照西方国家意愿所制订的规则和形成的国际政治、经济秩序，在很大程度上主导了世界发展方向。从表象上看，现代资本主义还很强大，其发展进程中尚未出现就要立即消亡的迹象。

在《资本论》中，马克思按照性质将私有制划分为个体劳动者私有制和以剥削他人劳动为基础的私有制。他说："政治经济学在原则上把两种极不相同的私有制混同起来了。其中一种是以生产者自己的劳动为基础，另一种是以剥削别人的劳动为基础。"② 对于两种不同的私有制，马克思在《共产党宣言》中说："有人责备我们共产党人，说我们要消灭个人挣得的、自己劳动得来的财富，要消灭构成个人的一切自由、活动和独立的基础的财产。"他强调："共产主义并不剥夺任何人占有社会产品的权利，它只剥夺利用这种占有去奴役他人劳动的权利。"③ 未来社会被剥夺的只是占有他人劳动的私有制，而对于个人劳动所得的私有制是保护的，马克思把这种私有制上升到"个人自由、活动和独立的基础财产"，对勾勒未来社会蓝图具有重要的现实意义。在生产力尚不发达、社会财富还不丰富的情况下，私有制对推动社会生产力进步还有很大的作用，即使"占有他人劳动"的私有制在一定的社会历史条件下，也具有存在的合理性。

马克思对实现"人的自由全面发展"并没有具体的时间安排，现实的"人"追求理想的实践需要脚踏实地。或许我们在现实的功利世界需要摸索很长的时间，理想的信念支撑我们更加进取、顺势而为。对于整个人类社会而言，当前以美国为主的西方资本主义处于鼎盛时期，其基于自私的本性对世界秩序的破坏和对弱小民族、国家的欺凌，正在成为阻碍人类社会进步和全人类实现自由、民主的消极因素。正如本山博在与稻盛和夫的对话中谈道："资本主义的误区在于，它认为人类能够发挥无限的力量。可是人类其

---

① 马克思：《资本论》第 3 卷，人民出版社，2002，第 925～926 页。
② 《马克思恩格斯文集》第 5 卷，人民出版社，2009，第 876 页。
③ 《马克思恩格斯全集》第 1 卷，人民出版社，1973，第 288 页。

实并没有这么伟大，如果我们意识不到这一点，自以为只要通过竞争就必然产生最佳结果的话，那就大错特错了。"① 他认为正是人类的存在和能力都具有局限性，因此必须有一定的约束。为了确保自由，又必须不断地对已经制定的规则做相应的调整。"如果能够以此来确立足以使社会与个人能够和谐共存的哲学、政策以及经济的话，那么我相信，资本主义就可以以完全不同于现在的形态，以自由与束缚同时共存的形态获得重生。"② 本山博认为让"自由受到束缚"能使资本主义获得新生，现代资本主义因其自私和妄为的本性，正在陷入无路可走的状况。

古代氏族社会自由、平等的秩序被私有制打破以后，人类的文明进程和制度模式皆以财产私有为根基。财富的占有关系决定了社会分层和族群分离，最终带来城乡之间、区域之间、贫富之间的对立，人类社会就在对立统一的矛盾运动中，不断地从蒙昧走向光明。当今世界还处于功利延续发展的阶段，我们无法否认"自利"的驱动对社会发展的积极作用，但也无法否认"自私"对社会稳固所产生的消极影响。理想社会状态即具体的社会建设目标，既不可能按照古代先哲构想的"理想国""乌托邦"来改造社会，也不可能在不具备条件的情况下，一夜之间实现共产主义。而应面对现实的矛盾和问题，找到维系社会和谐、确保提高更大多数成员幸福指数的平衡状态。这种理想的"平衡状态"并非福山所描绘的单一模式，而是各国在应对现在的和未来的矛盾中，所选择的适合于本国国情的正确道路。

三 现实社会"改造"的一个范式

对未来社会极具影响的科学技术，正以日新月异的速度向前发展。人类从农业社会向工业社会演进，真正改变传统的内在动力来自技术创新。从第二次世界大战以后，这种技术创新的规模和速度以不可想象的力量冲击着人类生产、生活的各个领域，人们以惊诧的眼光注视着身边正在发生的变化。

---

① 〔日〕本山博：《对话稻盛和夫：人的本质》，东方出版社，2012 第 17 页。
② 〔日〕本山博：《对话稻盛和夫：人的本质》，东方出版社，2012 第 18 页。

如果将 18 世纪中叶珍妮纺纱机、瓦特蒸汽机的发明，作为第一次工业革命的标志性事件，第二次工业革命则标志着人类进入电气化时代。20 世纪中叶的原子能开发、航天航空技术、生物遗传工程则掀起了第三次技术革命高潮。自从 1946 年出现第一台电子计算机后，计算机的运用对人类生活产生重大的、革命式影响，而今互联网以至于物联网的出现，为人类的交往开辟了"第二空间"，拉近了人们之间的时空距离，改变了人类的生活方式。大数据、人工智能的运用正以不可阻挡之势，将现代"智人"改造成"智神"，借用尤瓦尔·赫拉利在其所著《未来简史》中的说法："在 21 世纪，人类的第三大议题就是为人类取得神一般的创造力及毁灭力，将智人进化为智神。"①

人类由"智人"进化为"智神"，人性演变为"神性"，是人类的结束，还是人类的进步？这一切对于现代人来说是好事，还是坏事？似乎这些都充满不确定性。无论人可否变成神一般的存在，终究是"人性"决定"神性"。未来的"神"是现代"人"的创造物，人是主体，而未来之神则是人的进化结果，未来世界的命运归根结底掌握在人类手中。只要人类理智尚存，未来的"美好"必将福泽子孙后代。虽然"功利社会"的终结遥遥无期，人类追求"幸福和谐"的理想和改造社会现实的努力永不停步。以上篇章分析了"轴心时代"先圣和既往哲学家、学者的观点，"理想社会"的"幸福"和"和谐"两个维度与三个要素相关：一是物质的，对物质财富于"幸福和谐"的意义认定，决定了对"物质财富"的获取方式、分配方式；二是精神的，即意识层面的认知、观念、道德、伦理水平来自"后天"，个人由后天的"修为"决定行为；三是道义的，即社会制度层面所包含的"平等""公平""正义"等，决定了个人"幸福"、社会"和谐"的状态。以上三个因素相互关联并相互影响，决定了社会的存在方式，其中的极端就是"大公无私"的大同理想和极度自私的极权社会，两种极端的状

---

① 赫拉利在《未来简史》中称，人类未来追求的目标是三大议题，即长生不老、幸福快乐以及化身为神。他说："在减少了饥饿、疾病和战争以后，我们现在希望克服年老甚至战胜死亡，在拯救人类脱离各种不幸以后，我们现在希望他们能够幸福快乐。而在提升人性、超越挣扎求生的动物性以后，我们现在希望把人类升级为神，让智人化身为智神。"

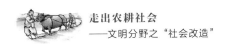

态都不是"社会改造"的理想愿景，理想化的公有制因人的私有观念尚在，在实践中屡受挫折，而欲壑难填的社会将使人类万劫不复。

古代先哲的"幸福和谐"理想为现实的"社会改造"指明了方向，而现实中的"社会改造"不仅应该明确方向，更要确立不能脱离现实的目标。现实中的功利社会建立在私有制基础上，因"私"而产生家庭、社团、族群和国家，社会运行规则以维护"公平"或"正义"地获取利益、建立合理且稳定的社会秩序为准则。"自利"产生的归属感促发人的奋进精神，创造更多的社会财富，但是，"公平正义"的原则不允许"自私"，社会需要法律惩戒那些因"自私"违反社会道义的行为。随着人类文明进步，创造财富的方式更趋复杂化，社会协同成为发展趋势，"合作共享"的价值理念顺应人类社会的发展方向而成为主流。同时，人类在追求未来"自由"的过程中，对人的自身"改造"居于决定性位置，在私有制尚存的客观背景下，国家、族群所体现出来的公共利益攸关个人幸福和群体和谐，塑造优秀的"国民性"至关重要。根据这些观点，本书将"合作共享、社会正义和优秀的国民性"作为现实"社会改造"范式，并借以诠释人类在"功利社会"阶段所追求的理想状态。在以后章节中，本书用这一范式构建分析框架，研究"农耕社会改造"问题，以此就所关心的问题确定一个研究和观察的方向，在此需说明的是，本书所提出的"范式"对其他理论和实践中他人所提出的"社会改造"目标和愿景不具排斥性。

1. 合作共享：现实社会的价值链改造方向

未来社会正走向人类命运的"利益共同体"，这种趋势已经变得越来越明显。随着交通、通信及网络技术进一步发展，人与人、人与社会的关系从最原始的血缘、地缘、业缘转化为普遍的联系。昔日相距遥远的国家、民族、社团以及个人因时空距离缩短，而更加紧密联系并趋向于"合作"，相互之间的利益相关性增强。如何认识这种"合作"？这种合作建立在竞争基础上，是人、社团、族群和国家各利益主体之间相互博弈的结果。进入现代社会，个人的快乐、幸福是别人快乐、幸福的条件，反之别人的快乐、幸福也成为自己快乐和幸福的前提。在生产力发展水平较低、物质产品极不丰富的传统农耕时代,人们为生存需要残酷竞争,最终导致部分人占有资源和财富,将自己的快乐建立在其他人的痛苦之上。而随着生产力向前发展,物质财富不断丰富,个人的财富水平不再成为影响快乐和幸福的主要因素,取而代之的则是社会共同关注的安全、社交、尊重、自我实现等高层次需求因素与个人的快乐和幸福紧紧相连。而这些因素的获得需要全社会共同努力,是所有社会成员相互配合、集体行动的结果。同样的道理,国与国之间面对人类未来共同的难题和风险,只有相互联合起来才能共创未来,无尽的攻伐只能导致毁灭。只有人类树立起相互协调、共同进取的"合作精神",才能共享湛蓝的天空、清新的空气、绿色的草地从而心情愉悦;才能共享安全的社会环境、和谐的人际关系、周全的公共服务从而在世界和平中和谐共处;只有实现马克思指出的人类的"社会幸福"才能真正拥有"个人幸福"。

"合作共享"价值观承认个人"自利"对推进社会进步具有积极作用,反对个人因"自私"而对"社会和谐"造成伤害。人在社会共同承认的规则下展开公平竞争,有利于社会高效运转,而反对自私则是维护社会共同的道德规范、建立社会的诚信基石。"合作共享"的价值观要求社会缩小城乡、区域之间以及个人之间的财富差距,倡导社会共同富裕。不仅如此,"合作"与"共享"作为人类创造和分配财富的方式,随着社会进步发挥着越来越重要的作用,社会分工越细致、科技创新越复杂,人类的合作就越广泛而紧密,社会财富的"共享"就越普遍。从农耕社会到工业社会,社会生产由分散、单干的个人"小生产"向"集中""合作"的社会"大生产"转变,社会财富的分配形式从"独占"转化为"共享"。随着现代科技快速发展、网络技术日臻成熟,"合作"与"共享"作为社会财富创造与分配的方式,日渐成为社会价值链①的主导方式。

---

① 哈佛商学院的迈克尔·波特教授在其著作《竞争优势》中提出价值链的概念,表示企业的价值创造由设计、生产、销售产品这一系列活动构成。这些互不相同但又相互关联的生产经营活动,构成了一个创造价值的动态过程,即价值链。本书借这个概念表示社会财富的创造和分配方式。

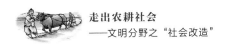
2.社会正义：现实社会的制度改造基点

每一个人的幸福离不开社会的"公平"和"正义"，未来社会的制度以"正义"为首要价值。在人类尚未接近理想社会即马克思预言的"自由人联合体"状态之前，社会功利性不仅存在，而且是社会运动的驱动力量。一方面，人们对物质利益的追逐和效率的追捧，以及由竞争产生的"看不见的手"对资源的高效率配置，为社会发展提供了推动力；另一方面，社会需要用"正义"消除功利性带来的不平等，实现社会最大的"和谐"。以上两个方面统筹、协调推进是社会"幸福和谐"的保证，也是制度改造的基石。制度是维持社会运转的强制规范体系，正义则体现了社会公平的正当性和合理性。制度只有建立在正当、合理基础上，体现出"正义"才可为社会大多数成员所接受，其制度从产生到执行的过程中所形成的完整体系才是稳定可操作的。如何判断制度是否正义？罗尔斯提出了"无知之幕"假定，其意在于对所设定的制度不针对部分人的既得利益而带有倾向性，不偏向于社会成员中的一部分人。这种"无知之幕"在现实中是不存在的，但可将这个原则理解为"制度的正义体现在平等之中"，按照罗尔斯所提出来的原则，平等而兼容的自由权、公平的机会平等权以及以社会中处境最不利的成员获得最大的利益来衡量制度的正义感，其提出的自由优先原则，在于制度保护人的自由而非限制人的自由。人的自由无论言论还是行动上的，先天排斥来自外部的强制性，而制度的强制性在于维持自由的兼容环境，使人们的"自由"免于恐惧、威胁和压力。制度的平等主要体现在制度给予社会成员同等的参与机会，强调机会、过程和程序平等，而非完全的结果均等。机会平等可通过竞争提升社会效率，而结果均等则会使社会产生惰性，所以机会平等在经济制度、政治制度和文化制度给予全体社会成员平等的权利中体现"正义"。任何文明的制度表达"正义"的方式还反映在对弱者的扶持上，尽最大可能解除或减轻由疾病、匮乏所带来的不安和痛苦，以此建立完整、系统的福利制度。

实现制度正义的现实条件：一是制度"透明"。从制度设计到运行的各个环节都在公众视线下，保持高度透明。制度体现了社会大众的意志，表现为被绝大多数人赞同的"共同意志",无论产生、执行都应被社会大众熟知和接受。制度覆盖下的信息不公开或不对称是极大的社会不公,其后果是机会不平等、失去"正义"。要建立和完善对行政、司法的公开制度、监督制度和评价制度,确保行政、司法公正透明、运行有效;要建立和完善行政、司法的扶危济困机制,使制度不因为个人的财产、地位、社会关系而有所不同,如法律不因为个人是否对条款了解、是否有能力支付律师费、是否有社会关系而有所不同。二是社会"认同"。"正义"是法律和一切制度的基础,坚持正义原则而设计的制度规范才是正当的。按照现代社会"主权在民"的思想,国家的法律制度体系必须基于民主产生,而不能由少部分人或社会的利益集团说了算。只有坚持"民本"的制度,才有社会认同的基础。

3.国民性:现实社会文化改造的人性回归

人类只有改变自己才有未来。现实"社会改造"的主要任务是对"人"的改造,而非对自然的改造。对"人"的改造中,最重要的不是提升人类的体力和脑力,从而获得"神一般的力量",而是通过对"人性"的改造重塑"国民性",从而让人的本质得以回归,使人获得自由而全面的发展。要通过普遍提高社会道德水平,形成人人同等享有"国民权益"的道德环境。未来社会中,"幸福"的基础就是最大限度确保人的"自由",即"人"全面脱离对权力、金钱的依附关系,成为"自由的人"。在和谐的社会环境中,人的自由既要彰显个性,又受到法律和道德的约束。从个人的角度上看,自由应该有"度"的约束,即马克思所说的自由"就是从事一切对别人没有害处的活动的权利。每个人所能进行的对别人没有害处的活动的界限是法律规定的,正像地界是由界标确定的一样"。人人享有的公民自由权既包括生存、安全、迁徙、爱好、占有财富、选择职业、享有情感关怀的基本权利,也包括言论、出版、结社、集会、选举、信仰等方面的政治权利,公民自由权的表达以不危害其他人或社会公共利益为界,这个"界"既有道德的规定性又有法律的约束性。

道德是自我约束,而法律是强制约束,社会道德水平越高,社会使用法律管理的成本越低。人走向自由的每一步都是道德重建的过程,未来需要建

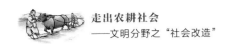

设运行有序的"道德秩序",就要从现在开始,探索建立与生产力发展同步的、面向未来的道德伦理体系,重塑防患未来人类重大风险的道德伦理规范。没有人能预测到未来人类所面临的巨大风险,我们所担心的不过是正在发生的趋势,以及那些对人类未来带来重大灾难的问题。要避免这些问题(诸如核子武器、气候变化、生态灾难以及反人类的智能开发)发生,需要我们树立同时关注"个人权益"和"公共权益"的意识,用"公民意识"改造"国民性",使所关注的"公共权益"不仅涉及社区、地域和国家、民族,甚而涉及未来人类生存和发展,因为这些看似离自己很远的问题,实则已经与个人的生存和幸福休戚相关。未来社会的每个人,不仅是一国之"公民",甚至是"人类命运共同体"的"地球公民"。

第二篇
文明更替中的
"农耕社会" 改造

社会就是书，事实就是教材。——卢梭

从农耕社会跨越到工业社会，是新的生产形式、生活方式取代旧有的生产形式、生活方式的过程，也是新的价值体系确立、旧的价值体系分解的过程。这一过程不是自发的，而是在不断的"社会改造"实践中完成。欧美社会的"工业化"，重点就是改造农业和农耕社会，即将工业化大生产方式、现代技术和资本经营理念运用于农业，使传统的农耕形式发生质的变化。同时，相伴而行的是城市化生活方式取代传统的乡村生活形式。

中国传统的农耕社会以"小农"生产方式为主，生产方式所决定的价值观念、专制制度的僵化形态，以及传统文化模式下的保守意识使社会丧失了自我改造的活力。从近代以来，中国即处于从农耕社会向工业社会的转型发展之中，因"小农"生产方式与现代工业甚至后工业时代的信息化、智能化同时存在，传统的思维习惯与来自西方的文化影响相互糅合，多种因素"叠加"桎梏着社会的进步和发展。在多重挑战面前，中国对农耕社会的改造比西方世界的更具复杂性。

本篇含两章，分别用史实阐述了欧美国家和中国近代"农耕社会"的历史变迁，从器物层面凸显了中国小农社会"改造"的特殊性。

第三章
"农耕社会"：一个时代的终结

近代世界变局中，工业化和城市化是改变人类历史进程的大事件。这一肇始于欧洲并向全球扩散的"现代文明"，催生各国竞相跨越"农耕生活"，迈向一个"新时代"。在文明交替中，对农耕社会的改造是一场从生产方式到生活方式、从价值观念到制度文化的深刻变革。这场变革中，有的国家成功了，有的还在道路上艰难行进。对于很多后进的国家包括曾经繁荣昌盛的东方大国——中国而言，有许多的困惑都化作迷惑的眼光，纷纷投向欧美国家寻找答案。欧美最早终结农耕时代，他们是怎样改造乡村社会的？

第一节　欧洲传统"乡村社会"的变迁

近代欧洲的复兴中，其中重要的成就就是在工业化中完成了对传统农业和乡村的改造。从落后的中世纪农耕形态到现代乡村，其经验正在被众多的后进国家和地区所借鉴。

一　中世纪欧洲农耕形式及乡村形态

从西罗马帝国灭亡（公元476年）到文艺复兴和大航海时代被称为欧洲的中世纪，这是欧洲典型的农耕时期。法兰克王国墨洛温王朝时期推行的"采邑制"使封建主的势力不断增强，奠定了封建割据的制度基础，庄园制农耕形式成为欧洲的主要经济形态。封建领主在领地内建立的庄园是封闭式的自给经济，庄园中的劳动者主要由各种不同身份的依附农民构成，尤以农奴为主。庄园是乡村共同体，具有典型的"自给性"，生产粮食、衣物、工具等，主要用于满足生产所需和领主消费及依附农民的生活必需。庄园是生产和独立核算的基本单元，其土地包含了领主自营地和农民份地两部分，依附农民每周无偿地用三至四天的时间为庄园主耕种，其收入归庄园主所有，只有小块份地上的收入归农民自身支配。依附农民中的农奴与领主之间有相互约定的权利和义务，农奴负责耕作、提供劳役、缴纳税收，领主则分给农奴土地、提供保护、执行司法。

中世纪的农奴与古希腊和古罗马时期的奴隶具有本质上的区别。古希腊、古罗马时期的奴隶没有土地、没有人身自由，人身依附于奴隶主，没有独立的财产，生产的产品归奴隶主所有。奴隶甚至没有婚姻和家庭，奴隶主可以随时抵押、买卖和杀害奴隶。中世纪的农奴在名义上具有一定的人身自主权，有家庭、婚姻和独立的财产权和经济，领主不得随意杀害农奴，但农奴的人身依附于领主，人身自由受到限制，不得随意离开领主的庄园，农奴耕种土地并向领主缴纳地租，以劳役地租为主，领主可以买卖、抵押农奴。

庄园经济兴盛于 9 ~ 13 世纪，是西欧封建制度的基石。庄园的起源可追溯至 1 ~ 3 世纪，对于其制度基础，西方学者素有罗马派和日耳曼派之争，[①]前者认为中世纪西欧庄园制是古代罗马田庄制的延续，后者认为庄园制是由日耳曼人的马尔克（农村公社）制发展而来。作为经济实体，庄园在罗马帝国后期已经出现。事实上，从罗马帝国隶农制传承下来的庇护制和日耳曼马尔克制沿袭下来的保护制，共同构成了西欧的庄园制。法兰克人以份地形式延续了罗马大地产中的土地保有权，从而使马尔克的"保护"原则强化了罗马隶农和马尔克成员对土地占有者的人身依附性。中世纪庄园也带有日耳曼农村公社特点，早期日耳曼农村公社的成员是自由的，后来逐渐出现了农奴制。墨洛温王朝时代的内战、查理曼时代的强制军役和 9 世纪的外族侵

---

① 张佳生：《中世纪西欧封建庄园制的起源》，载《中国社会科学报》2017 年 9 月 25 日。

袭，导致农村公社的自由人地位日趋下降，保护的急切需要使庄园的统治固定下来并制度化。一方面，小自由人依附于大业主，以求得保护；另一方面，小自由人在自己的土地上被大贵族降为农奴。这样，源自罗马的农奴和源自日耳曼农村公社的农奴成为患难同伴，罗马别庄和日耳曼公社混合起来，成为单一性组合的经济集团——庄园。

当日耳曼人进入罗马帝国境内后，马尔克共同体的土地制度与罗马土地制度相生相容，构成欧洲庄园经济的制度基础。马尔克实行财产共同所有制，土地不归个人所有，但个人可以使用，即享有共同用益权。法兰克人的公共财产权与罗马的大地产制结合在一起，构成了庄园制，庄园主的土地所有权和农奴的财产权实现了有机结合。虽然耕地被分成小块，仅归个人使用，但森林、草地和荒地等供全体成员共同使用。庄园土地用益权从土地所有权中分离后，增强了社会下层对领主的人身依附关系。

庄园经济制度是中世纪欧洲的主要经济形式，但并不排除其他经济形式的存在，在一些区域，或随时间推移，小农经济形式也占据一定地位。古罗马帝国以西以山地为主，分散的小农经济形式大量存在；古罗马帝国以东区域，巴尔干半岛及波德平原（波兰和德国北部地区），是欧洲的"粮仓"，以庄园经济形式为主。中世纪末期，英国和法国都曾经加强中央集权的控制力，但结果迥异。英国自 13 世纪开始产生议会制，地方势力与王权之间的矛盾十分突出，贵族、地主利用自己在议会中的合法席位，不断将封建农奴租佃形式的土地转为个人所有，大量圈占土地，以至于小农的利益不能得到保护。在法国的情况则不一样，王室稳固而力量强大，虽有议会，但形同虚设。国家保护小土地所有者利益，并收税以满足财政支出需要。圈地运动在法国难成气候，王权不但坚决反对贵族、地主对农民土地的占有，同时规定公有地、荒地、林地实行国有，任何人都可以占用和使用，这就导致了大量的小土地所有者存在。

法国资产阶级革命时期，雅各宾派上台，将逃亡贵族的土地分成小块卖给农民，并于 1793 年三次颁布土地法令，规定"一切从前的领主赋税，即根据封建权利而产生的代役租，无论是常规的，或者是临时的，连同去年 8

月 25 日法令尚未废除的也包括在内,均应无偿地废除。"根据这样的法令,数十万小农变成了小土地所有者,他们获得了土地,被免除封建义务。大革命时期《拿破仑法典》从天赋、人权、自由、平等、博爱的思想出发,取消了长期盛行的长子继承制,规定了所有子女平等继承祖先遗产的权利。在法国这样十分重视土地财产权的国度,任何人都不愿放弃对土地的继承权,这样的结果造成耕地的进一步零碎化,小农生产逐渐成为主要的生产形式。

英国的敞田制是中世纪最典型的耕作制度,出现于盎格鲁-撒克逊晚期,目前得到广泛认同的观点是:敞田制是日耳曼因素和罗马因素相结合的产物。敞田制将村庄的土地分为耕地、草地、林地、牧场等,根据自然地理条件将耕地分为三块大田,有的耕种、有的休耕,土地持有者的份地以条田的形状插花交错分布在这几块田地中,收割谷物后的土地、休耕地以及收割后的草场被作为村民的公共放牧之地,村民共同享有放牧、拾取树枝、采集果实的权利。作为一种土地耕作制度,敞田制自出现以来皆处于变化发展中,并在发展中逐渐完善。最初的敞田制存在于英国米德兰地区,并逐渐向周边地区扩散,其形式也有所变化。敞田制下的耕作方式从两圃制(耕种和休耕)向三圃制(冬季作物、春季作物和休耕)及多圃制发展,在 13 世纪以前以两圃制为主,13 世纪以后以三圃制为主,中世纪晚期的一些地方,甚至出现了四圃制、五圃制。

敞田制是私人占有的条田和共同使用的公共地的结合,劳动者在生产中建立起共同参与的协作关系。在私人占有的条田内生产由个人支配的粮食,但无论种植什么都需要与其他农户配合。在英国米德兰地区,土质黏性重,耕作困难,必须使用重犁,犁具和耕牛不是所有农户都有能力拥有的,只有在多个家庭的协作下才能完成土地的耕种。同时,在耕种顺序的安排上,所有条田在春耕、秋种和休耕上根据习俗和惯例行事,但当涉及条田边界纷争、耕种权分配等问题时,农户可诉诸村社会议以及庄园法庭决断。农史学家埃里克·克里奇(Eric Creech)说:"公田是这样一种田制:各部分或地块(或它们的使用)属于个体所有者,在土地种植期他们行使独占的财产权,但在非种植期个人独占的权利暂时失效,土地处于所有业主共同的和按照共同协议的管理之下。"①

进入中世纪的欧洲，乡村占据了政治、经济、文化及社会生活的主导地位。大大小小的领主在庄园内行使管辖权。居于支配地位的强势阶层除了皇权以下的贵族、朝臣、军官受封领地外，还有神职人员、主教与修道院长控制所有人的精神世界。富有的人向教会贡献土地和财富以求得到救赎的机会。修道院也拥有土地，甚至庄园，每个教区都有自己的教堂，大多数贵族家庭还有自己的私人礼拜堂。乡村的教堂无疑是本地区最为华丽、壮观的建筑，也是村民的公共活动空间，供村民祈祷和举行各种宗教活动。

庄园是中世纪欧洲自给自足的基本经济单位，各自独立的庄园星罗棋布，形成中世纪欧洲的乡村形态。独立的庄园拥有属于自己的耕地、森林、草场、池塘等，村落中包括教堂、领主邸第、庄园法庭与农奴住宅等。在平原地区，由农户为主组成聚集的村落，在山岳地带和丛林地区，农户散居或聚集成较小的村落，在居住地周边的土地上耕种。早期农户的居住房屋十分简陋，英格兰中世纪早期流行的建筑形式是传统的长方形房屋，公元 12～13 世纪，大多数农民都居住在这样的房屋内，人畜共居，仅能避风遮雨。至中世纪晚期，农民的住宿条件得到改观，长方形房屋向由几个单体建筑构成的农庄发展，这些单体建筑分别承担居住、饲养、贮藏等功能。生活空间包括住房、厨房、面包房等；养畜空间包括牛栏、猪圈、羊棚等；农用空间包括谷仓、储藏室、农具存放室等②。至中世纪晚期，英国农民的房屋建筑已由草木结构发展为石木结构。

在中世纪法国，农民的居住和生活条件很艰苦，除南部有石造和瓦盖的房屋外，大部分法国农民住在矮小、寒冷、潮湿的茅房里，由木条和泥筑成，上面盖着茅草。房间没有烟囱，火放在房间中央，房间里烟雾弥漫。房屋一般只有一层，人和牲畜时常住在一处。家具只有一张桌子、几条凳子、几个制面包用的木箱，全家仅有一张床，一家人都睡在上面。农民主要的食

---

① 向荣：《敞田制与英国的传统农业》，载《中国社会科学》2014 年第 1 期。
② 郭华：《中世纪晚期英国农民居住状况的变迁》，载《首都师范大学学报》2008 年第 4 期。

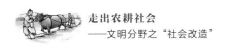

物是粥、裸麦做的黑面包、蔬菜（种类很少）、肥咸肉和干酪。除了过大节日外，他们几乎从不吃肉，喝的差不多都是水①。

二 英、法"乡村社会"的变革

马克思在《资本论》中说："为资本主义生产方式奠定基础变革的序幕，是在 15 世纪最后 30 年和 16 世纪最初的几十年演出的。"这一时期，英国的"圈地运动"达到了高潮，并推动英国传统农业向资本主义农业转型发展。早在公元 12 世纪，英国即出现圈地现象，1235 年，英国颁布《默顿法令》，授权庄园领主圈占自由佃农不需要的荒地，开始了圈地运动的法制进程。1285 年颁布的《威斯敏斯特法令》用特权的方式保障劳动者的利益，使农奴变成公簿持有农，拥有土地使用权，从此不再被土地领主随意支配。至 14 世纪，英国成为主要的羊毛出口国，随着羊毛价格的上涨，"敞田制"逐步瓦解，农民耕种的土地被领主收回，改成牧羊用地。英国传统农业以种植和养殖混合经济为主，养羊业的扩大不但使农业结构发生变化，养殖业取代种植业成为主体，而且使农业直接与市场联结在一起。商品经济逐渐取代传统的自给型经济，货币地租逐渐取代实物地租和劳役地租，农奴制逐渐瓦解，至 14 世纪末，英国已基本形成农业资本主义的制度基础和物质基础，为此后资本主义农业大发展揭开了序幕。

1588 年，英国在与西班牙争夺海上霸权的"英西大海战"中取得胜利，并从此由一个海上岛国逐步演变为影响全球的"日不落帝国"，通过对外通商和殖民，创造了极大的商品需求，圈地运动也进入一个高潮期。16 世纪 30 年代，英国宗教改革中没收了大量修道院、教会、神学院和教会医院的领地，这些领地中的一部分被国王赐予亲信、贵族和宠臣，另一部分则被出售。出售的土地大多被乡绅购去，从而进一步加速了土地集中经营。

土地向少数人集中，使成千上万的农民无家可归，看到昔日种植粮食的土地饲养着绵羊，他们倍感绝望。托马斯·莫尔（Thomas More）在其著作

---

① 参见《中世纪的农业和生活》，http：//wenku.baidu.com。

《乌托邦》中描述："我听说，你那昔日温顺、驯服、食量很小的绵羊，如今变成了疯狂的吞噬者，甚至能将人吞下。它们消耗、破坏并吞噬所有土地、房屋和城市。"从 1640 年长期议会至 1688 年"光荣革命"结束，英国资本主义革命确立了"议会君主制""内阁制"，颁布了《权利法案》，以法律形式限制国王权力，英国的资本主义制度建立起来。1646 年 2 月，英国政府颁布了废除"骑士领地制"和取消"庇护制"的法令，1656 年又颁布了取消封建税务的法令，这些法令否定了封建土地所有制的合法性，废除了封建义务，资产阶级和新贵族获得的土地成为带有资本主义性质的私有财产，并且确立了资本主义对土地占有的私有权。18 世纪以后，英国进入议会圈地运动高潮期，法律变成促进土地进一步被圈占的催化剂，在 1700 年至 1760 年间，议会颁布了 208 项圈地法令，约圈占土地 31 万英亩，议会圈地运动使英国土地在这一时期实现了私有化。从 1604 年多塞特郡的里德珀尔地区第一次通过向议会申请圈地法案开了议会圈地先河，至 1914 年，议会圈地历时 300 年，共有圈地法案超过 5000 部，议会圈地面积约为 700 万英亩。议会圈地与农业现代化或农业进步的关系，历来是学者研究和关注的焦点，其中大多各执己见。很多学者赞成圈地运动与农业进步关系紧密，历史学家阿诺德·汤因比（Amold Joseph Toynbee）认为："在圈地实践与农业改进之间的联系是非常紧密的……耕作最好的是那些长久以前就已完成圈地的郡。"①

当土地占有方式及农业经营形式发生变化的同时，农业生产条件、技术、耕作方式也发生了很大的变化。中世纪早期，欧洲农业生产条件恶劣，工具简陋，由于土壤板结，更适宜放牧，农业结构属于种植业和畜牧业并存。进入 15 世纪，通过改善灌溉条件，开荒、排涝辟地，培植水肥，引进农作物品种，种植业得到快速发展。16 世纪英国的农具得到了较大改进，出现单轮及双轮犁，从荷兰引进"荷兰犁"，耕畜由牛变成了马，农具的改进大大提高了劳动生产率。进入 18 世纪，英国的铁制农具得到普及，并于

---

① 徐滨：《英国议会圈地投资中的个人权利》，载《世界历史》2015 年第 5 期。

18世纪30年代发明了罗宾汉犁，发明了更轻便的诺福克犁。18世纪前期，杰斯诺·图尔发明了条播机、马拉锄，一系列生产工具的改进和普及，使英国农业生产技术发生质的飞跃。由于农业生产力水平大幅提高，中世纪晚期英国农业的产出水平也大大提高，英国19世纪的历史学家罗杰斯考察了英格兰大量的庄园账簿，估计13世纪小麦的亩产量是8~9蒲式耳。卡洛·奇波拉在《欧洲经济史》一书中估计，13~14世纪欧洲大部分地方的小麦收成是种子的3~4倍，也就是7.2~9.6蒲式耳。以上数据说明，英国13世纪的粮食亩产量是8~9蒲式耳，与欧洲其他地区基本一致。据估算英国小麦的亩产量：1300~1349年为12.0蒲式耳；1350~1399年为12.5蒲式耳；1400~1449年为13.0蒲式耳；1450~1499年为13.6蒲式耳。根据统计数据计算，1450~1650年英国小麦亩产量增长了大约30%。至18世纪时，英国每英亩小麦平均产量已达到25蒲式耳，大麦每英亩产量达到40蒲式耳。英国谷物产量从1700年的1300万夸脱增加到1750年的1500万夸脱，谷物产量至18世纪时不仅能养活日益增加的城市人口，而且可用于出口，1750年英国用于出口的小麦达到100万夸脱。

当然，由于土地被集中用于放牧，畜牧业增长则更为显著。英国因为拥有最好的牧畜地区，具有优越的放牧条件，而且羊毛质量优良，乡村中的各个阶层几乎都热衷于养羊。1300~1500年，东诺福克地区的诺维奇修道院地产上的羊群数量提高了四倍。黑死病后，在米德兰一些村庄，拥有300只羊的约曼农（富裕农民）极为平常，许多普通佃农平均拥有30~60只羊。有些农民只耕种少量的土地，把经营的重心转向畜牧业。约克郡斯特伦塞尔的托马斯·维卡斯于1451年租种了两块土地用于耕种，但是他的主要利润则来自饲养的799只羊、198头牛和92匹马。乡村畜牧业的发展加强了农民与市场的联系，提高了农民的生产与生存能力，扩大了收入来源。同时，畜牧业在英国经济中的重要性也日益突出，据统计，1357~1360年，英国出口的羊毛多达45个品种[1]。14世纪中叶以前，英国以输出羊毛为主，每

---

① 郭华、刘伟：《中世纪晚期英国农村经济状况考察》，https://www.xzbu.com。

年约出口 3 万袋以上（1 袋羊毛约 164 公斤），而呢绒出口量则较少，随着国内毛纺业的发展，呢绒出口量大增，羊毛出口量下降。至 15 世纪 30 年代，呢绒出口量超过羊毛出口量，实现了以羊毛原材料出口为主向以呢绒加工品为主的转变。

英国农业以种植业和畜牧业混合为特征，15 世纪末至 17 世纪，由于粮食价格上扬，种粮的收益甚至大于放牧的收益，以养羊为主的畜牧业规模增长较慢。从 17 世纪末至 19 世纪，新技术和新方法在畜牧业上的运用拉动了大发展，使畜牧业进入质量并举的发展阶段。17 世纪后期流行种植牧草，以三叶草、萝卜、红豆草、黑麦草为主的饲料作物为牲畜提供了丰富草料，并解决了牲畜的越冬饲养问题。更重要的是 18 世纪推行品种改良对畜牧业发展做出了贡献，罗伯特·贝克威尔培育了当时较为知名的"纽莱斯特"，以及后来的"南低地羊"，新品种羊因体积小、价值大、育肥快而迅速得到推广。不局限于畜牧业的技术改进，从 16 世纪开始乃至可追溯到更早的时期，欧洲各国已先后进入以技术改进为标志的"农业革命"时期，尤以英国为代表，正是"农业革命"使传统农业及乡村成功转型，从而牵引了整个社会工业化和现代化进程。在长达几个世纪的生产变革中，其中最重要且具标志性的技术突破是重犁的使用，及与重犁使用密切相关的耕作制度变革。马克思在《资本论》中对农业革命的论述是："伴随土地所有权关系革命而来的，是耕作方法的改进、协作的扩大、生产资料的集聚等等。"①

"农业革命"加快了西欧向近代社会转型的步伐，但由于各国的政治、经济、文化及社会背景不同，"农业革命"所面临的条件各异，其发展进程也不同。在近代化及现代化转型发展中，虽然英国在不同的时期存在小农形态，但小农生产方式及小农社会形态并没有成为影响社会发展进程的主导力量。与英国不同的是，法国则经历了较长时期的小农改造，并在近代化中落后于英国。从 12 世纪开始，法国农奴制逐渐消亡，至 17 世纪时大部分农奴获得了人身自由，并拥有自己可支配的永佃田，永佃田在法律上虽属领主所

---

① 马克思：《资本论》第 1 卷，人民出版社，1995，第 814 页。

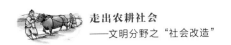
有，但实际上农民成为可自主经营的永佃田的主人。随着商品经济的发展，部分条件较好，如家庭劳动力充足、生产技术较高和生活相对富裕的农民通过购买土地、扩大租地面积等方式扩大经营，形成资本主义性质的富农经济。与此同时，在永佃农基础上分化的还有另一个更大的群体，就是"小农"，17～18 世纪，封建领主加重剥削迫使农民出售份地，小农的家庭经营规模越来越小。"16 世纪下半叶，在法兰西岛的休尔布瓦的 7 个教区，94%的农民每人占有的土地约 5 公顷；至 17 世纪，大多数地区农民占有地只有 1～3 公顷。约 75% 的农民单凭份地已无法度日。至 18 世纪革命前，全国 2300 万农民占地仅为总面积的 35%，其中，60%～70% 的农民占地不到 5 公顷。"[①] 另外，极少数的封建性质的大农场由贵族和部分新兴的富裕阶层组成，他们占有较大面积的土地，通过出租土地收取地租。

小农经济在法国占据主导地位，"农业生产方式在从 15 世纪末到 18 世纪初的 200 多年中，几乎没有发生过什么变化。据认为，在 1500 年左右确定耕种的田地和使用的森林遗迹在此后若干年逐渐稳定下来的所有村庄，甚至到 18 世纪末几乎保持原状"[②]。至少在 18 世纪中叶以前，法国农业仍处于较低的生产水平，种植业以三年轮作为主，金属农具较少，农民以自制的简陋农具耕种，劳动生产率低下；由于饲料不足、耕畜缺乏，作物品类以小麦、黑麦为主，经济作物品类较少。约在 1750 年，经济和技术方面的"农业革命"开始改变法国大部分地区的农村面貌，欧洲其他地区的先进技术和耕作模式向法国扩散，使法国农业的状况得到了改观。在种植业上扩大饲料作物如三叶草、紫花苜蓿的面积，法国北部大量种植萝卜、芜菁，西南部种植玉蜀黍、亚麻、烟草等；政府鼓励垦荒、排沼开垦土地，使耕地面积有所扩大，农耕区得到拓展；在农具上，重犁成为耕地工具，大大提高了劳动生产率。从 18 世纪前期至后期，法国农业生产水平得到了较大幅度提高，但是，旧有制度的长期存在，阻碍了农业资本主义的发展，使资本主义生产

---

① 张俊杰主编《各国经济（三）》，https://imax.book118.com。
② 王养冲、王令愉：《法国大革命史（1789～1914）》，东方出版中心，2007。

方式长期处于束缚状态。

1789 年法国大革命时，以富农经济为代表的农业资本主义是主导力量。大革命摧毁了封建土地制度，为资本主义经济发展扫清了障碍。大革命后的土地所有制发生了很大变化，资产阶级、农民和贵族成为主要的土地所有者。拿破仑时期《民法典》肯定了大革命中确立的土地关系，将小农土地所有制以法律的形式固定下来，由于农民的土地权属得到保护，加之废除了长子继承权，所有继承者能够平均继承和分配土地，法国的土地更加零碎化。1826 年，法国全部土地分成 1029 万份，大约 6 人占有 10 份土地，共有600 多万农民拥有土地。至 1842 年，土地约有 1150 万份，至 1858 年达到1300 万份。在 19 世纪，小农占土地所有者总数的 90%，但只占有土地总数的约 30%。1882 年，全国共有农户 570 万个，其中占地 10 公顷以下的农户就有 480 万个，占农户总数的 84%；占地不到 1 公顷的农户达 217 万，占总农户的 38%。[①]

土地小规模经营阻碍了农业的快速发展。据统计：1852～1856 年，法国谷物产量仅增长了 12%，而同期德国的谷物产量则增长了 77%。小农户仅能维持基本生活，很难置办机械、化肥，以及改良品种和改善农业基础条件，这种状况进一步加剧了农民的贫困和导致生产条件恶化。小农劳动生产率低下，至 19 世纪末，法国每个农业劳动者的劳动生产率比英国低 49%，比荷兰低 39%，比比利时低 38%。法国的小农经济，将乡村人口特别是劳动力束缚在土地上，阻碍了劳动力向城市及非农产业转移，某种程度上延缓了工业化进程。1907～1913 年，法国平均每年从事农业的劳动力仍有 856万，每个农业劳动力生产的农产品只够供 4 个人消费，而同时期的英国等其他国家每个劳动力生产的产品则可供 6～7 人消费。农业劳动生产率低下，既导致了农民的贫困（其日常消费主要依靠自身生产，购买力不足），又带来了对新兴工业化的支撑不够，国内市场狭小，延缓了加工业的发展。

---

① 杨澜、付少平、蒋舟文：《法国小农经济改造对中国的启示》，载《世界农业》2008 年第10 期。

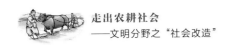
19 世纪上半叶法国农业资本主义尚处于缓慢发展状态。19 世纪 50 年代以后，外部环境发生变化，引发农业向具有现代特征的商品化、规模化发展。法国北部的巴黎、诺曼底和佛兰德地区出现了较大规模的资本主义农场，并雇佣农业工人进行生产。"至 1862 年，整个法国已有 15 万个资本主义农场，并占有全部耕地的 40%，雇佣的农业工人达 90 万。"① 但是，这些所谓大农场的占地面积大多在 40～100 公顷，从农业生产主体看，大农场主仅占全国总农户的 5%。直到 1908 年，占地不足 10 公顷的小农户仍有 460 万户，占全部农户总数的 84%，其中占地不到 1 公顷的最小农户就有约 209 万户，占总农户的 38%。虽然大农场在大革命以后得到了发展，但法国小农仍占据重要地位。

三 英、法农业现代化转型

马克思说："在英格兰，现代农业是在 18 世纪中叶出现的。"这一时期也正是英国工业革命勃兴的重要时期，从 1760 年至 1850 年的 90 年，英国基本完成了第一次工业革命，成为最早实现工业化的国家。至 19 世纪 70 年代，延续约 600 年的圈地运动基本结束，英国农业也基本完成了适应资本主义生产方式的土地私有化。在工业化的步伐中，乡村劳动力转向工业部门，与农场土地集中经营相伴而行。圈地运动结束后，农场土地规模普遍在几十公顷以上，有的可达几百甚至上千公顷，直至今日，在欧盟成员国中，英国农场平均规模也最大，大农场比重也最高。目前，英国农场 21.2 万个，其中大于 50 公顷的占 35% 以上；超过 200 公顷的农场虽然只占 4% 左右，但土地面积占到总面积的 45.2%。与此同时，随着城市化的推进，城乡人口的比例也发生了很大的变化，18 世纪早期英国城市人口占总人口的 20%～25%，到 1881 年，英国城市人口是乡村人口的两倍。19 世纪中叶，英国从事农业的人口在全部就业人口中的比例超过 20%，到 19 世纪末，从事农业的劳动力则不到 10%。

---

① 金重远：《法国大革命和土地问题的解决》，载《史学集刊》1988 年第 4 期。

资本主义大农业生产方式也得益于工业化进程中的技术改进和资本支持，18 世纪末，农具改进颇有成效，铁制工具成为主要农具，基本取代了过去以木制为主的简陋工具。1780 年安德鲁·米克尔发明了打禾机，1800 年萨蒙发明了摊晒机，1838 年出现蒸汽打禾机。至 19 世纪中后期出现了蒸汽犁和大型复合犁，出现了以蒸汽为动力的排水设备、蒸汽抽水机。农业机械的运用，推动了耕作制度的变革。在较大面积的土地上实行机械化耕作，不但提高了农业劳动生产率，而且在耕制上实现了标准化作业，进一步提高了土地的生产率。

工业革命不但促成了农业机械的普及，而且促成了农业技术的进一步提高。从 19 世纪中叶起，英国开始制造氮肥、过磷酸盐、硝酸盐等化学肥料，利用骨头生产过磷酸钙，后期又利用过磷酸石灰替代骨头生产过磷酸钙。在技术手段不断提高的条件下，耕作技术、育种技术也发生质的变化，伴随耕作制度变革，饲料作物的种植规模不断扩大，芜菁、苜蓿的面积增加，带动了畜牧业进一步扩张。在育种技术方面，畜种改良使牲畜的育肥期缩短，产量更高，19 世纪上半叶，羊的育肥期由 4 年缩短到 2 年，牛的育肥期则由 5~6 年缩短到 2 年。羊在市场上的出售重量从约 20 磅增加到 80 磅，牛的重量则从 50 磅增加到 150 磅。

英国工业化与城市化相伴而行，但工业化并没有产生于传统意义上的城市中，而是勃兴于传统的乡村。中世纪晚期乡村工业已初具规模，特别是乡村毛纺织业。乡村拥有的充足原料、廉价劳动力以及广阔市场和水力资源，为乡村工业发展创造了充足的条件，更重要的是城市的一度衰落为乡村工业发展提供了机遇。早在 13 世纪末期以前，手工业主要聚集于城市，分布于英国的北部和西部，此后出现了衰落迹象，表现为从业人员和财富拥有量下降，其中最为突出的就是毛纺织业。黑死病使英国人口减少、战争对城市的破坏、赋税和城市行会对行业的限制等方面因素，都导致城市衰落并促成人口向乡村流动。与此同时，城市人口向乡村迁移为乡村工业带来了资本和技术，为乡村工业的发展创造了条件。这一时期英国各地的乡村工业涵盖毛纺织、棉麻纺织、服装、酿酒、粮食加工、皮革加工制作、玻璃、造纸、建

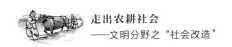
材、制陶、冶炼、金属制造、采煤、制盐等。乡村工业蓬勃发展催生了大量集镇，如伯明翰、曼彻斯特等，这些城镇承担了为乡村提供物流等服务的功能，进一步推动了乡村商品经济发展、改善了乡村的生活条件、吸纳了乡村劳动力向工业部门转移。乡村工业发展与乡村社会变迁、乡村经济转型协调一致，成为英国传统乡村向现代工业社会转型的重要推手。

当然，随着工业化与城市化的深入推进，城市与乡村之间、工业与农业之间的关系变得更为复杂。18世纪中叶至19世纪中叶，英国进入工业化的第二个阶段，随着工业化和城市化的基本完成，传统乡村出现了衰落现象。1846年英国废除《谷物法》、实行自由贸易，在自由竞争面前农业的劣势显现出来，农业失去保护屏障，来自国外的农产品的冲击使农业资本和劳动力离开农业，农村人口持续减少。至19世纪末，从事农业的劳动力不足10%，农业产值在国民收入中的比重下降到6%~7%，这一时期农业劳动力和农业产值比重下降与"二战"后农业份额下降的情况不一样，表现为农业和乡村在城市和工业扩张的挤压下出现萎缩。1875~1884年以及1891~1899年，英国爆发了两次农业大萧条，农业劳动力和乡村人口纷纷向工业和城市转移。此后，农业发展与乡村改造得到有识之士的重视，在调整乡村产业结构中，趋于更高效率的种植养殖业模式，畜牧业占比提高，花卉、园艺、水果、蔬菜等替代型农业得到大力发展。在乡村改造方面重视历史文脉的传承和保护，1932年，英国政府第一次颁布《城乡规划法》，提出遏制城市向乡村扩张，保护乡村农业及林业用地，同时，保护乡村古建筑。"英国乡村保护委员会"等组织在乡村保护中发挥了重要作用，这些组织促成了英国对乡村历史文化传承与保护的制度化。

第二次世界大战以后，英国农业步入现代化发展轨道。无论技术水平、单位面积产量还是农业劳动生产率都位居欧洲国家前列。由于劳动生产率提高和土地进一步集中，农业步入了现代化轨道。至目前，英国农业生产者约45万人，约占全国人口的0.7%、占全社会劳动力的1.59%，但为本国提供了2/3的粮食，满足了国内农产品需求的4/5。2014年，英国农业人口人均创造农业增加值2.07万英镑，平均每个农业劳动力提供谷物51.4吨、牛肉 1.83 吨、猪肉 1.73 吨、羊肉 0.64 吨、禽肉 3.46 吨、奶类 30.72 千升。[①]
虽然农业总的生产水平不断提高，但农业产值在国民经济中的比重则逐年下
降，1996 年农业产值占 GDP 的 1.5%，1999 年则下降到 1% 以下，目前仅
占 0.6% 以下。

　　法国近代小农经济长期存在并占据主导地位的现实，对农业在现代化转
型中产生了深远的影响。与英国相比较，法国农业向资本主义大农业过渡的
步伐相对迟缓，直到第二次世界大战以后，随着土地集中和对小农经济的改
造完成，法国才实现了农业的转型发展。法国农业在政府的强干预下驱动规
模经营，建立土地整治和农村安置公司，收购分散的土地和经营效益低下的
小农场，通过合并、改良和整治达到标准经营面积后再出售。整治后的土地
转移到有资本、技术和有能力提高经营水平的小农场主手中，大大提高了农
业的经营效率和水平。土地整治公司由政府代表和行业代表组成，主要的股
东由各省的农业行业组织组成，在农业部、经济和财政部监督下开展活动，
其资金来源于政府资助、低息贷款和土地出售提成。至 20 世纪 70 年代末，
全国约 30 家土地整治公司共收购土地 98.6 万公顷，重新出售土地约 85 万
公顷，使 10 万个农场的经营规模得到了扩大，面积在 50 公顷以上的农场占
比由 1963 年的 28% 上升到 1984 年的 50% 以上。

　　政府对农业的干预是法国农业迅速实现现代化的关键要素。"二战"后
法国仅用 20 余年时间即实现了农业现代化，至 20 世纪 70 年代即成为世界
先进的工业和农业同步发展的国家，其中最重要的因素归于政府对农业的倾
力扶持。1952 年，成立由政府统一管理的公私合营公司，参与各地土地整
治和农村基础设施建设。同时，为加快农村与城市的联系，政府制定了
1955～1965 年的交通发展规划，发展铁路、海运、公路运输相连的交通网
络，使农业与市场的联系更加便利。得益于欧共体农业优惠政策，法国加大
对农产品出口的价格保护补贴，1975 年财政对农业的支出达 339.79 亿法
郎，用于农业投资的新增贷款达 150 亿法郎。1960 年法国政府出台《农业

---

① 吴海峰：《英国现代农业发展的经验及借鉴》，载《经济研究参考》2016 年第 63 期。

指导法》，设立"乡村设施和农业治理委员会"，制定对农产品的保护价格，两年之后又颁布《农业指导法补充法》，根据该法令设立了农业经济委员会和农业生产者集团，建立土地治理和农村安置公司，设立调整农业结构行动基金。1966年建立"再保险制度"，规定中央保险公司为各地保险公司提供再保险。政府对农业保险给予特殊优待：一是农民只需缴纳20%~50%的保险费即可享受全额农业保险带来的好处，二是对农业保险免征一切赋税。从20世纪60年代起，政府给农业信贷银行提供低息差额补贴，这种补贴达到商业利率的一半以上①。对农业的扶持还包括各项政策性补贴，如对投资落后地区农业免除房产税、增值税等，对农民购买农业机械给予补贴等。20世纪70年代，政府设立"非退休金的补助金"，给年龄在55周岁的农民发放一次性"离农终身补贴"，鼓励到退休年龄的农场主退出土地。1976年颁布《农业保险法》；1982年颁布《农业灾害救助法》，农业生产者利益得到进一步保障。政府设立中央保险机构对农业保险进行统一的协调和管理。

政府对农业的扶持还体现在帮助农民提高技能方面。为提高农业从业人员素质，政府采取了一系列措施。一是建立完善以高等、中等以及业余教育为主要内容的农业教育体系，对农业从业人员实行"资格准入制度"，只有达到一定职业能力的农民才能从事农场管理工作，如获得"农业职业能力证书"和"农业职业文凭"的农民仅能从事农业劳动，不能从事农场管理工作，只有获得"农业技师"的人才具备管理农场的资格。二是建立以法国国家农业研究院为主体的农业科研创新体系，建立教育、科研、推广三位一体的农业科研新机制。三是设立"科学研究活动地方基金"，鼓励地方和私人在农业地区创办农业科学研究机构②。

政府支持互助合作组织发展，国家通过财政和经济政策鼓励农民创办各种互助合作组织。对互助合作组织贷款给予更多优惠，将贷款利息从7%降到2%~3%；对合作组织生产的农产品给予价格补贴；同时，国家

---

① 曹占伟：《试析二战后法国农业现代化转型的经验》，载《农业考古》2016年10月。
② 曹占伟：《试析二战后法国农业现代化转型的经验》，载《农业考古》2016年10月。

还向合作组织提供设备、机具、肥料和技术支持。在政策的支持鼓励下，各地兴起了许多以亲属关系为纽带的比较稳定的互助合作组织，这些合作组织在不改变土地权属、农机具所有权的情况下，实现了更大面积的土地整合和统一经营。从 1966 年起，互助合作组织以较快的速度发展，并于 20 世纪 70 年代成为农业现代化经营中的重要组织形式。在生产联合的基础上，法国在农业向现代化转型中积极倡导产、供、销的一体化联合，鼓励工商资本进入农业领域，与农场主开展联合，采取合同形式把农业的有关行业组织联合起来形成综合体，或鼓励工业、商业资本与农场主互相控股组建利益联合体。

四　欧洲传统乡村的"改造"

从中世纪传统乡村向现代乡村的转型发展经历了数百年时间，但现代乡村仍然呈现传统之美。乡村在变迁中既彰显了现代工业化、城市化的生活方式，又承续了传统乡村记忆，这是欧洲对传统乡村改造的成功之处。交通便捷、基础设施完善、公共服务周全、农业发达、环境优美，与此相伴的民族文化、地域文化特色鲜明，这就是欧洲现代乡村给人们留下的印象。乡村改造既是生产力的变革，也是生产关系的变革，在确立了适应社会发展的生产关系范畴中，调整工农关系，建立新型的、协调发展的城乡关系是核心。

欧洲传统乡村向现代乡村的改造，其实质就是在工业化和城市化大背景下推进农村城镇化的过程。农村城镇化不是大城市化，而是就地城镇化，即将村庄、村镇改造得具有现代城市生活居住条件，改造乡村的自然环境和人文环境，让乡村变得美丽、舒适，适宜于居住和生活。农村城镇化是通过加速工业化进程，在农村大力发展商业、服务业、旅游业等第三产业，促使农村居民非农业化和市民化①。英国的工业化和城市化产生于乡村，英国由此成为最早实现农村城镇化的国家。为了实现城乡平衡发展，英国政府在工业

---

① 刘景华：《欧洲农村城镇化的历史道路思考》，中国社会科学在线，http：//news.hexun.com/。

化后期相继颁布了《济贫法》和《定居法》，限制人口过度向城市集中。在政策上引导逆城市化，将政府机构向小城市转移，由此也带动了公共事业单位、企业向小城镇发展。政府支持乡村基础设施建设，重视农村的道路、排灌、水电等基础设施及教育、文化、卫生等社会公共事业建设，逐步实现了乡村生活方式的城市化。从1927年开始，英国逐步建立起城乡居民的失业保险制度。社会保障制度实行城乡统一立法、统一管理，以国家《社会保障法》为基础，社会保障项目由国家设立确定。在国家统一立法下，由中央政府所属的社会保障部负责集中统一管理。不同地域、民族、职业、城乡等之间的社会保障待遇无实质差别，达到"国民皆保障"水平。1947年英国颁布了《1947年英国城镇和乡村规划法》，确立了城乡规划的法律规范。1990年，颁布新的《城市规划法》，新法以城乡统筹为核心，强调城市和乡村的协调发展，完善了国家、区域、结构和地方规划体系。

法国不仅对小农生产方式进行深刻的改造，而且其对乡村的改造也站在很高的起点上，使乡村成为与城市功能互补、多元、文化特色鲜明的区域。乡村不再单纯是农业的载体和乡村人口的生活场所，而被赋予了生产、居住、旅游、生态等多样化的功能，同时也成为根植于农耕文明的地域文化和传统文化的精神家园。乡村功能的角色转换不但意味着乡村经济、社会功能的拓展，而且使乡村走出了文化边缘化困境。"二战"以后，法国"乡村复兴"在政府的强干预下分阶段推进。1945~1950年，乡村政策主要集中于推进农业现代化建设，推广农业机械化，普及农业科技，加快农村劳动力转移，建设乡村地区基本服务设施；20世纪60年代颁布《农业指导法》和《农业指导法补充法》，确立农业与其他行业的平等关系，推进土地集中规模经营，保障农民收入和提供农民社会保障水平，建立农业生产者的退出和培训机制；20世纪70年代颁布了针对乡村地区的一系列领土整治规划，如《乡村整治规划》和《地区发展契约》，这些政策涉及经济、社会、生态、空间布局等多个方面，强调土地合理利用和环境保护。这一时期产生了"乡村更新"的概念，即在农业高效生产基础上，更加注重非农产业发展。乡村设施建设也由基本服务设施向改善乡村生态、居住环境和建设高质量服务设施全面发展。1982～1983 年分权法实施以后，法国地方政府被赋予了更多的职能和职权，乡村政策的实施更加着眼于地方特色并由地方政府主导；进入 20 世纪 90 年代，法国全面开展"乡村复兴计划"，主要政策集中在：加强和完善基础设施和公共服务，促进二、三产业发展，鼓励多样化住房供给，推动高效农业发展，推进基于共同利益的市镇联合体建设①。

在欧洲，德国是一个不可不提及的国家。德国有重视乡村建设的传统，早在 16 世纪中期始于施瓦本肯普滕侯爵领地的"土地重划"，旨在解决居民集中居住和土地耕种分散问题，对土地进行整合清理，集中连片，从而提高耕种效率。19 世纪前期，巴伐利亚王国建筑总管古斯塔夫·A. 福尔赫尔趁势在德国发起了"乡村美化运动"，提出改善耕种环境、建设和维护乡村景观及特色建筑、重振乡村生活。福尔赫尔为此成立了巴伐利亚乡村美化协会并出版《巴伐利亚建筑和农村美化月报》，这一运动得到安哈尔特－德骚侯爵利奥波德三世和著名作家歌德等人的热心支持，对于德国乡村古建筑的保护等产生了重要影响。19 世纪中期至 20 世纪初，德国成为工业化国家，为了遏制乡村的边缘化趋势、重现乡村生机、捍卫乡村传统，乡村重振运动再次展开。政府建立移民委员会，用租赁地产方式增加中小农户数量，推进农村居民点建设，强化乡村吸引力。1886～1919 年，仅普鲁士就为移民建立了 4.5 万个配备住宅和畜舍的小农场。面对工业化和城市化对乡村景观的破坏，德国发起以保护乡村自然景观为中心的"家乡保护"运动。各邦政府成立"自然纪念物保护"委员会，限制乡村地区的工业污染，在德国形成了以保护乡村自然景观为目标的"自然纪念物"、"自然保护区"和"国家公园"三级体制②。

"二战"以前，德国大部分乡村以小农场和农民为主，乡村聚落结构简单、规模小。战后德国划分为东西两个部分，东西部地区乡村走上了不同的

---

① 参见《法国乡村复兴的历史回顾、政策演进与经验借鉴》，https：//www.360kuai.com。
② 邢来顺：《德国乡村重振运动的历史考察》，载《光明日报》2018 年 2 月 12 日第 14 版。

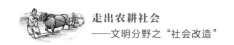

发展道路。东部德国"容克"地主的土地被分给农民，并在此基础上改造成集体农庄和国有农场，通过土地改革、集体化和合作生产，存续几百年的传统村落被改造成统一的居住区。农民变成了农业工人，在国有农场从事生产活动，具有固定的工作时间，但不得独占农产品。随着德国重新统一，东德的农业生产体系随之解体，农场荒芜、机具废弃、大量人口外流。虽然德国政府投入巨资加快东部地区基础设施建设、修建住房、提高福利水平，时至今日，东部地区仍未成为当时德国总理科尔许诺的"繁荣之地"，东部与西部之间在经济和社会发展水平上仍存在很大差距。随着乡村人口流失，东部地区农业和乡村进一步萎缩，德国历史上第一个私人研究所——柏林民主研究所认为，不应再给予这些地区经济援助，而应帮助人们离开这些地区，在这些地区建立大面积的生态和自然公园[①]。

"二战"以后，西德地区乡村发展和转型经历了三个阶段：再城市化、传统乡村向现代化乡村转型、现代化乡村向生态化乡村转变。1955年联邦政府颁布《农业法》，其后又颁布《土地整理法》，允许土地自由买卖，促进土地规模经营。并要求通过价格保护、直接补贴、田地整治、迁移安置和保障性社会政策等一揽子"绿色计划"，促进农业发展。1965年联邦政府推出新的"乡村发展计划"，颁布《联邦德国空间规划》，以法律形式规定乡村建设要赋予乡村居民与城市居民一样的生活、工作、交通等条件，在保持乡村原有社会结构的同时，加大对道路管线等基础设施的建设力度、教育医疗等公共服务的供给，在城乡生活水准相等的前提下达成区域之间有益的互补。由于实行城乡"等值"战略，受地价、劳动力成本低等方面因素的吸引，20世纪六七十年代，大量工业向乡村地区扩散，大规模的逆城市化产生"非农业乡村居民点"。由于改善乡村基础设施后交通便利，城乡联系更加广泛。同时，城市人口密集，居住条件恶化，许多城里人迁居到乡村。随着传统乡村向现代化乡村转型，德国的乡村经济、社会结构发生根本性变化，土地合并带动农业规模化经营，农业生产效率大幅提高，农业从业人员

---

① 孟广文等：《二战以来联邦德国乡村地区的发展与演变》，载《地理学报》2011年第12期。

在就业人口中的比重仅 2.1%，但素质很高。年轻人在完成基础教育以后，经过专业的农业技术培训和实习后才能从事农业生产，而农场主或农业企业主还需取得专门的从业资格。在乡村居住的人口中，大多数人并非从事农业，而是城市和非农产业的从业者，乡村的功能实现了从单一农业载体向人们向往的最佳居住地转换。

工业化、城市化向乡村扩散，带来传统乡村向现代乡村的转型发展，使乡村拥有了媲美城市的生活条件，但同时也带来了传统文化的流失，村落失去了原有的历史和自然风貌，这也引发了很多人的担忧。20 世纪 70 年代，环保意识、生态理念被推广到乡村建设中，德国的乡村向生态化乡村转型发展，实施了"我们的乡村应更美丽"的计划，以提高农产品质量和种类、开发农业房地产和旅游业、倡导乡村向现代化和生态化发展。在乡村建设中重视自然和文化景观的保护，在土地整治中对自然景观实行保护、平衡和补偿制度，推动了乡村在生态化和现代化中的良性发展。目前，德国乡村成功转型案例吸引了世界各国的关注，特别成为后发国家的效仿标杆，其成功不但取决于政府恰当的制度设计，社会对乡村自然生态、文化传统的重视，更缘于德意志民族严谨的性格和精益求精的工作态度。

第二节　美国农业与乡村现代化

美国是世界上最发达的国家，其农业生产能力和水平处于世界最发达之列。从 1776 年建国时算起，在两百多年里，美国成为世界唯一超级大国。美国农业及乡村现代化发展虽然与其自身的自然、人文、历史、宗教等各方面因素相关，但其发展路径和经验仍是世界各国在推进农业和乡村现代化中乐于借鉴和研究的样本。

一　美国土地制度与农业经营方式

美国国土面积 937 万平方公里，耕地面积 18817 万公顷，约占国土面积的 20%。境内以平原为主，海拔 500 米以下的平原约占国土面积的 55%，

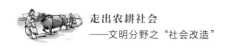

土质肥沃，平均降雨量为760毫米，优越的自然、地理状况为发展农业创造了得天独厚的条件，为现代农业发展提供了充足空间。土地私有制度的形成和演变奠定了美国农业以家庭农场为主的生产经营方式。

原初的土地制度以印第安人失去土地为代价，这也奠定了美国农业现代化的基石。印第安人祖居美洲大陆，是美洲土地的原初所有者。17世纪初欧洲人进入北美大陆，即开始对印第安人拥有的土地进行掠夺，主要途径是早期的战争和后期的不平等购买。1622年春，在弗吉利亚殖民地，英国人对印第安波哈坦部落实行了大屠杀，詹姆斯河口上游100公里内土地被英国殖民者占有。1675～1677年，新英格兰发动了对印第安人的菲力普王战争，由此控制了马萨诸塞境内的大量土地。英国殖民者不承认印第安人拥有合法的土地所有权，认为野蛮的印第安人没有土地私有的概念和制度，就像约翰·温斯罗普①说的那样："新英格兰的土著没有圈围任何土地，他们既没有定居下来，也没有驯化的牲畜来改良土地，因而他们对于这个地方所拥有的只不过是自然的权利；只要我们留下他们足够使用的土地，我们就能合法地取得其余的，而这里的土地超出了他们和我们的需要。"② 按照这一逻辑，英国国王颁布的特许状将本不属于英国的土地任意授予本国的个人及团体。

在土地私有化的进程中，后期殖民者在获得印第安人土地方式上转变为商业性购买，但这种购买往往是不平等的，购买的价格远远低于土地的实际价值。其中典型的例子是1737年的"步行购买"。当时特拉华部落首领同意将一个人一天半步行所及范围的土地售卖给宾夕法尼亚，结果步行者一天半竟行走了64英里，其结果是印第安人失去了特拉法河和利哈伊河之间的利哈伊河谷地区。事实上，16～18世纪，除英国外，其他如荷兰、西班牙、

① 约翰·温斯罗普（John Winthrop，1588～1649）：马萨诸塞湾殖民地总督，1588年1月22日生于英国萨福克郡爱德华斯顿的格罗顿庄园，1628年率领大批英国人建立马萨诸塞湾殖民地，此后长达19年的时间里，曾先后12次担任马萨诸塞湾殖民地总督、3次担任副总督、4次担任殖民地参事会的参事。1643年，新英格兰联盟成立时，温斯罗普是该联盟的首任主席。
② 参见：《美国的奠基时代（1585－1775）——土地的分配》，《美国通史》（刘绪贻、杨生茂总主编，刘绪贻、韩铁、李存训著），人民出版社，2002。

法国等欧洲列强纷纷向美洲殖民，有的国家比英国更早。欧洲多国向美洲殖民的结果是早期美洲的土地制度呈现其宗主国特点。如西班牙国王将西属美洲土地授予贵族、军人和商人，实行保护地制度，建立西班牙式的封建庄园，使印第安人变为农奴，强迫他们劳动。法国于 1608 年在魁北克建立第一个永久性殖民地，至 18 世纪中叶，殖民定居者约 8 万人。法国殖民者将法国贵族制度移植到新大陆，建立"领地"，将土地出租并收取地租。1621年，荷兰殖民者由商人组建西印度公司，将势力范围扩大到美洲，在哈马逊河流域、曼哈顿岛、摩霍克、长岛和特拉华湾沿岸建立了殖民区，其土地由公司及其雇员经营，1629 年公司提出土地占有权计划，规定公司的任何人员只要自备费用，带领 50 个人来殖民区，就可以在河岸一边或两边一半的区域取得 15 英里长而宽度不等的土地，政府给这些土地领取者或地主以土地所有权和附带的行政权，地主们可以设立乡镇、指派官吏、开设法庭，垄断纺织品经营权和其他贸易特权。

英国在北美开拓了 13 个殖民地，其土地大多归属于英国王室。英王将土地及附属派生的权利授予殖民公司或个人，然后再转让出卖给移民。17世纪初，英国的弗吉尼亚和普利茅斯公司向国王申请并得到詹姆士一世的特许状，国王允诺两公司可在"既非专属于朕，亦未被任何基督教的王侯、平民所占据的，在美洲通常被称为弗吉尼亚，以及美洲的其他地方建立定居点，开拓垦殖地，从而建立一个由朕的各类臣民组成的殖民地"。殖民地定居的所有移民及后裔，将如他们在英王统治下的英格兰及任何领地出生的人一样，"享有全部的自由权、豁免权和免税权"，并按英格兰肯特郡东格林尼治采邑的传统，拥有对殖民地土地的"自由永佃权"，即实际的土地所有权、占有权和使用权①。在马萨诸塞、马里兰及宾夕法尼亚等地，则实行"市镇授地制度"。20 人以上移民可以团体名义申请建立新的市镇，一旦获得批准，地契即转给该镇，申请人作为"业主"，按家庭人口多少分配土地。除了以上土地制度外，殖民地还授予自费进入的移民以土地，以及奖赏

---

① 李典军：《美国农政道路研究》，中国农业出版社，2004，第 13 页。

有战功的人以土地。许多在殖民地拥有土地的人，采取出售的办法转让土地，这使土地的私有化形成不可逆转之势。英国政府通过将公司制土地转变为移民个人私有，通过市镇授地制度将土地分配给个人，通过奖赏的办法将土地分配给有功之人，这一进程实际上把英国王室名义的国有土地转化为公司和市镇公有，进而尊重殖民地民意，将公有化的土地转化为民有的过程，农业殖民制度的实施所引出的诸多变化，成为英属北美殖民地乃至以后整个美利坚文明，包括经济、政治、社会和文化进一步发展的基本动因和基础，并决定了其结构的多元化特征，其意义重大而深远①。

对有战功的人奖赏土地的方法甚至用到了敌人身上，独立战争期间，对敌方"开小差"的士兵许诺划分土地，起到了瓦解敌军的作用。在独立战争胜利后，美国土地制度正式独立地以法律形式确定下来，并在以后的两百多年间逐步完善。1862年5月20日，美国总统林肯颁布《宅地法》，将西部土地无偿分配给移民。这部法律规定，成年公民只要经过登记，就可以在西部免费得到一块不超过160英亩的土地。如果他在这块土地上居住或耕作满5年，就可以获得这块土地的所有权。此后40余年间，近60万个家庭获得了土地，由此确立了美国家庭农场的"小农"土地所有制。《宅地法》的颁布结束了美国此前土地权属无"法"可依的混乱状态，当欧洲人涌入美洲大陆，一些人从印第安人手中通过掠夺或购买获得土地，而更多的人则是所谓的"非法定居者"，他们在自认为适宜的地方居住下来，耕种、放牧，生儿育女，以种植一片玉米、建一处小屋，甚至用斧头在树上做出标记划定范围，用自己手中的枪支保护"家园"。非法居住者随意占领土地，甚至占有印第安人的领地或通过"合法"渠道取得土地，他们同试图赶走他们的州政府展开了长期的武装斗争。非法定居者没有正规的土地所有权证件，但他们对所占有的土地进行投入并使之增值，把荒地变成了成熟的土地，并承担了向州政府纳税的义务，因此一些州政府主张"土地的增值部分属定居者所有"。弗吉尼亚州规定："如果有人定居在原本属于别人的种植园或土

---

① 李典军：《美国农政道路研究》，中国农业出版社，2004，第15页。

地上，陪审团可以根据实际情况，而不是仅仅根据正式的法律文书，判定所有权的归属。如果原来的法定土地所有者不愿意为土地的增值部分对非法定居者付出补偿，定居者有权购买土地。"定居者可以优先购买他所开发的土地，这种赋予"优先购买权"的办法被其他州效仿。

从美国建国至 20 世纪 30 年代，出台了许多的土地法令。独立战争以后，美国掌握了约 15000 万英亩公共土地，围绕公共土地的处置形成了两个不同的意见：一是以杰弗逊为代表的人主张将公共土地划成小块分配给从事农业的移民，建立自由的小农所有制；二是以汉密尔顿为代表，主张出售国有土地，换取资本促进工商业发展。1785 年的土地法令最终确定了出售西部公共土地、将其作为国家收入来源的基本土地政策。1787 年《西北法令》规定在西北地区建立 3~5 个州，当某一地区的居民达到 6 万人时即可加入联邦，享有其他各州拥有的权利，而且规定："在这一地区废除蓄奴制度，并在法律上保障全民享有信仰自由和财产权。"《西北法令》在鼓励东部地区向西部地区移民、推动西部开发上做出了积极贡献。在《宅地法》之前，它与 1785 年法令共同构成美国土地制度的基石。

20 世纪 30 年代是美国土地制度的转折点，由于西部开发给环境带来压力，政府的注意力从土地分配转移到土地资源的保护上来。在 20 世纪末，美国在全国各地建立了 10 个代表不同土壤和气候条件的土壤侵蚀实验站，开展土壤侵蚀方面的研究。此后成立水土保持局，并于 1935 年颁布《水土保持法》，该法案授权农业部对农业生产者保持水土和改善环境方面的设施提供资金支持。1936 年，《水土保持法》被修改为《土壤保护和国内配额法》，开创政府和农业生产者分摊水土保持成本的先例，使土壤保护成为农业政策的重要组成部分。1956 年修订后的《农业法》出台了土地银行计划，通过补贴生产者鼓励退耕，以利于耕地保护。1966 年出台《优质耕地牧地及林地保护法》，该法案规定了城市在发展中必须保护优质耕地、统筹评估和安排城市建设用地规模、强调储备耕地林地和牧地、限制政府使用耕地的数量以及在制定城市发展规划中必须考虑优质耕地的保护规划。1969 年美国颁布《自然资源保护法》，其中土地保护是重要内容之一。20 世纪 80 年

代以后，美国政府出台《耕地保护政策法》，对纳入保护计划的耕地所有者给予补贴。1996 年通过的《联邦农业发展与改革法》，修订了耕地和环境保护条款，农场主可根据市场变化将部分符合耕作条件的土地作为保护对象，从而获得政府的补贴。

美国土地所有制中，60% 以上的土地属于私有，占据主导地位。归政府的公有土地约占 38%，其中归属于联邦政府的土地约占 33%，属于各地州政府的土地约占 5%。另外还有约 2% 属于印第安人的原始保留地。清晰的土地权属确保了土地自由交易。美国的土地市场最发达，交易制度最完善，农地买卖和出租自由，在土地权属让渡中，买卖和出租的价格由双方议定，土地收益需按国家和地方政府规定缴纳土地税、房产税和农产品销售所得税。农地的主要转让方式为租佃制，即拥有土地的人将土地出租给他人耕种，权利人收取固定地租或分成地租。

土地私有的产权制度奠定了美国农业以家庭农场为主的经营方式，在以公司制、合作制和家庭制为主要形式的所有经营形式中，家庭制农场占主导地位。随着现代科技和生产手段的改进，农业劳动生产率大幅提高，家庭农场的经营规模随之扩大。2010 年，美国共有家庭农场 220 万个，总占地面积 9.2 亿英亩，每个农场平均经营 400 多英亩土地，约为 2400 亩。全国约 350 万个农业劳动力，平均每个农场的劳动力为 1.6 个。2010 年，收入超过 100 万美元的农场中，家庭农场占 88%，全美 79% 的农产品由家庭农场生产。美国务农人口仅占全国总人口的 2%，却创造了丰富的劳动产品。2012 年，美国的谷物总产量为 3.63 亿吨，人均占有量 1160 公斤；美国拥有巨大的粮食储备，谷物的结转库存占世界第一，近年来大致接近世界库存总量的 1/3；美国的畜牧业和种植业并重，在农业总产值中，2012 年种植业占 52%，畜牧业占 48%；美国畜产品在世界占有巨大的份额，2012 年畜产品销售量居全世界第 1 位，其中牛肉销售量占世界的 21%，奶占 18%，蛋占 12%[①]。美国农业的生产方式和生产力都处于世界最发达之列。

---

① 中华人民共和国财政部国际财经合作司：《美国农业发展现状》，http://www.mof.gov.cn。

二　美国工业化与农业现代化

欧洲人来到北美大陆，他们从印第安人手中获得土地，同时也带来了欧洲人的耕作方式。在早期殖民时期，这些欧洲人只能依靠简陋的农具，在广袤的荒原上从事粗放的生产，有时还必须以采集和渔猎作为补充才能勉强维持生存。随着人口增加、工具改进，较长时间内北美洲经济以农业为主、以手工业和商业为辅，生产水平有了很大提高。以农为主的经济模式持续到独立战争，随着欧洲工业化的推进，与欧洲联系广泛的美国进入快速工业化时期，并取得了令人瞩目的成就。

广袤的土地、丰富的矿藏资源、活跃的市场，以及伴随欧洲移民而来的技术，奠定了美国工业化基础。外部环境的变化也给美国工业化创造了有利的条件，18 世纪末至 19 世纪初，欧洲列强为争夺霸权发生战争，整个欧洲都卷入战乱。英法两国相互经济封锁，美国成为中立国，其对外贸易快速增长。就像 19 世纪初华盛顿在《告别词》中所指出的那样："避免我们的命运和欧洲任何一部分的命运缠结在一起，以致我们的和平与繁荣被卷入欧洲的野心、对抗、利益、情绪或反复无常的圈套中去。"杰克逊在总统任期内，将对外贸易作为美国外交的首要目标，美国的货运收入激增。1792 年，美国货运收入达到约 740 万美元，1796 年达到 2100 万美元，1807 年增至 4200 万美元。相比 1792 年，1795 年出口额翻了一番，1801 年出口额再翻一番，1807 年，美国出口额已 5 倍于 15 年前的水平①。但是，英法两国的封锁也给美国造成了损失，并最终导致美国与英国的决裂。1803 年战端再开，英国在公海上捕掳美国商船、强征海员，激起美国人的强烈不满。1807 年英国军舰"豹"号炮击美国军舰"切萨皮克"号，致使美舰 4 人死亡、18 人受伤、4 人被英军抓走，此事件直接成为美国出台《禁运法案》的导火索，并带来美欧贸易的中断。

《禁运法案》在短时期内给美国农业和对外贸易造成了较大的损失，但

---

① 韩家炳：《美国 1807 年〈禁运法案〉的代价与影响》，《安徽师范大学学报》（人文社会科学版）2003 年第 2 期。

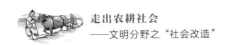

从长远看，却刺激了美国制造业的兴起，并推进了工业化进程。外贸禁运使新英格兰地区工业迅速发展，并使这一地区在 19 世纪 60 年代率先实现工业化。1790 年英国移民塞缪尔·施莱特（Samuel Slater）来到美国罗得岛州的布莱克斯通河流域，制造了阿克赖特式机器，创建了第一家英国式纺织厂，标志着新英格兰纺织工业的兴起。1793 年，伊莱·惠特尼（Eli Whitney）发明了轧棉机，使脱棉工效提高数百倍，有力地推动了新英格兰纺织工业的发展。1813 年，弗朗西斯·卡博特·洛厄尔（Francis Cabot Lowell）引进了英国的卡特赖特动力织布机，开办了一家从梳棉纺纱到生产布匹的综合性纺织工厂，该厂的建立标志着新英格兰纺织工业进入一个新的发展阶段。19 世纪二三十年代，新英格兰纺织工业迎来了迅速发展时期，投入资金的数额、工厂的规模、产值的增长都是空前的。纺织工业从此便在美国新英格兰地区兴起①。

新英格兰位于美国大陆东北角，濒临大西洋，毗邻加拿大，包括美国的 6 个州，由北至南分别为缅因州、佛蒙特州、新罕布什尔州、马萨诸塞州（麻省）、罗得岛州、康涅狄格州，马萨诸塞州的波士顿是该地区的最大城市以及经济文化中心。1812～1814 年，美国获得"第二次独立战争"的胜利，使英国再次确认了美国的独立地位，《禁运法案》实施以后，美国与欧洲特别是英国的货物贸易中断，以前依赖进口的工业产品，现在不得不自己生产，雄厚的商业资本不得不转化为工业资本，这就为本土的工业化创造了良好的外部条件。从欧洲进入美国的移民及其后裔为工业化提供了充足的劳动力，这些进入美国的移民很多是具有不同技能的工人。英国对美国工业化实行"技术封锁"，限制本国有一技之长的国民出国，这一制度一直延续到 1834 年。尽管英国对新技术采取了各种限制"走出去"的措施，但是并没有阻断美国从欧洲获得必要的技术，在政府鼓励政策和高额奖励下，英国乃至其他欧洲国家的技术仍源源不断地进入美国。

新英格兰的许多河流发源于西部的阿巴拉契亚山脉，布莱克斯通河、梅里马克河、康科德河经过皮德蒙高原流向大西洋。这些河流在流域内形成许

---

① 程树武：《新英格兰纺织工业的兴起条件分析》，https://qkzz.net。

多瀑布，为纺织工业发展提供了动力。美国南部的棉花作为纺织工业的原材料源源不断地进入北部，特别是新英格兰地区，为新英格兰以纺织工业为主的工业革命迅速发展壮大奠定了坚实的物质基础。从 1820 年至 1860 年的 40 年间，棉纺织业迅速发展，年均增幅达 15% 以上，至 1860 年，棉纺织业成为全美国最大的制造业。除了纺织行业外，以钢铁、煤炭为主的工业部门也增长迅速，特别是 19 世纪下半叶，钢铁生产逐渐成为主要的生产部门，并随同第二次工业革命的深入发展，电子、化工和汽车制造业蓬勃兴起。以钢铁生产为例：美国虽不是钢铁产业技术创新发源地，却有效地吸收和运用了这些新技术。1875 年，卡内基（Carnegie）在宾夕法尼亚州建立了第一家制造钢轨的转炉钢铁厂。1870 年美国钢材产量不足 7 万吨，1880 年达到 124.7 万吨，1890 年为 427.7 万吨，1900 年达到 1018.8 万吨，1910 年达到 2609.5 万吨，40 年间增长 370 多倍[①]。19 世纪末至 20 世纪初叶，美国工业产值跃升世界首位，制造业是其工业增长的主要部门。

美国钢铁工业发端于东北部的大西洋沿岸，随着技术改进和原材料市场逐渐西移，特别是焦煤炼铁技术推广以后，炼铁中心转移到生产焦煤的匹兹堡地区，因此匹兹堡地区在近代被称为美国的"钢都"。至 20 世纪初，苏必利尔湖沿湖地带兴起了许多新的钢铁工业中心，比如芝加哥、底特律、克利夫兰和布法罗等。钢铁工业的快速发展，促进了以钢铁为原材料的其他工业如建筑、交通、机械制造等行业的发展。从 19 世纪中叶至第一次世界大战前夕，也是美国工业产值超过农业产值的时期，美国实现了由农业社会向工业社会的成功转型。第一次世界大战期间，美国的强大工业基础不但满足了国内的工业品市场需求，而且为协约国提供了强大的物资支持，美国作为最富裕的工业国家，奠定了其在国际经济力量对比中的领先地位。

快速工业化牵引了美国农业现代化，使美国成为头号农业现代化国家。工业化所积淀的资本、技术实力为农业实现现代化转型打下了坚实的基础。

---

① 贾根良、杨威：《战略性新兴产业与美国经济的崛起》，载《经济理论与经济管理》2012 年第 1 期。

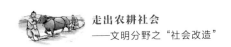
美国农业快速发展的第一次浪潮受益于全美"西进运动"，早期移民向西部迁徙，不但为西部土地开拓提供了充足的劳动力，而且带来了工业化在地域上的扩张。从1790年到1900年，东部移民向西部流动，大多从事农业和基础设施建设，随着西部农业的兴起，19世纪密西西比河流域逐渐成为农产品主产区。从俄亥俄州到密苏里中部平原地区，建立起以小麦为主的粮食生产区，从密苏里河流域到西部洛基山之间的山丘起伏地带，成为美国的肉食供应基地，同时美国南部得到广泛开发，成为"棉花王国"。

"西进运动"是美国历史上的重大事件，这个过程不但伴随美国人口大迁徙，完成了开疆拓土的历史壮举，而且在其进程中，实现了经济区域布局、城乡共同发展。特别是荒芜的西部成为重要的农垦区，使美国变成了世界上独一无二的农业现代化国家。"西进运动"与农业技术革命相结合是美国农业由落后变为先进的关键，工业化成果和技术在农业领域的扩散和运用，使传统农业得到彻底改造，农业生产方式和手段得以升级。美国学者福克讷认为："从1860年到1910年这半个世纪内，经历了一次农业革命"这场革命包括农业机器的发明和科学耕种方法的日益推广，政府迅速和不断地对农业加以注意和协助，以及农业教育运动的广泛开展。19世纪以前，美国农业尚处于原始垦殖阶段，生产工具落后，耕作依靠锄头，开垦土壤采用粗陋的木犁，割草和收获使用镰刀、打谷用连枷。19世纪末农业工具逐渐得到改进，1794年托马斯铧式犁开始采用，1797年查理斯式铁铸犁出现，为美国农业技术革命奠定了基础，许多生产新技术、新工艺、新工具不断出现。如1819年杰思罗式可替换零件的铁铸犁的发明；1819~1825年罐头制作技术日益完善，美国罐头食品产业开始崛起；1834年麦考密克收割机获得专利，从而彻底改变了传统的收割方式；同年，约翰·雷恩发明了钢锯片的犁，提高了传统犁的工作效率并延长了使用寿命；1837年脱粒机投入农业生产，大大提高了生产效率。但是，在这一时期，谷物生产仍然采用手扶犁开垦、耙土机平地、人工播种、镰刀收割和连枷打谷的传统生产方式。[①] 19世纪

---

① 王琛、吴敬学：《美国农业技术进步经验及启示》，http://www.scnjw.gov.cn/。

60 年代，美国内战爆发，劳动力短缺和食物需求量增长，刺激了农业技术的进一步改进。1841 年出现的谷物播种机，逐渐代替人工播种。1842 年出现谷物升降机，1844 年出现割草机，1868 年蒸汽机在农业中得到使用。蒸汽拖拉机进入农业生产，彻底改变了依靠畜力的局面。机械代替人力、畜力，突破了传统农业受限于劳动力的瓶颈，使土地产出率和劳动生产率大幅提高。

20 世纪 30 年代，拖拉机得到改良，铁轮被橡胶充气轮胎代替，既减少了对燃料的消耗，又使操作和驾驶更加舒适，对内部齿轮的改进，大大提高了行驶速度和使用效率。拖拉机在"二战"前已经使用汽油，用汽油作为动力的拖拉机逐渐普及，并在农业生产中发挥重要作用。20 世纪 40 年代，全美国农用拖拉机总量为 157 万辆，20 世纪 50 年代发展到 339 万辆，到 60 年代增长到 488 万辆。拖拉机牵引机械化也逐渐覆盖耕、种、收各环节，取代了人力及畜力，重犁和大犁被大规模采用；到 20 世纪 50 年代，六排或八排条播作业被采用；至 60 年代，播种机播种与施肥同步技术被普遍推广，棉花和马铃薯的机械收获技术也被大量采用。至 20 世纪 70 年代，美国农业基本上实现了全程机械化。农业现代化中的机械化革命，使农业生产、加工、流通各个环节和领域出现完全不同于传统方式的质的飞跃。①机械动力取代人力、畜力，也取代了其他动力，如骡马或蒸汽机动力等。20 世纪四五十年代，农业人力成本下降 26%，五六十年代人力成本下降 35%，六七十年代下降 20%。②市场竞争加剧，农场兼并频发。使用大型农机具提高了农业的劳动生产率，同时也提高了农场的经营门槛，在竞争中许多小农场被兼并，而大农场的经营规模则进一步扩大。③农业成为现代经济的重要产业部门，农业社会化推动生产、流通领域大协作。以机械化、大规模生产为特点的农业，进一步凸显农业的商品性，生产者的产品变为商品，需要得到市场的检验，流通领域与生产环节的联系进一步紧密，在这样的背景下，生产、流通各环节的组织化水平提高，社会化大协作成为大势所趋。

与机械化并行的还有农业生产技术的改进。20 世纪初，杂交技术得到应用，亨利·A. 华莱士（Henry A. Wallace）开始杂交小麦种子的生产，

"二战"以后，杂交小麦在主产区被广泛播种。生物及化学技术有了较快发展，如除草剂及杀虫剂早在"二战"以前即已出现。部分作物品种改良技术也得到了较快发展，并在"二战"以后的农业产区普遍使用。与此同时，家畜饲养技术也得到大发展，因采用预防疾病技术和使用化学药剂，家畜饲养成活率大大提高。在金·兰奇（King Ranch）培育出新型纯种牛以后，各地开展了纯种家畜的培育，1946年明尼苏达 I 型肉猪成功上市，1957年培育出纯种奶牛。"二战"导致饲料短缺和畜产品价格上涨，饲料添加剂得以使用，添加了抗生素的饲料不但提高了动物存活率，而且还能刺激动物快速生长。

除了技术改进大大提高了农业产出外，依托工业化建立起的现代交通体系，也为美国形成全国统一的农产品市场、加速农产品流通发挥了关键性作用。1806年，美国国会通过法令拨款修建坎伯兰国道，这条道路1811年动工，19世纪中叶才完成，成为大西洋沿岸通往西部的重要交通要道，是移民西进的重要通道。与此同时，大批私人公司修建的纳税道路为沟通东部和西部的人流和物流发挥了重要作用。19世纪，美国重视运河交通和铁路交通建设，取得了很好的成效。至1850年，美国铁路总长超越英国而跃居世界第一位，成为世界上铁路交通最发达的国家之一。第二次世界大战以后，随着经济快速发展，美国进入公路特别是高速公路快速发展时期，20世纪20年代美国在纽约建成第一条高速公路后，50年代进入高速公路集中建设时期，这种快速集中建设的态势直到80年代才告一段落。至今美国拥有635万公里公路，其中高速公路总长88000公里。方便、快捷的交通网络对农产品流通特别是形成全国对内对外的农产品市场发挥了关键作用。

三 美国乡村发展与政策驱动

2016年，美国总人数为3.25亿，其中农村人口占2%，约为600万人，美国是全球最大的农产品生产和出口国，也是乡村成功转型、城乡差距最小的国家。从城乡收入差距上看，20世纪30年代，美国非农业人口可支配收入与农业人口可支配收入之比，达到最大（为2.49），40年代大约下降到

1.66。从 20 世纪 70 年代到 90 年代，城乡居民收入差距一直在 1.28 至 1.33 之间波动，到了 21 世纪之初，后者的可支配收入是前者的 1.17 倍，即农业人口可支配收入已经完全超过非农业人口可支配收入。

湛蓝的天空、清澈的湖水、洁净的马路，一望无际的农田和草地，以及城市化的家居生活，这是许多人对现代美国乡村生活的认知。比城市更为惬意的生活环境不但彰显了美国乡村人口的生活品质，而且不断吸引城市人口，成为城市中产阶层回归乡村、追求宁静田园生活的地方。现代化的生产方式，决定了现代化乡村的生活品质，而今美国乡村人口不但在收入上消除了城乡差距，而且在全方位社会化服务中实现了"中产化"。政府或企业对乡村提供多元化服务，确保了乡村人口的高福利水平。①政府提供乡村住宅贷款服务。由国家统一实施，向不能通过其他途径获得贷款的居民提供体面、安全、卫生的住宅及相关设施。②政府支持合作社向乡村提供电力、电话和信息服务。从 1936 年起，政府支持乡村地区消费者和农场主建立电力和电话合作社，政府通过向合作社提供贷款，为无电和无电话的乡村铺设电力、电话线路，安装设备，提供服务。③政府通过家庭示范和家务咨询，为乡村家庭普及料理家务、饮食营养、服饰衣着、美化环境等方面的知识，以改善生活条件、提高生活水平。④工商企业提供消费服务。现代乡村已摆脱自然经济时期"自耕自食"状态，所有乡村人口皆消费工业制品，这些消费品由工商企业提供①。

美国乡村的转型发展经历了多个阶段。以欧洲为主的移民在印第安人的土地上建立起现代化国家，其间乡村从落后、原始状态向现代化转型。从美国建国算起，乡村转型发展经历了四个阶段，每一阶段的发展体现在乡村经济的转型变化、乡村生活方式变迁以及乡村物质、精神生活水平提升等各个方面。乡村的转型发展既归功于参与者的艰辛付出，也与政府的大力推动、政策引导密切相关。

第一阶段：西部拓殖时期。从 18 世纪开始直到 19 世纪末，西进运动是

---

① 李典军：《美国农政道路研究》，中国农业出版社，2004。

美国农业发展史上的重要里程碑，对新疆域的开拓扩大了农业发展空间。西部拓荒农民克服艰辛，奇迹般地把一望无际的西部荒原变成了大片良田，使农业的可耕地迅速扩大。18 世纪 60 年代后期，新垦殖的土地增加 50 万英亩，70 年代增加耕地面积 1.5 亿英亩，相当于英法两国土地面积的总和。在 1880 年至 1900 年的 20 年间，耕地面积又增加了 3.03 亿英亩①。随着西部大量耕地开拓和种植业、养殖业兴起，美国农业的重心从东北部向西部转移，实现了工业、农业在全域内的区域化、专业化布局。《宅地法》颁布后的几十年，西进运动进入高潮，大批美国移民卖掉财产，加入西进大军行业，他们的理想就是要在西部拥有一片土地，追求更多的财富。如一位移民所说："我们离开可亲的同伴和童年好友是因为希望从美国政府手中获得'山姆大叔'许诺授予的土地。"当时流行的一首歌谣说道："既然日子一直艰难，我将告诉你，我的恋人，我有一个想法，我要放下犁和车，前往加利福尼亚，开始一个新旅程，像其他人一样，使自己的财富翻番。"②

人口源源不断进入西部，为农业开发提供了充足的劳动力，也扩大了农产品的消费市场。获得土地的早期拓荒者在宅地内从事农耕，构成西部早期荒凉、粗犷的乡村图景。简陋的房舍、原始的田园，以及艰苦的劳动铸就了不畏艰辛的拓荒者精神。随着人口增多，以农业为主的经济快速发展，城镇兴起，城乡基础设施条件改善，乡村的生活方式也在发展中逐渐转变。西部拓殖时期农业快速发展与美国政府给予的政策支持分不开，这些政策大多围绕土地分配和稳定西部移民生产而展开。早期进入西部的移民大多数是穷人，即使获得了土地，荒地被开垦出来后，也没有足够的工具和种子耕种，贫困仍然困扰着他们。1878 年，议会通过救济贫困移民的法案，给予财产总额 300 美元以下的贫困移民每人 500 美元贷款，大约有 3 万户移民获得了贷款。为了帮助移民抗御自然灾害，政府通过了一系列法案，允许灾民在受灾期间离开宅地到别处谋生，并且在灾后回来继续耕种。

①　李典军：《美国农政道路研究》，中国农业出版社，2004。
②　张晓路：《中国国家历史·壹》，东方出版社，2016。

第二阶段：科学农业发展时期。大约从 19 世纪末至 20 世纪 30 年代，终结于大萧条前夕。19 世纪末，美国边疆拓殖已经告一段落，农业耕地面积相对固定下来，简单地依靠增加土地面积来发展农业的方式随之结束。1861 年至 1865 年南北战争期间，联邦政府取得胜利后，在颁布《宅地法》的同时，也颁布了《解放黑人奴隶宣言》，从而打破了南方落后的奴隶制生产方式，为发展资本主义生产方式提供了充足的劳动力。随着自然科学成果被引入农业生产领域，此时期最显著的特点是技术对农业增长贡献突出。加之农业机械逐渐代替人力、畜力，农业进入高速增长时期。粗略估计至第一次世界大战期间，较之于南北战争时期，美国粮食总产量增长了 2.6 倍，其中小麦增长了 342%，玉米增长了 200%，燕麦增长了 300%，大麦增长了780%，棉花增长了 600%，烟草增长了 210%，亚麻籽增长了 730%[①]。这一时期，美国工业与农业同时高速发展，农业为工业提供了坚实的基础支撑，工业为农业开辟了广阔市场，又刺激了农业的进一步发展。

政府对农业的支持发挥了重要作用，表现在政府资助建立农业研究中心及开办农业院校，向农民提供科技服务，推广先进生产技术等。由于新技术和新工艺的采用，农业劳动生产率不断提高，使乡村地区释放出大量劳动力，有力地支持了工业对劳动力的需求。农业释放出来的劳动力伴随转移的人口进入城市，也使此时期的城乡关系发生深刻的变化。1910 年，乡村人口在总人口中的占比约为 53%，其中农场人口在总人口中的占比略高于30%；1915 年美国城市化率越过 50% 这一门槛；到 1930 年，乡村人口的占比下降为 41%，农场人口占比则低至 21%，农业 GDP 仅占全美 GDP 的7.7%[②]。城乡人口结构性变化，从一个侧面反映了美国从农业社会向工业社会转型发展的状况。

1914 年第一次世界大战爆发给美国农业带来了新的发展契机，使美国农产品出口呈鼎盛之势，肉类出口从 1914 年的 14300 万美元增加到 1917 年

---

① 李存训：《美国南北战争后农业迅速发展的特点与原因》，载《世界历史》1981 年第 4 期。
② 李晴、叶勉：《美国乡村发展的四个阶段》，http：//www.upnews.cn。

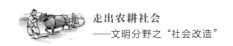
的 35300 万美元，面粉和小麦的出口由 8800 万美元增加至 3 亿美元。旺盛的出口市场拉动美国农业高速增长，农场主纷纷扩大种植面积，或拓宽耕地面积，或改良土壤以提高产量。但是这一旺盛的发展势头在第一次世界大战结束后即发生逆转。战后其他国家特别是欧洲国家的农业生产快速恢复，国际市场特别是欧洲对美国农产品的需求下降。1919 年美国农业对外出口额达到 41 亿美元，而 1922 年则为 18 亿美元，市场滑坡、产品积压最终导致从业者特别是农场主收入急剧减少，许多农场因此而破产。

第三阶段：产业多样化时期。20 世纪 30 年代至 20 世纪 80 年代，乡村进入产业多元化发展时期。1929 年 10 月，空前严重的经济危机在美国爆发，之后的大萧条使农业受到严重打击，农产品市场价格断崖式下滑，农产品生产者价格指数（以 1967 年为 100 计）由 1928 年的 64.8 降至 1932 年的 29.5，农场纯收入由 61.5 亿美元降至 20.3 亿美元，严重的经济危机迫切需要调整农业政策来化解。1933 年，富兰克林·罗斯福就任美国总统，亨利·华莱士应邀就任美国农业部长，在他们的主张下，农业政策进行大幅调整，政府干预替代自由放任成为主流走向。1933 年 5 月 12 日，国会通过第一部《农业调整法》，开始大规模限产。这些措施包括：控制产量，稳定农产品供给，对缩小种植规模和产量的农场给予补贴；国会通过《农业信贷法》《农场抵押法》《农作物贷款法》等法律，对农民进行信贷扶持与政策支持；引导农业生产者与农产品加工者之间签订"市场协议"，使他们在最低价格、供求总量等方面达成协议；建立农业"常平仓"制度；鼓励农民实现组织化。在《农业调整法》通过时发表的演说中，华莱士表示，美国"自由的个人主义时代"已经结束，"唯一可以达成长期生产控制的方法，乃是农民们自己组织起来，联合起来进行努力"。①

在农产品市场竞争加剧、农产品价格波动的客观现实面前，乡村的发展单纯依靠农业增长的模式再也难以维持下去了。在这样的背景下，乡村地区

---

① 刘戈：《罗斯福农业新政操刀人华莱士：五项改革挽救美国农业》，https://www.micronet.com.cn。

探索进一步发展的路子集中在引入制造业上，乡村地区通过发展制造业来稳定收入。第一个成功案例是 20 世纪 30 年代中期位于密西西比（Mississippi）地区的工业平衡农业项目（Balance Agriculture with Industry）。通过廉价的土地和便宜的劳动力，以及财政援助吸引制造业进入乡村地区，以此替代收入不稳定的农业，成功实现了乡村的转型发展。制造业特别是适合于乡村发展的非农产业为增加乡村就业机会做出了突出贡献，仅在 20 世纪 60 年代，私人兴办的非农产业就为乡村提供了 1450 万个就业岗位。进入 20 世纪 70 年代，由于产业结构调整，许多劳动密集型的加工业转移到了国外，影响到了乡村产业发展，但是，美国政府适时采取相应措施，鼓励适合于乡村发展的非农产业，很快就稳定了乡村经济局面。这些产业包括畜产品、农产品加工业，农业机械零部件生产，日常小商品生产等。

这一时期，政府对农业的支持政策进一步体系化。主要围绕市场价格支持和补贴而展开，通过无追索权贷款和政府购买，把市场价格提高到支持价格水平。1973 年颁布的《农业法》提出：由政府规定目标价格（最初以生产成本为基础，以补偿农场主的生产成本并取得一定的利润为计算方法，1981 年以后在原有基础上按增长比例确定目标价格），政府按目标价格与市场价格的差额给予生产者补贴。同时，出台储藏补贴、休耕补贴、灾害补贴等各项补贴措施，开展农作物保险与农作物收入保险，以及对农业予以信贷支持和税收优惠等。

第四阶段：环境优先时期。20 世纪 80 年代以后，农业进一步集约发展，带来农业从业人口进一步减少、农场规模进一步扩大。在乡村居住人口中，从事非农产业的人口比例进一步增长。2000 年以后，乡村人口的就业越来越多样化，其中仅有约 20% 的居民从事农业，另外约 80% 的居民则从事其他行业，90% 以上的农场拥有除种植以外的其他收益。

在乡村产业结构变化中，乡村服务业逐渐兴起，并成为乡村人口重要的就业渠道。特别是乡村旅游吸引了大批城市人口，并成为乡村重要的收入来源。在新的历史时期，政府、社会对乡村生态环境改善越来越重视，加之乡村生态、文化价值凸显，改善环境成为乡村发展的首选。由于农业的高效发

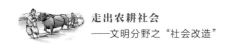
展，主要的农业生产区大量萎缩，至 21 世纪初，主要的农业区集中到部分中部和西部地区，其他乡村地区在城市化趋势下，或变为市镇或成为彰显生态、文化价值的非农产业区。在乡村发展和经济转型过程中，政府的政策引导发挥了重要作用，从制定乡村发展规划、培育环境友好型产业、给予乡村信贷支持等多方面发挥调节作用。

第三节　小结：欧美"乡村改造"的经验和启示

从农业社会到工业社会，即从传统社会发展到现代社会是人类历史上开天辟地的重大事件，是人类文明的进步。工业化生产、生活方式取代农业生产、生活方式的重大变革开创了人类历史新纪元，这场变革不仅是物质层面、精神层面，也是制度和社会文化层面的"社会改造"运动。虽然这场"社会改造"运动从 18 世纪中叶英国"工业革命"之前的几个世纪即开始酝酿，但至今整个人类社会还没有走完全部历程。过去大约百年间，虽然欧美发达国家完成了对传统农业和乡村的"工业化改造"，但仍有众多的发展中国家处于社会的转型之中；虽然"社会改造"创造了丰富的物质财富，带来了极高的社会效率，但人的精神层面的改造远远落后于物质层面的改造；虽然在工业化基础上，人类已迈入信息化、智能化门槛，但农耕社会的生产方式和意识形态仍然存在，并时刻影响人们的生活。由此，对于尚未完成工业化的国家而言，欧美国家对乡村社会的改造经验值得借鉴。

一　欧美"乡村改造"的经验

1. 改造农业："乡村社会"多元发展

农耕文明支撑的乡村社会，维系自给自足的乡村经济形态，这种经济形态的"封闭性"不仅是东方传统社会的固有特征，而且在欧洲中世纪的庄园经济中也很突出。乡村经济的封闭形态决定了乡村社会所固有的文化形态，即乡村文化的保守和惰性。这种保守和惰性使乡村社会处于僵化的状态之下，难以在农业和乡村社会内部产生变革的力量。事实表明：对乡村社会的改造动力来自外部，而非乡村内部力量的集聚。虽然工业化和城市化以及与之相应的民主政治根植于传统乡村社会，但真正改造乡村社会的力量则来自成熟的工业化和城市化。工业化和城市化转型成功的欧美国家顺利完成对乡村社会的改造，而工业化和城市化发展滞后的国家则始终处于社会的转型之中，乡村社会的改造缺乏"牵引力"。改造传统农业是改造传统乡村社会的核心，欧美国家改造传统农业的过程，是在农业与工业部门"合作"、政府与农场主互动、社会各方面参与下完成的，主要经验是：①工业化所积淀的经济实力，支撑大量资本、技术进入农业领域和乡村地区，改善乡村地区基础条件、转移劳动力对土地的依赖，使农业向规模化和高效化发展。农业实现转型发展，其标志是打破自给自足的生产状态，向市场化、专业化转型。②改造乡村社会在于构建新的、和谐的工农、城乡关系。欧洲在工业化初期，随乡村劳动力向工业、乡村人口向城市迁移，乡村一度走向衰落。这种衰落正如后发国家所发生的情况一样，但随着加强对乡村经济的扶持，这种衰落并没有像后发国家那样持久下去。英国的工业化最初产生于乡村，乡村经济呈现多元特征；美国则在 20 世纪经济大萧条后，及时调整政策，鼓励制造业、加工业向乡村转移，使乡村经济多元化。在欧美发达国家，成功的工业化和繁荣的城市经济，吸收了大量的乡村人口，为农业资源的集聚和规模化经营创造了条件，农业成为"高效率"的竞争性产业。尽管农业从业人口很少，但机械化和现代生物技术支撑下的高效农业却创造了极为丰富的农产品，创造了较高的经济效益。乡村不仅成为农业的载体，而且是多种产业和商业贸易的复兴之地。乡村不仅是农民的栖息之所，而且是人们向往的宜居之地。③政府引导全社会参与乡村社会改造，而非乡村自我改造。政府从立法、司法上保护乡村人口的利益，保护乡村环境，以确保乡村发展的可持续性。从政策上加大对乡村的投入，改善乡村基础设施和公共服务，吸引资本、技术向乡村地区聚集，对农业增加各种补贴。

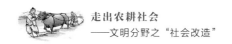

2.改造小农:"乡村社会"制度重构

土地制度是农业的根本制度,农业和乡村改造中的创新始终围绕土地关系而展开。土地的零碎化经营是"小农"及"小农社会"的主要特征,与资源集聚的社会化大生产形成明显的区别。在传统农耕社会,土地趋向于分散和零碎化,这适合家庭经营模式,这种经营模式与最底层的贫民利益联系紧密,从而受到社会基于"平等"的道义支持,在屡次社会变革中,这种"支持"都会凸显出来,以至于"小农"及"小农社会"的存在具有了深厚的社会经济基础。法国是典型的小农社会,拿破仑在《民法典》中将小农土地所有制以法律的形式固定下来。但是,这种看似维护众多小农利益的土地制度,却与现代化的大生产格格不入,以至于法国在经历波折后,推进农业现代化的重要步骤仍是以改造小农生产方式为主,即在"二战"以后的"乡村复兴"中,以政府强干预的方式推进土地集中和规模经营。以移民垦殖方式扩展土地的"西进运动",是美国农业规模经营的关键措施,正是"西进运动"与农业技术革命相结合成为美国农业由落后变为先进的关键。欧美各国在改造乡村经济的同时,注重乡村社会的一系列制度重构,打破传统农耕社会中"人"的依附关系,建立普遍的、以维护社会"正义"为基础的现代社会治理形式。法国社会学家托克维尔在《论美国的民主》中,赞扬"美国乡镇精神",即美国的"民治"在乡村崛起中发挥了重要作用。他说:"在美国,乡镇不仅有自己的制度,而且有支持和鼓励这种制度的乡镇精神。所谓乡镇精神,也就是乡镇居民对本地公共事务的参与、决定以及对乡镇的依恋、热爱。"乡镇居民将自己的幸福生活与乡镇的前途连在一起,积极参与乡镇事务造就了甜美的田园生活。

3.改造文化:"乡村社会"价值重塑

文化是社会的灵魂,既反映了社会存在的状态,又彰显了社会独特的价值观念。从农耕社会到工业社会,文明更替中两种不同价值观念的碰撞、融合和创新,是产生新的社会价值观念的主要方式,从而为现代人烙上了独特的文化性格。14~16世纪的"文艺复兴"使欧洲人摆脱了宗教传统的束缚,人们为追求现实中的"幸福"而提倡个性解放。其后的"宗教改革"和

"启蒙运动"以及城市"市民"阶层兴起，则为现代社会创造了崭新的人文精神。在传统乡村社会的改造中，新的乡村既有别于旧的乡村社会，又有别于新的城市社会形态，乡村在"重生"中显示出了自身的独特优势。新的乡村社会形成过程中，新的乡村文化价值理念既继承了旧的文化传统，又吸收了新的文化元素，体现了新的乡村价值观。乡村社会再造充分吸纳现代生活方式，同时在创新中保持传统社会的特质。正是乡村社会对传统的坚守更彰显了"新乡村"的价值，乡村所保存的中世纪建筑群落、风俗传统，田园风貌映衬下的恬静生活，正是快节奏的工业社会所缺乏的。在以城市生活为主导的工业化社会，乡村社会的发展面貌和生活水平与城市不相上下，其生活理念、风俗传统使乡村社会在现代生活中占有重要的一席之地。

二 欧美"乡村改造"的启示

生产方式的矛盾运动是社会发展的根本动力。在生产方式的内部矛盾中，生产力决定着生产关系和社会生活的其他方面，是推动社会发展的最终决定力量。生产关系需要适应生产力这一规律，是人类社会发展的一般规律，承认社会发展规律的历史必然性丝毫不损害"人"作为"社会改造"的主体在历史发展中的作用，事实恰好证明社会规律在不断的社会"改造"中，在人们有目的、有意识的活动中体现出来。"社会改造"是推动生产力发展、生产关系调整和上层建筑更替的复杂工程，又是人类有目的和预期的社会实践活动，涵盖了政治、经济、社会、文化诸多领域。从农耕社会到工业社会，"社会改造"的实践活动既服从于社会发展的一般规律，又具有独特的民族性和时代性，欧美先行国家"改造农耕社会"的经验留给后发国家诸多启示。

1. 物质资料生产是"社会改造"的根本动力

人类对幸福生活的追求，首先离不开物质资料的生产。不断丰富的物质生活让人们远离饥饿和困苦，是构建幸福和谐社会的物质基础。马克思和恩格斯在《德意志意识形态》一文中指出："我们首先应当确定一切人类生存的第一个前提也就是一切历史的第一个前提，这个前提就是：人们为了能够创造历史，必须能够生活。但是为了生活，首先就需要衣、食、住以及其他东西。因此第一个历史活动就是生产满足这些需要的资料，即生产物质生活本身。同时这也是人们仅仅为了能够生活就必须每日每时都要进行的……一种历史活动，即一切历史的一种基本条件。……因此任何历史观的第一件事就是必须注意上述基本事实的全部意义和全部范围，并给予应有的重视。"同时，马克思在《〈政治经济学批判〉序言》中说："物质生活的生产方式制约着整个社会生活、政治生活和精神生活的过程。人类需要是在物质生产基础上不断满足而又不断更新、提升的过程，新的需要促使劳动者改进原有的生产工具；而新的生产工具的出现，又呼唤和造就素质更高的掌握更先进的科学技术和劳动技能的劳动者，并创造出更高的人类需要。"欧美发达国家对农耕社会的改造始终围绕物质资料生产这根主线展开，正是基于此，机械化代替中世纪原始农具，土地集约经营取代小农生产，现代农艺技术淘汰原始耕作制度，生产力进步创造了极高的农业劳动生产率和土地产出率，拉动了农耕社会向现代社会跨越。

对后发国家而言，推动生产力发展是完成工业化和对落后的农业社会进行改造的必由之路。人类在物质资料生产不断丰富的前提下进行社会大分工，从而发生深刻的社会变革。恩格斯在《家庭、私有制和国家的起源》一书中论述了三次社会大分工将人类社会推到文明时代，其中重要的背景就是人类物质资料生产不断丰富、生产力向前发展。传统的欧洲农耕社会一步一步地从落后的状态走出来，推动社会改造的动力依然来自对物质资料的渴求。16～17世纪，随着食物短缺、饥荒频发，欧洲陷入动荡不安之中。英国的"农业革命"从16世纪中叶开始并持续到18世纪，这使英国先于法国等欧洲其他国家摆脱了饥荒的困扰。这一切从根源上皆可归于农业技术改良和耕作制度创新，其中三田轮作、草田轮作以及种植牧草、培育地力不但提高了粮食产量、增加了牲畜放养量，而且增强了农产品的多样性，扩大了对食物需求的有效供给。

2."社会改造"是对现实的批判

任何一项社会改革措施都是为了解决现实的社会问题，是对现实的批判。社会在克服现实弊端中实现从量变到质变的跨越，主要体现为各种社会关系的调整。从欧洲传统的庄园制经济向现代产业经济发展，从自然经济向商品经济跨越，经历了数百年时间。无论是物质资料生产方式还是分配方式，所有的改革措施都是对现实矛盾问题的解决方案。在私有制社会，所有"社会改造"措施都带有阶级性，同时也是面对社会现实矛盾时各方利益博弈的结果。英国延续几个世纪之久的"圈地运动"缘起于纺织业及新航路开辟以后的羊毛贸易，对利润的追逐不仅带动了土地集中条件下养殖业的发展，更重要的是奠定了英国农业资本主义制度的基石；法国大革命时期对"小农经济"的保护以及"二战"以后对"小农经济"的改造，皆有其深刻的社会、经济背景，前者为得到农民的支持，将土地分配给农民，后者为实现农业资本主义生产方式，将土地集中，这些都一度促进了农业的快速增长，不失为应对时局的现实选择，且相应选择在不同的历史阶段所发挥的积极作用亦无可否认；美国历史上的"西进运动"对西部土地大量开垦，过度开垦带来"黑风暴"，政府从鼓励开垦土地到重视生态环境建设，不同时期的政策都倾向于满足当时的现实需要。

3. "社会改造"愿景的时代性

从传统社会到现代社会，大多数的后进国家参照欧美发达国家经验，对"农耕社会"改造的愿景大体可归纳为实现农业工业化、农村城市化和城乡一体化。这一愿景以及实现这一愿景的路径不但因国情不同而不同，而且因时代变迁而迥异。英国是第一个最早工业化和开启现代社会之门的国家，"不列颠的崛起和现代化，是英国历史自然发展而远非外力强迫的结果，也是英国人在开拓世界市场的过程中自然完成的。这种文明给其他文明带来的压迫和痛苦是如此之大，以至于大多数文明都被迫洗心革面，向它学习，以至于英语成为当今世界多数国家义务教育中的一门必修课。"[1] 恩格斯在《英国工人阶级状况》一文中描述英国工业化："新兴的工业能够这样成长起

---

[1] 唐晋：《英国：从"日不落帝国"到"小英国"》，载《大国崛起》，人民出版社，2006。

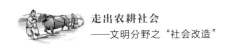

来，只是因为它用机器代替了手工工具，用工厂代替了作坊，从而把中等阶级中的劳动分子变成了工人无产者，把从前的大商人变成了工厂主……"① 第二次工业化以电气化为标志，同时发生在美国、德国等资本主义国家，相对于第一次以"机器代替手工工具"的工业化更有深刻的含义。进入 21 世纪，世界步入信息化、网络化时代，对后进国家而言，新型工业化以及与之相伴的城市化在新的起点上，赋予传统"农耕社会"改造以新意。

人类为追求"幸福生活"而开展"社会改造"实践，但是，人们对"幸福生活"目标的认识具有时代性，这种"时代性"主要表现为私有制条件下的阶级局限性。在私有制社会，社会改造的功利性侧重于对物质利益的追逐，而忽视人类精神层面的改造。从传统农耕社会到现代工业社会，人类创造了极为丰富的物质财富，但是，在极端贪婪和自私的资本主义制度下，物欲横流，滋生种种罪恶，这正在阻碍人类文明进一步发展的脚步，时代正在呼唤人的"自身改造"。马克思主义认为人类自身的生产是社会生产中除物质资料生产以外的另一内容之一，即原有人口把自己劳动获得的生活资料通过消费转化为自己的体力、智力的过程，它包含原有人口生命的延续、体力的增强、智力的发展等，即人的"数量延续"和"质量提高"。在现代社会提高"人的质量"，就是要努力改造人类自身，以适应于人类文明向前发展的需要。由此，后进国家在确立"社会改造"的目标愿景时，不仅包括改造"物质世界"，还应包括改造人的"精神世界"。

---

① 恩格斯：《英国工人阶级状况》，人民出版社，1956。

第四章
中国近代"乡村社会"嬗变

按照通俗的观点，中国近代化从 1840 年第一次鸦片战争至 1949 年中华人民共和国成立，时间跨度百年有余。百余年中政治动荡，平静的乡村社会脱离固有的运行轨道，像飘零的小舟，在风雨中迷失了航向。近代百年中国乡村社会是缓慢发展或波动发展、是崩溃或衰落了？历来学术界存有争议。20 世纪二三十年代，国内一些学者对中国乡村开展了大量的调查研究，分析了清末民初以来乡村经济的演变趋势，主流意见认为：中国乡村经济处于衰落和崩溃之中，农民生活入不敷出、陷入贫困。梁漱溟认为：中国农村日趋破坏，农民的日子大不如前①。根据 20 世纪 30 年代的状况，千家驹指出："近几年农村的状况，一年不如一年。"② 顾高扬认为，现在中国的农村经济已经整个崩溃了，荒地面积增加，农产收获减少，农民收入降低，处处证明了中国农村经济的破产③。在以上主流意见盛行之时，也有一些学者提出了不同的看法。如卜凯根据 1910～1933 年的情况，调查认为农民生活水平提高者居多，农民衣食改善，瓦屋代替草屋④。李景汉依据冀中定县的调查指出，近 20 年来，农业生产有所增加⑤。以上学者大多从经济视角，特

---

① 《梁漱溟全集》第四卷，中国文化书院学术委员会编，山东人民出版社，1992。
② 千家驹：《中国农村的出路在哪里》，载《中国农村》1936 年第 1 期。
③ 顾高扬：《复兴农村之金融问题》，载《中国经济》1934 年第 8 期。
④ 卜凯：《中国土地利用》，成都金陵大学农学院经济系，1941。
⑤ 李景汉：《定县农村人口分析与问题》，载《民间》1934 年第 2 期。

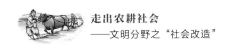
别是传统农业粮食丰歉、农民收入波动的状况去评价农村，所下的结论难以避免片面性。

放宽视野，从政治、经济、社会全方位看，中国近代乡村社会无疑走向了衰落，主要反映在以下方面：①不仅乡村经济停滞不前，农民收入减少，而且乡村政治秩序失稳，社会动荡不安；②传统的乡村组织结构解体，宗族组织对乡村人口的约束力减弱；③乡村劳动力突破传统的产业模式，脱离农业进入非农行业。不仅城市和工业的吸引，战争、自然灾害、社会动荡也大量造成乡村人口流失。从更长时期的趋势上看，在中国近代化的百年中，面对复杂的政治、社会环境，在城市化和工业化的曲折发展中，传统的乡村秩序和格局被打破，新的秩序和格局尚未形成，乡村社会表现为转型发展中的颓废和没落。

第一节　百年惊梦："近代化"的历史演进

中国近代化教育通常强调两个意识：一是帝国主义侵略带来屈辱的历史；二是反抗压迫、奋起革命的历史。事实上，开启"三千年未有之变局"的近代史远比我们想象的厚重和复杂，从不同角度审视这百年的历史足以让我们警醒未来。正是这百年，中国结束了长达数千年的专制皇权统治；正是这百年，世界上规模最大、发展最成熟的农业社会向现代社会转型；也是这百年，中国大地饱受战火的蹂躏，同时也在痛苦中结束了一个时代。

一　中国"近代化"的前夜

17世纪中叶，欧洲推动历史进程的重大事件，莫过于英国旨在结束王权专制统治的资产阶级革命。从1640年查理一世召开新议会，至1688年"光荣革命"终结封建统治。1689年，英国颁布《权利法案》，以法律形式限制王权，从而确立了议会君主立宪制。自此到18世纪中叶，英国对内通过圈地运动，对外殖民和开展海外贸易，为工业革命积淀了大量资本和自由的劳动力。在这100年间，另一个古老的东方大国——中国也正处在最后一个皇朝的隆盛时期，史称"康乾盛世"。从康熙（1662～1722年）、雍正（1723～1735年）至乾隆（1736～1796年）三代的130余年间，中国经济、文化影响力达到新的高峰，全国人口空前增长，总人口约3亿，耕地面积超过明末最高数字，达到700万公顷。英国学者安格斯·麦迪森（Angus Maddison）所著《中国经济的长期表现》显示：1700年，中国GDP达到828亿国际元（1990年国际元，以下同），欧洲GDP则为926亿国际元，分别占全世界总和3714亿国际元的22%、25%；1820年，中国GDP为2286亿元，欧洲为1848亿元，分别占世界总和6945亿元的33%、27%。[①] 麦迪森的这一估算值，得到了许多人的认同，也大体与其他学者描述的状况相近，美国学者保罗·肯尼迪（Paul Kennedy）在《大国的兴衰》一书中，认为中国经济总量世界第一的宝座直到1890年才被美国替代。

经济总量的增长并不能完全说明问题。在盛世的光环下，中华帝国处于巨大的隐忧之下，这一状况没有被当时更多的国人看到，甚至多数人沉浸在太平盛世的梦幻之中。据麦迪森提供的数据，虽然中国经济总量在康乾盛世处于领先地位，但由于人口基数大，1700～1820年，中国人均GDP保持在600国际元水平，而欧洲的人均GDP则从923国际元增长到1090国际元，此时全世界的平均水平则为615国际元和667国际元。这一组数据说明，从1700年以后的百年间，欧洲和全世界经济以较高速度增长的情况下，中国经济总量也以较快速度增长，但人均水平却处于停滞状态。正如麦迪森在其著作中表述的一样："中国在康雍乾时代虽然已有相当的近代因素的积聚，但要看到政治、文化、思想、科技、法制多个领域中存在许多陈规陋习，榛莽密布，严重阻碍着近代化的步伐。……至1700年（清康熙三十九年）中国的人均GDP仍为600元，处于停滞状态，而欧洲的人均GDP已攀升到927元，近于经济将要起飞的阶段。"

嘉庆（1796～1820年）王朝以后，清朝国运急转直下，日渐衰落。

---

① 〔英〕安格斯·麦迪森（Angus Maddison）：《中国经济的长期表现（公元960～2030年）》，伍晓鹰、马德斌译，上海人民出版社，2008。

1840年鸦片战争之后，中国沦为西方列强眼里的"东亚病夫"，任人宰割。此后百年，中华大地战火频仍，兵戈不息，经济落后，民不聊生。第一次鸦片战争前，中国的GDP尚占世界30%以上，为各国之首。到1900年八国联军侵华时，短短60年间，中国的GDP降至世界总额的6%。与其他国家比较，1900年欧洲五国GDP之和占世界总额的54.5%（英国18.5%，法国6.8%，德国17.9%，俄国8.8%，意大利2.5%），美国则后来居上，占23.6%，日本也已攀升到2.4%。

18世纪末19世纪初的嘉庆王朝，衰败的气象已呈现。在此之前的乾隆时期，人口增速快于土地面积的增速，即埋下了祸根。康熙时期，全国耕地面积达5.4亿亩，至乾隆退位时耕地面积达到7亿亩，增长了约三成，但是全国总人口从乾隆初的1.43亿人增加到3亿人，人口增长了一倍多。对这一时期人地矛盾紧张的状况，张宏杰在其著作《饥饿的盛世》中有所描述："人口对于土地的压力是显而易见的，因为连那些边远地区的人口也呈饱和状态。例如：富饶的四川盆地在18世纪就吸收了大量的外来移民，早已人满为患，甚至它的东部山区也已住满了其他省份因歉收而来的难民，广西的几条河谷地带是广东东部客家在18世纪移居的地方，这里土地的竞争也很激烈。"人地紧张的矛盾不仅表现在统计数据上，而且反映在对土地的占有关系上，真正需要土地的贫困阶层不能获取土地，而土地买卖使耕地不断流向少数官僚和豪绅手中。因天灾人祸失去土地的农民，在缺少谋生手段的情况下，别无选择地成为"流民"，给社会安定带来压力。

不断加重的税负使下层人民苦不堪言。清朝税收以银为支付手段，普通人需用铜币换取银币纳税。在乾隆早期，一两银币可以兑换700枚铜币，但在乾隆后期，一两银币则可兑换1300枚铜币。因银贵铜贱，即使税额保持不变，普通人实际承担的税收也翻倍上涨。加之清朝官员和士绅不承担纳税义务，朝廷只对百姓征税，而大多数好田好土掌控在官僚士绅手中，以致朝廷的收入越来越少。虽然税收标准不变，但在朝廷税收减少的情况下，一些巧立名目的杂税出现，增加了老百姓的额外负担。另外，吏治腐败在专制体制内是难以治愈的顽症，各层官员贪腐成性，社会矛盾十分尖锐。嘉庆四年

（1799 年）正月，太上皇乾隆驾崩，未几，嘉庆皇帝宣布和珅二十条罪，下旨抄家，廷议凌迟，后改赐和珅狱中自尽。据估计，和珅家产为八万万两白银，超过了朝廷十年收入的总和。从乾隆四十六年（1781 年）到乾隆四十九年（1784 年）三年间，清廷就查出浙江嘉湖道王燧贪纵营私案、甘肃通省冒赈案、乌鲁木齐冒销帑银案、山东巡抚国泰贪纵营私案、闽浙总督陈辉祖抽换侵盗入官赀财案和江西巡抚郝硕勒派属员等六起集团性贪腐大案，每起案件涉及众多的州县以上官员①。

嘉庆初年，朝廷勠力肃贪，甚至严办了权倾一时的和珅，但贪腐之风并未刹住，反而甚嚣尘上。如：嘉庆十三年（1808 年）淮安水灾，官府赈济，李毓昌奉命至山阳县查赈，住在善缘庵。知县王伸汉要李多开户口，以中饱私囊。李不从，王惧事泄，买通李仆毒死李毓昌。知府王毂亦受王伸汉赂银 4000 两，验尸时即以自缢报案。李的叔父从遗物中发现血迹，开棺验见服毒状，赴京告状。山东抚臬奉旨复查如实，就把王伸汉等拘至刑部严讯。一讯得实，王侵贪赈灾银 23000 两，同知林永升 1000 两，其余数十人各得不等。王伸汉处斩刑，知府王毂处绞刑，江督铁保、同知林永升均革职，遣戍乌鲁木齐，江苏巡抚汪日章革职，留河工效力。皇帝真发怒了，"其余佐贰杂职获徒流杖责者 8 人"，此为清代四大奇案之一②。嘉庆在位期间，还有很多称"奇"的贪腐案件，如：率先揭发和珅的谏官广兴，深得皇帝信任，但在兵部侍郎任上，短短一年时间就贪污 4 万两之巨；直隶省布政使司承办司书王丽南，一介小吏私刻公印，从国库套取银两达 31 万两。自嘉庆亲政开始，黄河连年决口，朝廷每年下拨巨额经费治理黄患，但收效甚微。其中，治河官员中饱私囊，贪污治河银两，治河工程以次充好，黄河仍然屡屡决口。

清嘉庆时期，社会矛盾十分尖锐，为了加强对社会面的控制，各层官署衙门纷纷增设人手，编内编外衙役队伍庞大，有的县署竟达上千人之多。特

---

① 参见《清代集团性贪腐案频发镜鉴》，载于《人民论坛》2015 年 3 月。
② 参见《四大冤案》，https://baike.baidu.com。

别是这些编外的临时衙役，官府无力承担其开支，就利用他们设置关卡，巧立名目到处收费。有拒绝勒索的或被关入私牢，或遭严刑拷打，有的甚至失去生命。庞大的官僚机构和专政体系并不能带来社会局面的稳定，反而更加引发社会的对立，因而"起义""造反"屡屡发生。嘉庆元年（1796年），爆发了四川、陕西、河南和湖北边境的白莲教起义，历时9年方平定。嘉庆元年（1796年），湖北襄阳爆发姚之富、王聪儿起义，首尾历时9年，席卷湖北、四川、河南、陕西、甘肃五省；嘉庆十八年（1813年）爆发天理教起义，清朝政府为平定这些民间暴动也在不断透支财力。

嘉庆朝以后，国运日渐衰微，民间暴动和起义此起彼伏。其中最有影响的有：1851年至1864年，从广西金田起义的太平天国农民运动，这场声势浩大的农民起义前后持续14年，影响涉及全国17个省。1853年至1868年与太平天国同时期的捻军起义，活跃在长江以北皖、苏、鲁、豫四省部分地区。1854年至1864年，于广东佛山爆发的大成国起义，横扫粤桂两省，有力地打击了清朝的统治。1899年至1901年，轰轰烈烈的义和团运动，席卷中国北方大地。这些农民起义打击了清朝的统治，也消耗了中国的国力。

中国由一个世界性强国变成被欺凌的弱国，与其说是上帝选择了西方，不如说是时代抛弃了东方。这从国家的生产能力以及创造的价值上，而且从国家最基本的政治格局以及社会组织形式、运行方式上可见端倪。当西方资产阶级革命如火如荼、科学技术推动产业革命发展之际，中国还束缚在专制的皇权统治下，在守旧的制度温床中酣睡。1840年第一次鸦片战争敲开中国紧闭的国门，欧美列强强加给中国人民无尽的战争、割地、赔款和不平等条约。1842年第一次鸦片战争失败后，清政府被迫签订了《南京条约》，首开割地赔款、开放口岸先例；1856年至1860年第二次鸦片战争后，清政府向俄国割让国土达150万平方公里，英法联军火烧圆明园；1894年至1895年中日甲午战争以及1900年八国联军侵入中国，先后签订《北京条约》《马关条约》《辛丑各国条约》，赔款总额相当于清政府1900年财政收入的11倍。

清政府对外签署的不平等条约，让国门洞开，贸易利益尽失。自《南京条约》起，中国先后开放了广州、厦门、福州、宁波、上海为通商口岸；
准许英国在五处通商口岸派驻领事；英商进出口货物缴纳的税款，由两国商
定。同时自《虎门条约》起，英、美、法、俄、日等相继取得类似特权。
欧美国家在中国享有领事裁判权，即这些国家的侨民不受居留国（中国）
法律管辖，其主要内容是：侨民在中国犯罪，或成为民事诉讼的被告时，只
由其本国在中国的领事或法庭依其本国法律审理。欧美等国先后在中国获得
片面最惠国待遇①，如《虎门条约》规定：中国今后如有"新恩施及各国，
亦准英人一体均沾"，此即中国近代给予外国侵略者片面最惠国待遇之始。

二　中国"近代化"节奏

从第一次鸦片战争起，以重大事件为标志，大致将中国近代历史分为三
个阶段：1840 年至 1895 年中日甲午战争，以洋务运动为主体，中国人开始
近代化探索，可视为中国近代化起步阶段；从 1895 年至 1919 年"五四运
动"，其间从 1914 年至 1918 年发生第一次世界大战，主要列强忙于战争，
中国从政治、经济、文化各方面向近代化整体推进；自 1919 年以后，至
1949 年新中国成立，中国近代化在连绵不断的战争、社会持续动荡中曲折
前行。中国近代化的百年历史，是中国社会由盛转衰，也是中国人在风雨飘
摇中百折不挠、奋力前行的历史。

（1）1840～1895 年："以夷制夷"之洋务运动。中英在两次鸦片战争
中的交锋，暴露了东西方在国力上的差距。战争的失败阴影砸碎了满清政府
"天朝上国"的旧梦，也使部分官吏在疑惑中清醒过来，认真审视正在剧变
的世界，掀起了向西方学习的"洋务运动"。1861 年 1 月 11 日，以恭亲王
奕䜣为代表的清廷洋务派上奏《通筹夷务全局酌拟章程六条》，奏请设立总
理各国事务衙门。在这篇奏折中，提出"除内患，御外侮"的系列方略。
"……臣等就今日之势论之：发捻交乘，心腹之害也；俄国壤地相接，有残

---

① 在国际条约中，缔约双方互相享受对方已经或将要给予第三国的同等的条约权利（一般包
括通商、航运、税收、投资、居住等方面），这种待遇称最惠国待遇；仅缔约一方享受这
种权利，而并不给对方以对等的权利或利益者，则为片面最惠国待遇。

食上国之志，肘腋之患也；英国志在通商，暴虐无人理，不为限制，则无以自主，肢体之患也。故灭发捻为先，治俄次之，治英次之。"以奕䜣为代表的洋务派认为"内患大于外忧"，应先治内缓治外。对外敌的策略，奕䜣在《奏请八旗禁军训练枪炮片》中说："窃臣等酌拟大局章程六条，其要害在于审敌防边，以弭后患。然治其标未探其源也。探源之策，在于自强，自强之术，必先练兵。现在抚议虽成，而国威未振，亟宜力图振兴，使该夷顺则可相安，逆则可以有备，以期经久无患。"在辛酉政变后，洋务派"自强""师夷长技""富国"等主张得到慈禧支持，并使一场声势浩大的"洋务运动"正式登上中国舞台。

1861 年 3 月 1 日（咸丰十一年正月二十日），总理各国事务衙门成立，标志着洋务运动正式拉开帷幕。洋务之初，以学习西方军事和开办兵工企业为主，首先邀请英、法军官对清军开展陆军编练，训练清兵使用西洋枪炮。1861 年从北京神机营开始练兵，后扩至湘、淮军和全国军营。练军所需大量新式武器要从国外购买，财力不支，转而自己仿造。奕䜣在向朝廷的奏折中提出："识时务者莫不以采西学、制洋器为自强之道。"秉持这一理念，总理衙门在主导军事工业发展上颇具成效。1864 年，李鸿章筹办江南制造局，总理衙门给予"议识鸿远，迥非睹之目前可比，足为洞见症结，实为宣本衙门未宣之隐"。在总理衙门支持下，李鸿章、张之洞、曾国藩、左宗棠等地方实力派官僚纷纷兴办起兵工厂。1861 年由曾国藩在安徽创建的安庆内军械所，是洋务派开办的第一家兵工厂，制造出了中国第一艘蒸汽轮船；1865 年 6 月，海关通事唐国华等筹资四万两买下美国人的上海虹口铁厂，李鸿章在此基础上创办的江南制造总局，成为清廷在上海最大的兵工厂；1866 年，闽浙总督左宗棠在福建创办的福州船政局，成为当时远东最大的造船厂；1867 年，三口通商大臣崇厚在天津创办天津机器局；1890 年，湖广总督张之洞在汉阳创办湖北枪炮厂，这是洋务派开办的规模最大的兵工厂。短短几十年间，洋务运动中先后创办了 20 多家军工企业，中国具备了铸铁、炼钢以及机器生产各种军工产品的能力，产品包括大炮、枪械、弹药、水雷和蒸气轮船等新式武器。

在"富国"的旗帜下，洋务运动中还创办了一些民用工业，采取招商投资入股、官方派人经营管理的"官督商办"或"官商合办"等方式，兴办民用工业20多家，比较有影响的如李鸿章筹办的轮船招商局、上海机械织布局、开平矿务局，以及张之洞兴办的汉阳铁厂等。轮船招商局开办仅3年时间，就为清政府回收了1300多万两银子，还将业务发展到国外，打破了外国航运公司的垄断局面。在洋务运动中，尝试仿效西方修建铁路、架设电报线、翻译书籍、创办报刊。因洋务需要，从19世纪60年代至90年代，洋务派创办了24所新式学校，如：1861年1月，奕訢和文祥奏请开办京师同文馆；1866年左宗棠奏请开办福州船政学堂；1880年李鸿章奏请设立天津电报学堂，这些新式学校培养了大批翻译、工程、通信、兵品制造等方面的人才。从1872年至1875年，清政府四次选派120名幼童赴美国学习，此后1877年至1897年，又先后四次选派福建船政学堂53名学员赴欧洲留学。选派留学生到欧美学习对中国近代化产生了积极影响，这些人后来有的成了外交官，有的成了教育家，有的成为军队将领。其中最为出名的则有北洋大学校长蔡绍基，还有中国第一位铁路工程师詹天佑。

洋务派重视海军建设，先后组建了四支海军舰队。最早在广州建立广东水师，洋务运动期间拨军费强化装备建设，但其实力仍较弱；1879年创建的福建水师，在1884年（光绪十年）与法国的"马江海战"中近乎全军覆灭；1875年（光绪元年），时任两江总督、南洋大臣的沈葆桢筹办南洋舰队，1888年正式成军，参加过中法战争；实力最强的北洋舰队于1888年在山东威海卫的刘公岛正式成立，曾被誉为亚洲第一、全球第六强海军舰队，但在1894至1895年中日甲午海战中全军覆灭。

（2）1895～1919年：戊戌变法与辛亥革命。1895年4月，日本逼迫清政府签订《马关条约》，议定割让辽东半岛（后因俄、德、法三国干涉，清政府支付3000万赎辽费）、台湾岛及其附属各岛屿、澎湖列岛给日本；赔偿日本2亿两白银；增开沙市、重庆、苏州、杭州为商埠；允许日本在中国的通商口岸投资办厂。消息传到北京，康有为、梁启超等组织在京应试的

1300 名举人联名上书光绪皇帝，提出拒和、练兵、变法主张，史称"公车上书"，上书因顽固派阻挠没有送达光绪帝手中。"公车上书"失败后，维新派在各地创办报刊、学会、学堂，著书立说宣传变法主张。1897 年，德国出兵强占胶州湾，在严重的民族危机之中，维新变法的呼声高涨。在这样的形势下，康有为上书光绪帝再陈变法之必要，受到光绪帝接见，并让康有为全面筹划改革。1898 年 6 月 11 日，光绪帝颁布了"明定国是"诏书，变法正式开始，至 1898 年 9 月 21 日慈禧太后等发动戊戌政变，光绪帝被囚，康有为、梁启超逃往海外，谭嗣同等"六君子"被杀，历时 103 天的戊戌变法宣告失败。

"义和团，起山东，不到三月遍地红。"这首流传于民间的歌谣见证了轰轰烈烈的义和团运动。进入 19 世纪与 20 世纪之交的中国，已经从世界强盛的中心沦为新兴列强瓜分的砧上之肉。帝国主义除了物质上的掠夺外，还有精神上的扼杀，西方传教士纷至沓来，名为建教堂、传教义，实则巧取豪夺、欺压乡里，致使教民与乡民矛盾日增，"教案"频起。1900 年春季，直隶成千上万习练义和拳的农民纵火烧毁了教堂和教徒房屋，并于当年 6 月在慈禧的允许下进驻北京，先于清军进攻天津租界。在"扶清灭洋"的旗帜下，义和团与帝国主义列强军队进行了殊死搏斗，终因清廷态度急转，从支持义和团到联合列强镇压等原因而归于失败。义和团运动的浩大声势，反映了中国民族意识的觉醒，英国哲学家罗素（Bertrand Russell）在《中国问题》中说："一旦怯弱温和的中国人的热情被激发，也可能变成世上最轻率的赌徒。"义和团运动的失败，也让全体国民看到了清朝廷的腐朽无能，进而点燃了改朝换代的革命火种。

1911 年即农历辛亥年（清宣统三年），历史记住了这一特殊年份，发生在这一年的重大事件中断了延续 2000 多年的皇权专制统治。历史事件既偶然也必然，点燃革命的火种来自多省爆发的"保路运动"，这年 5 月，邮传大臣盛宣怀策动宣布"铁路国有"，将已归商办的川汉、粤汉铁路收归国有。这一行为招致四川各阶层的强烈反对，从而波及湘、鄂、粤、川等省爆发了声势浩大的"保路运动"。各省保路运动在革命党人的策动下，最终演变为武装暴动，9 月 25 日，四川荣县独立，建立了以同盟会员吴玉章、王天杰为首的军政府，第一个脱离清王朝政权。该年 10 月 10 日，革命党人发动武昌起义，很快占领汉阳、汉口，起义军掌控武汉三镇后，成立了湖北军政府，黎元洪被推举为都督，改国号为中华民国。此后短短两个月内，湖南、广东等十五个省纷纷宣布独立、脱离清政府。1912 年 2 月 12 日，清朝廷发布退位诏书，至此，帝制历史宣告终结。

封建帝制的消亡并没有从根本上解决中国的前途问题，紧接着的社会各阶层、各利益集团的博弈更为激烈。以袁世凯为首的北洋军阀掌握民国实际权力，试图建立君主立宪制国家，在反对的浪潮中分崩离析。此后中国陷入军阀割据、内战频仍时期，从 1911 年辛亥革命至 1926 年北伐战争，国内先后发生成建制规模战争近百起，比较有影响的为：1913 年，李烈钧在江西组织讨袁军，江苏、上海、安徽、湖南、广东、福建等地先后独立，所谓的"二次革命"在北洋政府的镇压下失败；1915 年 12 月，蔡锷在云南宣布独立，组成护国军讨袁，发动"护国战争"；1917 年 7 月，张勋受黎元洪"调停"之邀，率"辫子军"入京复辟帝制；1917 年 8 月，孙中山就任中华民国军政府大元帅，发动讨伐段祺瑞的第一次"护法战争"；1920 年 7 月 14 日，以段祺瑞为首的皖系军阀和以吴佩孚、曹锟为首的直系军阀之间发生战争，在奉系军阀支持下，直系取得胜利；此后到 1924 年相继发生两次"直奉"战争，直到 1926 年 7 月，国民革命军从广东北伐，结束北洋军阀割据之势。

在山河破碎、狼烟四起的动荡岁月，中国没有停下近代化脚步。1914 年至 1918 年爆发的"第一次世界大战"使列强不暇东顾，给中国提供了自我发展和调整的机会，民族工业迎来了"短暂的春天"，这一"春天"从 1914 年延续至 1922 年，经历了 8 年时间。此期间，中国新建厂矿达 600 多家，发展最快的是纺织业和面粉业，1914 年民族资本纱厂仅 21 家，产纱锭503140 枚，1922 年增加至 65 家，产纱锭 2221000 枚；战前面粉厂 40 余家，1921 年增至 120 家。火柴、造纸、卷烟、水泥、榨油、制糖工业有了长足发展，煤产量从 1913 年 12879770 吨增加到 1920 年的 21318825 吨；生铁产量从 1913 年 267513 吨增至 1920 年 429548 吨。随着民族工业的发展，外国资本和本国资本的比例也发生了变化，战前外国资本占中国投资总额的比重为 80.3%，1920 年降至 70.4%，本国资本则由 19.7% 增至 29.6%。1919 年中国的产业工人已达到 200 万人左右。1918 年，中国进口货物价值比 1913 年减少 20.3%，出口每年比 1913 年增加 14.8%~20.5%，入超由每年的 2 亿多海关银减至 3000 多万两，1919 年更减至 1600 多万两。

（3）1919~1949 年：战火纷飞 30 年。1914 年 10 月 31 日至 11 月 7 日，英国与日本共同进攻被德国占领的青岛，最终德国战败，日本控制了山东省，并夺取了德国在山东强占的各种权益。1918 年第一次世界大战结束后，取得胜利的协约国一方在巴黎召开"和平会议"，中国以战胜国身份由北洋政府和广州军政府联合组成代表团，参加了会议，提出取消列强在华的各项特权，取消日本帝国主义与袁世凯订立的"二十一条"等不平等条约，归还日本从德国手中夺去的山东各项权利等要求。但会议在列强操纵下，不但拒绝中国的要求，而且在合约上明文规定把德国在山东的特权，全部转让给日本。消息传回国内，北京学生群情激愤，学生、工商业者、教育界和许多爱国团体纷纷通电，斥责日本的无理行径，并且要求中国政府坚持国家主权。最终，英、美、法、日、意等国不顾中国民众呼声，在 1919 年 6 月 28 日签订了《协约国和参战各国对德和约》，即《凡尔赛和约》，仍然将德国在山东的权利转送给日本。

中国政府在外交上的失败，激起了国内声势浩大的反对浪潮。1919 年 5 月 4 日，北京 3000 多名学生代表冲破阻挠，云集天安门，打出"誓死力争，还我青岛""收回山东权利""拒绝在巴黎和约上签字""废除二十一条""抵制日货""宁肯玉碎，勿为瓦全""外争主权，内除国贼"等口号，游行中"火烧赵家楼"。学生的壮举得到各界响应，并迅速在全国掀起罢课、罢工、罢市的抗议活动。

"五四运动"恰如分水岭，从此拉开新民主主义革命序幕。从历史演进步伐上看，1919 年至 1949 年的 30 年，是战火纷飞的 30 年，其间，1926 年 7 月，国民革命军从广州出发，于 1928 年 6 月攻克北京完成北伐，建立形式上统一的国民政府。1927 年 8 月至 10 月，在共产党领导下先后发动南昌起义、广州起义、秋收起义，起义失败后余部汇集于江西井冈山。1930 年 5 月至 10 月发生蒋介石与冯玉祥、阎锡山、李宗仁部的中原大战，以蒋系获胜告终。1930 年至 1934 年，蒋介石发动多次对苏区的围剿，1934 年 10 月，中央主力红军开始长征。1931 年日本发动“九·一八”事变，随后扶持建立“满洲国”，1932 年发动“一·二八”事变，1933 年进攻热河、进逼长城沿线，日本灭亡中国的野心昭然若揭。从 1937 年日本发动卢沟桥事变，至 1945 年日本宣布无条件投降，中日全面战争历时八年之久。之后，1946 年至 1949 年，国共两党内战以蒋介石集团完败、退据台湾告终。

从 1919 年至 1949 年的 30 年，中国人民在战火中煎熬，经济凋敝、社会动荡，中国之近代化缓慢前行。1927 年南京国民政府成立伊始，即着手整顿经济，民族工业在 1936 年中日全面开战前较快发展，此后受战争影响则呈萎缩之势。1928 年，国民政府在上海和南京召开全国经济工作会和财政工作会，实行统一货币、废两改元，提高进口关税、保护民族工业，裁撤厘金、开设统税等措施。1929 年 3 月，国民党第三次全国代表大会在南京召开，确立了统一全国财政、编制财政预算、划分国税地税等十项经济计划和政策原则。同时，重点开展交通、水利、电力等基础设施建设，为恢复工农业生产创造条件。国民政府对民营经济采取鼓励政策，对采用新技术、开发新产品以及产品进入国际市场给予奖励，将兴办工厂和实业纳入法制轨道，提高外资进入门槛等，这些措施刺激了民族工业较快发展。与第一次世界大战结束时比较，1936 年工业总产值达到 106.89 亿元，在 1920 年基础上翻了一番，其中近代工业占工业总产值比重从 1920 年的 19.8% 增长到 31%，国内资本产值比重从 1920 年的 44.8% 增长到 1936 年的 63.2%。

1937 年中日战争全面爆发，民族工商业在战争中遭受重大打击。主要分布在沿海和长江中下游的民族工业厂矿受到战火破坏，部分厂矿迁往内地，留在沦陷区的工厂受到日伪盘剥，萎靡不振。战争期间，全国经济、政治中心西移，大批人口内迁，物质供应紧张，民族工业在极端困难时期，为缓解物资供应、提供抗战所需做出了积极贡献。但因战争期间条件所限，民

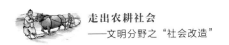
族工业生产规模极为有限，据统计，后方工业产值仅达到战前工业产值的12%。中日战争结束后又爆发国共内战，民族工业并未得到喘息的机会，加之受到官僚资本打压、国外商品倾销的影响，民族工业至1949年跌至谷底。

三　评析——"千年未有之变局"

20世纪中叶，新中国"站立起来"。在20世纪的前50年，两次世界大战彻底改变了世界格局，新的帝国主义迅速崛起，代替老牌帝国领跑世界。1776年美国独立建国正值英国工业革命如火如荼之时，此时，大清帝国处在乾隆在位的第41年，这个拥有3亿民众和全球1/3财富的东方帝国，沉浸在一派太平盛世的光环中。这一年，清军取得了耗时30余年平定大小金川的胜利，乾隆正陶醉于他的"十全武功"，无暇顾及外邦及这个世界正在发生的变化。从那时起至20世纪中叶，在东方帝国衰败时，地球的另一端则站立起一个新兴的帝国——美利坚。

1517年（明正德十二年），葡萄牙使臣托梅·皮雷斯抵达广州以后，欧洲商人纷至沓来，中欧贸易从无到有，逐步扩大。中国精美的丝绸、瓷器以及茶叶传入欧洲，成为上层人士的奢侈品。由于相距遥远，东西方交流不多，对神秘的东方国度，欧洲人尚存敬畏之心，并相信中国的文明远在欧洲之上，正如法国启蒙思想家、哲学家伏尔泰（法文：Francois - Marie Arouet）所说："在道德上欧洲人应当成为中国人的徒弟。"当大航海时代来临，欧洲诸强开辟了一个又一个海外殖民地，英国也将触角伸到了东方，在17世纪，英国通过其东印度公司实现了对印度的殖民。对中国，他们希望相互通商和加强贸易往来，1787年（乾隆五十二年），英国国王应东印度公司的请求，派遣凯思·卡特（Keich Katel）为使臣，前往中国交涉通商事务，并谋求建立外交关系。1792年（乾隆五十七年），英国又派遣乔治·马戛尔尼（George Macartney）使团访华，其目的是想通过与清王朝最高当局谈判，取消清政府在对外贸易中的种种限制和禁令，打开中国门户，开拓中国市场。马戛尔尼使团出访中国前，英方进行了充分准备，挑选了精美的礼品，有天文仪器、车船模型、纺织用品和画等，还带了铜炮六位，铁炮二位，鸟枪十六杆，英王还送给乾隆一个英国最大军舰"君主"号（装有110门炮）的模型。这些礼品传递的现代化讯息并没有引起清廷的足够重视，甚至对马戛尔尼来自何地也不甚了解。1792年11月，当乾隆帝接到两广总督关于英使访团的奏折后，他命人搬来了《大清一统志》，没有找到关于英吉利的记载。在隆盛时期的歌舞升平中，中国统治集团对外界的无知近乎麻木。

于中国而言，马戛尔尼使团的访问无疑是中国近代史中标志性的重大事件，这一事件没有唤醒东方大国的酣梦，却彻底改变了欧洲人对中国的看法，昔日欧洲的"中国热"烟消云散。马戛尔尼穿越中国看到军队装备刀枪弓箭而对先进火器不屑一顾时，内心的轻蔑已暴露无遗。当福康安拒绝观看使团警卫操练时，马戛尔尼在日记中写道："真蠢！他一生中从未见过连发枪，中国军队还在用火绳引爆的枪。"马戛尔尼回国后评价说："清政府好比一艘破烂不堪的头等战舰，它之所以在过去一百五十年中没有沉没，仅仅是由于一班幸运、能干而警觉的军官们的支撑，而它胜过邻船的地方，只在它的体积和外表。但是，一旦一个没有才干的人在甲板上指挥，那就不会再有纪律和安全了。"黑格尔在读过《英使谒见乾隆纪实》后，对中国形成简明的看法："中华帝国是一个神权专制政治的帝国……个人从道德上来说没有自己的个性。中国的历史从本质上看仍然是非历史的：它翻来覆去只是一个雄伟的废墟而已……任何进步在那里都无法实现。"1840年，在英国议会激烈辩论中，主张对中国诉诸武力的托马斯·斯当东曾是马戛尔尼使团年龄最小的成员，那时他受到了乾隆接见还得到了乾隆送给他的珍贵礼物。

是欧洲人凭借现代枪炮、强盗式闯入中国，如火烧圆明园般毁掉一个庞大而无力的帝国？还是晚清皇帝、王爷、官宦葬送了一个太平盛世？似乎两方面因素皆有。即使人类文明进入现代的今天，民族的生存、发展仍然遵守着"弱肉强食"的丛林法则，中国近代的悲哀足以印证"落后就要挨打"的生存原理。挨打是因为落后，而落后则缘于自我陶醉于盛世。从表面看，上至皇亲国戚、重臣腐化堕落，下至普通百姓麻木无知是落后的表征；从深层看，制度、文化层面的落后使经济长期停滞不前，政治腐朽黑暗、文化颓废、社会缺乏活力则为根本病因。尼古拉·布朗杰（Nicolas bronger）在其

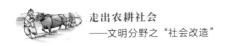
著作《东方专制制度的起源》一书中说："中国人故步自封，将自己与世界隔绝开来，施行的是一种古老、僵化、衰落、残暴的专制制度。"

自马戛尔尼使团出访中国到鸦片战争，大约半个世纪正是世界深刻变革的时代，清政府乃至整个中国社会在暮日晚霞中继续沉睡。第一次鸦片战争以前，中国对英国正常贸易持续处于出超状态，英国对中国的鸦片走私贸易则迅速反转局势，中国白银大量外流。1800 年，印度出产的鸦片达到 24000 箱，其中 1/3 销往中国，至 1839 年，英国向中国走私的鸦片已达 40000 箱。而把鸦片作为享乐性奢侈品的正是居于中国上层的皇亲国戚、达官贵人，他们引领吸食鸦片风尚在中国迅速普及，以至于道光年间中国鸦片烟馆林立。"上至官府缙绅，下至工商优吏，以及妇女、僧尼、道士随在吸食；置买烟具，方第日中"。① 道光皇帝在《养正书屋全集·赐香雪梨恭记》中说："新韶多暇，独坐小斋，复值新雪初晴，园林风日佳丽，日蚀微研朱读史，外无所事，倦则命仆炊烟管吸之再三，顿觉心神清朗，耳目怡然。昔人谓之酒有全德，我今称烟曰如意。嘻！"

至同治年间，中国吸食鸦片人口竟达 4000 万人以上，约占全国人口的10%，全世界生产的鸦片 85% 以上被中国人吸掉。各省兵丁中吸食鸦片者众多，以至于士兵"筋骨疲软，营务废弛"。鸦片作为毒品一旦吸食上瘾，致人茶饭不思，肩耸项缩，颜色枯羸，虽生犹死。鸦片为害的 19 世纪，全世界都受到吸食鸦片的困扰，邻近的日本市场开放，但禁绝鸦片贸易，国民受害甚微，而唯独口岸紧闭的中国，鸦片走私难以禁止，国民受害程度最深，其中重要的原因在于制度层面的吏治腐败和利益集团的怂恿。清官僚与英商内外勾结，贿赂成为官员的重要灰色收入，依赖鸦片走私形成庞大的利益群体，他们或明或暗的支持和参与，使得鸦片屡禁不止、禁而不绝。鸦片毁掉了中国人的健康，也终结了一个王朝。

面对列强的蚕食，中国人在惊惧、疑惑中观望世界，许多有识者看到了

---

① 黄爵滋：《请严塞漏卮以培国本折》（道光十八年闰四月初十日），百度文库（https://wenku.baidu.com）。

从未有过的"变局"。1873年（同治十一年），李鸿章在《复议制造轮船未可裁撤折》中说："臣窃惟欧洲诸国，百十年来，由印度而南洋，由南洋而中国，闯入边界腹地，凡前史所未载，亘古所未通，无不款关而求互市。我皇上如天之度，概与立约通商，以牢笼之，合地球东西南朔九万里之遥，胥聚于中国，此三千余年一大变局也。"又于1875年（光绪元年）在《因台湾事变筹画海防折》中说："历代备边，多在西北。其强弱之势、主客之形，皆适相埒，且犹有中外界限。今则东南海疆万余里，各国通商传教，来往自如，麇集京师及各省腹地，阳托和好之名，阴怀吞噬之计，一国生事，诸国构煽，实为数千年未有之变局。"

不论李鸿章之"变局"原意如何，站在百年以后再回头观望这段历史，"变局"之大确实数千年之未有，它留给后人的不仅是一段辛酸的历史，更有无尽的思索。中华文明延续五千年，有资料可查的唐宋以来即引领世界，早在春秋、战国时期即出现火药，唐宋以后逐渐将其应用于军事，南宋时已出现管状火器，元明之际出现铜铁火铳。13世纪火药经印度传入阿拉伯国家，希腊人通过翻译阿拉伯人的书籍才知晓火药的存在。在13世纪，蒙古大军凭借威力巨大的火器，横扫欧亚大陆。恩格斯曾高度评价中国在火药发明中的作用："现在已经毫无疑义地证实了，火药是从中国经过印度传给阿拉伯人，又由阿拉伯人和火药武器一道经过西班牙传入欧洲"。[①] 遗憾的是虽然中国人发明了火药，但进而发明现代枪炮改变战争格局的不是中国人，而是几百年以后才知道火药为何物的欧洲人。1793年乾隆皇帝接见英国马戛尔尼使团时，对使团进献的枪炮样品斥为"奇技淫巧"。1843年，负责鸦片战争媾和签约的钦差大臣耆英，给道光皇帝上呈一支英军新式击发枪，道光帝对枪爱不释手，却否决了耆英提议仿造的奏折："卿之仿造一事，朕知必成望洋之叹也。"

历史无假设，看似偶然实则必然。假若乾隆盛世已感知"数千年未有之变局"，或许"洋务运动"会提前半个世纪，或许历史亦会改写。当然，历史事件的发生没有这么多的"或许"，当一个民族始终在蒙昧中徘徊，最

---

① 〔德〕恩格斯：《德国农民战争》，钱亦石译，人民出版社，1975。

终的结局只能被动挨打。法国思想家孟德斯鸠（法语，Charles de Secondat Baron de Montesquieu）在《论法的精神》中评价："中国是一个专制的国家，它的原则是恐怖。"法国启蒙运动代表人物孔多塞（Condorcet）认为，中国文明兴起于游牧时代之后，并且始终没有脱离这个相当低级的阶段。在这样的蒙昧中，社会文化的僵化和来自专制集权的桎梏，使社会失去活力，人们抛弃了勇于创造的进取心，变成了思想带枷锁的奴隶。正因为如此，用"阴阳五行说"解释火药燃烧现象的中国，尽管在炼丹中发明了火药，但在"科学与民主"思想下，用建立分子方程式研究火药配方的西方面前，天平的倾斜早已注定。

历史印证了两种制度文化土壤中孕育的民族，在关系国家、民族前途的对抗中，强者稳操胜券的丛林法则。从第一次鸦片战争交战的中英双方军力上看，参战的英国皇家舰队共有军舰16艘、运输舰28艘、武装汽船4艘、载炮540门，舰队的总人数包括海军陆战队在内约12000人。其中战斗力最强的当属其战列舰，这种战列舰上至少安装了74门火炮，英军的中小型战船，也安装20~40门不等的火炮，英军火炮的射程可达2000米，每分钟射速1~2发。参战的清军主要为福建水师和广东水师，船小质量差，只能近海防御，续航能力弱。虽然数量多达400余艘，舰船上大多载炮2~4门，至多为10余门，火炮射程最远不过1200米，且射速为6分钟仅一发。清军沿海炮台使用的红夷炮重500~7000斤不等，有效射程约为1000米，最大射程虽可能达到3~4千米，但其实心弹基本已不具备杀伤力。鸦片战争时期，英军装备的标准轻武器是前装燧发滑膛枪，英军操典规定，在战场上可以对人体进行瞄准射击的距离为100码（1码约合0.9米），最远射程可达300~400码。清军则冷热兵器混用，冷兵器主要有弓箭、长枪、藤牌和刀。清军燧发枪的射速大约在每分钟2发，射程在160~240米。综合计算双方作战效能，英军大概是清军的2倍。从装备水平上看，中英之间存在较大差距，但还没有完全形成代际差异。

兵力数量上清军占有绝对优势，战时清军陆上总兵力达80万人，共调集兵力达20万人以上，英军陆上作战兵力仅7000人。英军舰船虽仍以木质为主，但机动性更强。清军处于被动防御中，防御面宽、兵力分散，以致每次战斗中英军在兵力上反占优势。由于清军作战训练、组织方式落后于英军，每次战役清军完败收场。例如第一次定海失守后，当地的清军兵力由38000人下降到7800人，有3万人被抽调到其他省抵御英军可能的入侵，但英军调头利用其机动优势出其不意再次攻打兵力空虚的定海，造成清军重大损失。从双方伤亡情况来看，英国军队死亡523人，清军死亡22790人，清军对英军的伤亡比竟达600∶1。面对万余名劳师远征的英国士兵，拥有近百万雄兵、广袤土地和4亿人口的大清帝国竟然败得如此狼狈，给后人留下了多少疑惑？一个令人沉思的事实是：第一次鸦片战争时，中国的GDP是英国的7倍；第二次鸦片战争时，中国的GDP是英国的1.8倍，超过英、法两国的总和。那时，中国是世界上第一大经济体。

中国近代百年上演的悲剧告诉我们：对于一个国家或民族而言，经济规模的大小并不能代表真正的实力。这一结论在以后的对外战争中反复被证实，甲午战争时，中国的GDP是日本的5倍，但还是输得很惨；即使在艰难的抗战时期，中国的GDP仍是日本的2倍以上。是什么因素让清廷在近代输得如此之惨？美国的中国问题专家费正清认为制度落后和官场腐败是清廷失败的根本原因："从康熙、雍正到乾隆，他们做了一件事，就是把中国的官僚体制变成了一个合法的、有组织的贪污集体。"从上到下的腐化堕落不但表现在对外战争中的军队训练、组织、调动，军人素质、士气、意志，以及战略战术等各个方面，而且表现在整个国家经济、政治和社会的各个层面。19世纪60年代，中国与日本同时开启向西方学习的变革维新之路，日本的"明治维新"在短短的几十年内，使日本成为亚洲的新兴强国。日本的"明治维新"与中国"洋务运动"两者之间，成功与失败的区别在于固有的传统文化观念给"社会改造"的影响，以及制度层面在权力和利益博弈中能否实现新的平衡。日本国选择了"君主立宪"、统一了社会认知，各权力主体在博弈中形成新的平衡，进而形成新的、稳固的社会结构。中国在皇权和地方实力派的长期博弈中，没有形成统一的权力平衡和新的、稳定的利益结构，从而在拉锯中长期陷入动乱。中日改革维新的殊途既与当时具体

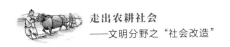
的国情相关，更与传统制度、文化对改革的反弹力度相关，这也注定了中国与日本在之后半个世纪的争夺与博弈中两种不同的命运和结局。

第二节　风雨如磐：中国传统农耕文明的衰落

中国是农耕文明发展最为充分的国家。适应小土地经营的"铁器畜耕"生产方式延续4000年，至今尚未退出历史舞台。数千年跌宕起伏、风雨不测中，无论异族入侵或政权更迭，农耕文明始终处于勃兴延续之中。蒙古人的铁骑进入中原，兴致勃勃地将耕地变为牧场，但显然农耕给他们带来的好处远比他们坚守的游牧方式更多，最终他们选择了农耕形式。波澜起伏的农耕文明记录着每个时代的兴衰和王朝更迭。沧海桑田、时过境迁，工业文明的兴起取代农耕文明即便是历史的必然，但农耕文化穿过近代直至今天仍然根植于中国人的生活中，流淌在血液里。

一　西方视野：由盛转衰的农耕文明

中国农耕文明的辉煌曾吸引世界的眼球，让世人惊诧。葡萄牙人曾德昭（Alvaro Seemed）于1613年（明万历四十一年）来到中国，在中国生活、游历了20年，撰写了《大中国志》，其中多有对中国传统乡村风景人物、民俗风情的描述。"这个国家人口众多，不仅村庄，连城镇都彼此在望，有些地方河流甚多，屋舍几乎连绵不绝。""我曾在流往杭州的南京河的一个港湾停留8天……一个沙漏时辰过去，仅仅数数往上航行的船，就有三百艘。那么多的船都满载货物，便利旅客，简直是奇迹。船只都有顶篷，保持清洁。有的船饰以图画，看来是作为游乐之用的，不是运货的。"胡安·冈萨雷斯·德·门多萨（Juan Gonzales de Mendoza）是16世纪后期对中国进行过系统研究的西方学者，他在搜集、整理相关中国资料的基础上，撰写了《中华大帝国史》，这部在欧洲引起强烈反响的著作，对明朝中国乡村极尽赞美之词。"在这个大国，……人们食品丰富，讲究穿着，家里陈设华丽，尤其是，他们努力工作劳动，是大商人和买卖人，所有这些人，连同上述国土的肥沃，使它可以正当地被称作全世界最富饶的国家。""在不宜耕种的山地，有大量的松树，有比你通常在西班牙发现的更大更味美的坚果。在这些树之间，他们种玉米，这些墨西哥和秘鲁印第安人一般的食物。总之他们不留下一尺未种植的土地……你几乎在全国看不到任何荒地或无收获的地方。""所有田园都景色美丽，并且散发异香，因为有各种香花，它也点缀着种植在江河溪流畔的绿村，那里有很多河流。那儿种植果园和园林，有很欢快的宴乐厅事，他们常去休息和逃避心情的烦恼。老爷们，也就是绅士们，常种植大片密林，里面养有野猪、羊、兔子以及其他各种野兽，用它们的皮制成上佳的皮毛。"门多萨的足迹遍及欧洲，他也到过拉丁美洲传教，1580 年，西班牙国王菲利普二世派出一个使团出使中国，门多萨是成员之一。因故途中生变，使团没有到达中国，其著作的一手资料来自间接的文字记载，这些资料大多对东方国度的繁荣不乏溢美之词，而对中国社会特别是底层人民的疾苦不甚了了。

在元、明时期，不乏探险家、传教士等一些欧洲人到过中国，他们实实在在地接触到中国社会各阶层，对中国社会的了解基于亲身体验，对描述中国的记载则更有可信度。意大利商人马可·波罗（Marco Polo）是否到过中国争议很大，但他"口述"的中国元朝景象却影响了欧洲，并成为欧洲人的主流印象。据述：马可·波罗于 1275 年到达元大都，先后到过新疆、甘肃、内蒙古、山西、陕西、四川、云南、山东、江苏、浙江、福建以及北京等地。中国的许多城市、风物都给他留下了深刻印象，他看到杭州"人烟稠密，房屋达 160 万所，商业发达"，他说"城中有大市 10 所，沿街小市无数"，杭州人对来贸易之外人很亲切，"待遇周到，辅助及劝导，尽其所能"。对西湖的美丽和游览设施，书中更有详细的记述。马可·波罗所处的欧洲正在中世纪的"黑暗"中，欧洲现代文明的曙光尚未喷薄而出，处于世界之巅的中华文明无不令域外之人惊诧。马可·波罗说："我所说的连我看到的一半还不到。"①

---

① 参见：《马可·波罗游记》，梁生智译，中国文史出版社，2008。

另一个意大利人利玛窦（号西泰，又号清泰、西江）于明万历年间来到中国，他既是一名传教士，更是一名中西方文化交流的先驱。从 1582 年他抵达澳门算起，直到 1610 年病逝于北京，在中国生活了 28 年之久。他到中国的目的在于传播天主教义，他也给中国带来了西方天文、数学、地理等方面的科学知识，由金尼阁（Nicolas Trigault）整理的《利玛窦中国札记》被带回西方，再一次成为欧洲人了解和研究中国的重要文献。利玛窦时期的欧洲处于文艺复兴、大航海的变革时期，欧洲已不再沉睡于中世纪"黑暗"中，其向现代文明前行的步伐正赶超遥远的东方。利玛窦在盛赞中国物产丰茂、市井繁荣的同时，也感受到明朝帝国在自大中的落后。他编绘的《坤舆万国全图》打破了中国人"天圆地方"观念，给中国人提供了重新审视世界的机会。他将古希腊数学家欧几米德《几何原本》引入中国，并和徐光启合作翻译了《几何原本》。利玛窦认为："他们（中国）的骄傲是出于他们不知道有更好的东西以及他们发现自己远远优胜于他们四周的野蛮国家这一事实。""中国人害怕并且不信任一切外国人。他们的猜疑似乎是固有的，他们的反感越来越强，在严禁与外人任何交往若干世纪之后，已经成为了一种习惯。""中国人是那样地固执己见，以致他们不能相信会有那么一天他们要向外国人学习他们本国书本上所未曾记载的任何东西。"[①]

从马可·波罗到利玛窦，两个意大利人对中国的记述相差三百年，这三百年是欧洲脱离旧秩序的大变革的时代，欧洲人视野中的东方国度仍然持续着她的繁荣和奢华，但在繁荣和奢华下渐渐的没落也是显而易见的。时间再过去三百年，欧洲人看到的"康乾盛世"其实已经被欧洲远远地甩在后面。暮色中的"盛世"，只是皇族官宦、豪门望族少数人的"盛世"。马戛尔尼在日记中是这样形容中国人吃饭的："上流社会的宴席共上菜十二道，每道上十二个菜，一共一百四十四个菜。"而普通人家"他们围着桌子，席地而坐，用两根尖尖的木头棍子夹菜，吃饭时狼吞虎咽"。马戛尔尼使团成员约

---

① （意）利玛窦、（比）金尼阁：《利玛窦中国札记》，何高济、王遵仲、李申译，中华书局，2010。

翰·巴罗（John Barrow）在《我看乾隆盛世》中说："不管是在舟山还是在溯白河而上去京城的三天里，没有看到任何人民丰衣足食、农村富饶繁荣的证明。……除了村庄周围，难得有树，且形状丑陋。房屋通常都是泥墙平房，茅草盖顶。偶尔有一幢独立的小楼，但是绝无一幢像绅士的府第，或者称得上舒适的农舍。……不管是房屋还是河道，都不能跟雷德里夫和瓦平（英国泰晤士河边的两个城镇）相提并论。事实上，触目所及无非是贫困落后的景象。"利玛窦曾称赞广东省是放大版的威尼斯，美丽富饶、交通便利。大明朝有"无可形容的宁静与安详"。到了清代的康乾盛世，约翰·巴罗描述中国农村"极端的贫穷，无助的困苦"。尤其让他印象深刻的是，路边常见到遗弃的死婴，北京城周围每年就有 9000 多弃婴，场面令人震惊。马戛尔尼使团抵达大沽口，当地官员为使团准备了活猪、活鸡等丰富的食物，因为太多，英国人就将死猪、死鸡扔下了海，让英国人颇感惊奇的是很多中国人纷纷跳下海抢夺死猪死鸡。约翰·巴罗在《我看乾隆盛世》中写道："我们把一些死猪死鸡从船上扔下，岸上看热闹的人们一见，争先恐后跳下水，去捞这些弃物，他们把它们捞起来，洗干净后腌在盐里。"

比经济上的贫困更令英国人震惊的，是清廷政治上的专制、黑暗和野蛮。在定海，英国使团请求当地官府帮助出资招募一个熟悉海路的人把他们领航到天津，年迈的总兵大人派出虎狼之师到街上搜寻抓捕。巴罗写道："他们派出的兵丁很快就带回了一群人。他们是我平生所见神情最悲惨的家伙了，一个个双膝跪地，接受询问。"百姓当然厌恶无偿劳动，就罗列种种理由祈求赦免，"但总兵不为所动，命令他们一小时后准备妥当"。更让英国人开眼界的是，沿白河返程时，由于水位下降，船开不动，脾气大发的主事官员竟然"命令手下的兵丁让船长和全体船员挨板子"。"那些可怜的家伙提供了船只、服了两天的苦役，这就是所得到的唯一奖励！"对清朝政府的评价，马戛尔尼在日记中写道："这个政府正如它目前的存在状况，严格地说是一小撮鞑靼人对亿万汉人的专制统治。"这种专制统治有着灾难性的影响。"自从北方或满洲鞑靼征服以来，至少在过去的一百年里没有改善，没有前进，或者更确切地说反而倒退了；当我们每天都在艺术和科学领域前

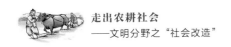
进时，他们实际上正在成为半野蛮人。"英国副使乔治·斯当东（Georges Dangdong）编辑的《英使谒见乾隆纪实》认为，清朝统治下的中国是"靠棍棒进行恐怖统治的东方专制主义暴政的典型。中国不是富裕的国度，而是一片贫困的土地，不是社会靠农业发展，而是社会停滞于农业"。

18世纪末中国"盛世"之际，正是欧洲的大发展时期，欧洲人心目中对人的基本权力的尊重标志着文明，是至高无上的社会准则。1747年（即中国乾隆十二年），普鲁士国王腓特烈二世在一个平民百姓的风磨边建了一座夏宫，修建期间，磨坊主向法院起诉国王，说新建的王宫挡了风，不利于风磨转动，最后国王不得不让步，同意对磨坊主赔偿。一个人的地位无论多高，都不可以把别人置于脚下，这就是当时欧洲人的价值观。在他们的记忆和知识库中，中国是一个远远超过欧洲、值得欧洲人仰慕的文明国家，基于这一观念才有了在欧洲持续上百年的"中国热"。但当他们亲临中国，感受到的却是出乎他们意外的景象。马戛尔尼在日记中描述他们看到的中国人生活在"最为卑鄙的暴政之下，生活在恐惧之中"，中国的社会关系建立在一种愚蠢的形式主义基础上，所以人们"胆怯、肮脏并残酷"。他们眼前的中国人"穿的是小亚麻布或白洋布做的衣服，非常脏也很少洗，他们从来不用肥皂。他们很少用手绢，而是随地乱吐，用手擤鼻子，用袖子擦鼻涕，或是抹到身边的任何东西上，这种行为很普遍。更令人憎恶的是有一天我（马戛尔尼）看见一位鞑靼人让仆人在他的脖子里找虱子，这东西咬得他难受。这里没有冲水厕所也没有固定的方便之地，厕所设施暴露无遗，粪便不断被清走，几乎到处都是臭气熏天……"马戛尔尼使团经过运河，许多看热闹的中国人聚集在河岸和河中，一艘小船翻覆于水中，致多人落水。虽然"这一带有不少船只在行驶，却没有一艘船前去救援在河里挣扎的人"。最后，英国人劝说自己船上的人开过去救援也得不到响应，中国人的冷漠让这些西方人的好印象荡然无存。

二 乡村衰变：传统与现实的碰撞

明朝至清中期是中国传统农业发展的鼎盛时期，精耕细作的生产方式在土地紧缺、人地矛盾突出的背景下发挥到极致。当英国马戛尔尼使团访华期间，一路见到长势良好的农作物，盛赞"在整个路途上，我没有见到一块土地不是用无限的辛劳来加以耕作，生产它能够生产的每一种粮食和蔬菜"，"中国人一定是世界上最好的农民"。使团中的约翰·巴罗估计中国的农业收获率高过欧洲，他写道："麦子的收获率是 15 比 1，而在欧洲居首位的英国为 10 比 1。"法国汉学家谢和耐（Jacques Gernet）在他的著作《中国社会史》中也说："中国农业于 18 世纪达到了其发展的最高水平，由于该国的农业技术、农作物品种的多样化和单位面积的产量，其农业看来是近代农业科学发展出现以前历史上最科学和最发达的。"① 由于政治腐败、社会黑暗，即使处于顶峰的农业生产水平也不能阻挡乡村的落后，且这种落后正在随着时间推移愈显颓势。

没有比较就看不到差距。根据相关资料比对历朝、中外人口的饮食构成可窥见经济、社会状况之一斑。中国农耕历史悠长，地域辽阔，物产丰富，传统种植、养殖品种多，可供采撷的食材数不胜数，由此，传统饮食文化分不同地域、不同烹调方式，风格各异，各大菜系竞相争妍。宋吴自牧《梦粱录·物产》中载："向者汴京开南食面店，川饭分茶，以备江南往来士夫，谓其不便北食故耳。南渡以来，凡二百余年，则水土既惯，饮食混淆，无南北之分矣。"作为帝都的东京汇集四方财货，集各派菜系，琳琅满目，孟元老在《东京梦华录》中说："集四海之珍奇，皆归市易；会寰区之异味，悉在庖厨。"宋朝之宫廷饮宴极尽奢华，挥金如土，官僚士大夫也穷奢极欲，但普通百姓则生活艰难。元祐六年，苏东坡报告朝廷："今秋庐、濠、寿等州皆饥，见今农民已煎榆皮，及用糠麸杂马齿苋煮食。"宋人司马光《言蓄积札子》指出："乡村农民，少有半年之食。"南宋王炎《答凌解元书》曾云："田野之民，食糟糠，此诚可悯……山居之民，尽掘蕨根而食……"灾荒年间，野菜就是"救命草"。几千年来，中国农民的主要食物是粗粮和青菜，肉蛋奶少得可怜，通常情况下，在春荒之际，都要采摘野菜

---

① 〔法〕谢和耐：《中国社会史》，耿昇译，江苏人民出版社，1972。

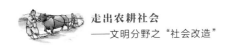
才能度日。中国古代乡村普通百姓的生活水准与帝王将相相比有天壤之别，与豪门望族的差距也非常大，但普通人的总体生活水平与所生活的区域和年成有关，无论宋朝、明朝还是清朝，即使在历史中的盛世，乡下人的理想也是能吃一口饱饭。

同时代的欧洲普通农民生活水平与中国相比，似乎也并无异样，中世纪农奴（自由农民状况稍好）生活非常原始，令人可怜，非现代人所能理解。他们住在小得可怜的简陋茅舍中，茅屋用枝条编成，上面涂以泥巴。房间内没有家具，有这么一种说法：一顿上好的饭通常由两种饭菜组成，一道是粥状的麦糊，另一道是麦糊状的粥。对水果几乎闻所未闻，蔬菜种类不多，限于洋葱、韭菜、萝卜、甘蓝，做法一概是煮成稀汤。一年难得吃上几次肉肴，不是在节假日就是在隆冬的季节，那时供应这些骨瘦如柴的牛和猪食用的饲料已经用完了。烹煮器皿从没有洗干净过，由此可以肯定绝不会有浪费行为。另外，歉收的可能性一直存在，此情况下农奴受到的影响远甚于领主，因为不论年成怎样，领主向农民要的粮食一点不少。那时农奴不得不把一切交给领主，眼巴巴地看着自己的孩子慢慢饿死。① 由此可以看出处于阶级剥削社会的底层平民，无论身居何处，无一例外都在生死线上挣扎。

进入 18 世纪，西方掀起的工业革命似乎已经改变欧洲人的命运，其中也包括普通人的命运。其平民的生活水准与中国也拉开了距离，尽管中国处于"康乾盛世"，但乡村普通人的生活仍无改观，乾隆时代，民众吃糠咽菜的记载比比皆是。1793 年出访中国的马戛尔尼使团的船上，有很多被雇请的中国人为英国人端茶倒水、扫地做饭。英国人注意到这些人"都如此消瘦""在普通中国人中间，人们很难找到类似英国公民的啤酒大肚或英国农夫喜气洋洋的脸。"这些普通中国人"每次接到我们的残羹剩饭，都要千恩万谢。对我们用过的茶叶，他们总是贪婪地争抢，然后煮水泡着喝"。这些英国人接触到的"中国人"可能是更为贫穷的雇工，不能代表中国一般老

---

① 〔美〕菲利普·李·拉尔夫、罗伯特·E. 勒纳等：《世界文明史》（上卷），赵平等译，商务印书馆，1998，第 548 页。

百姓的状况。但无论如何，中国乡村的农民绝不会享受到同时期英国农民的生活。坊间流传的信息是：18 世纪工业革命前期，英国汉普郡农场的一个普通雇工，一日三餐的食谱为早餐牛奶、面包和前一天剩下的咸猪肉；午饭是面包、奶酪、少量的啤酒、腌猪肉、马铃薯、白菜或萝卜；晚饭是面包和奶酪。星期天，可以吃上鲜猪肉。工业革命后，英国人的生活更是蒸蒸日上。1808 年英国普通农民家庭的消费清单上还要加上：2.3 加仑脱脂牛奶，1 磅奶酪，17 品脱淡啤酒，黄油和糖各半磅，还有 1 英两茶。[①]

明万历年间来到中国的曾德昭在其著作中，记载了中国的地理、物产、城乡状况、风俗习惯，对当时中国社会的描述多为褒扬之词，这些具体表述多为与当时欧洲同类事物相比较后，做出的肯定性结论。曾氏在中国生活了22 年，所描述的应该是真实可信的。与此判若两样的记载发生在 300 年后的乾隆盛世，马戛尔尼眼中的中国及中国的乡村，已沦为他笔下落后的代名词，出自英国使团成员之手的记载，或许与当时欧洲相比已经有太大的差距。无论出自何种心态的描绘，应该都是真实可信的。也许 300 年后的乾隆盛世与大明万历年相比，中国乡村走了下坡路，已经大不如从前。欧洲人对中国的印象发生了逆转，足以印证欧洲已经超越中国并且拉大了与中国的距离。

今天的中国人要了解近代百年的屈辱历史，可直观地从留下来的影像资料中找寻答案。这些影像多为来华的欧美人士留下的，颇为真切地定格历史于一瞬之间，记录了当时的人间百态。影像资料中所显示的乡村状况是极端落后的，无论是与以前的"盛世"相比，还是与同时代的欧美等国相比，乡村普遍的衰落已成为不争的事实。当然这里也有城乡之间、地域之间的区别，正如巴罗的《我看乾隆盛世》中显示山东等地状况较好。美国地质学者张伯林 1909 年 1 ~ 6 月在中国各地考察期间，拍摄了大量中国乡村的实景照片，从中可看出中国农村的实际状况。

近代乡村衰变的原因是什么？不同的研究者从不同的视角可以找到不同

---

① 李密、王泽铭等：《康雍乾盛世为何归于失败？》，https：//www.jinchutou.com。

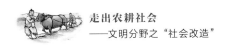
答案。从史实看，战争、灾害和洋货对晚清以后传统乡村秩序的冲击和影响，是毋庸置疑的。

1. 战乱影响

战争对乡村的影响是显而易见的，战争是朝廷或军阀打的，无论是对内还是对外的战争中，惨遭杀戮的士兵是贫民子弟，家破人亡的是贫民家庭，最后为战争"买单"的也是处于社会底层的贫民群体。从鸦片战争到八国联军入侵中国的 60 年时间里（1840～1900 年），不平等条约下给列强的赔款本息总额高达 17.6 亿两白银，到清朝灭亡时，已经实际支付了 13.35 亿两白银。巨额的赔款以出让铁路、港口产权等多种形式来偿还，更多的则是向各省摊派。如向全国各省摊派庚子赔款数额为：直隶 80 万两，江苏 250 万两，湖北 120 万两，山东 90 万两，河南 90 万两，安徽 100 万两，山西 90 万两，甘肃 30 万两，陕西 60 万两，福建 80 万两，新疆 40 万两，江西 140 万两，浙江 140 万两，湖南 70 万两，四川 220 万两，广东 200 万两，云南 30 万两，贵州 20 万两，合计 1800 万余两。1901 年户部上奏的折子说道："乙亥刚毅南下搜刮，官民交困。乃前车甫覆，而后轸旋债，前犹衅自彼开，后则孽自我作，为款逾九百兆，阅时几四十载。仰屋兴叹，上呈提襟露肘之形；竭泽而渔，下有举鼎绝膑之虑。谁贻此货，参之肉其足食乎？"面对数额巨大的赔款，"虽有永不加赋之祖训，而官吏相沿，巧设名目，十年以来，田赋之暗于旧者，已不啻二三倍"。庚子之后，新增之税收者，"大端为粮捐。如按粮加捐，规复征收，丁槽钱价，规复差徭，加收耗羡之类"。①由此可见，由于赔款数额巨大，税收随之增加，从而使得百姓负担更加加重。即使官办的"洋务"事业，包括举办各种军工企业、训练新式海陆军，虽然发挥主导作用的是各级官僚，但所有的开支均为全国民众的血汗钱。

战争的负担由百姓承担，而战争的破坏则更为可怕。在战祸中，无论官军、农民军，还是外国军队，甚至土匪、帮派武装，所到之处烧杀抢掠难于禁绝。武装割据者任意盘剥乡里，扰乱社会秩序，一些地痞流氓趁机助纣为

---

① 资料来源于《清史稿》卷一二五《食货六·会计》，第 3707 页。

虐、横行乡里。普通老百姓在兵荒马乱中，抛家弃业，四处躲避，面对的是随时丢掉性命和财产。1860 年，太平军自南京进攻苏南和浙江，直逼上海。太平军与清军在上海郊区激烈交战，当地城镇乡村遭到严重破坏，许多人为躲避战乱纷纷涌入上海。当时上海的英文报《北华捷报》于 1862 年 9 月 6 日载："许多难民从各个方向涌入租界，以至于租界成为巨大的避难所。租界附近以及界内道路和空地挤满了一批批男女老幼，他们还牵着黄牛和水牛。"

1916 年袁世凯暴崩，北洋集团分崩离析，各个派系纵横捭阖、逐鹿中原。军事割据下的中国乡村面临空前危机，乡村经济破产、人口流失、土地撂荒，农民陷入极端贫困之境。各地盘踞的军阀募集兵源不但使乡村青壮年弃农从武，农村劳动力缺失，而且额外增加的战争费用以各种名目的附加税、杂税、预征田赋，以及发行债券和货币等形式强加到农民头上，百姓不堪重负。以山东为例，张宗昌执政时期（1925 年 6 月至 1928 年 4 月），"山东军队号称二十万，连年战争，除饷糈多半出自农民外，到处之骚扰、拉夫、拉车，更为人民所难堪。至于作战区域（津浦线）十室九空。其苟全性命者，亦无法生活，纷纷抛弃田地家宅，而赴东三省求生"。[①] 从 1917 年至 1927 年，中国大部分地区都遭遇战火，土匪猖獗，大量良田被毁弃，兵患匪祸最重的河南省十村九空。20 世纪 30 年代，四川实行防区制，在各自的防区里，军阀有征税、政治、人事等大权，连学校校长，都是军人任命。为满足军需及私欲，各路军阀横征暴敛。全川共有 70 多种苛捐杂税，如粮捐、子弹捐、火钱捐、壮丁捐、马路捐、被服捐、瘾民捐，种鸦片的要纳烟捐，不种的要纳"懒民捐"，不吸烟的要纳"禁烟捐"。在田颂尧统治的川北地区，各种捐税长期名列榜首。"广元粮税年只七千余元，近年已征七十余万元。"宣汉县"1930 年一次即筹军款二十万元，完全按粮摊征，每两征银竟有达一百八十二元者"。[②] 按当时的市价，请一个老妈子，月工资也就一元。

---

① 《各地农民状况调查——山东省》，载《东方杂志》第 2 卷第 16 号，第 136 页。《东方杂志》创办于清末（1904 年 3 月），终于 1948 年 12 月，共 44 卷 819 号（期）。

② 作者不详：《1933 年四川兵灾》，http：//www. docin. com。

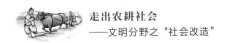
2. 自然灾害

自然灾害是乡村凋敝的另一个重要原因。中国是一个自然灾害频繁的国家，历史上许多重大的自然灾害导致民不聊生、社会动荡，最终成为王朝更迭的导火索。明末崇祯年间陕北连年旱荒，将明王朝推向崩溃的边缘。近代中国自然灾害加剧也是加快乡村衰落的重要因素。近代110余年造成万人以上人口死亡的灾害包括水、旱、震、疫、寒、风、饥等，共发生119次，平均每年在1次以上，死亡人数为3836万，年均35万人。1875年至1879年，直隶、山东、河南、山西、陕西等省持续干旱，范围大，后果特别严重，波及苏北、皖北、陇东和川北等地区。大旱不仅使农地绝收、田园荒芜，且饿殍载途、白骨盈野。时任山西巡抚曾国荃向朝廷报告，灾民为了苟延一息之残喘，或"取小石子磨粉，和面为食"，或"掘观音白泥以充饥"，结果"不数日间，泥性发胀，腹破肠摧，同归于尽"。"询之父老，咸谓为二百余年未有之灾"，这场旱灾造成1000万人死亡，2000万人逃荒，史称"丁戊奇荒"①。1892～1893年，山西北部地区发生了一场持续两年的旱灾，大约又饿死100万到200万人。到了民国时期，这样的特大灾害更是接连不断。1920年，华北大旱灾，大约有50多万人因饥饿而亡。1925年，四川、湖北、江西等地，因灾大约死了100多万人。1928～1930年，华北、西北又是大旱灾，适逢蒋介石、阎锡山、冯玉祥中原大战，又造成将近1000多万人的死亡。紧接着就是1931年，长江大水灾，死了将近40多万人。1936～1937年，日本发动全面侵华战争的前夕，四川省发生了一次少为人知的大旱灾，死亡人口100多万人。接下来是众所周知的1942～1943年河南大旱，造成所谓的"中原大饥荒"，仅河南国统区就死亡约300万人②。

大灾后必有大疫，躲过饥饿存活下来的人躲不过流行的瘟疫。清代学者俞樾的《曲园笔记》记载："同治之初，滇中大乱，贼所到之处，杀人如麻，白骨飞野；通都大邑，悉成坵墟。乱定之后，孑遗之民，稍稍复集，扫

除觜骼，经营苫盖。时则又有大疫，疫之将作，其家之鼠，无故自毙，……人不及见，久而腐烂，人闻其臭，鲜不疾者，病皆骤然而起，……或逾日死，或即日死，诸医束手，不能处方；……其得活者，千百中一二而已。疫起乡间，延及城市，一家有病者，则其左右十数家即迁移避之，踣于道者无算，然卒不能免也。甚至阖门同尽，比户皆空，小村聚中，绝无人迹……"1910 年 10 月，中国东北发生鼠疫，患病较重者，往往全家毙命。曹廷杰在《防疫刍言及例言序》中记："宣统二年，岁次庚戌九月下旬，黑龙江省西北满洲里地方发现疫症，病毙人口。旋由铁道线及哈尔滨、长春、奉天等处，侵入直隶、山东各界，旁及江省之呼兰、海伦、绥化，吉省之新城、农安、双城、宾州、阿城、长春、五常、榆树、磐石、吉林各府厅州县。报章所登东三省疫毙人数，自去岁九月至今年二月底止，约计报知及隐匿者已达五六万口之谱。"①

灾害来临时，各地出现吃富户的情况，所谓吃富户就是在灾荒发生以后，灾民们饥饿难耐，没有办法，只好聚众来到富户家里生火做饭。饥饿摧残人的身体，也吞噬人的灵魂，在一切可以用以充饥的诱惑面前卖妻鬻子，理性、道德、伦理荡然无存。如当时的《赈务旬刊》记载："涪陵饥民、丰都饥民，烹子充饥，杀食胞弟。苍溪饥民，阆中饥民惨食子女，烧食小孩。"

3. 洋货冲击

对清末而言，如果说战争和灾害破坏了一个时代，那么洋货对中国市场的占有，则终结了一个时代。随着大机器生产的工业品进入国门的，不但有新奇的享乐，同时也有与传统相异的生产方式和生活方式。自闭的中国人甚至高高在上的上层统治者，在惊奇于西洋物件的功效时，多数人没有意识到一个新的时代已经来临。自然经济状态下的"男耕女织"生产模式，延续数千年的固有生活形式已经渐渐成为过去。西方工业品被中国人称为"洋货"，最初只供皇室、贵族等上层人士享用，而非普通百姓生活必需。从乾

---

① 张剑光：《三千年疫情》，江西高校出版社，1998，第 573 页。

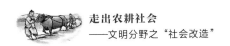

隆二十二年（1757 年）开始，至 1840 年鸦片战争，广州是全国唯一通商口岸。对外贸易锁定在广州十三行，十三行口岸洋船聚集，是清政府闭关政策下的海上丝绸之路。广州外贸洋行"采办官物"，其中多为紫檀、象牙、珐琅、鼻烟、钟表、仪器、玻璃器、金银器、毛织品及宠物等。乾隆喜欢洋货，曾令"买办洋钟表、西洋金珠、奇异陈设或新式器物……皆不可惜费"。[①] 上层皇室、官僚渐及富商、士绅对洋货的钟爱引领时髦消费潮流，使洋货逐渐在民间流行并占领普通消费品市场。从广州至沿海各地，最后扩散到内地，洋货从奢侈品到普通消费品，渐次形成倾销之势。据《粤海关十年报告》记载：1881 年，有 21 个进口品种的货值超过 10 万海关两，包括米、棉纱和棉线、棉织品、药品、玉石、毛织品、人参、金属、烟草、蜡、朱砂等。至 19 世纪末，洋货消费已经遍及中国各个社会阶层，诸多洋品已逐渐演变为生活必需品。即使在最偏僻的乡村，洋布、洋伞、洋油、洋火等数不尽的洋货也进入百姓之家。大量洋货占领中国市场，其结果就是加速了中国传统产业特别是手工业的破产，使中国农耕生产模式快速瓦解。

三 综述：东方农耕文明的"失落"

这里提出"东方农耕文明"的概念，指在中国传统政权以及文化所影响的范围内，即所谓的中华文化圈皆可归于"东方农耕文明"范畴。面对西方工业文明的冲击，代表一个时代"繁荣和进步"的东方文明逐渐"失落"。西方"殖民体系"的扩张和东方"朝贡体系"的消亡，不仅表现为东西方之间在经济、政治和文化博弈中的此消彼长，更代表了两种不同文明更替中的历史必然。

1840 年是中国古代和近代的分界岭，以第一次鸦片战争为起点，一系列重大历史事件串起中国近代波澜壮阔的历史篇章，在跌宕起伏的过往中留下众多的惊叹。从洋务运动"师夷长技"到戊戌变法仿效西方"君主立宪制"，进而到辛亥革命对西方的"民主共和制"实践，中国经历了从器物到

---

① 李坤：《明清中国社会对欧洲商品不感兴趣吗？》，载《浙江学刊》2018 年第 1 期。

制度层面汲取西方文明的历程。从"五四运动"倡导"民主与科学"再到新民主主义革命,经历了思想文化层面的深刻反思以找寻中国道路。历史经验和教训表明:从传统社会跨越到现代社会,不可能简单地复制西方模式,这关乎本国政治、文化和社会传统,是一场深刻而彻底的"社会改造"。中国的"近代化"在战乱频仍的多事之秋、在内忧外患中负重前行,脱离旧体制桎梏和建立新体制的变革同样艰难。

人类社会发展的历史,是文明更替的历史。工业文明取代农耕文明犹如农耕文明替代游牧文明,是不可阻挡的历史潮流。中国的农耕文明曾经璀璨辉煌,数千年高擎人类文明之光。但是,农耕文明也难于阻挡文明更替的脚步,历史在选择民主、科学的同时,终将专制、独裁和愚昧抛向一边。从近代化开端,至今已过去约 200 年,中国社会仍处于转型之中,这种"转型"的方向不是经历农耕文明衰落后,再次恢复过去"盛世"中的农耕文明,而是要过渡到以工业文明彰显时代特色的现代文明社会。这一目标下的"对农耕社会改造"不是放弃农业和乡村,而是在更高层次、用现代理念开创新型农业文明和现代乡村社会。

第三篇
走出农耕社会：中国"社会改造"的三个视角

我们建立这个国家的目标并不是为了某一个阶级的单独突出的幸福，而是全体公民的最大幸福。——柏拉图

近代以来，中国从"农耕社会"到"工业社会"，历经跌宕起伏的"社会变革"，穿越战争的硝烟，其间走过了漫长的180年。直到今天，我们仍然没有完全走出"农耕社会"，社会转型发展仍然是时代的主题。站在"伟大复兴"的历史节点上，开创"以人民为中心"的伟大事业，建设"幸福和谐"的美好未来，我们理应借古鉴今。

本篇之"社会改造"，聚焦"改造中国农耕社会"这一课题，用本书提出的"范式"建立分析框架，从"合作共享"、"社会正义"和"国民性"改造三个视角，探讨中国"小农社会"组织改造、社会治理制度转型、文化"观念革命"几个方面的问题。不仅从"器物"层面，也从"精神"层面分析得失、总结过去和展望未来，以期对中国现实的"社会改造"和未来愿景窥斑见豹。

第五章
合作与组织化：改造"小农社会"

人类为什么需要合作？从远古以来，"合作"使人类具备了战胜自然界各种挑战的能力。有了"合作"，人类才从最原始的状态中产生氏族、家庭、各种组织乃至社会、民族和国家，一步一步从低级社会形态向高级社会形态发展。在生产力和生产关系的矛盾运动中，在每一个社会发展阶段，特定的社会经济结构和社会组织形态都具有独特的时代特征，不可能超越或落后于时代而存在。纵观近代工业化和城市化历史，由社会生产力巨大进步创造的社会分工以及在分工基础上的合作，孕育了有别于传统的全新生产方式和生活方式，推动人类进入现代工业社会。在传统农耕社会向现代工业社会的变迁中，在对传统乡村的改造方面，欧美及部分发达国家创造了成功的经验，而正在工业化进程中的国家和地区则仍处于探索之中。中国是传统的农业大国，农耕文明持续的时间最长、发展最充分，农耕文明价值观念对社会的转型发展影响最深，以至于传统社会的"改造"具有长期性和复杂性特点。

第一节 "小农"及"小农社会"

小农社会、乡村社会和农耕社会几个相近的概念，在本文中可区别为：小农社会一词注重于社会结构，乡村社会一词侧重于地域观念，农耕社会一词则属于历史的生产方式范畴。从传统与现代相对应的视角上看，

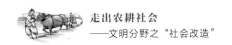
小农社会相对于市民社会，乡村社会相对于城市社会，农耕社会相对于工业社会。在传统农耕社会生产方式下，独立分散的生产、生活模式使农耕经济及农耕社会成为封闭的系统，从而具有惰性。打破这个惰性的系统，才能形成趋向现代的社会经济秩序，建立与传统迥异的开放的现代经济社会系统，这一过程表现为能动的对社会、经济的"改造"。怎样对传统"小农社会"进行改造？首先要弄清楚何为"传统小农"以及由传统小农主导的"小农社会"。

一 传统乡村的"小农"群体

传统乡村社会是农民社会，改造传统乡村就是改造传统的农民社会。说到农民，总与农业联系在一起，更通俗地讲，与传统农业联系在一起。谁是农民？农民就是荷锄耕种的一类人，是从事农业的个人或群体的总称。《管子·小匡》中说："士农工商四民者，国之石（柱石）民也。"所谓的四民，是将天下民众分为读书人、从农的、百工、经商的。古代典籍中对"农"的表述皆与耕有关，而"民"的范畴则较为宽泛，民与官相对，《礼记》中说："天无二日，民无二王。"《书经》的《盘庚篇》中"古我先后罔不唯民之承"、"视民利用迁"及"朕及笃敬，恭承民命，用永地于新邑"，这些"民"意指老百姓。从事"耕作"的人可以自己劳动，也可以租佃耕地或租佃部分耕地给他人使用，所以"农民"是一个宽泛的概念，历来具有不同阶层的划分。在传统农耕社会，以直接从事农业生产或间接经营土地为生的人，皆可统称为农民。

中国的传统农耕社会历史悠久，"农民"这一属性被打上了传统农耕文化的烙印。农业是自然再生产和经济再生产的结合，传统的种植养殖业规模和收益受到生产要素和自然要素的双重制约，生产要素包括人力、物力、技术水平、运输、仓储等方面，而自然要素包括土地、水源、气候等方面。在相同的外部环境下（相同的年景、相近的生产手段），生产规模受到其占有土地的规模和水平约束。传统农耕时期，生产手段（人力或畜力）简单，生产技术落后，劳动生产率低，单位劳动的生产能力有限，加之，农业生产环节中，难于进行劳动分工①，这为“小农”的产生和农业小规模生产方式的发展创造了条件。人类的经济活动总是在各种因素制约之下做出最合适的选择，谁有产权谁就有权决定，就有权对经济活动做出选择。传统农耕时期，所有权制度主要表现在个人对土地所有权属的占有关系上。战国时期，公地私有化就已普遍存在，但还没有形成完整的土地制度；先秦时期，商鞅变法，废井田，开阡陌，私有土地合法化，私人正式取得了土地所有权，从此以后，私有土地制成为中国历史上最主要的土地所有制度。历朝历代也有各种公有形式的土地，但是数量都不及私有土地多②。私有产权制度下，土地被众多的个人和家庭占有，农业生产划分为众多的、规模不一的小生产单元，形成相对固定、分散的农业生产形态。

在欧洲，英国、法国等国家在资本主义革命后才废除农奴制，而中国在秦时即实行郡县制，允许土地买卖，人口自由迁徙，从而使古老的农奴制进步为雇农制。人的相对自由，以及土地要素相对流动，奠定了“小农”这个特殊族群形成与发展的社会基础。何为小农？简单地讲，就是以家庭为生产单元，在小块、零碎的土地上从事生产活动的农民。自秦以来长达两千多年的历史中，战乱争端、朝代更替、土地买卖、人口迁徙、财产承袭以及自然灾害等多种因素影响着土地的权属关系，土地的所有权限变动很大。总体来讲，人口对土地的占有存在两个变动趋势，从而使土地的生产经营零碎化：一是人地矛盾渐趋紧张，家庭生产规模不断缩小。在 12 世纪以前，中国人地矛盾相对较小，土地规模并非制约生产规模的主要因素，而随着人口的增长，人地矛盾逐渐突出（见表 5 - 1），细化生产单元、缩减生产规模成为容纳更多人口的唯一选择。二是土地占有不均，贫富差距巨大。在土地私有制条件下，通常出现大土地所有者与小土地所有者并存现象，“富者田连

---

① 亚当·斯密在《国民财富的性质和原因的研究》中指出：农业由于它的性质，不能有像制造业那样的细密分工，各种工作，不能像制造业那样判然分立。……农业上种种劳动，随季节推移而巡回，要指定一个人只从事一种劳动，事实上绝不可能。所以，农业上劳动生产力的增进，总跟不上制造业上劳动生产力增进的原因，也许就是农业不能采取完全的分工制度。

② 赵冈、陈钟毅：《中国经济制度史论》，新星出版社，2006，第 33 页。

阡陌，贫者无立锥之地"。历朝皆有学者主张以限田的方式平均地权，甚至主张土地国有化，然后平均分派给农民耕种，但土地占有不均始终是历朝难以解决的问题。皇亲权贵强取豪夺，在职官吏通过获取禄田、勋田及赐田①，商贾豪强买卖土地而成为大土地所有者或经营者，而小土地所有者则是大部分的自耕农、部分佃农或其他社会成员。土地占有不均，致使社会贫富差距扩大，如《汉书·食货志》所载，贫民"或耕豪民之田，见税什五，故贫民常衣牛马之衣，而食犬彘之食"。

表 5-1　中国人口与耕地变动情况

公元纪年	人口（万人）	耕地（百万亩）	人均耕地（亩）
（西汉）2	5900	827	14.02
（东汉）105	5320	535	10.06
（盛唐）755	8080	1430	17.70
（宋初）976	4040	255	6.31
（明朝）1381	5900	367	6.22
（明朝）1600	12000	500	4.17
（清朝）1662	8300	713	8.59
（清朝）1774	26800	986	3.68
（清朝）1840	42027	1365	3.25
（清末）1900	44571	1437	3.22
1920	48855	1516	3.10
1935	53276	1588	2.98
1949	54167	1468	2.71

资料来源：温铁军等《中国农村的小城镇建设》，http：//www.people.com.cn。

从土地权属上划分"小农"族群，由自有土地的自耕农、自持部分土地的半自耕农和租佃土地的佃户组成。在中国，土地租佃制度自汉朝以后就已普及。这种在经营地主与佃农之间发生的租佃关系不能等同于欧洲封建领主制，其性质迥然不同。土地租佃制度虽然存续时间很长，但从土地的归属

①　汉以后历朝皇帝以公田拨给在职官吏，以田中之物作为官员的薪俸，官员去职后退回，这就是禄田或职田；对有功的官吏或将士，皇帝赏赐田地给他们作为私产，就是勋田或赐田。

上看，中国农耕社会的主导制度是以家庭为单位的小自耕农生产体制。如在土地高度集中的南宋时期，租佃制度盛行，但从农村户口构成情况看，包括佃农、雇农在内的客户，在州县户口中多占到 20% ～ 40%[①]，少部分州县达到 50%，而自耕农、半自耕农所占比例一般都高于或远远高于雇农比例。自耕农、半自耕农、佃农在总户数中的构成比例与所在时期的社会、经济背景密切相关，如战乱、灾荒发生后，自耕农破产的比例上升，佃户的比例则上升。近代以来，中国乡村社会的构成仍以自耕农为主，据国民党江苏省高邮县党部宣传所调查：1930、1931、1932 年，高邮县自耕农占户口总数的比重为 58%、42%、40%；半自耕农为 21%、15%、15%；佃农比例为 21%、43%、45%，在这三年间，自耕农占比下降了 18 个百分点，半自耕农下降了 6 个百分点，而佃农则上升了 24 个百分点[②]。无论自耕农、半自耕农还是佃户，其共同特点皆以家庭为经营单位，维系小农生产模式。

　　“小农”所经营的土地规模没有一个绝对的划分界限，但从乡村人口的构成上可窥一斑。一般而言，依据农民是否占有耕地可划分为不同的阶层，如南宋的乡村社会，由上下几个经济能力不同的阶层所构成，即官户、上户、下户与客户。客户在农村中是佃农或佣工，没有田产，依赖耕种他人的土地为生；下户拥有少量的田产，但不足以维持家计，必须另外租佃他人的土地；上户又分为富家和中产之家，拥有足够维持生计的田产，并且雇有佣工耕作；官户是农村中一部分享有特权的户口，免除差科，通常是农村中的首富，拥有大量的田产。毛泽东同志在《湖南农民运动考察报告》中，也根据对土地的占有关系把农村人口分为贫农、中农、地主和富农，贫农中又分为赤贫和次贫二类，赤贫无土地，而次贫拥有少量土地或少量资金，包括佃农和半自耕农。冯尔康在《中国古代农民的构成及其变化》一文中，把

---

① 梁庚尧：《南宋的农村经济》，新星出版社，2006，第 16～115 页。客户主要租佃土地维持生计，其名称始见于唐代，与上户对称。唐时客户系指从外州县移入的户口，至宋代时，客户的概念已有所改变。宋代的户籍，将住户分为主户与客户，以是缴纳常赋为依据，主户缴纳常赋，客户则否，由此引申出是否有常产。

② 徐畅：《农家负债与地权运动——以 20 世纪 30 年代长江中下游地区农村为中心》，http://www.studa.net。

农民分为九类。①自耕农：自身拥有耕地，通常可以自种自食，身份上属于平民范畴，是国家的主要纳税人、农民的重要组成部分。②半自耕农：与自耕农有基本相同之处，唯自有田地少，不够耕种，需要租佃一些耕地，或者家内有人要出卖劳力，才能维持家庭生活。③平民佃农：无地的农民为求生存，赁地耕种是一条最可行的道路，于是成为佃农。④佃仆：与平民佃户并存的是佃仆，她们与主家有人身依附关系，大多实行劳役地租制，或者缴纳实物地租，然而附加地租很重，要在交租之外到主家无偿服劳役，依然受地主较强的人身控制。⑤国家佃户：屯田户、占田户、营田户等耕种国有土地的农民，历代皆有，在汉代就是"税民公田"的种公田而纳租的农民。⑥农业佣工：没有或丧失土地而受雇于农业经营者的人，是农村中的赤贫人家。⑦农业奴隶：将奴隶使用于农业，是在封建社会里保存的奴隶制度的残余形态，秦汉时代屡见不鲜。⑧富裕农民：自家生产，还有余田，雇工经营，或者将余田出租，向政府承担赋役，是平民身份，财力上比自耕农富裕一些，比地主又不如，经济收入主要靠自家劳动，属于劳动者行列。⑨平民地主：即没有特权身份的、靠出租土地收租的人。由于对土地的占有关系和经济、社会地位迥异，农民各阶层的诉求都不一样。

二 传统"小农社会"结构与功能

有别于经济学建立在"经济人"假说基础上的"功利主义"分析，社会学建立在"社会人"假说基础上，对传统小农社会的研究具有独特的视野。社会学者涂尔干（Emile Durkheim）和斯宾塞（Herbert Spencer）在19世纪提出结构功能论，其后结构功能主义成为社会学的重要流派。结构功能主义认为社会是具有一定结构或组织化手段的系统，社会的各组成部分以有序的方式相互关联，并对社会整体发挥着必要的功能。奥古斯特·孔德（Auguste Comte）和斯宾塞提出"社会有机体"的思想，把社会看作与生物有同样或相似的运动机理的有机体。孔德将社会学分为社会静力学和社会动力学，社会静力学研究社会秩序，即社会诸要素间相互依赖的有机体，这些要素为维护社会稳定发挥作用。孔德认为家庭是社会的基本单位，个人是从家庭中被注入社会，家庭为个人提供统治、服从与合作的经验。社会通过语言、分工和宗教联为一体，分工使人们意识到依赖与合作，但过细的分工助长个人主义，为此必须从外部进行道德协调。宗教为人们的行为提供了共同遵守的原则，促进人们的情感联系，是社会秩序的强大黏合剂。社会动力学从动态的角度研究人类社会发展进程，孔德首先提出平衡的概念，他认为社会系统或社会系统的各组成部分之间缺乏和谐时，社会将处于病态中。

斯宾塞提出了社会"分化"的观点，他认为社会分化是社会系统的本质特征，在社会系统规模不断扩大的状况下，分化必然发生。他认为应当从心理学的层面上对社会发展的原因进行研究，社会发展的根本动力是人对更大快乐的追求。涂尔干强调社会整合，即将个人融入社会秩序中。涂尔干在《宗教生活的基本形式》中，认为宗教是大多数原始部落向其成员灌输共享价值和集体认同的强大整合力量。

帕森斯（Talcott Parsons）把社会系统分为四个子系统：行为有机体系统、人格系统、社会系统和文化系统。社会系统为了保证自身的维持和存在，必须满足4种功能条件：①适应。确保系统从环境中获得所需资源，并在系统内加以分配。②目标达成。制定系统的目标和确定各目标的主次关系，并能调动资源和引导社会成员去实现目标。③整合。使系统各部分协调为一个起作用的整体。④潜在模式维系。维持社会共同价值观的基本模式，并使其在系统内保持制度化。在社会系统中，执行这4种功能的子系统分别为经济系统、政治系统、社会共同体系统和文化模式托管系统。这些功能在社会系统中相互联系。社会系统与其他系统之间、社会系统内的各子系统之间，在社会互动中具有输入—输出的交换关系，而金钱、权力、影响和价值承诺则是一些交换媒介。这样的交换使社会秩序得以结构化。帕森斯认为，社会系统是趋于均衡的，四种必要功能条件的满足可使系统保持稳定性①。

中国的传统农耕社会以小农生产方式和生活方式为主，传承的时间最

---

① 宫权：《对我国村集体的结构功能分析》，载《科技资讯》2007年第4期。

长，发展最为充分。用社会结构和功能主义观点分析小农社会系统，其稳定运行的三个主要构成因素是：①分散的生产生活方式。以家庭为单元、铁器畜耕的生产模式，家庭主要劳动力独立完成从播种到收获的所有工序，缺乏分工和协作，作坊式的手工业也如此。生产技术来自家庭内部或师门的言传身教，缺乏技术创新。分散的生产决定了生活方式分散，乡村农户居住在离耕作区较近的地域，以院落、独户散居为主，人际关系简单，与外界缺乏信息交流。②专制的权力结构。皇权和族权结合，辅之以神权，极大地限制了民权的扩张，这样的权力结构形成中国传统社会特殊而稳定的专制权力体系。皇权是至高无上、无法被超越的权力，以皇权为代表的"国"需要实现稳定，必须确保占主体的小农之"家"生计有望，皇权的维护以实现税收最大化为愿景，为此努力均田使小农都能缴纳税赋；另外，小农需要维持家庭生计，在农耕是唯一收入来源的状况下，无地或少地的小农只能以纳租获得耕作权，纳税以获得王权保护。族权来自远古氏族的血缘传统，在宗法制度下，族权表现为族长对家族、家长对家庭的控制权，尊卑有序，无法僭越。神权则为掌握人间命运的主宰，是天意。在大自然面前，人类对于抗御自然灾害显得无能为力，命运掌握在上天，也就是神的手中。普通民众对神的崇拜化为对专制权力的依附，因为统治权"受命于天"，君权神授形成的政治权力，要求普通大众无条件地服从。毛泽东曾在《湖南农民运动考察报告》中说："这四种权力——政权、族权、神权、夫权，代表了全部封建宗法的思想和制度，是束缚中国人民特别是农民的四条极大的绳索。"③保守的小农意识。社会存在决定社会意识形态，从农业孤立而分散的生产方式到生活方式，铸就了小农社会个人的价值理念：封闭保守、依附权力、自私狭隘、安于现状。这些在传统农耕社会形成的、与现代工业社会生活理念格格不入的价值观并不是许多人所概括的一无是处，在艰苦条件下生存的小农家庭，不能指望来自家庭之外的任何力量帮助其脱离困境，只能依靠自身的努力维持生计，这样的生产和生活方式所赋予个人的朴实、勤劳、无所畏惧精神也是现代人类社会开创未来所必备的。

对传统中国社会结构的分析，有许多理论流派和重要观点。19世纪40

年代，马克思、恩格斯根据欧洲发展历史概括出人类社会普遍存在从原始社会、奴隶制社会到封建社会、资本主义社会和共产主义社会五种社会形态的更替，社会形态从低级向高级发展。其后在对亚洲各国发展历史的观察研究后，马克思于 1895 年在《政治经济学批判》序言中提出了"亚细亚生产方式"："大体说来，亚细亚的、古代的、封建的和现代资产阶级的生产方式可以看作经济的社会形态演进的几个时代。"这说明东方社会形态在历史发展中的特殊性，它并未完全如西方模式一样运转。其后对亚细亚生产方式的争论持续了近百年，就其实质而言，亚细亚生产方式就是原始社会后期农村公社的存在形式，这种生产方式与国家及与国家相伴的专制主义同时产生，对后世的影响极为深远。值得一提的是，中国在春秋战国时便突破了亚细亚生产方式。"废封建，开阡陌"及废除"井田制"等一些措施确立了土地私有制，土地自由买卖得到了承认，但是专制主义保留了下来。魏特夫（Karl August Wittfogel）1957 年在他出版的《东方专制主义》一书中，提出中国"治水社会"的论点："这种社会形态主要起源于干旱和半干旱地区，在这类地区，只有当人们利用灌溉，必要时利用治水的办法来克服供水的不足和不调时，农业生产才能顺利和有效地维持下去。这样的工程时刻需要大规模的协作，这样的协作反过来需要纪律、从属关系和强有力的领导。"他提出，"有效地管理这些工程，必须建立一个遍及全国或者至少及于全国人口重要中心的组织网。因此，控制这一组织网的人总是巧妙地准备行使政治权力"，于是产生了专制君主。① 魏特夫认为：当水源问题对人们的经济活动发生决定性作用的时候，水就成为制度选择的关键因素。

涂尔干（Emile Durkheim）认为在分工不够充分的传统社会，社会成员采取同样的谋生手段，个体在情感、意愿和信仰上具有同质性，社会依靠机械的团结来维系。在近代社会，由于社会分工的发展，人们在意识、信仰上的差异也日益增大，共同意识逐渐被分工制取代，分工使社会像有机体一样，使社会成员不能脱离整体，这样的社会靠有机团结来维系。费孝通在

---

① 〔美〕魏特夫：《东方专制主义》，徐式谷等译，中国社会科学出版社，1989，第 2 页。

《乡土中国》中，把中国传统社会表述为"差序格局"，以此区别于近代西方社会的"团体格局"，他认为西方社会以个人为本位，人与人之间的关系，好像是一捆柴，几根成一把，几把成一扎，几扎成一捆，条理清楚，呈团体状态；中国乡土社会以宗法群体为本位，人与人之间的关系，是以亲属关系为主轴的网络关系，是一种差序格局。在差序格局下，每个人都以自己为中心结成网络。这就像把一块石头扔到湖水里，以这个石头（个人）为中心点，在四周形成一圈一圈的波纹，波纹的远近可以表示社会关系的亲疏。很显然，费孝通先生更准确地描述了中国传统社会的存在状况，他所指的"差序格局"对现代社会仍有重大影响。

"差序格局"之下的中国传统社会，个人奉行"自我主义"，一切以"己"为中心，"各人自扫门前雪，莫管他人瓦上霜"，在这种结构下，人际关系形成的圈子文化导致公与私界限不清，对内是公，对外是私。维持社会秩序的力量是人际情感，而非法律，个人以拥有特权为荣。涂尔干认为：当传统社会向现代社会演进，社会"机械团结"解体，而"有机团结"尚未建立起来之时，将出现社会失范（anomie），即社会出现裂痕，这种裂痕是社会分工所要求的道德基础尚未形成，社会某些方面受到不适当控制所产生的结果。在涂尔干提出的社会"失范"概念基础上，默顿（Robert Merton）对"失范"的概念进行了修正，将失范的含义由无规范改为规范冲突。当社会失范时，人们不能用合法手段实现目标，可以通过遵从、革新、形式主义和退却主义以及反叛等方式适应，以这些方式抵制社会规定的目标或手段，或同时抵制两者。借鉴西方学者的观点，当传统中国社会变迁处于所谓的"失范"状态，小农经济的生产方式和价值观受到外力冲击面临崩溃时，社会的强制权力在重新分配和争夺中处于更加暴力的无序状态，社会阶层矛盾更加尖锐，传统小农社会结构在冲击中迅速瓦解。小农在长久的、持续不断的社会动荡中分化，成为推动社会系统演进的重要力量。但是，在近代城乡矛盾日渐对立的情况下，乡村旧的秩序被打破，新的秩序缺乏强力支撑（来自工业化和城市化的福利）而无法建立起来，致使乡村长期处于凋敝状态。

三 “小农” 分化与乡村社会变迁

传统乡村相对于传统农业而言，一般理解为传统农业生产方式下的乡村形态。从农业在新石器时期兴起算起，大约经历了原始农业、传统农业和现代农业等不同的时期。从使用劳动工具上分析，金属工具代替石器、畜力代替人力是原始农业向传统农业发展的重要分水岭。进入工业化时期，机械、电力等现代工业技术和生物技术在农业中运用，农业发生了质的飞跃，所有固守于“传统”的生产观念、生产方式和组织形式都面临“革新”和“转型”的重大课题。与此相向而行的是，依附于传统农业的传统乡村亦处在重大的变局之中。这里所指的传统乡村，不但涵盖乡村人口结构、资源配置形式、生产方式、社会组织结构，甚至包括了乡村社会文化理念、价值观念、宗教习俗等非物质层面的内容。在工业化滞后的发展中国家，传统乡村的改造是传统社会向现代社会转型发展中的重要内容。

在传统农耕社会，农业以家庭经营为主体，长期维系“小农”生产方式。

经典理论对“小农”的研究提供了三个范式[①]：以西奥多·舒尔茨（Theodore W. Schultz）、波普金（S. Popkin）和索尔塔克斯（Soul Tax）为代表的形式主义从经济的自由主义、理性主义传统出发，认为经济行为的准则就是追求“合理化”与最高经济效益。他们认为“小农”是理性的“追求利润者”；以恰亚诺夫（俄）、博兰尼（Michael Polanyi）、克利福德·吉尔茨（Clifford Geertz）、斯科特（James Scott）等为代表的实体主义强调不能以研究资本主义的学说理论来理解传统社会的小农，强调前资本主义社会小农的传统性和非现代化特质，假设传统“小农”是维持生计者；马克思主义小农理论假设小农是“宗法的被剥削的耕作者”，强调小农在封建社会中的被剥削性和对宗法关系的依附性。黄宗智在《华北小农经济与社会变迁》中指出，要了解中国的小农，须进行综合的分析研究，其关键是应把小农的

---

① 王庆明：《经典小农理论范式回顾与反思》，http://www.xibuxiangcunorg。

三个方面视为密不可分的统一体，即小农既是一个追求利润者，又是维持生计的生产者，当然又是受剥削的耕作者。宋圭武认为：从中国历史进程看，小农系统演进的过程大体上划分为古典小农、宗法小农、商品小农和现代小农几个阶段。古典小农兴盛于战国到东汉时期，其主要特征是他们属自由公民，既摆脱了早期氏族共同体和贵族家长的束缚，又尚未落入宗法共同体的桎梏之中，个性与理性得到初步发展。同时，他们是商品生产者，与外部世界保持着"物的联系"；宗法小农是古典小农的演进形式，是建立在人的依附关系上的，在中国的存续时间大约从东汉至明清时期；由宗法小农向商品小农的演进始于明清以后，至今仍是小农的主体，其实质是从"不独立的"的"从属于一个较大整体"的人，演进为独立的个人，就是摆脱了"公社"的自然联系，从"狭隘人群的附属物"变成了"单个的人"，这一过程就是从自然经济发展为市场经济的过程。

笔者认为：中国小农经济形式持续时间很久，其独特的社会环境、文化传统使小农独具特质，与欧洲小农的演进轨迹大相径庭，不能简单地套用经典理论去分析。中国小农构成复杂，兼具多重属性，首先是"维持生计者"，在自身和家庭成员生存需求尚未满足之前，小农的生产服从于家庭的生活消费需要。拥有少量土地的半自耕农和没有土地的佃农特别如此，租佃他人土地首先为了家庭的生存及生活需要，即使拥有小块土地，家庭生计足以维持的自耕农，为规避风险，并不将大部分农业产品用于交易，而是通过仓储方式应对可能发生的灾荒①。其次，小农家庭只有在生产的产品相对较为丰足，生计有充分保障的情况下，才演变为"利润追求者"，并渐进地推进社会分工，最初的分工表现为手工业从农业中分离出来，手工业者成为早期的商品生产者。最后，小农又是"被剥削者"，在传统的农耕社会里依附于皇权、宗族权和神权。由于大土地所有与小土地所有并存，租佃制度与自耕制度同在，各种性质的小农（宗法小农、商品小农等）同时存在并随时

---

① 即使在市场化条件和水平较高的今天，部分传统农区的农户将粮食等主要农产品用于储备而不是进入市场交易，一方面因为价格是重要的调节因素；另一方面的原因则通过储备用于家庭急需，以备不测。就是通常流传的"手中有粮，心中不慌"。

代更迭发生结构性的变化，社会矛盾主要表现在农民与皇权、农民与宗权之间。

在人类社会的发展进程中，生产力始终决定生产关系。马克思、恩格斯指出："人类所达到的生产力的总和决定着社会状况。"[1] 生产力的发展促进社会分工，同时也推动了传统小农结构发生变化以致出现小农的分化。工业化、城市化拉动了城乡之间、工农之间各种要素的交流，最主要的表现为农业为工业提供其所需要的劳动力，农村人口随之进入城市，这一过程催化了对农业和农村的改造，加速和推进了农业的市场化进程。自然经济生产方式向市场化过渡是一个飞跃，是农业的根本变革，其中最为显著的标志在于对小农系统的改造。在"小农"系统被改造中，小农分化表现在两个方面：①内部组织形式变迁。农业系统内部，生产目的、生产方式、生产手段发生变化，随着市场化的发展，生产组织形式发生变化。其中最为明显的是小农户之间的联系增强，各种组织形式得到相应的发展。②外部组织结构变化。农业联系社会、经济子系统与其他系统的作用随要素的流动而增强。农业劳动力及其他生产要素流向工业、商业或其他的行业，国民经济体系及社会组织结构随之发生变化，小农的数量随社会经济发展而减少。

工业化条件下，人们通过现代工业技术和生物技术改造传统农业。农业在现代经济体系中，作为基础性行业仍然独立地存在。农业依附于土地生产产品，将继续为人类的生存、发展提供最基本的物质保障；城市化环境中，依附于农业的乡村生活形态独立于城市而彰显特色，恬静的乡村依然是人们选择的栖息之所。在传统乡村"小农"生产方式下，以家庭为单元的生产模式建立在土地分散经营基础上，生产手段为人力畜耕，生产的产品在各项租税之后以自食为先，绝少入市交易，以上特征决定了乡村人口以家庭为单位居住于离耕作区较近的地方，独立耕种是有效率的。随工业化、城市化的演进，现代农业以土地规模经营为主，联合生产中的组织化程度提高，同时，个人及家庭在现代生活方式下对外交往趋于广泛，乡村的组织结构、社

---

[1] 《马克思恩格斯选集》第 1 卷，人民出版社，1995，第 67 页。

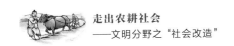
会生活方式随之发生变化。工业化和城市化对传统乡村的冲击是显而易见的，但乡村在变迁中发展并不能一蹴而就，需要通过调整城乡关系，促使资源向乡村聚集，从而实现"改造乡村"的目标。

乡村的变迁是工业化和城市化推动的结果，其实质是乡村"小农社会"的变迁。乡村从传统生活模式向现代生活方式转变，缘于生产方式变革，这个过程中包含了"小农"的分化和小农社会的衍化。"小农"的分化意味着在外部生产环境变迁和生产条件变化、生产手段变革的状况下，"小农"群体的变化，土地向规模化集中，"小农"群体中的部分人可能获得更多的土地耕种权，而部分人则离开土地，从事其他行业。"小农"分化推动社会衍化，即传统农耕构架下的小农社会向工业化、城市化状态下的现代乡村社会转型发展。传统农耕条件下的小农社会，并不特指地域分割下的乡村，而是涵盖了城乡社会，传统意义下的城市属于小农社会的一部分，城市生产和生活仅仅是小农生产和生活方式的变异和延续。由此，小农社会的衍化是从一个社会系统向另一个完全不同的新的社会系统的衍变，而不仅仅是地域分割下的乡村变迁。当然，乡村在传统农耕模式下，是农业生产方式的载体，是小农社会的最具特质的重要组成部分。

小农社会变迁是一个渐进的过程，是社会从一个状态向另一个状态转化的过程。反映在乡村变迁上包括两方面的含义：其一，乡村从"传统"向"现代"过渡，即乡村从适应于农业文明环境的传统状态向适应于现代工业、城市化环境的状态转变，这种转变是在社会生产力的推动下，由生产关系调整所带来的系统变革；其二，"传统"城市向"现代"城市衍变，在传统农业时期以手工业、家庭作坊式生产支撑的城市是小农社会的一部分，即使现代工业化环境中诞生的城市，特别是城市化中的城镇区域，开始时也是"传统"的，其人口中的绝大多数来自乡村，乡村的文化、习俗、生活方式等仍然占据主导地位。随着城市生产和生活方式的形成，城市原有的社会结构，组织形式和文化表达方式不断从"传统"向"现代"衍化。

传统社会以乡村为主，乡村的生产、生活方式支配或影响城市；现代社会以城市为主，城市生产、生活方式支配或影响乡村。在工业化背景下，城市化就其本质而言，就是工业化的生活方式，其特征表现为"集中"，这种"集中"相对于传统农耕条件下的"分散"而言，更需要建立在社会精细分工基础上的个人、组织之间的"协作"，这种协作通过社会组织化来实现。

乡村变迁是整个社会变迁的一部分，是整个传统社会向现代社会转型发展的重要组成部分。是在工业化前提下，城市生活方式成为主流，城市生活方式影响传统的乡村生活方式的过程。在传统乡村变迁缺乏内生动力的条件下，乡村变迁需要通过外力的作用，即通过城市生活对乡村生活、现代工业对传统农业施加影响来实现，这表现为对乡村的"改造"过程。对乡村的改造是一场社会革新，表现在三个方面。①乡村社会从封闭到开放。②农业从分散到联合。农业在现代科技支撑下，以适度规模经营为主，改变了传统乡村的"小农"生产方式，生产机制从分散向联合发展。③农民从狭隘的利益独占到广泛的利益共享。现代乡村让农民享有高质量的社会福利，突破了传统乡村社会单纯依靠家庭生产获取经济利益，依托家族、宗祠、微弱的社会组织获取公共利益的局限，建立起共建共享的社会秩序。

从传统乡村向现代乡村演进是一次从物质层面到精神层面的社会变革，是一次价值观念更新、社会秩序重建、资源重新配置、利益重新调整的乡村改造行动。对乡村的改造不是把乡村改造成城市，而是在消除城乡差距基础上重建乡村社会，在经济上消除城乡收入差距，政治上取消对乡村的歧视，社会公共服务上破除城乡二元化。在这样的基础上建设一个与城市融合发展而又相对独立的现代乡村社会。乡村社会被赋予"现代"概念具有动态性，没有终极目标，随着总体社会、经济发展而发展。对中国而言，在可预见的将来，现代乡村社会的建设目标可在最新的国家战略中确立。

第二节　改造传统农业

改造传统农业是改造传统乡村的核心。怎样改造传统农业？马克思在《共产党宣言》中说："小农的财产用不着我们去消灭，工业的发展已经把

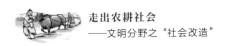
它消灭了，而且每天都在消灭它。"马克思所指的处于落后状态的传统小农在"机器"面前必然破产，并非从根本上消灭家庭经营方式，而是消灭小块土地上自耕自食的生产方式。事实表明：时至今日，产权明晰的家庭经营方式在现代农业中仍呈现强大的生命力。如把家庭经营界定为小农生产，此小农（现代小农）已非彼小农（传统小农），从传统向现代的嬗变代表一个时代的飞跃，其中小农的"蝶变"则为时代变迁的符号。

一 改造传统农业的理论渊源

传统农业的改造在理论探讨和实践中争论了 300 年，至今仍是学术界和实践中研究和探讨的重要课题。马克思、恩格斯、列宁等人坚信社会化大生产必将取代小农生产，马克思认为：小农的性质决定其无法与大生产相容，必将走向灭亡。小农将逐步分化为剥削者和被剥削者、雇佣工人和资本家，这是资本主义生产方式占支配地位的社会形态中的发展趋势。"现代大土地所有制本身既是现代商业和现代工业的结果，也是现代工业在农业上应用的结果"[1]。恩格斯认为："小自耕农天生的惰性和无法改进的祖传的粗枝大叶的耕作方法，使得他在和这样一些人竞争时找不到其他出路"[2]，他认为小农在大资本面前被吞并进而分化是必然的，"西方农业是按照通常的资本主义道路发展的，是在农民深刻分化的情况下发展的，一个极端是大田庄和私人资本主义大地产，另一个极端却是大众的贫穷困苦和雇佣奴隶地位。因此，在西方，解体和分化是十分自然的"[3]。恩格斯还认为，小农生产转变成社会化大生产是历史所决定的，"经营大农业和采用农业机器，换句话说，就是使目前在耕种自己土地的大部分小农的农业劳动变为多余"[4]。"把这些分散的小的生产资料加以集中和扩大，把它们变成现代的强有力的生产

① 《马克思恩格斯全集》第 12 卷，人民出版社，1998，第 747 页。
② 《马克思恩格斯全集》第 2 卷，人民出版社，2005，第 285 页。
③ 《斯大林全集》第 6 卷，人民出版社，1953，第 119 页。
④ 《马克思恩格斯全集》第 19 卷，人民出版社，2006，第 369 页。

杠杆，这正是资本主义生产方式及其体现者即资产阶级的历史作用"。① 小农的性质与资本主义生产规律决定了小农要被资本主义大生产或大农业所取代，人们只能顺势而为，而不能阻挡历史发展的潮流。"要保全他们那样的小块土地所有制是绝对不可能的，资本主义的大生产将把他们那无力的过时的小生产压碎，正如火车把独轮手推车压碎一样是毫无问题的"。② 马克思、恩格斯进一步指出无产阶级取得政权以后，用合作化改造小农经济的道路，马克思认为："我们一旦掌握政权，我们自己就一定要付诸实施：把大地产转交给（先是租给）在国家领导下独立经营的合作社。……我的建议要求把合作社推行到现存的生产中去。……应该将土地交给合作社。"③

列宁认为："在自然经济制度下靠双手劳动谋生的宗法式农民，是注定要消亡的。"④ 小农生产与大生产相比，弱点和不足非常明显，这种弱势和不足是勤俭所弥补不了的，两者竞争，小农必败无疑。他说："小农不管怎样勤奋，也不能大致抵得上产品质量要高一倍的大生产的优势。资本主义使小农注定要劳碌一辈子，白白消耗劳动力，因为在资金不足、饲料不足、牲畜质量低劣、牲畜棚简陋等情况下，精心照料牲畜也是白费力气。"⑤ 在马克思、恩格斯提出以大生产改造传统农业的理论基础上，列宁高度认可并将此理论进一步向前推进，提出了"共耕制""国营农场""农业公社"等观点。以 1921 年实行新经济政策为界限，苏联的农业发展经历了从共耕制向合作制的转变，之前的共耕制主要有三种形式：①农业公社，是按共产主义原则组织的，社员的全部家产，即一切生产资料和个人经济，包括生活资料全部归公，产品按人平均分配，在公共食堂中免费吃饭。②劳动组合，建立在土地和生产资料公有制基础上，集中劳动，按劳动日计酬，允许农民有少量副业。③共耕社（协作社），是共同使用土地、集中劳动，但耕畜、农具

---

① 《马克思恩格斯全集》第 20 卷，人民出版社，1971，第 293 页。
② 《马克思恩格斯全集》第 22 卷，人民出版社，1965，第 583 页。
③ 《马克思恩格斯全集》第 36 卷，人民出版社，1974，第 416 页。
④ 《列宁全集》第 6 卷，人民出版社，1986，第 319 页。
⑤ 《列宁全集》第 5 卷，人民出版社，1986，第 217 页。

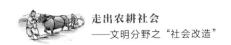
仍为农民私有，一部分产品集中分配。就其实质而言，共耕制是一个包含所有制、生产经营制度和分配制度在内的完整经济制度。在新经济政策实施以后，苏联转而推行了合作化，首先恢复农民的个体经济，然后进行一系列政策的调整。允许农民自由贸易，恢复农民小商品生产者的地位。同时，1922年通过新的《土地法典》，承认农民拥有对土地的实际占有权。在此基础上，把农民组织起来推行合作制。一方面，土地实行国有化；另一方面，根据自愿原则从流通领域开始组织合作社把农民联合起来。这种形式既有农民家庭的分散经营又有合作社的联合经营；在分配上，既有农民家庭经营的分配，又有合作社的分配。

斯大林、毛泽东是以社会化大生产改造落后小农经济的实践者，两者从理论到实践将农业的改造从合作化引向集体化。斯大林指出，农民"应当走上而且一定会走上社会主义的发展道路，因为除了和无产阶级结合，除了和社会主义工业结合，除了通过农民普遍合作化把农民经济引向社会主义发展的总轨道以外，没有而且不可能有其他足以使农民免于贫困和破产的道路"[1]。在合作化基础上，他进一步指出："只有当农民经济在新的技术基础上即通过机械化和电气化的方法加以改造的时候，只有当多数劳动农民加入合作社组织的时候，只有当多数农村满布集体形式的农业合作社的时候，全盘集体化才会到来。"[2] 从 1929 年开始，苏联农业走向了全盘集体化道路，1929 年 11 月，斯大林发表了《大转变的一年》，强调整村、整乡、整区甚至整个专区都要加入集体农庄。1931 年 1 月，联共（布）中央通过《关于集体化的速度和国家帮助集体农庄建设的办法》的决议，此时集体化已出现冒进趋向，斯大林宣布农村中的社会主义改造已取得决定性胜利，苏联已由小农经济的国家改造成世界上规模最大的农业国家。在毛泽东的主导下，中国对农业的改造经历了从互助组、初级合作社、高级合作社到人民公社的过渡，从合作化到集体化的转变，在这一过程中采取了运动方式，特别到后

---

① 《斯大林全集》第 8 卷，人民出版社，1954，第 79 页。
② 《斯大林全集》第 10 卷，人民出版社，1954，第 193 页。

期出现了不切实际的浮夸和冒进行为。

　　除了社会化大生产改造和取代小农经济的观点外，苏联经济学者恰亚诺夫提出了小农存在的合理性，其一体化经营理论强调通过小农的合作以及一体化经营改造传统农业，从而克服传统小农的弱质和缺陷。他将一体化经营分为横向一体化和纵向一体化，纵向一体化是将农业经营中的一些环节交给企业和合作社去完成，从而实现农业经营的规模化。恰亚诺夫认为，只有在合作基础上的纵向一体化才是小农的出路，纵向一体化在一些环节仍然可实现社会化大生产。他说："农民农场一体化的最主要形式只能是纵向一体化，并且只能采用合作制形式，这是因为，只有以这样的形式，它才能同农业生产有机地结合起来……合作集体化的道路乃是在我国目前条件下将大农场的成分、工业化和国家计划引入农民经济活动的唯一可行的途径。这意味着要循序渐进并不急不躁地将一些部门从单个农场中分离出来，并用更高的社会化大企业形式将其组织起来。"同时，农民农场通过合作组织可实现与国家相联系，并被国家纳入计划经济体系。恰亚诺夫的纵向一体化对农业的改造并未在实践中得到印证，但其思想对以后的农业改造带来了一定影响。

　　在恰亚诺夫分析框架基础上，美国华裔学者黄宗智提出产业一体化观点，他在分析中国小农经济状况时提出的"纵向一体化"模式，就是在农业生产的各个环节实施"产—加—销"和"贸—工—农"经营，亦即"农业产业化"。黄宗智认为龙头企业、合作组织、市场和农民经纪人都可带动实现纵向一体化，特别是合作组织在带动产业化经营中将发挥更重要的作用。其研究结论主要有三点：一是中国农业的现实和将来主要是小规模的资本和劳动密集型结合的形式，在家庭经营范围内以资本和劳动替代土地；二是中国的纵向一体化主要依靠吸纳劳动力的种植业和养殖业；三是小农在新时代农业中将继续存在。在中国现实的纵向一体化中，既包括市场经济成分也包括计划经济成分，两者之间矛盾十分尖锐，当务之急不是做出单一的选择，而是应找到两者结合和超越的"第三条道路"。

在西方经济理论中，美国经济学者西奥多·舒尔茨（Theodore W. Schultz）对传统农业改造的观点最为典型，他在《改造传统农业》中分析了传统农业的特征，认为传统农业完全以农民世代相传的生产要素为基础，生产技术（包括物质资本、技术、人的技术知识）没有任何重要的改变，生产效率极为低下；在生产中农民没有改变传统生产要素的动力；农民的储蓄为零，因而没有投资的经济能力。舒尔茨在分析了部分落后国家农业经营状况基础上得出结论：传统农业的资源配置长期处于停滞的均衡状态，虽然资源配置是有效率的，但是由于传统农业对原有生产要素增加投资的收益率低，对储蓄和投资缺乏足够的经济刺激，传统农业依旧停滞落后，无法成为经济增长的源泉。对传统农业的改造只有引入现代农业生产要素，只有进行技术创新和制度创新，才能打破传统农业的均衡。

舒尔茨对传统农业改造的主要措施：一是要增加对农业的投资，要引进现代农业要素就需要投资，投资成为关键性问题，对传统农业引进投资绝不是扩大耕种面积和开垦荒山，而是要引进良种、化肥、农药和增加农业灌溉设施。二是新的农业生产要素要有合理的构成，并不断提高供给的质量。三是生产要素要有合理的价格。四是要开展农业科学研究，发展中国家要引进现代农业科学技术，并与本国实际结合起来，生产出适合本国的质量优良、价格合理的生产要素；五是要建立多方面的社会性服务机构，依靠社会性的服务组织为农民提供必要的生产信息和技术；六是改革农业管理制度，政府对农业的指令性管理缺乏效率，影响农民生产积极性，依靠经济刺激的市场管理方式与价格、投资、消费相连，有利于调动农民积极性；七是要对人力资本进行投资，要改造传统农业，极为重要的是提高农民的技术水平和丰富其科学文化知识，也就是要提高农民使用和管理现代农业要素的能力。引入新的生产要素需要农民具备相应的能力，这些能力不会自动产生，需要通过教育、在职培训和提高健康水平等方式进行人力资本投资；八是非农部门的支持，对传统农业的改造离不开非农业部门的支持，特别是商业、交通运输等与农业密切相关的部门的支持。

二 从"合作化"到"集体化"的中国实践

1950 年 6 月 30 日，新中国成立之初，中央人民政府颁布了《中华人民共和国土地改革法》，拉开了新中国成立以后第一次土地制度改革的序幕，此法规定废除旧中国形成的地主阶级封建剥削的土地所有制，实行土地农民所有制。《土地改革法》颁布以后，在 3.1 亿人口的新解放区，有计划、有领导、有秩序地展开了土改运动，近 3 亿农民分到了土地、农具、牲畜、房舍，免除了农民向地主上缴的地租。1952 年底，全国土改基本完成，农民获得了土地，农村生产力得到了解放，生产得到了大发展，为国家进行工业化准备了条件。新中国第一次土地制度改革赋予了农民土地生产经营的自主权，对实行生产领域的联合奠定了物质基础。

1. 互助合作化运动

农业合作化运动是新中国成立以后，在土地制度改革基础上，发展互助组、初级社、高级社等的合作化过程。第一阶段从 1949 年 10 月至 1953 年，以互助组为主，同时试办初级形式的合作社。1952 年底至 1953 年初，全国农业互助合作组织发展到 830 余万个，参加的农户达到全国总农户的 40%，其中，各地还试办了农业生产合作社（初级社）3600 余个。第二阶段从 1954 年至 1955 年上半年，初级社在全国普遍建立和发展。1955 年 4 月，全国的初级合作社发展到 67 万个，但在发展中显得急躁冒进，经过整顿，至 1955 年 7 月，巩固下来的有 65 万个。第三阶段从 1955 年下半年至 1956 年底，是农业合作化运动的迅猛发展时期。1955 年 7 月 31 日，中共中央召开省、自治区、市党委书记会议，毛泽东在会议上作了《关于农业合作化问题》的报告，对党的农业合作化的理论和政策作了系统阐述，10月 4 日至 11 日，中共中央在北京召开七届六中全会，通过了《关于农业合作化问题的决议》，会后，农业合作化运动急速发展，仅 3 个月左右就在全国基本实现了农业合作化。到 1956 年底，参加初级社的农户占总农户的 96.3%，参加高级社的达到农户总数的 87.8%，基本上实现了完全的社会主义改造，完成了由农民个体所有制到社会主义集体所有制的转变。

由于新老解放区在互助合作运动中发展不平衡，许多地区这几种形式在时段上是同步进行的。如重庆市南川区（原四川省南川县）在合作化时期组建的互助组、初级社以及高级社是同步发展的，并在短时间内实现了从互助组向高级社的过渡（见表5-2、表5-3）。

表5-2　南川县农业生产互助组发展情况

	1952年	1953年	1954年	1955年	1956年	1957年
全县总农户（户）	72658	73058	73358	74176	75631	76610
参加互助组（户）	49020	39378	51220	30254	—	—
占总户数的比重（%）	67.5	53.9	69.8	40.8		
临时性（户）	40051	31433	35930	7224		
占总户数的比重（%）	55.12	43.02	48.98	9.74		
常年性（户）	8689	7945	15290	23030		
占总户数的比重（%）	11.96	10.87	20.84	31.05		
农业生产合作社（个）	1	1	166	992	1293	1127

表5-3　南川县农业合作社发展情况

	1952年	1953年	1954年	1955年	1956年	1957年	1958年
高级社（个）	—	—	—	2	17	1114	—
初级社（个）	1	1	166	990	1276	13	—
入社户数（户）	12	12	4819	36505	66751	76736	—
其中入高级社（户）	—	—	—	209	4192	75166	—
入社农户比例（%）	0.165	0.165	6.56	40.21	86.94	98.86	—
其中入高级社比例（%）	—	—	—	0.28	5.55	98.12	—
人民公社（个）	—	—	—	—	—	—	36

资料来源：卢发丽：《南川县农业合作化运动》，《中国共产党重庆市历史资料丛书》，2008。

2. 人民公社化运动

大规模的人民公社化运动从1958年开始，在短短一年时间内，全国基本上实现了人民公社化。至1958年底，参加公社的农户数达到1.2亿户，占全国农户总数的99%以上。早在1955年9月，毛泽东在《中国农村的社会主义高潮》一书中收录的《大社的优越性》的按语中，肯定了办"大社"的做法，即："现在办的半社会主义的合作化，为了易于办成，为了使干部和群众迅速取得经验，二三十户的小社为多。但是小社人少地少资金少，不能进行大规模的经营，不能使用机器。这种小社仍然束缚生产力的发展，不能停留太久，应当逐步合并。有些地方可以一乡为一个社，少数地方可以几乡为一个社，当然会有很多地方一乡有几个社的。不但平原地区可以办大社，山区也可以办大社。"1958年3月，中共中央在成都召开政治局扩大会议，通过了《中共中央关于把小型的农业合作社适当地合并为大社的意见》，该意见于当年4月8日被中央政治局批准；1958年5月，党的第八次全国代表大会第二次会议通过了"鼓足干劲、力争上游、多快好省地建设社会主义"的总路线。在总路线的指引下，全国开始了小社并大社的工作。1958年7月1日，陈伯达在《红旗》上发表《全新的社会，全新的人》，文中提出："把一个合作社变为一个既有农业合作又有工业合作的基层组织单位，实际上是农业和工业相结合的人民公社。"其后，毛泽东同志在考察河南、山东等地农村工作后，正式提出了办"人民公社"的主张，指出人民公社就是"一大二公"。1958年8月17日至30日，中共中央政治局在北戴河召开扩大会议，通过了《关于在农村建立人民公社问题的决议》，此后人民公社化运动进入高潮。

实行人民公社化体制，对于农村集中办水利、推进农业机械化发挥了应有的作用。从1957年开始，全国掀起了轰轰烈烈的农村集中办水利的热潮，各地出现了很多典型。但是，这种体制权力集中，不能实行分级负责，剥夺了最基层组织和农民的生产经营自主权，影响了农民生产积极性。在人民公社政社合一体制下实行的"一平二调"以至于刮起的"共产风"剥夺了农民最基本的财产权，引起了农民的恐慌和不满。此后"大跃进""大食堂"以及1960年发生的大饥荒，给国民经济和人民生活带来了严重的影响。1958年10月，毛泽东在视察河北、河南以后，于当年11月在郑州召开了部分中央领导人、大区负责人和部分省、市委第一书记参加的工作会议，即第一次郑州会议，解决公社化后所发生的生产、分配、福利、生活、经营管理等方面的问题，纠正了办公社过程中所发生的"左"的错误。1962年9月，党的八届十中全会上通过了《农业六十条》修正案，修正案规定："人民公社基本核算单位是生产队"以及生产队"实行独立核算，自负盈亏，直接组织生产，组织收益分配。这种制度定下来以后，至少30年不变。"但是，由于"左"的思想严重，以及后来的"文化大革命"和"农业学大寨"运动，农业在计划经济框架下严重脱离实际，生产关系桎梏了生产力发展，农业生产始终在较低的水平下徘徊。1982年五届全国人大第二次会议修改宪法时，终于做出了改变农村人民公社政社合一的体制，重新设立乡政权的决定，人民公社体制随之结束。

三　合作化与集体化：自组织与他组织问题

在新中国成立初期实行土地制度改革以后，农民获得了土地，在政府的引导下迅速走上了合作化道路，农民的组织化水平得到了提高。初期的合作化本着农民自愿、互利、自主原则，反映了农民的真实合作意愿，表现出较高的自组织化趋势。随着对农业的集体化改造，合作化后期也出现"左"的倾向，以至于出现政社合一的人民公社化运动，农民在高度计划经济模式下从事农业生产活动，但偏离农民意愿的他组织化使农民的积极性受到损伤，严重阻碍了农业及农村的发展。

1. 合作化运动中的自组织化

实行土地制度改革使大多数无地或少地的农民拥有了赖以生存与发展的生产资料，生产积极性高涨，随之而来的农业合作化运动使农民的组织化水平迅速提高。至1954年，全国农业生产组织达到993.1万个，入社农户6847.8万户；1955年，由于有些互助组转变为生产合作社，互助组减少到714.7万个，参加农户6038.9万户；农业生产合作社达到11.4万个，其中高级社200个，参加农户229.7万户。1956年底全国合作社75.6万个，其中高级社54万个。入社农户达11782.9万户，其中参加高级社的10742.2万户，占全国农户总数的91.2%。到1957年全国已有合作社78.9万个，其中高级社75.3万个，参加农户12105.2万户[①]。

----

① 王勇：《中国农民组织化的回顾与反思：1978~2008》，2008第四届南方农村报·中国农村发展论坛。

从农民组建互助组、初级社乃至高级社，反映了农民在生产组织形式上的共同意愿，农民的合作行为表现出较强的自组织化。新中国成立初期，无地或少地的农民在经历土地制度改革以后，虽然获得了从事农业生产的重要生产资料——土地，但劳动力不足、资金缺乏、劳动工具简陋，使农业以家庭为单位的单干遇到很多困难，许多农户需要联合起来，组建互助组，共同克服生产中遇到的难题，农民的自组织化趋向表现得较为充分。如重庆市南川区（原四川省南川县）的第一个互助组成立于1951年2月，即西胜乡大兴村的向光弟互助组，该互助组最初由邻里换工而产生（临时换工互助组），其后在"自愿互利，等价交换，民主管理"原则下，发展成为比较固定的长年性互助组。向光弟互助组成立后，解决了加入互助组的贫困农户无耕牛、无农具、无技术的问题，互助组内的农业生产搞得红红火火。在向光弟互助组的示范影响下，许多农户特别是贫困农户纷纷要求加入互助组。

在合作化初期，政府对农民的组织化采取了引导方式，基本尊重了农民的意愿，特别是对农民组织化的形式，提出了根据实际情况可采取多种模式。1951年9月20日至30日，中共中央召开了第一次互助合作会议，通过了《中共中央关于农业生产互助合作的决议（草案）》。该决议（草案）于1951年12月15日印发全党，1953年2月15日正式颁布，决议对土地制度改革后的农业形势进行了基本判断，即"农民在土地改革基础上所发扬起来的积极性，表现在两个方面：一方面是个体经济的积极性，另一方面是劳动互助的积极性。农民的这些生产积极性，乃是迅速恢复和发展国民经济和促进国家工业化的基本因素之一"。同时，该决议对劳动互助进行了具体的定性，提出了各地根据具体情况推行不同组织形式，即"这种劳动互助是建立在个体经济基础上（农民私有财产的基础上）的集体劳动，其发展前途就是集体化或社会主义化"，提出"各地农民在农业生产上的互助合作运动的发展是随着各地农村经济的发展与生产的要求，而有各种不同的历史和复杂的形式，但是大体上有三种主要的形式。第一种形式是简单的劳动互助，这是最初级的，主要是临时性的，季节性的……第二种形式是常年的互助组，这是比第一种形式较高的形式。它们中有一部分开始实行农业和副业的互助结合；有某些简单的生产计划，随后逐步地把劳动互助和提高技术相结合，有某些技术的分工；有的互助组逐步设置了一部分公有农具和牲畜，积累了少量的公有财产……第三种形式是以土地入股为特点的农业生产合作社，因此或称为土地合作社。这种形式包括了第二种形式中在有些地方已经存在的若干重要的特点，即如上述的农业与副业的结合，一定程度上的生产计划性和技术的分工，有些或多或少共同使用的改良农具和公有财产等等，但带了比较扩大的形式。因为有了某些公共的改良农具和新式农具，有了某些分工分业，或兴修了水利，或开垦了荒地，就引起了在生产上统一土地使用的要求。这还是在土地私有或半私有基础上的农业生产合作社"。①

合作化运动的中后期，由于过高估计了中国农业发展形势，从而不顾农业的实际状况及农民的意愿，推行了"大"而"公"的组织形式，如1958年3月中央在成都召开的政治局扩大会议上通过的《中共中央关于把小型的农业合作社适当地合并为大社的意见》认为："我国农业正在迅速地实现农田水利化，并将在几年内逐步实现耕作机械化，在这种情况下，农业生产合作社如果规模过小，在生产的组织和发展方面势将发生许多不便。为了适应农业生产和文化革命的需要，在有条件的地方，把小型的农业合作社有计划地适当地合并为大型的合作社是必要的。"事实上，在合作化开始出现的最初几年，部分地方都不同程度地出现了强迫农民入社和并社的做法，这些不顾农民意愿的行为曾多次得到纠正，却反反复复没有从思想上和政策上得到有效的解决。特别在20世纪50年代后期推进工业化进程中，高度的农业组织化更成为调动资源的有效手段，从而农民的自组织化机制受到了抑制和损害。

2. 集体化过程中的他组织化

农业合作化改造完成以后，中国农业完全走上了一条集体化道路。在互助组阶段，农业合作化尚属劳动合作方式，而进入初级社阶段，以土地入股、统一经营为特点，土地、牲畜和大农具虽然仍属私有，但已由合作社统一使用，同时，合作社已经拥有公共财产（农民入社股金、公共积累等），

---

① 参见中共中央印发《关于农业生产互助合作的决议（草案）》的通知，1951年12月15日。

入社农民的分配由劳动报酬、土地报酬、生产资料报酬几个部分构成，其性质已属于半社会主义性质。至高级社阶段，土地、农具、牲畜已属于合作社的公有财产，生产资料参与分配的方式被取消，实行完全的按劳分配方式，因此，高级社具有了完全的社会主义性质。从初级社开始，生产资料私有制形式被逐渐改造为集体所有制形式，实现了所有制形式上的社会主义改造。

人民公社体制从时间段上可分为以下几个时期：①1958～1961年"大跃进"时期。此时期是合作社由小并大、农民组织规模迅速扩大的时期，其直接原因始于1957年开始的大规模农田水利基本建设，由于大搞跨社、跨队甚至跨乡跨县的农田水利设施，在农民高度组织化下的劳动力统一调配成为必然的选择。在公社化过程中，合作社的公共财产、积累、储备粮统统收归公社所有；自留地、社员私有财产一律折价归公；实行公社统一核算，工资制与供给制结合的分配方法；生产上搞"大兵团作战"；生活上大办公共食堂。这一时期由于高指标、瞎指挥、浮夸风，生产遭受极大破坏，群众生活陷入极端困难中。②1962～1966年调整时期。此时期对人民公社体制下的组织结构进行了适度调整，核算单位以生产队为主。同时，征购调减，允许社员饲养家畜家禽、发展家庭副业，给社员划分了自留地，这一时期的生产得到某种程度的恢复与发展。③1966～1976年"文化大革命"时期。这一时期推行"农业学大寨"的"左"的做法，政治运动至上，在所有制上搞"一并三收"，即并生产队，收自留地、自留山、自留畜，推行以大队为核算单位的管理体制；在"割资本主义尾巴"中取消家庭副业，限制集市贸易；实行大寨式公分制，取消定额管理，以平均主义代替按劳分配。由此，农业生产长期徘徊不前，大多数农村人口处于半饥饿状态。④1977～1978年拨乱反正时期。各地逐渐取消了政策上的"左"的做法，在继续坚持人民公社体制下，推行承包管理制度，实行"包工到组"，在生产队下设立劳动小组，取消工分制，实行农业生产全程包工。同时鼓励社员经营自留地和家庭副业，发展多种经营，农业生产得到恢复和发展。

人民公社体制直到20世纪80年代初才被取消，这种"政社合一"的体制在中国持续了20多年。在此之前，基层政权组织和经济组织是分离的。

但是，在人民公社时期，人民公社不但是管理基层的政权组织，同时也代替了农民的合作化组织，成为相对独立、统一核算的经济组织。人民公社不但负责全社的农业生产，对各类生产资料进行统一调配，而且对工、农、商、学、兵进行统一管理。人民公社体制将农民的土地、生产资料收归社有，实行集体所有制，生产组织规模宏大，农民的组织化水平极大提高，但这种高度的组织化背离了农民的意愿，其最终带来的是极端的非自组织化。

四 低效率：高度组织化和低水平自组织化

集体化运动的结局乃实现了农民的高度组织化，但这种生产关系超越生产力发展水平的做法极大地违背了农民意愿，对农业和农村的发展造成了灾难性的后果。实践表明：脱离了"自愿互利、民主管理"原则的自组织化机制，依靠政治、强制实现的高度组织化，强行对小农经济采取"剥夺改造"的手段是行不通的。在中国农村合作化运动的初期，互助组采取劳动合作方式，初级社总体尊重了农民入社和退社自由的做法，得到了群众的拥护，推动了生产发展。但是，在合作化后期开始的剥夺农民财产权、强制加入合作社以及强制推行集体化体制下的人民公社制度所形成的高度的组织化与低水平的自组织化导致农业生产和农村发展中的低效率。

1. 经营管理乱

1958~1978 年的 20 年间，中国农业长期处于徘徊不前的状态，20 年间农业总产值的年均增速只有 2.6%，1957 年农民人均纯收入只有 72.95 元，1978 年为 133.57 元，平均每年只增长 2.88 元[1]。造成这种状况的直接原因除狂热的政治因素带来的影响外，高度集中的经营组织结构和运行模式造成的生产经营混乱也是重要的原因。《四川省农业合作经济史料》记载：在人民公社时期，四川省平均每个人民公社拥有农户 2708 户，最大的人民公社拥有农户 42600 户，最小的也有 250 户[2]。这样大规模的人民公社远远脱离了群众

---

[1] 毋俊芝：《中国农民合作经济组织的理论与实践》，中国社会出版社，2008，第 54 页。
[2] 张孝理等主编《四川省农业合作经济史料》，四川科学技术出版社，1989，第 15 页。

的觉悟和干部的实际管理水平，其结果为生产决策中瞎指挥、生产劳动中"一窝蜂"和"大呼隆"、生产措施"一刀切"，生产经营管理极为混乱。

2. 资源配置效率低

人民公社体制下的高度组织化，由于难以调动劳动者本身的积极性、组织内缺乏有力的激励与控制机制，资源配置效率低，最突出的例子莫过于集中消费和劳动的大食堂与大兵团作战。据《四川省农业合作经济史料》记载：四川省简阳县解放人民公社最初由解放高级社于 1958 年夏季成立，当年 10 月 1 日即扩大为由 5 个乡、128 个合作社组成的更大的人民公社，10 月下旬又扩大到 10 个乡，实行公社、管区和生产队三级管理。公社办了 331 个公共食堂，吃饭人数达 62795 人，开始是一个生产队一个食堂，后改为几个队联办一个食堂，有的食堂吃饭的人数多，远的吃一顿饭要走好几里路，吃饭时排成了长龙。开始的一段时间，食堂敞开吃，连过路的人都可以随便吃，浪费惊人。后实行定量供应，每人每天 0.3 公斤谷子，由于粮食短缺越来越严重，后每人每天只能分配到 0.15～0.2 公斤粮食。1960 年初统计，该社有水肿病人 141 人，其中不少人因饥饿死亡。另外，劳动的低效率也是显而易见的，如该公社的一次秋耕"战役"，参加的人员除本公社社员外，还有外区、外公社以及城镇的干部、工人、教师、学生等，共计 13000 人，白天不休息，晚上搞夜战，一昼夜深翻土地达 460 亩，平均每人仅耕地 10 余平方米，而这次"战役"仅耗掉煤油就多达 1500 公斤，吃掉豆瓣 1000 多公斤。

3. 分配无激励

农民在私有财产被剥夺后，唯一的属于个人所有的东西即从集体分配的个人消费品，由于集体生产的粮食要支援工业建设，国家强制性地对粮食实行统购统销，剩下用于社员分配的劳动产品已很少。1953 年 10 月 16 日，中共中央政治局通过了《中共中央关于粮食统购统销的决议》（以下简称《决议》）；同年 11 月 19 日，政务院第 194 号会议通过了《关于实行粮食的计划收购和计划供应的命令》（以下简称《命令》）。《决议》和《命令》都规定，农民必须按规定将"余粮"出售给国家；由国家将收购的粮食供应给县市以上的城镇居民、缺粮农区（返销粮）和灾区（救济粮）；一切粮食经营、加

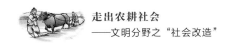

工、供应等，不得由私营部门经手；粮食的收购量、收购标准，供应量、供应标准，都由中央统一管理。粮食由政府统一供应，城市居民的基本口粮凭票供给，农村食物供给在低水平线上实行平均主义，"大跃进"时期兴办大食堂、吃大锅饭，分配上缺乏激励。在"农业学大寨"运动中，推行大寨的公分制，分配原则确定为按劳分配，但这在大集体的生产劳动中难以操作，"出工不出力"普遍存在，干与不干同样拿工分，社员戏称大寨式计工分的办法为"大站式"和"大概式"。

第三节 "合作"改造传统小农的理性分析

在中国传统农耕社会，小农经济占据主导地位。由于生产水平低下，农民为争取自身和家庭的"生存权"而从事土地小规模生产，虽然存在产品交换，但"自耕自食"是农耕的主要目标。随着生产发展、时代更迭，社会分工逐渐深化，劳动工具改进和生产方式变革，农业不再局限于满足个人及家庭的需求，获取产品在交换中的利益最大化成为生产目标。在这一进程中个人之间相互"合作"，并在"合作"的利益诱导下提高了整体组织化程度。

一 "小农风险"与小农理性

风险与事物发生和发展的不确定性相关。A. H. 威雷特认为：风险是不愿发生的事件发生的不确定性，主要有两方面含义，一是风险意味着不利后果或是未实现预期的目标值；二是这种预期不利事件出现与否是一种不确定性、随机现象，它出现的可能性可用概率表示，而不能对出现与否做出确定判断。在传统农业生产条件下，小农经营小块土地，收入有限且面对的风险很多。如生产中不可预期的自然风险，天旱雨涝、风灾冰雹等无数的自然灾害，都会给农田生产带来毁灭性打击，使农业歉收或绝收；来自社会的风险，如社会各利益集团对小农的盘剥，苛捐杂税、社会动乱等不可预见因素对小农经济的打击；来自家庭自身的风险，如生老病死、人情往来等支出，给家庭生活带来的压力。

在生产力水平较低、农户的生产模式只能维持自耕自食的前提下，农户的理性决策是尽可能规避风险，其最优选择为尽可能降低影响家庭收入的生产形式。举例而言：经营小块土地的农户，其收入除去苛捐杂税后，仅能维持家庭温饱，没有或只有很少剩余产品用于市场交换，在生产决策中面对以下情况时会选择风险更小的生产模式：①关于运用新技术或沿用传统经验，运用新技术可能获得更高的产量，但存在不确定性；而沿用传统经验，在没有意外的情况下，收入固定，小农本着风险更小的原则选择传统的种植方式。②当小块土地可用于种植更高收入的经济作物或用于带来更高收入的其他经济项目时，小农更趋向于稳定地维持家庭生活水平的传统项目，这样能保证家庭生活更稳定而少风险；③运用新技术和改变种植结构要增加投入、提升成本，而增加生产成本对收入增长的预期不足，亦具有不确定性，小农在决策中对此有排斥性。

下面对小农生产模式所遭遇的风险作具体分析：按照 A. H. 威雷特对风险内涵的界定，风险是不利结果出现的不确定性，这些不利结果可能来自自然、社会以及自身，设 C 表示不利结果或损失，用 P 表示不利结果出现的概率，某 i 农户的风险 R 可表示为：

$$R^i = f^i(P^i, C^i)$$

这里对农户风险无法定量，但可划分为多个等级：

（1）风险最高：后果及发生的概率无法客观确认。

（2）风险较高：后果可确认，但发生的概率无法客观确认。

（3）风险一般：后果及发生的概率可客观确认。

（4）风险较弱：无风险，风险发生的不确定性为零。

在农户的风险决策中，农户对具体风险的认知程度影响其决策效果。对具体经济行为的选择和实施，农户对风险后果和发生概率的认知水平越低，风险级别越高，高认知水平则可降低风险级别。对大多数农户而言，降低风险的唯一途径，即选择他们最熟悉的、世代相传的农艺技术。

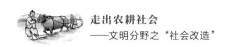

小农选择风险最小的决策模式，从客观上讲是理性的，其结果是延续了小农生产在简单再生产水平上的循环，上升到宏观层面，表现为传统小农"陷阱"。即在传统农业向现代农业转型发展中，传统小农生产模式具有极强的惰性，变革图新的内生动力不足，对新要素（新技术、新工艺、资本、劳动力等）投入和生产协作具有排斥作用。正如马克思所说："这种生产方式是以土地及其他生产资料分散为前提的。它既排斥生产资料集聚，也排斥协作，排斥同一生产过程内部的分工，排斥社会对自然的统治和支配，排斥社会生产力的自由发展。"① 小农"陷阱"使农民安于现状，面对自然和社会等多层面风险，脆弱的小农经济难以摆脱破产的境地。

突破小农"陷阱"，改革传统小农模式需要提高生产决策者即小农的认知水平，通过教育获得新的技术和知识；启发小农扩大对外交往的范围和程度，获得新的信息；用科学技术取代传统经验，以期转换经营理念。从这一观点出发，改造传统农业的核心乃是改造传统小农，即改造传统小农的思想观念。以上对小农的观察和研究建立在以自然经济为主的传统农耕假设基础上，这一阶段小农经历了从"古典式小农"向"宗法小农"的演变。纵观农业发展的历史，以家庭为经营单元的小农生产存续的时间很长，且在所谓的现代农业条件下仍然存续，大多数的发达国家仍以家庭经营为主，小农进一步演化为大生产及社会协作状态下的"现代小农"。传统小农向现代小农的转化，是传统农耕社会向现代农业社会转型发展中的重要命题。

二　小农"合作"的理性

合作（co-operation）是个人与个人、个人与群体、群体与群体之间为达到共同目标，彼此相互配合的一种联合行动。按合作的性质，合作可分为同质合作和非同质合作，同质合作是合作者无差别地从事同一活动，如无分工地从事同一劳动。非同质合作是为达到同一目标，合作者之间有所分工，

---

① 《马克思恩格斯全集》第44卷，人民出版社，2001，第872页。

如按工艺流程完成不同工序的生产。按照合作的方式，合作分为正式合作与非正式合作。具有契约性质的合作是正式合作，这种合作明文规定了合作者之间的权利和义务，按照一定法律程序受到政府保护。非正式合作无契约的规定限制，是发生在一定人群或社区内，人与人之间或群体与群体之间相互依存、协调一致的共同行为。

在学术界，中国农民"善分不善合"① 是一个讨论的焦点。这正如马克思描述法国农民"是由一些同名数量相加而形成的，好像一袋马铃薯，是由袋中的一个个马铃薯所集成的那样，而造成他们这种涣散性的一个重要原因就在于，他们进行生产的地盘，即小块土地，不容许在耕作时进行任何分工，应用任何科学，因而也就没有任何多种多样的发展，没有任何不同的才能，没有任何丰富的社会关系。"② 造成这种分散状况的主要根源在于小农生产方式，马克思认为"小块土地"不"容许分工"，也没有带来"丰富的社会关系"。事实上农民在"分"与"合"上倾向于"分"，这是他们适应生产方式的合理的利益取向。导致农民"善分不善合"的另一个重要原因还是几千年中国的政治传统，农民的团队化受到相对僵化的制度体系约束。农民是理性的经济人，从"分"到"合"随环境条件变迁和利益驱使而有不同的选择。

赫伯特·西蒙（Herbert Simon）在亚当·斯密（Adam Smith）提出的有关"经济人"的"完全理性"假说基础上，提出了经济人的理性在一定条件下，受各种主客观因素的影响，总是有限的。经济人的经济行为遵循"满意化"而非"最优化"原则。对农民合作理性的分析，基于经济利益驱动，这方面的文献较多。如李纯丽提出农民合作的经济利益圆周假说，即在一定时期内，经济人的经济行为结果都会产生一个以自我为圆心，以经济利益为半径的圆周，圆周内的行为与他的经济利益有关，圆周外的行为与他的经济利益无关。经济利益圆周范围的大小，与其个体的经济行为能力有关，

---

① 曹锦清：《黄河边的中国》，山东人民出版社，1990。
② 《马克思恩格斯选集》第 1 卷，人民出版社，1972，第 693 页。

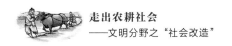

随着社会经济的普遍发展或个人经济行为能力的提高，个人的经济利益圆周将随之扩大（见图5-1）。

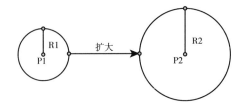

图5-1 农户利益扩大的圆周假说

在现实中，随着社会经济进步，个人的利益圆周逐步扩大，并发生重叠，如多个农户或生产单位同时进入相同的农产品销售市场，其获利大小将受到相互之间行为的影响。P和Q两个农户在相同的经济空间内，利益圆周相交，相互之间统一步调、协调运作将产生P和Q两个农户之间的共同利益C，使两个独立农户的利益扩大。共同利益C的大小，取决于P和Q之间合作和协作的程度（见图5-2）。

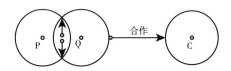

图5-2 农户合作产生共同利益

如两个农户在相同的经济空间内，采取独立或不合作的经济行为，如恶性价格竞争，将缩小两者之间的共同利益C，甚至使C趋于零或负值，从而使P和Q两个农户的利益都出现损失（见图5-3）。

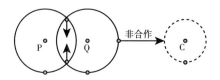

图5-3 农户非合作的利益损失

农户之间的合作通过契约关系来实现，合作亦需要支付相应的契约成本，当合作的共同利益大于契约成本时，农户之间的合作就是有效率的，当共同利益小于契约成本时，农户之间的合作就是没有效率的。现实中，农户通过统一步调（如统一生产技术、统一产品标准、统一营销行为等）的行为，提高获得共同利益的预期将使农户在市场经济环境下组织化，这也是作为"有限理性"的农户在经济行为上达到"满意"标准的选择结果。

对合作的理性选择是农民自组织化基础，对"合作利益"的追逐是农民组织化动机。通过合作达成自组织化应具备一定的主观和客观条件：一是农民具备生产经营自主权，对生产方式可自由选择；二是农民具备相应的知识和理念，对生产合作具备理性决策能力；三是生产合作具备物质条件，如生产技术、交通条件、生产工具、运输工具、电力、通信等方面。在传统农耕社会，小农生产以家庭为单元，家庭内的劳动力可独立操作生产工具，产品交换缺乏，农民的合作意愿较弱。只有在农户生产受到外力影响，如苛捐杂税繁多、土地及生产资料被剥夺，农民生存权受到威胁的情况下，农民通过合作争取权益，这远非经济合作这么简单，可能延伸到政治、社会领域，使社会出现动荡。在现代社会，农民合作具有了主客观条件，生产、交换领域实现合作化，是对传统农业组织形式、生产方式进行改造的必然选择。

以上具体解释了传统小农生产状况下农户缺少合作的情形。以家族生产经营方式为主体的小农生产借助简单的生产工具，在小块土地上从事生产，生产的产品以满足自身家庭的消费为主，其经济利益的圆周很小，与其他的农户无利益交集。在一般情况下，对生产的决策遵循"无风险或低风险"原则，这种状况至今仍然存在。在经济发展相对滞后的贫困山区，小农经济仍是乡村主要的经济形式，过去几十年，地方政府投入大量资本发展多种经营项目，曾经不惜出台行政命令，但效果还是不如人意。有的地方在若干年前号召调整农业产业结构，但农户仍然以种植传统的粮菜为主，固守于传统的种植形式。究其原因，很多人归结为"农村思想保守落后"，其实，在生产水平较低的状况下，农户的这种选择既是无奈的，也是理性的，在自家一

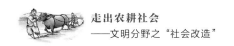
亩三分地还不能满足温饱的情况下，谁也知道种植全家的口粮比种植其他的经济作物更为可靠，即使经济作物的收益可能比粮食高上几倍。

传统小农经济生产水平低下，农户缺乏对外的合作，生产的组织化水平很低。即使在今天以农为主的乡村腹地，农户对合作和参与组织的热情也不高，这也是有原因的。合作和组织化需要付出成本，如果组织化不能给农民带来实惠，或组织化成本高于通过组织获得的收益，即使强迫农民入社、入会也只能流于形式。由此说明，以合作为基础的乡村组织化仍是发展中的问题，组织化建立在经济、社会高水平发展基础上，不可一蹴而就，更不能揠苗助长，而是一个长期的渐进过程。

三　小农"合作"的利益维度

现代农业不同于传统农业，生产不仅要创造产品，更要创造产品价值。产品进入市场，通过交易实现价值，农户交易的行为方式对维护自身利益具有重要的影响。

1. 农民有组织的交易方式对利益的影响

组织化不但表现为生产领域的合作，也表现为农产品加工环节、销售环节上的合作，这样的合作不但有利于推动农业向专业化和专业协作发展，而且极大地拓宽了农业发展空间。同时，生产环节、加工环节及销售环节农产品的交易形式也会发生相应变化，农民组织化下的产品供给形式趋向于现代流通模式，具有独立分散的农户无可比拟的优势。农民组织化条件下的农产品生产更加标准化，规模大、质量优；在产品销售环节，获取市场信息、仓储、运输成本低；与交易对方具有对等的谈判地位，对价格具有掌控权。农民交易形式有别于传统农业时期单独进入集市的情况，采取有组织的形式进入市场也对消费者有利，如图5-4所示：在完全竞争市场条件下，单独的农户进入市场的供给曲线为S，消费者需求曲线为D，在价格为P、产品量为Q时，在E点供需趋于平衡。农民有组织的产品供给，可降低销售成本，供给曲线S向右移动变成S′，在价格P′、产品量Q′时相交于E′，在此平衡点上，价格更低，产量更高，消费者福利更高。

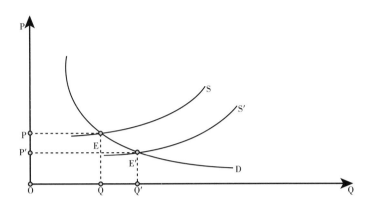

图 5 - 4　有组织的交易形式对消费者福利的影响

2. 农民与中间商的交易行为对利益的影响

在农产品市场博弈中，小农生产分散、信息不通、产品数量有限，小农在与中间商的交易中总是价格和规则的被动接受者。从农产品生产到销售，生产环节的利润占比很小，而大部分利润被中间商获取。熊红颖、寿志敏等人分析了农民组织化对农户与中间商之间利益分割的影响，其分析如图 5 - 5 所示：D 曲线为消费者需求曲线，（也为中间商的边际收益曲线 $MR_{中}$），S 曲线为农民组织起来的供给曲线（也为农民的边际成本曲线 $MC_{农}$）。由 S 曲线派生出中间商的边际成本曲线为 $MC_{中}$，由 D 曲线派生出农民的边际收

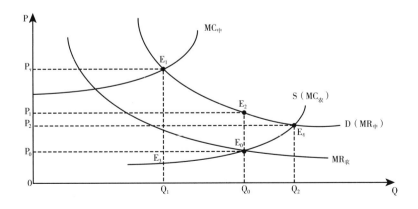

图 5 - 5　农民、中间商交易行为对利益分配的影响

益曲线为 $MR_农$。根据利润最大时 $MC = MR$ 的原则，农民在 $MC_农$ 和 $MR_农$ 曲线相交点 E_0 形成均衡，对应供给量 Q_0、价格 P_0。但 E_0 并不是使中间商利润最大的点。同样中间商为了使其利润最大化，会在 $MC_中$ 和 $MR_中$ 曲线相交点 E_1 形成均衡，但 E_1 点却不是使农民利润最大的点。由于家庭经营分散，农民在与中间商的谈判中处于弱势地位。中间商会强迫农民接受 E_1 的均衡点，使农民的供给量变为 Q_1，农产品市场的价格定为 P_1。为了尽量避免中间商过多占有利润，农民就要组织起来，通过集体的力量争取中间商向农民的最优供给点 Q_0 靠拢。当农民把生产销售统一组织起来，挤出中间商之后，农民的边际收益曲线移动到 D 曲线，形成均衡点 E_4，此时农民供给量为 Q_2，形成农产品市场价格 P_2，这样一来，既实现了农民的利润最大化，又扩大了消费者剩余。

四　"小农"合作的成本

英国经济学家罗纳德·哈里·科斯（R. H. Coase）于 1937 年在其论文《论企业的性质》中提出交易成本理论，其基本思路是：围绕节约交易费用这一问题，把交易作为分析单位，找出区分不同交易的特征因素，然后分析什么样的交易应该用什么样的体制组织来协调。科斯认为，交易成本是获得准确市场信息所需要的费用，以及谈判和经常性契约的费用。也就是说，交易成本由信息搜寻成本、谈判成本、缔约成本、监督履约情况的成本、可能发生的处理违约行为的成本所构成。交易成本理论奠定了新制度经济学发展的基础，其主要观点坚持交易是有成本的，因为人们在进行经济活动时，总是面临有限理性和信息不完全，这就有别于新古典经济理论坚持的"交易在无成本状态下进行"的认识，使新制度经济的分析更加现实化。在此基础上，奥利弗·威廉姆森（Oliver Williamson）进一步发展了新制度经济学分析方法，认为经济和政治交易都具有下列三个关键特征：一是不确定性；二是交易发生的频率；三是进行特定交易投资的程度。交易的这三个方面对经济行为具有重要影响。

交易成本理论解释了"企业"这种经济活动组织存在的理由。即通过建立一种无限期的、半永久性的层级性关系，或者说通过将资源结合起来形成像企业那样的组织，可以降低在市场中的成本。一种多少具有持久性的组织关系，如一个雇员与企业的关系，对企业来说，能节省每天去市场上招聘雇员的成本；对于雇员来说，能减少每天去市场应聘的成本和失业风险成本。这种"持久性的组织关系"就是制度，包括契约，也包括政策等。威廉姆森在1985年出版的《资本主义经济制度》一书中对交易成本作了更明确的界定，并将其区分为"事先的"和"事后的"两类。事先的交易成本是指"起草、谈判、保证落实某种协议的成本"。在签订契约关系时，交易关系的当事人都会对未来的不确定性产生困扰，因此需要事先规定双方的权利、义务和责任，而在明确这些权利、义务和责任的过程中是要花费代价的，这种代价的大小与某种产权结构的事先清晰度有关。事后的交易成本是交易已经发生之后必须面对的，包括以下几个方面：①退出契约关系必须付出的费用；②改变原价格必须付出的费用；③为政府解决交易冲突所付出的费用；④确保交易关系的长期化和连续性所付出的费用。

运用交易成本理论分析农民组织化对交易效率产生的影响。假定有 n 个分散、独立进行生产的农户，生产同样的农产品，分别销售产品的总毛收入应为：

$$r = p.w - c$$

以上公式中，p、w、c 分别代表农产品价格、n 个农户所生产的农产品总产量以及直接生产成本。此时没有考虑交易成本，即设定交易成本为零。从新制度经济学角度分析，农民分散交易应分别支付获得农产品价格 p 相应的交易成本，即获得农产品销售信息、寻觅交易对象、交易谈判以及寻求固定的销售渠道需持续支付的成本 c_n，n 个农户总纯收益 π 则为：

$$\pi = r - c_n = r - \sum_{i=1}^{n} c_i$$

上式中的 c_i 为每个农户分散交易时需分别支付的交易成本。如上述农户通过合作组成经济联合体，交易成本将由经济联合体支付，而同时需要支付组织的管理成本，对农户而言就是需要支付维持经济联合体正常运行的管理

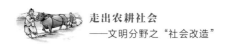
费用，如会员农户支付的会费 m 等。通过合作形式进行交易，n 个农户获得的总纯收益应为：

$$\pi^{'} = r - m = r - \sum_{i=1}^{n} m_i$$

两种交易方式比较，当 $m \leqslant c_n$ 时，农户就有可能通过合作或联合的方式，应对市场挑战形成生产领域的组织化。

五　农业的产业特性与"政府合作"

1. 农业产业缺陷

农业是自然再生产和经济再生产的统一体，农业的自然再生产特性束缚了参与市场化竞争的手脚，显得"先天能力不足"，许多人认为这是农业的"弱质性"，实质上表现为农业的产业特性带来的市场化"缺陷"。

在以社会化大生产为特点的现代市场经济面前，传统农业作为经济体系中重要的、基础性产业具有不可替代的作用。即使在现代科技和生产手段高度发达的情况下，农业大田生产也不能像工业部门那样实现细微的分工和流水线作业，仍受制于土地、水肥、气候等自然资源和条件的限制，由此导致农业在与工业部门的竞争中表现出"先天不足"。在《资本论》关于生产时间的论述中，对农业的特性做了深刻的剖析，分析了生产时间与劳动时间不一致给农业生产者带来的损失："生产时间和劳动时间的差别，在农业上特别显著。在我们的温带气候条件下，土地每年长一季谷物。生产期间（冬季作物平均九个月）的缩短或延长，还要看年景好坏变化而定，因此不像真正的工业那样，可以预先准确地确定和控制。只有牛奶、干酪等副产品，可以在较短的期间继续生产和出售。……在这里可以看到，生产期间和劳动时间的不一致（后者仅仅是前者的一部分）怎样成为农业和农村副业相结合的自然基础；另一方面，农村副业又怎样成为当初以商人身份挤进去的资本家的据点。后来，当资本主义生产完成制造业和农业的分离后，农业工人就越来越依赖纯粹带偶然性的副业，因而他们的状况也就恶化了。我们以后会看到，对资本来说，周转的一切差别都会互相抵消，而对工人来说，就不是这样。"① 马克思通过对农业生产期间和劳动时间不一致的分析，论述了农业生产者状况的恶化。

马克思还分析了农业生产过程中投入品的效率损失。他说："在大部分真正的工业部门，采矿业、运输业等等，生产是均衡地进行的，劳动时间年年相同，撇开价格波动、生产停滞等等反常的中断现象不说，进入每天流通过程的资本的支出，是均衡地分配的。同样，在市场关系的其他条件不变时，流动资本的回流或更新，也是均衡地分配在一年的各个时期。但在劳动时间只是生产时间的一部分的那些部门，波动资本的支出，在一年的各个不同时期是极不均衡的，而回流只是按自然条件所规定的时间完成。因此，如果生产规模相同，也就是说预付流动资本的量相同，和那些有连续劳动时间的生产部门相比，这些生产部门就必须为更长的时间一次预付更大量的资本。在这里，固定资本的寿命和它在生产中实际执行职能的时间也显然不同，由于劳动时间和生产时间有差别，所使用的固定资本的使用时间，当然也会在或长或短的时间内不断发生中断，例如在农业方面，役畜、农具和机械就是这样。"

亚当·斯密在《国民财富的性质和原因的研究》中指出："农业由于它的性质，不能有像制造业那样细密的分工，各种工作不能像制造业那样判然分立。……农业上种种劳动，随季节推移而巡回，要指定一个人只从事一种劳动，事实上绝不可能。所以，农业上劳动生产力的增进，总跟不上制造业上劳动生产力增进的原因，也许就是农业不能采取完全的分工制度。"而"制造业因为劳动力分工节约了从一道工序转换到另一道工序的时间，提高了劳动生产率。由于节约了从一道工序到另一道工序所花费的时间，这中间所获得的利益也远超过我们乍一看时间所能想象的。"亚当·斯密认为，农业劳动者必然会养成闲荡、偷懒、随便种种习惯，对于每半小时更换一次工作和工具，而且一生中几乎每天必须从事 20 项不同工作的农村劳动者来说，可以说必然会养成这些习惯。纵使没有技巧方面的缺陷，仅仅这些习惯也一

---

① 马克思：《资本论》第 2 卷，人民出版社，1975，第 268~271 页。

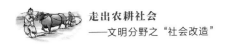
定会大大减少他所能完成的工作量。大多数的文献都认为农业的"弱质性"降低农业生产者的收入，从而影响农业产品的供给。本文将农业的"弱质性"界定为"产业缺陷"，主要表述在市场化过程中，农业在与其他产业部门（如制造业等工业部门）竞争中的先天不足，其原因在于农业生产期间与劳动时间不一致、农业缺乏细致的分工制度等受制于自然条件和生物特性的诸多方面，这种种原因带来的"缺陷"影响到农业产品供给和农业劳动者收入两个方面。

一方面，对于一般企业而言，产品供给量 Q 与价格 P 构成如下函数关系：

$$Q = f(P)$$

而农产品的供给函数为：

$$Q = d + f(P)$$

产业缺陷 d < 0，这意味着农业产品供给量随价格波动时，要首先克服产业缺陷带来的影响，如季节性等带来的机会损失等方面的问题。

另一方面，产业缺陷对供给函数斜率产生影响，即农业投资收入弹性小于其他产业，表现为在同一个周期结束以后，农业的投资回报率低于其他产业部门。其模型主要是：

$$Q = df(P)$$

以上斜率（0 < d < 1）。农业的自然再生产特性使农业具有较长的生产周期，农产品供给满足市场需求存在时间差，市场处于不稳定状态。对于生产者而言，对投入农业与投入其他产业比较，投入农业具有较低收益且投资风险更大。

以上分析表明：农业存在"产业缺陷"，预示着同样的资本投资于农业和非农产业具有较大的收入差距，这个差距不是由投资者本人的技术水平、劳动技能和管理水平造成的，而是由农业的先天特性带来的。由此，对投资者而言，投资于农业就需要支付实实在在的机会成本，即投资于非农产业与农业的收入差距。农业要具有与其他产业在市场上同等的竞争能力，就需要克服产业缺陷所带来的效益损失。

2. 农业"丰收悖论"

农业存在"谷贱伤农"的现象，即丰收的年成不能增加甚至会降低农民的收入，这就是所谓的"丰收悖论"。叶圣陶先生在《多收了三五斗》中形象地描述了农业增产农民不增收的现象：那些戴旧毡帽的大清早摇船出来，到了埠头，气也不透一口，便来到柜台前面占卜他们的命运。"糙米五块，谷三块。"米行里的先生有气没力地回答他们。"什么！"旧毡帽朋友几乎不相信自己的耳朵。饱满的希望突然一沉，一会儿大家都呆了。"在六月里，你们不是卖十三块么？""十五块也卖过，不要说十三块。""哪里有跌得这样厉害的！""现在是什么时候，你们不知道么？各处的米像潮水一般涌来，过几天还要跌呢！"

"丰收悖论"的主要成因是基本的粮食产品进入市场缺乏需求价格弹性。价格弹性反映了供求对价格变动的依存关系，即影响商品需求的外部因素如消费者收入、偏好及替代品价格保持不变的情况下，商品价格变动引起商品需求数量变动的情况。当商品需求弹性大于1时即富有弹性时，此时随着价格下降商品交易量增加，收益增长；当需求弹性等于1时，价格下降收益保持不变；当需求弹性小于1时即缺乏弹性时，价格下降，收益就下降，这就是"丰收悖论"的主要成因。"丰收悖论"从另一个侧面反映了农业的特殊性，说明产业规模扩大导致农产品数量增加，或较好的自然条件下农民获得丰收，但农业的市场收益反而降低，从而对农业投资带来巨大的市场风险。

3. 农户与政府的合作

农业具有与工业不一样的产业特性，其因天生"弱质"而难以与非农产品在市场形成公平的竞争态势，需要对这种"弱质性"即"产业缺陷"进行弥补。弥补产业缺陷的主体是政府，表现为政府对农业在资金、技术等各种资源投入上加以支持。这种支持行为并非对弱者的人道主义援助，而是政府的一种特殊购买行为。农业产品既是私人物品，表现为农业生产者对投资生产的产品在市场的获利行为负责；同时又是公共产品，表现为生产者在生产农产品时，保障了社会的"粮食安全"，而这种"粮食安全"是社会发

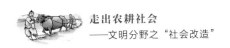
展和稳定的基本条件，不可或缺。"粮食安全"是应该由政府提供而政府又不能直接生产的"公共产品"，只能由政府通过支持农业来体现，表现为对"粮食安全"这种特殊公共品的购买行为。

在市场化条件下，从微观主体来讲，农业的生产目标在于产品通过市场实现物质形态和价值形态的转换。生产者根据市场的需求组织生产，在完全竞争的市场状态下，通过公平竞争价格反映出来的需求量为市场需求量。但是，由于农业生产过程中存在多方面的风险，如自然灾害等自然和社会因素对农产品生产带来的影响，使政府不得不考虑维持全社会生存与发展所必需的社会需求量。这种超过市场需求的社会需求差额是从维持社会安全所要求的，其差额大小取决于政府对农产品（主要指粮食）安全的信心。如图 5-6 所示，S 为农产品的供给曲线，D_1 和 D_2 分别代表市场需求曲线和社会需求曲线，市场需求和供给的均衡点为 E，此时的均衡价格为 P_1。而存在社会需求时，需求曲线右移成为社会需求曲线 D_2，此时供给曲线 S 和社会需求曲线 D_2 相交于 E'，均衡价格为 P_2。E 点和 E'点的交易量分别为 Q_1 和 Q_2，两者之间的差 $\Delta Q = Q_2 - Q_1$ 就是政府需求的公共产品购买量，而 P_2 则为政府对农产品的保护价格。

政府对农业公共产品的购买，从支出上可表现为弥补农业产业缺陷性支出和农业保护性支出两部分。弥补产业缺陷在于克服农业的弱质性等先天不足因素给农业效率带来的负面影响。农业保护性支出则表现为对农业生产量和农业生产者收入的保护。胡靖在《入世与中国渐进式粮食安全》中，把农业的弱质性定义为农业的产业缺陷，把产业缺陷的根本原因归结为农业生产周期与劳动时间不一致所带来的农户劳动机会损失、收入机会损失和技术进步机会损失。产业缺陷对供给的影响表现在两个方面：①农业生产者在取得正常利益前需要克服农业特殊的产业缺陷影响，如季节性等待所产生的机会损失；②农业的投资回报率低于其他产业部门。产业缺陷导致粮食的生产曲线低于供给曲线，即便实现市场的供需平衡也需要增加政府的公共开支。如图 5-7 所示，S_1、S_2 分别代表实际供给曲线和产业缺陷修补后的供给曲线，D_1、D_2 代表社会需求和市场需求；图中的 Q_1 是在实际供给曲线下实现

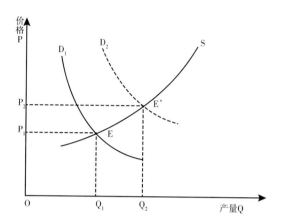

图 5 - 6　农产品市场需求与社会需求

　　资料来源：参见胡靖《入世与中国渐进式粮食安全》，中国社会科学
出版社，2003，第 67 页。

　　的市场均衡量，Q_2 是在产业缺陷得到修补后的市场正常的需求量，Q_3 是在
没有修补产业缺陷情况下达到的社会供需均衡量，Q_4 表示在政府支持下的
实际供给曲线实现的社会供需均衡量。分析得出的结论是，在政府不介入的

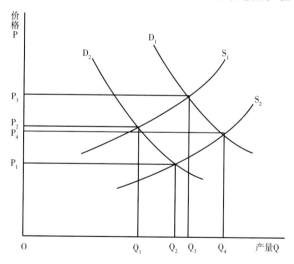

图 5 - 7　农业弱质性与政府支出

　　资料来源：参见胡靖《入世与中国渐进式粮食安全》，中国社会科学出版
社，2003，第 159 页。

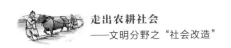

情况下，农产品市场短缺量为 $Q_2 - Q_1$，社会短缺量为 $Q_4 - Q_1$；在仅仅修补产业缺陷而不满足社会需求的情况下，农产品的市场短缺为 0，社会短缺为 $Q_4 - Q_2$；在既满足社会需求又修补产业缺陷以后，政府对农业公共产品的需求量为 $Q_4 - Q_1$。

农业公共产品 $Q_4 - Q_1$ 由 $Q_2 - Q_1$ 和 $Q_4 - Q_2$ 两部分组成，前者是修补产业缺陷，使农业公平进入市场的政府购买；后者是维持社会需求，确保农产品社会安全的政府购买，相对应的 $P_2 - P_1$ 和 $P_4 - P_2$ 为政府的支出水平。两者共同表现为政府的公共产品购买行为，却具有不同的含义：①前者为克服农业的弱质性，维护农业进入市场的公平竞争行为。农业的弱质性导致个人投资于农业的效率损失和收益下降，同时带来个人收入预期的风险性，在非政府介入的自由竞争假定条件下，个人投资遵循收益最大化原则的结果是农业（与非农产业比较）投资不足，基础弱化，最终是农业长期供给不足会阻碍经济进步（前面已作分析），这是社会发展所难以承受的。农业弱质性导致个人投资农业面临风险是客观存在的，所以克服先天不足因素对农业进入市场的影响成为政府义不容辞的责任。政府修补产业缺陷的方式不是直接介入农业的微观经济活动，而是非市场主体的公共品购买行为。所以在支出形式上表现在支持农业科技创新，水利、土壤改造等基础建设方面。这部分投资体现为对农业的风险保障性支出，未直接参与市场竞争，对市场不会造成扭曲效应。②后者表现为政府对农业的保护性购买，源于从社会安全角度的考虑，更多地体现了政府的社会稳定和安全责任，是政府对维护社会安定的成本支出。这一部分支出数量取决于政府对社会安全的预期，支出手段表现为国家对农产品的安全储备、农业的价格支持和对农业生产者的直接补贴，体现为农业生产者与政府之间对维护社会安全的一种契约行为。对农业的保护性购买客观上造成对农产品市场的直接干预，对市场具有扭曲效应，同时带来政府的沉重包袱，导致"政府失灵"。

第四节　基于"合作"的农民组织化评析

从小农生产模式向规模化农业发展是农业现代化的必由之路，实现的路径有两个方面：一是土地等生产资料和有效资源向部分人集中，实现与资本、技术的有效结合，发展规模性现代农场。这一路径需要工业和城市吸纳大量的失去土地的农村人口，取决于工业和城市反哺农业的发展水平。二是在土地适度规模经营基础上，引导"小农"实现多种形式的合作经营，提高农业的组织化水平。面对中国目前的现实状况，围绕土地产权转移的"集中"与土地适度规模的"小农"合作都是有效的途径。从根本上改造传统的小农生产方式是一个长时期的过程，其中引导小农户实现"合作"基础上的组织化更具现实意义。近几十年以来，随着农村改革与发展的推进，农民在自组织冲动下的组织化亦逐渐发展起来，并在实践中探索出了多种组织形式，这些在自发基础上组成的农民利益共同体成为应对自然、社会及市场风险的重要保障。

一　管理体制变迁与农民组织化

1978 年党的十一届三中全会以后，农业生产责任制经历了由包产到组到包产到户、由点及面的过程，1984 年实行包干到户的家庭联产承包责任制的农户占全国总农户的比例达到 96.6%①，在短短几年时间内，农民的生活水平迅速提高，增加农民收入成为农业生产和农村经济发展的主要目标。随着农村经营管理体制改革逐步深入，市场机制逐渐完善，小农生产的弊端也显露出来，并成为制约农业和农村经济发展的主要矛盾，为规避农业的市场风险和社会风险，小生产者的联合成为必然趋势。改革开放以来，在农民自组织化意愿增强的情况下，农民组织化的整体水平不断提高，但由于各地农业生产条件以及农村经济发展水平各异，农民组织化发展呈现总体不平衡状态。

1. 农民组织化发展的阶段性

农民经济组织在形式和内容的探索中大体经历了三个发展阶段：①1978 ~ 1989 年探索发展阶段。以统分结合为政策导向的农村双层经营体制，强调

---

① 李宗植、张润君：《中华人民共和国经济史 1949 ~ 1999》，兰州大学出版社，1999，第339 页。

了发挥家庭联产承包积极性和集体统一经营优越性，在"统"的层面，对一些不适合农户承包经营或农户不愿承包经营的生产项目和经济活动，诸如某些大型农机具的管理使用，大规模的农田基本建设活动，植保、防疫、制种、配种以及各种产前、产中及产后的农业社会化服务，某些副业生产等，由集体统一经营和统一管理。此时期内，由于大多数乡村的集体经济组织不健全，体制不畅，经营活动开展难，集体统一承担服务的职能弱，大多数的农业产前、产中、产后服务基本由政府主导，政府依托农业行政主管部门，建立农业社会化服务体系，在乡镇成立事业性质的农业技术服务站（所），而这些农业技术服务站（所）直接面对千家万户提供农技服务，部分成本仍由农民承担，在村社所收取的统筹费中支出。面对这种政府主导的统一的社会化服务，农民的组织形式是松散的，以村为单位与农技部门形成契约关系，农技部门实行有偿服务。在家庭联产承包责任制后，农户成为独立的市场经营主体，在不改变生产资料权属关系和土地承包关系前提下，政策鼓励探索多种形式的经济联合，此时的农民组织化主要是农民参与的针对产前、产中、产后服务的经济联合体，有的联合体仍属政府引导下兴办的各类农工商联合公司。②1990～1999年加快发展阶段。农业体制改革进一步深化，农产品购销的品种和范围进一步放开，市场价格对农产品销售的影响越来越大。20世纪90年代屡次出现的生产资料价格与初级农产品价格倒挂、"农产品增产不增收"严重挫伤了农民的生产积极性。为规避市场风险、稳定农业收入，农民既作为独立的生产者需要根据市场需求组织生产，又作为独立的市场主体进入流通领域要规避价格波动带来的风险，由此，各种产业化组织形式应运而生。最初的龙头企业＋农户的产业化组织形式对于联通生产、加工与市场发挥了积极作用，对平抑农产品价格波动、增加农民收入产生了积极影响。然而，企业与农户是不同的市场主体，企业以追求利润为主，在农民与企业的合作经营中，农户抵抗市场风险的能力弱、在与企业的谈判中处于弱势地位、与企业的交易成本高，农民的专业合作经济组织作为企业与农民之间的中介组织应运而生，并在实践中出现了多种组织形式。至20世纪90年代后期，全国共有农民专业合作社经济组织148万个。这些组织中，从事技术服务的占 79.6%，从事购买服务的占 15.1%，从事销售服务的占 23%，从事资金服务的占 7.9%，从事信息服务的占 38.3%，它们主要在乡、村范围内活动，少数跨县跨省①。③2000 年至今的深化发展阶段。进入 21 世纪，随着农业经济进一步市场化，以及城市与农村进一步融通，城市资本投资农业和农村的额度大幅增长，农民组织化程度进一步提高，并走上法治化轨道。2006 年 10 月 31 日，《中华人民共和国农民专业合作社法》正式颁布，2007 年 7 月 1 日开始实施。这部法律为农民专业合作组织发展进一步创造了良好的制度环境，标志着农民专业合作组织进入了以法人身份闯市场的新阶段。2006 年我国加入农民专业合作组织的成员总数已达到 3870 多万个，是 2002 年的 7.2 倍，其中农户成员 3480 万户，约占全国农户总数的 13.8%，比 2002 年提高了 11 个百分点。从产业分布看，种植业占 49%，畜牧水产养殖业占 27.7%，农机及其他各类专业合作组织占23.3%。从地区分布看，东、中、西部地区各类专业合作组织分别占总数的41.6%、30.9%、27.5%，成员分别占总数的 30.4%、41.5%、28.1%②。

2. 农民组织化发展的非平衡性

由于农村经济区域间的发展不平衡，农民的组织化水平在地域分布上也呈现不平衡现象。沿海发达地区市场化条件成熟，"一乡一业""一村一品"产业模式基本形成，农业的组织化程度较高。而在发展相对滞后的中西部地区，特别是在大多数的山区，"小而全"的传统农业模式仍然占据主导地位，农民的组织化水平相对较低。从地域来看，经济发达地区农民组织化起步早，发展速度和水平比较高。而在西部等欠发达地区，农民多处于初级组织化状态③。如在农业产业化发展相对较早的山东省，农民的组织化发展在全国走在前列，农民的专业合作经济组织数量居于全国之首。据不完全统计，至 2009

① 王勇：《中国农民组织化的回顾与反思：1978~2008》，2008 第四届南方农村报·中国农村发展论坛。
② 孔祥智、史冰清：《我国农民专业合作经济组织发展的制度变迁和政策评价》，《农村经营管理》2008 年第 1 期。
③ 王勇：《中国农民组织化的回顾与反思：1978~2008》，2008 第四届南方农村报·中国农村发展论坛。

年，山东全省各类农民合作经济组织已发展到 3.4 万个，联系农户 330 万户。其中，具有合作经济组织性质的农民专业协会 1.2 万个；股份合作型经济组织和专业合作社 6840 多个，社员 156 万户；入社农户的比例占全部农户的 17%，大大高于全国平均水平（9.8%）。但是，中西部的重庆市 2009 年农民合作经济组织数量达到 3856 个，参加农户所占比例仅为 6%，特别在经济相对贫困的山区，农业生产还固守在传统的"粮猪型"生产模式下，以家庭为单位的"单干"是主要形式。农民组织化发展在区域分布上的不平衡不仅体现在农民合作经济组织的数量上，而且还表现在农民组织化在制度环境、政策导向、管理方式以及农民组织自身服务于农的能力和水平上，中西部地区与先进发达的沿海地区存在较大的差距。

3. 农民组织形式的多样性

经济、社会转型时期，传统农业也处在向现代农业转化的进程中，在农业、农村从一个传统的封闭体系向开放体系演化时，影响和制约农民组织化趋势的内部、外部因素很多，因而农民组织化形式出现复杂化，主要表现在组织动因的多样性、组织方式的多样性、组织结构的复杂性等多个方面。在市场经济环境下，除经济利益驱动外，农民对文化生活、精神生活的追求，以及社会环境的影响，许多方面都促成农民趋向于依靠组织化来表达意愿。近年来，农村族群势力对村民自治、村务管理等方面的影响呈上升之势，农村中有一定社会地位和影响的人，在组织村民反映各种诉求中发挥重要的作用。在一些贫困地区，农民精神、文化生活缺乏，一些宗教组织以各种方式在村民中渗透。除了农民组织动因的多样性外，农民的组织方式亦出现多样性，农村中的经济组织、社会组织在逐渐宽松的社会环境中获得了不同程度的发展。近年来，村民自治中农民积极性高涨，反映了不同层面的农村人口、农村利益主体对村务的关注度提高；农村中的信仰、兴趣、爱好相同的人组织化，公益共享、风险共担、互帮互助的社区组织化，各种类型的社会组织发展趋势十分明显；农村经济组织发展呈现多样化，技术合作、劳动合作、资本合作的协会、合作社以及参股公司不断涌现，农民与厂家、商家的合作也呈现外延发展的趋势。

二 农民自组织冲动与组织化

改革开放后，农民对组织化的需求，与20世纪50年代国家主导下的强制性制度变迁，即政府推动的合作化、集体化运动具有本质的区别。适应改革开放后农村形势的不断变化，农民组织化基于完全的自组织冲动，并在新的社会、经济环境下发展。从农民组织化的表现形式上看，改革开放前后农民组织化的区别在于：①组织目标选择。改革开放前农村集体化是政府主导行为，围绕实现国家工业化而形成的农村政策行为，把农民组织起来的目标在于实现政府的政策目标。改革开放以后，农业与工业、农村与城市的关系发生新的变化，"以工补农、以城带乡"成为新形势下政府制定政策的基本出发点，农民组织化的目标主要在于对传统农业从形式、内容、运行机制等方面加以深刻改革，以实现农民的增产增收为直接目标。②组织动力形成。政府强制力是改革开放以前农民组织化的主要动力，特别是在合作化运动后期，及人民公社化时期，农业从个体经济向集体经济过渡中，政府采取了强制入社的行为。而改革开放以后，农民组织的形成基于农业生产体制调整后，农民拥有了生产经营自主权，面对市场的激烈竞争，农民在实践中不断探索，不断创新生产经营模式。③农民与政府的关系。改革开放前，组织农民开展生产活动主要体现为政府对农村经济的管理行为，政府与农民组织之间是管理与被管理的关系，在关系上，政府处于主动地位，农民处于被动地位。而改革开放以后，农民在组织化上具有了一定的自主权。④产权组织形式。改革开放以前的农村集体化，所有生产资料属集体所有，农民的个人财产在很大程度上也如此，农民对集体所有的财产没有支配权。而改革开放以后所形成的农民组织，农民有进入和退出的自由，个人对进入组织的财产通过入社和退社行为，拥有了绝对处置权。在通过股份制形式构建的农民组织中，进入组织的个人对组织行为拥有发言权。

1. 农民自组织"冲动"与组织特征

在改革开放的最初阶段，农民的生产目标是满足家庭自身的消费需要，这种"小而全"的传统农业生产模式对维持农民家庭的温饱需求是恰当的，

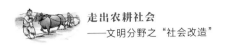
当农民的温饱解决以后，为家庭的直接需求而组织生产已不成为农业生产经营的主要目标，而增加家庭收入则成为农业生产经营的主要目标。这样的情况下，市场需求成为农业生产的第一目标，生产什么和生产多少成为制订家庭生产计划的重要依据。降低生产成本、提高生产效率、规避经营风险成为农民需要组织化的重要原因。农民有组织化的意愿，但在实践中并非按照固定的模式实现组织化，实行家庭联产承包责任制以后，农村中涌现出的任何一种生产经营组织形式，都是在面对处理生产经营中遇到的具体问题时探索出来的。对重庆市奉节县农民合作经济开展问卷调查后[①]得出以下结论，农民对组织化需求的冲动表现出一定的功利性，从而在组织化过程中有以下特征：①临时性。小农经济模式下，生产中个人或家庭在遇到难以克服的困难、需要得到他人帮助的情况下才会产生合作的意愿，这种在合作愿望基础上形成的组织具有临时性特点，如季节性的换工组织、同一地点内农民对共同产品的推销组织都具有临时性，在完成具体的生产、销售行为后即解体，这样的组织既无章程，也没有需要共同长期承续的组织形式。②盲从性。在传统生产模式下，农民与外界的联系脆弱，接受来自外面的信息量小，对生产、生活各个方面的决策主要依靠自身积累的经验。市场经济环境下，在对市场需求的把握方面，处于相对封闭状态的农户很茫然，并对生产经营活动中出现的组织化表现出一定的盲从性。③自私性。按照农民合作意愿组织起来的农民自组织，因缺乏被普遍接受的运行规则，对成员的约束力弱，组织成员"搭便车"的机会主义行为较为普遍，许多进入组织的农户都对从组织中获取较大的利益寄予希望，却不愿意承担组织内的义务和责任，一定程度上表现出较强的自私性。如由农户自发组织起来的农村用水、用电、公共设施管理等方面的自我管理组织，往往管理困难，因成员之间产生利益纠纷而难以为继。

---

① 2009年6月，对重庆市奉节县南部兴隆、吐祥、新民等乡镇农民合作经济组织开展调查，其中对新办合作社的村社、新入社的农户进行了问卷调查，调查农户共350户，涉及反映农民意愿的调查项目9项。该项工作得到奉节县委研究室、奉节县统计局的大力支持。

2. 农民自组织"冲动"与组织构建

农民的合作意愿产生自组织冲动，但自组织动机并不能带来实际的组织建构。在农民自组织的建构中，组织者（带头人）发挥了至关重要的作用，组织者或带头人在发动过程中，其行为直接影响组织规模大小、组织形式及组织运行模式。作为组织行为的发起人，他们与其他农户具有相同的利益诉求，成员之间相同的利益目标成为既定的组织目标。一般而言，农民自组织的发起人大体可分为以下几类：①基层政府组织。由乡镇、村社组织发起的农民组织占绝大多数，这些组织包括农业产业化发展中政府号召成立的农村技术协会、专业合作社、农村互助组织。在推行村民自治中，大多数的党员议事会、村民代表大会、村民议事或公共事务监督组织都是在政府号召下，由乡镇、村社组织起来的。②外来企业或个人。外来企业或个人进入农村组织开发农产品，与农户结成生产与加工、生产与销售的联合体。③回乡创业人员。农村外出人员在外地致富后回乡创业，利用获得的技术、资本、信息，组织本地农户共同发展生产，创办合作社、股份合作制公司等多种形式的生产联合体，这种由回乡人员发起农民自组织十分普遍。④乡土能人。农村中有一技之长的能人通过传徒授业，与亲友、乡邻结成某一行业的专业技能组织，如农村中盛行的乡土手工艺、工匠行、绘画、剪纸等多种组织。

3. 农民自组织"冲动"与组织管理

在传统农业条件下，乡村处于相对封闭状态，与外界的信息交流少，资本、技术等要素的流入受到交通、通信、市场等基础条件的约束，在这样的情况下，村民本着共同的利益目标结成组织，结构简单、规模小、管理松散。据调查①：在偏远的乡镇，农民自发结成的组织如红白喜事互助、农忙换工、建房换工互助、灾后互助等都是亲友之间、乡邻之间依托个人情感等结合在一起，没有固定的形式和详细的规定约束，但成员之间都能按照相互间的默契而使组织有序地运转。农民自发形成的组织能够较长时间地维持下

---

① 重庆市奉节县委研究室、统计局开展对部分乡镇农民组织状态的调查，把组织管理区分为有规则（有章程或有制度）和无规则（无章程或无制度），其中没有规则可依的农民自组织占 60% 以上。

去，自发形成的组织其结构具有相对稳定性，其重要的管理机制依托于组织成员之间的个人情感关系；乡邻之间、同族之间、朋友之间结成的组织，组织成员之间的关系取决于社交关系中的状态，在家族内或社交圈子内，辈分高或处于主导地位的个人在自组织内仍处于主导地位，而其余成员则处于从属地位。这种由个人权威主导的组织结构，维系了自组织的自我管理，确保了组织的运行。在农业产业化发展进程中，农民之间自愿成立的合作社、协会等经济组织，则大多数按照章程管理，其管理机制依托于章程规定的程序。

三 农业转型与农民经济自组织发展

改革开放以后，农业不断地从传统、封闭的自然经济向现代、开放的市场经济转型。具体地讲，农业面临从体制到机制，从生产目标到生产组织方式的变革，即农业从自给自足向市场化、从分散的小规模生产向集中的规模生产、从单纯的种养殖业向产业化经营转变。在转型进程中，农民也从独立、分散的家庭经营向有组织的合作经营发展，其自组织化趋势较为明显。

1.农业市场化与农民营销组织发展

家庭经营模式下，当农产品充分满足自身需求后，农民向市场出售剩余产品成为必然的选择。20 世纪 80 年代后期，农村出现了一大批走进市场的专业大户，其中的营销大户将本地生产的产品销售到外地市场，这些营销大户对推进农产品交易、降低农民的交易成本、增加农民收入发挥了重要作用。依托营销大户，20 世纪 90 年代初，农村营销形成组织化趋势，部分专门从事营销的农民结伙成群从事主要农副产品运销，成为推动农产品流通的主力军。同时，营销大户在产地集中收购农产品，带动了生产领域的市场化，农民根据产品销售行情决定生产方向和规模，农业生产出现了专业化雏形。重庆市开县、奉节县等是三峡地区柑橘的主产区，所有柑橘依靠本地农民促销而走向全国各地。资料显示：1990 年前后开县柑橘产区 80% 以上的柑橘依靠本地农民组织向外销售，20% 的柑橘由外地客商购买。随着农产品市场的逐渐放开，农民营销组织化程度不断提高，农民专业化营销组织数量和规模不断扩大，现代营销手段不断丰富，同时，伴随这一过程，城市商业资本也进入农业领域，走进农村参与农产品购销。在经历改革的阵痛后，农村的供销合作社经营模式不断创新，在组织农业生产资料和推进农产品销售方面发挥了重要作用。

2. 农业产业化与农民产业化组织

20 世纪 90 年代初，随着农业产业化经营模式的兴起，各地探索产生了不同形式和内容的产业化经营组织，有农户＋企业、农户＋大户、农户＋协会、农户＋合作社等多种形式。这些不同形式的产业组织的共同特点在于将农业生产与农产品加工、农产品购销结合起来，形成利益共同体。其与农民的联结方式可分为松散型和紧密型两种类型。松散型联合即根据市场需求变化，企业或购销组织到农产品产地购买产品，引导农民生产某一具体农产品；紧密型联合即企业与农民形成相对固定的联结关系，产品交易采取合同、订单的形式在产前确定。随着农业产业化经营的蓬勃兴起，农民产业化组织从最初的松散、临时的联合逐渐演变成紧密、固定的联合发展，其组织形式亦多样化。有关资料显示[①]：截至 2005 年底，我国各类农业产业化组织总数达到 135725 个。在联结方式中，合同方式占 55.3%，合作方式占 16%，股份合作方式占 15.2%，其他方式占 13.5%。各类产业化组织中，种植业 6.2 万个，带动种植面积 9.69 亿亩；畜牧业 4.3 万个，带动牲畜饲养量 7.39 亿头、禽类饲养量 76.72 亿只；水产业 8579 个，带动养殖水面7721 万亩。各类产业化组织共带动农户 8726 万户（其中订单带动农户 5953万户），占全国农户总数的 35.2%。农户从产业化经营中增加收入总数达到1166 亿元，参与产业化经营的农户比普通农户平均增收 1336 元，比上年增长 11.1%。

3. 农业规模化与农民合作化组织

农业向市场化转型，推动了生产方式从传统的小生产模式向适度规模经营转变，在土地承包经营为农村基本经营制度的条件下，农业的规模经

---

① 资料来源：《2006—2008 年中国农业产业化行业调查及发展趋势研究报告》，http：//www.doc88.com。

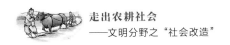
营大多只能走合作化道路。农民的土地承包经营关系不变，生产领域的联合成为必然趋势，从 20 世纪 80 年代初期开始，双层经营体制下的统分结合模式，有助于提高对农民的产前、产中、产后服务的水平，政府引导下的农业生产经营服务组织、农民协会发挥了积极作用。此后，随着农业产业化的推进，对市场规模效益的追求促进了土地集中经营，随之农民的联合方式从劳动联合走向资本联合。截至 2009 年 12 月底①，全国农民专业合作社 24.64 万家，比 2008 年底增长 122.2%；实有入社农户约 2100 万户，占全国农户总数的 8.32%。农民专业合作社成员收入普遍比当地未入社农户收入高出 20% 以上。通过农民专业合作社，许多地方促进了统一经营向农户联合与合作转向，形成多元化、多层次、多形式经营服务体系，实现了专业化、标准化生产，规模化、品牌化经营，形成了"一村一品、一品一社、一社一业"的农业产业格局。除生产领域的合作社外，农产品销售、农业生产资料供给、农业资金互助、农业服务等方面的合作社也发展较快。同时，以土地使用权、资金等要素参股的股份合作制公司也在许多地区，特别是发达地区得到较快发展。

四 小结：对现阶段农民自组织状况的评价

制度变迁推动了农村社会加快转型，农村社会的生产方式、生活方式、社会组织形态随之发生了诸多的变化。在传统的小农社会向现代社会的转型进程中，农民的组织化水平得到了大幅提高。在经济领域，以农业规模经营、产业化模式为特征的市场化，打破了持续几千年的"小农"生产传统，从以家庭为单元的分散经营发展到联合经营，农民经济组织顺应形势，在探索中应运而生；在经济领域组织化程度提高的同时，随着农村的生活方式转变、人际交往拓宽，社会管理模式和社会组织方式也发生变化，农村社区文化、风险互助等社会组织也不断活跃起来；在新型农村社区建设中，村民自治意识不断增强，农民参与村务管理的积极性提高，以"民主"为基础的

---

① 资料来源：http://www.ccfc.zju.edu.cn/a/shujucaiji。

村民议事组织也不断壮大，并对推进农村的民主政治建设发挥重要的作用。但是，由于生产力发展不平衡，区域差异大，农民组织化水平也出现区域性差异大的特点，在发展相对滞后的中西部地区，农民组织化发展水平相对较低，并显现出与农业、农村经济发展形势不相适应的状况。

1. 农民自组织绩效评价

农村实行家庭联产承包责任制以前，集体化基础上实现的农民高度组织化绩效低。主要表现在：①集体化时期形成的农民高度组织化，背离农民意愿，违背了合作化自愿、自由原则。这种在外部压力下形成的组织，一旦失去外部强制力的作用，就迅速分崩瓦解。②在外部压力下形成的农民高度组织化，缺乏利益激励机制，生产效率低下，导致生产资料和农业资源大量浪费。③强制性形成农民组织，政府为维持组织的正常运行，需要支付高额的组织成本。人民公社体制下的生产大队、生产队对农业生产实行"准军事化"管理，管理层级多、人员多且素质参差不齐，生产组织支付的费用高，效率低下。

在摆脱人民公社体制束缚后，农业生产力得到了较快发展。随着农村改革的逐步深入，农民的自组织化趋势增强，组织化水平得到提高。农民自组织从萌芽到大发展，经历了改革开放的各个时期，与制度变迁息息相关。在发展进程中，农民自组织规模及水平不平衡，先进发达地区的农民自组织发展早、数量多、运行机制健全，对农业、农村经济发展贡献率高；发展相对落后的中西部地区，农民自组织水平较低，组织形式单一、数量少、规模小，对农业、农村经济发展贡献率低。农民自组织化并非在封闭的传统农业系统中自然产生，农业新技术的运用、外部资本的进入、土地要素的流动都催生了农民的组织化进程，改革开放以后区域发展不平衡、发展相对滞后的中西部地区因经济、社会要素对传统的农业系统冲击弱，农民的组织化水平与沿海发达区域相比具有较大的差距。

2. 现阶段农民自组织动力评价

市场化过程中，农民作为独立的市场主体进入市场，获取来自生产环节、加工环节、流通环节的利润是农民从传统的独立从事生产活动转向合作的动力。在市场经济机制逐渐健全的客观条件下，市场价格成为引导农业生产、加工的主要因素，生产领域的农户与加工、销售环节的厂商需要联合起来，共同抵御市场风险，提高农产品价格以获得更高的经济效益，由此，市场机制的运行提高了农民的自组织冲动，客观上推动了农民组织化水平的提高。在经济发达的东部地区，农业产业化较发达，农业生产基本实现了适度规模经营，"一乡一业、一村一品"的区域化、专业化生产格局已形成，农业土地生产率较高，借助专业合作组织的桥梁作用，农民的收入大大提高，农民对组织专业合作组织的积极性高，农民的自组织动力较强。在中西部的贫困地区，农业的市场机制不健全，小农生产模式仍占据主导地位，农民出售农产品的数量少、收入低，农民组织化水平低，自组织积极性不高、动力不足。

3. 现阶段农民自组织环境评价

改革开放以后，农民自组织冲动增强，但从分散的生产、经营活动向组织化规模经营转变既受到农民群体内部组织化动力的影响，又受到外部环境条件的约束。①自然环境。在分散、封闭的自然经济环境下，农民组织化受到交通、居住条件、通信等自然环境条件的影响。交通不便、居住分散、与外界信息交流少，农民的组织化水平较低。实践证明：在具体的地域范围内，紧邻城市、市场，交通、通信等基础条件较好的农村，农民参与组织化的积极性高，自组织的形式和内容更为丰富，而在较为偏远的农村，基础条件限制了商品流通，农民的自组织水平则较低。②政策环境。农民自组织化与政策变迁具有较高的关联度，改革开放以来，因政策的调整，农业生产逐渐摆脱束缚，推动了农产品的自由流通，市场机制逐步健全，农民的生产经营自主权不断得到加强。在此基础上，农民顺应市场需求和形势的变化，组织化水平得到提高。当前，国家出台了许多支农惠农政策，农民的组织化工作得到各级政府的大力扶持。但在具体政策的贯彻中，各地执行的水平不一，存在着较大的差异。由此，各地农民的自组织化亦存在较大差异。③社会环境。农民自组织化与区域内农民素质、文化、风俗等社会因素相关，相对开放、文化水平较高的地域，对外部信息接受力强，农民自组织化程度相对较高。同时，在城乡交流频繁的客观背景下，外出务工农民回乡创业，农村新的精英群体涌现出来，也成为引导农民自组织化的积极力量。

第六章
社会正义：社会转型与治理转型视角

　　治理理论创始人詹姆斯·罗西瑙（James N. Rosenau）在其著作《没有政府统治的治理》及《21世纪的治理》中指出："治理与政府统治不是同义词，它们之间有重大区别。"在农业社会向工业社会即所谓的"传统社会"向"现代社会"过渡中，"社会治理转型"涉及政治、经济、社会、文化、历史等多元因素的影响。中国传统社会变迁从19世纪中叶开始，伴随近代化的脚步走过了180年。时至今日虽社会整体进入了现代的、以工业化为特征的发展阶段，但传统社会的影响仍然根深蒂固地存在于中国社会的各个方面，并产生重要的影响。从地域上看，典型的"小农经济"还占据着幅员广阔的乡村，在作为工业化载体的城市，传统的社会心理、价值观念、习俗、信仰也还存在。严格地讲，中国尚处于现代与传统、农业与工业多种因素叠加影响的阶段。社会在转型发展中既面临城乡之间、区域之间的不平衡，又面临来自工业社会、农业社会的多重影响，以致中国社会治理的各种复杂问题备受社会各界关注。

第一节　中国传统农耕社会与治理

　　婚姻制度演变所带来的社会组织结构变化以及私有制的产生，这两个方面的因素是传统农耕社会形成的主要社会、经济基础。人类的婚姻制度从族内婚向族外婚、从以"母权"为中心的从妻居住的对偶婚向以"夫权"为

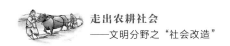
中心的对偶婚转变，以及从相对稳定的对偶婚向一夫一妻制个体婚姻转变，经历了漫长的历史。一夫一妻制家庭的产生及它的最后胜利"乃是文明时代开始的标志之一"①。家庭作为社会的基本细胞，对氏族社会向现代文明社会转变发挥了至关重要的作用，甚至决定性的作用。家庭的产生开创了人类全新的社会生活形式，并建立起与人类文明发展同步的社会关系系统。家庭的产生与私有化相互关联。家庭的产生推进了生产方式和所有制形式的变迁，促进了私有制的发展，为私有化提供了存在和发展的载体，私有化的占有关系在大多数情况下，通过家庭的占有关系表现出来。

原始公社制度解体的时间，在古埃及与美索不达米亚约为公元前3000年，在中国约为公元前2000年。禹以后的中国是财产私有的阶级社会。《礼记·礼运篇》说："今大道既隐，天下为家，各亲其亲，各子其子，货力为己，大人世及以为礼，城郭沟池以为固，礼义以为纪，以正君臣，以笃父子，以睦兄弟，以和夫妇，以设制度，以立田里，以贤勇知，以功为己……"以上说明在禹以后，原始社会解体，家庭内子孙相亲，筑城郭、掘沟池保护财产，制定规则引导君臣、父子、兄弟、夫妇各守礼义，设立阶级统治的制度，划分疆界、田土，养勇武之士谋取个人利益。原始公社制度解体以及私有制的产生，对早期农业带来了制度上的根本转型。①氏族公社的"公田共耕"向"公田私耕"过渡。我国古代的井田制②，始于传说中的黄帝时代，存续于夏、商时期，西周时盛行，西周时的井田制与夏商时期的井田制的性质迥异，大多数人认为：西周时期的土地占有关系已从"公有"变成名义上"公有"或"国有"之下的贵族、领主所有。夏、商朝时期实行的八家为井、同养公田之制，公有成分更多一些。周

---

① 《家庭、私有制和国家的起源》，载《马克思恩格斯选集》第4卷，人民出版社，1997。

② 井田的提法最早见于《谷梁传·宣公十五年》："古者三百步为里，名曰井田"。井田制大致可分为八家为井而有公田与九夫为井而无公田两个系统。《孟子·滕文公上》载："方里而井，井九百亩。其中为公田，八家皆私百亩，同养公田。公事毕，然后敢治私事。"九夫为井而无公田的记载如《周礼·地官·小司徒》："乃经土地而井牧其田野，九夫为井，四井为邑，四邑为丘，四丘为甸，四甸为县，四县为都，以任地事而令贡赋。"近现代对井田制的争论集中在土地所有性质上，讨论较为激烈。

代以后出现的九夫为井之制个人私有的成分已增多，可以看作个人占有私田。井田制的盛行与黄河下游大片土地开垦相关，大片土地的耕作需要形成完善的沟洫系统，必须依靠集体的力量来完成。但井田制的施行在某种程度上限制了土地的私有和耕作的零碎化。此时的劳动以一定规模的集体行动为主，《周颂·噫嘻》中记载的"十千维耦"和《周颂·载芟》中记载的"千耦其耘"，描述了西周时期集体劳动的场景。周朝在成王、康王之后，战争引起了社会经济大变动，最主要的表现就是"公田共耕"制度的结束。《国语·周语上》说"宣王即位，不籍千里"，就是周宣王不举行前代帝王传下来的共耕仪式，标志着"公田共耕"制度的解体。②土地私有制度的萌芽和发展。春秋战国时期，生产力的发展使原始的"共耕"制度逐渐过时，土地私有化的萌动使"公田"内的"集体劳动"效率低下，同时，铁器广泛运用于农具制作极大地提高了农业的劳动生产率，使一家一户的独立生产成为可能，小块土地经营逐渐成为极具生命力的主要生产形式并得到统治集团内"革新变法派"的支持和推崇。春秋时期，齐国管仲推行"均田分力""相地衰征"① 的农业政策，并推行了"令顺民心"与"与民分货"的税赋制度，形成了较为完整的农业经济制度。据《史记》记载：商鞅"为田，开阡陌封疆，而赋税平"，正式取消井田制，并在制度上确立了土地的私有制度。在此之前，土地私有早已存在，原始公社土地的"公有"性质逐步演变为君主、封建领主所有，部分自耕农开垦的土地，事实上已归个人私有。土地买卖的产生和发展，加速了土地私有化的进程。土地私有化与家庭作为生产单元相结合，形成长达数千年农耕社会的生产方式，并影响到社会生活的各个方面。

---

① 所谓"均田"就是把原来的公田和各户原有的份田综合起来重新平均分配；"分力"是把耕地分到一家一户的农户中，实行以家庭为单位的分散经营。"相地衰征"是与"均田分力"相配套的税收制度，即将土地分为上壤、间壤、下壤不同等级。以可食地（可种谷物）为标准，将山林泽地、旱地折合成可食地，按土地的好坏，缴纳农业税；并且明确了农业税的上缴比例，让农人知道自己应得多少、官府收多少，即地租分成制度。

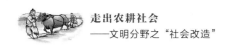

一 传统农耕形式与乡村社会惰性

中国是具有悠久农业文明的国家，传统农耕形式绵延数千年，其创造的农耕文化以及农业文明所达到的辉煌程度是世界任何一个国家、民族所无法比拟的。对中国传统农耕社会的认识和阶段划分，学界的研究不够且认识不尽统一，有的人认为中国的传统农耕社会存续的时期就是中国的封建社会时期，此种观点显然有失偏颇，用马克思关于人类社会形态划分的理论对东方中国的历史演进进行断代划分是不合理的，中国历史上任何一种制度的形成（如传统的土地制度）都经历了长期的过程，有的长达几百年甚至上千年。以家庭为生产与消费单位的传统农耕形式大量出现可追溯到战国时期，其主要特征可概括为：①以家庭为小生产的基本单元。家庭生产以小块土地经营为主，采取自给自足的生产模式，家庭生产的主要目标在于满足家庭成员的消费需要，剩余产品或家庭副业产品进入市场交换。②家庭内部分工明确。家庭经营以土地经营为主，兼营家庭养殖、小手工业，家庭内部以"男耕女织"的分工形式为主，一般而言，家庭内男性居于主导地位，生活形式以男主外、女主内为主。③生产工具以铁器、畜力为主。中国大量使用铁器约在春秋、战国时期，铁器也用于农具的制作。《国语·齐语》载："美金以铸剑戟，试诸狗马；恶金以铸夷斤，试诸壤土。"此处所谓美金为青铜，恶金即为铁具，用铁制作的工具主要是农具。《管子·轻重乙》曰："一农之事必有一耜、一铫、一镰、一镈、一椎、一铚，然后成为农。一车必有一斤、一锯、一釭、一钻、一凿、一𫔶、一轲，然后成为车。一女必有一刀、一锥、一箴、一钵，然后成为女"。牛耕技术大约出现于春秋、战国时期。铁器的使用，实现了从木石农具、青铜农具向铁制农具的转变；牛耕的发明，实现了从人力耕作向畜力耕作的转变，这两个转变大大推动了农业生产力的发展。

农耕生活模式延续数千年，具有很强的生命力，至今仍是许多地区乡村人口的生产生活形式。农耕生活具有惰性，其特征为：①家庭经营的封闭性。农耕生活以家庭为单元，家庭生产的产品主要用来满足家庭内的消费，这种经营模式缺少对外的合作，在某种程度上对外界的依赖度较低，对来自外界的刺激不敏感。乡村生活具有相对的独立性，因此"鸡犬之声相闻，民至老死不相往来"。唐代诗人白居易在《朱陈村》中写道：徐州古丰县（今萧县境内），有村曰朱陈。去县百余里，桑麻青氛氲。机梭声札札，牛驴走纭纭。女汲涧中水，男采山上薪。县远官事少，山深人俗淳。有财不行商，有丁不入军。家家守村业，头白不出门。生为村之民，死为村之尘。田中老与幼，相见何欣欣。一村唯两姓，世世为婚姻。陶渊明的《桃花源记》以赞美之词描绘了一个与世隔绝的乡村："土地平旷，屋舍俨然，有良田美池桑竹之属。阡陌交通，鸡犬相闻。其中往来种作，男女衣着，悉如外人。黄发垂髫，并怡然自乐。"以及"自云先世避秦时乱，率妻子邑人来此绝境，不复出焉，遂与外人间隔。问今是何世，乃不知有汉，无论魏晋。"②家庭经营制度的稳定性。家庭生产在小块土地上进行，家庭成员内部分工合作以共同维持家庭生计。铁器畜耕的生产方式限制了家庭生产规模，以至于日复一日、年复一年，甚至一代一代地重复着简单再生产。同时，家庭成员之间不仅是经济共同体，也是基于血缘和伦理的情感共同体，具有先天不可分割的共生性。以家庭为经营单元，弱化了个人与社会之间的联系，契合了专制制度对社会秩序的控制而受到推崇。战国时"治田百亩"的"五口之家"或"八口之家"，以及商鞅变法时，令民"父子兄弟同室，内息者为禁"以及"民有二男以上不分异者，倍其赋"的规定即如此。③家庭经营模式的承续性。传统农耕方式在家庭内部传承，土地、生产资料和技术都从父辈手中继承下来，沿袭和固守着父辈的生活方式。按照中国人遗产由子女平均继承的习惯，一般而言，子女从父辈手中接过来的土地更加零碎化、生产资料更少，以致家庭的生产规模越来越小。

二　传统乡村社会的自组织形式

生产方式决定生活方式。传统农耕社会以家庭经营为核心，生产领域的社会化合作少、组织化水平很低。但是，出于对自身安危、公共利益和族群归属感的需要，古代乡村仍存在多种多样的自组织，其形式可分为以下几

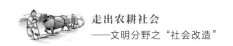
种：①宗族组织。一般而言，宗族是由共同祖先界定出来的父系群体。宗族通常在同一聚居地，形成大的聚落。宗族亦称"家族""族"，是父系单系亲属集团，以一成年男性为中心，按照父子相承的继嗣原则上溯下延，构成宗族的主线。汉班固《白虎通·宗教》说："族者何也？族者凑也，聚也，谓恩爱相流凑也。上凑高祖，下至玄孙，一家有吉，百家聚之，合而为亲，生相亲爱，死相哀痛，有会聚之道，故谓之族。"宗族组织是血缘组织，通过定期的祭祀和聚会增进血缘联系和共同的认同感，经济互助和武装自保是宗族组织两个显著功能，宗族组织通过宗法制度对成员进行管理，这些制度包括编撰族谱、建立宗祠、制订族规，通过这些制度的实施增强宗族成员的归属感，加强对成员的约束力，维持森严的等级制度。②行会组织。一种普遍的观点认为行会随城市发展、城市手工业繁荣而产生并发展起来，是城市手工业同业者的组织。行会的功能在于保护同行手工业者的利益不受外人的侵犯，同时阻止外来同行的竞争和限制本地同行之间的争斗。随城市商业逐渐勃兴，商会组织亦逐渐繁荣起来。汉唐时期，城市的每一区域都被标以"行"名，有的已结成地域性的同业组织"社邑"，但还没有出现保护市内商业利益的行会组织，至宋时，市场扩大到整个城市，许多大商人在市内开设颇具规模的邸店和商铺，建立了专业化的批发市场，从接受客商物货到批发给中小商人零售的经销网络，都由大的坐贾控制，从而形成了行会的基础。汉唐的"行"是在组织上受官府控制、在经营上受客商支配的组织，不具有行会垄断市场、排斥异己的功能；而宋代的"行"则是既受官府和客商制约、又有力量同官府和客商抗衡以维护自身利益的组织，是中国行会的最初组织形态[①]。③互助组织。中国农耕社会丰歉不均，贫富不等，对一个独立的家庭而言，生老病死、天灾人祸可能随时发生，每一个家庭都需要得到其他人的帮助，以抵御可能发生的灾难。互助组织作为防御风险的自组织形态得以产生，并在相当长的历史阶段延续发展，北宋神宗熙宁年间，陕西蓝田人吕大钧首创《吕氏乡约》，以相助协济为目的，聚邻里乡人，互相

---

① 魏天安：《行商坐贾与宋代行会的形成》，《中州学刊》1997 年第 1 期。

劝勉，其具体内容包括德业相劝、过失相规、礼仪相交、患难相恤。其中患难相恤包括水灾、盗贼、疾病、死丧、孤弱、诬枉和贫乏几项，同约中人据事情缓急，由本人、近者或知情者，告主事或同约，给予救助。《吕氏乡约》的做法后经南宋朱熹推行于全国，成为中国农村很多地方采用的一种社会制度。南宋朱熹大力倡导社仓，并订立较为完备的制度，与平籴仓、常平仓不同，社仓是以民间力量为主兴办的互助互济的备荒仓储。南宋时的社仓谷物来源于借贷，即借贷于官府和富户，在其后的发展中，也出现乡民自筹谷物的情况。也有一些地方的社仓变卖谷物购置田产，作为永久性的借贷资本，用田租收入补充社仓的支出和消耗。明、清时期，社仓也很盛行，而且由朝廷官府出面组织，明嘉靖八年，乃令各抚、按设社仓。以 20 至 30 家为一社，择家殷实而有义行者 1 人为社首，处事公平者 1 人为社正，能书算者 1 人为社副。每户按出谷多少分为上、中、下三等。每户每年出谷 1 至 4 斗，每斗外加损耗 5 合。遇灾荒年，上户需借谷者，可酌情贷之，有收成后还仓；中、下户需借谷者，可酌情赈给，不必还仓①。④其他组织。如宗教、信仰组织，以及各种爱好、兴趣相投的公开或秘密结社。

三　传统乡村社会治理形态

中国传统农耕社会延续时间长，区域之间差别很大，因不同的时期、不同地区的政治气候形成各异的治理形态。近年来，许多学者对"皇权止于县政"的传统认识提出了质疑，自上而下的"皇权"势力依托于官僚层级深入民间，与依托于乡绅、宗族等民间组织形成的民间势力博弈，形成了不同时期、不同地域的乡村社会治理形态。

1.皇权对乡村的统治

中国皇权历史长达数千年，历代皇权都经历了兴盛衰微的起伏，并非任何时候都处于绝对权威的地位。皇权对乡村的控制通过设置在最基层的政权机构来实施，通行的观点认为"皇权止于县政"，但一些学者近年的研究认

---

① 《明史·食货·仓库》，《明史》卷七九，中华书局，第 1926 页。

为皇权并非止于县政。毋庸置疑的是，无论"是否止于县政"，县级机构从春秋时产生，直至今日仍是最关键环节，且直接与各个朝代对乡村的治理息息相关。皇权对乡村的治理主体当属县级政权机构，县级政权机构的设置是中国古代推行中央集权体制的重要一环，最初的县是国与国之间不断争战吞并的结果。《史记·秦本记》记载："武公十年（公元前688年），伐邽、冀戎，初县之"，《左传》中也记载了楚文王伐申设县的史实，最初的县是设在边地的军事重地，是中央加强对边地控制的政权组织。秦汉时期确立的"县"仅仅相当于周代"末等封国"之地。秦时全国共设置"县政"约1000个，平均每县辖4000户20000人左右。汉平帝元始二年，全国共有县级行政单位1587个，平均每县辖7711户37552人。东汉中兴，平均每县所辖8184户41477人，只是比西汉初期略大一些[①]。春秋时期的县级机构比较简单，设令、长，由国君直接委派，下设县丞、县尉分掌民政和军事，后来，县级机构的职能逐渐完善，《史记·六国年表》记载："初为县有秩官"的时间是公元前349年，即在县之下开始设置有固定俸禄的小吏。在这一时期，县级机构的职能扩张为征收税赋、兵役、诉讼和行政管理，至战国时已经出现许多地方性的专职官吏。秦始皇统一中国后，实行郡县制，县级机构进一步扩大，职能进一步扩张。汉朝承袭秦朝对县的设置，县级职能进一步细化，县令长下设置县丞和县尉，分掌文书、民政和治安。以后的历朝历代，在县与朝廷之间设置的中间层级变动较大，而县的设置则相对较为稳定，只是机构逐步膨胀，县、丞以下官员层级越分越细。至清朝时，县设知县、县丞、主簿、典吏等职。

历代县级机构的职能承秦制，为"行政与司法合一"的体制，事权随社会、经济发展逐步增多。汉时实行盐、铁专卖，设铁官、盐官，主要行使税赋征收职能。隋唐时期，抚恤灾民、兴办公益成为县级机构的重要职能，《唐六典》载县令之职："皆掌导扬风化，抚字黎氓，敦四民之业，崇五土

---

① 张新光：《质疑古代中国社会皇权不下县、县下皆自治之说——基于宏观的长时段的动态历史考证》，http://www.tecn.cn/data/detail.php? id = 14627。

之利，养鳏寡，恤孤穷，审察冤屈，务知百姓之疾苦。"宋时县令"掌总治民政，劝课农、桑，平决狱讼"。清时"知县掌一县治理，决讼断辟，劝农赈贫，讨滑除奸，兴养立教。凡贡士、读法、养老、祀神，靡所不综"①。皇权通过在县下实行"乡里制度、政治儒学和科举制度"维系对乡村的控制②，春秋时期，齐国创建了"五家为轨，轨有长；十轨为里，里有司；四里为连，连有长；十连为乡，乡有良人"的乡村管理制度；同时配套建立了以户为单位的战时打仗、平时耕作、军民合一的"什伍制度"和用于管理人口的"编户齐民"制度；秦始皇统一中国后在政府层面推行郡县制，同时在社会层面完善乡里制度，形成中央→郡→县→乡→亭→里→什→伍→户的自治与行政有机衔接的官民体系③。皇权对乡村的控制，通过"编户齐民"使乡村社会组织化，细分区划的名目五花八门，如乡、亭、里、党、闾、邻、族、牌、都、图、村、团、社、区、保、甲、什、伍等不一而足。同时，在县以下延伸组织，进一步增强对乡村的控制力。自春秋时期以来，县以下官方或半官方的组织层级有两级、三级或多个层级，人员日趋增多，分工越来越细。1993 年出土于连云港市东海县尹湾村汉墓中的简牍中"东海郡属县乡吏员定簿"记载了乡级政府职员的编制情况："山乡吏员三十七人，相一人，秩三百石。丞一个，秩二百石。令史三人，狱史二人，乡啬夫一人，游徼一人，牢监一人，尉史一人，官佐四人，亭长四人，侯家丞一人，秩比三百石。仆行（缺失）人，门大夫三人，先马、中庶子十四人。凡三十七人"。由此可以看出，汉朝在县以下的机构即十分发达，乡务官治的情况已十分普遍。

2. 民间势力对乡村的控制

传统中国社会以小农生产模式为主，人口安土而居，在大多数的时间里乡村社会处于相对稳定的状态，维护这种稳定状态的社会基础来自民间组织、民间文化以及乡村精英阶层对社会的整合。民间组织通过组织内所形成的共同规则维系内部的统一和协调一致，如宗族组织、行会组织依托于族

① 贾顺波：《中国古代县级政府机构沿革略述》，《河西学院学报》2008 年第 6 期。
② 吴宏儒：《传统乡村治理形态与功能的意义》，《黑龙江科技信息》2009 年第 3 期。
③ 吴宏儒：《传统乡村治理形态与功能的意义》，《黑龙江科技信息》2009 年第 3 期。

规、行规约束成员，并使宗族、行会的组织趋于稳定性，宗族组织与行会组织在对外交往中保持组织行为的一致性。汉时班固所谓的"族者何也？族者凑也，聚也"就是同族的人聚集在一起，共同商量同族内的公共事务，即百家聚之，合而为亲，生相亲爱，死相哀痛。宗族组织实行"家长制"，凭借血缘关系对族人进行管辖和处置的宗法制度主要用于维持强制尊祖的秩序和内部的等级制度，以及维持形成内部稳定秩序的统一的价值取向。家族制订的各种族规、家范，大体以"敬祖宗""重宗长""禁犯上""睦宗党""重师友""重继嗣""安灵墓""凛闺教""重藏谱""恤患难""急相助""禁欺凌""禁乱伦""禁争讼"等为主要内容。至明清时期，族规不限于提倡孝敬尊长，维护宗族内部的封建伦常关系，还令族众遵守封建法纪、完纳国家赋税，以实现维护封建政权统治的目的，这说明宗族组织与皇权体系在维护社会秩序稳定方面的同一性。除朝代更替的战乱时期外，在大多数的时间里，皇权体系与宗族组织相互依存，长期共存，宗族组织成为皇权在乡村推行统治的基础，而宗族组织也在皇权的荫护下获得了承续的社会生存空间。

行会组织、民间私社、各种宗教以及社会组织对乡村的稳定施加各种各样的影响。行会盛行于城镇，伴随城镇手工业、商贸业的兴起而产生，对于行会产生时期的研究，学界没有统一的认识，有的认为产生于西周时期，有的甚至认为产生于更早的帝尧时期，能被大多数学者接受的观点是唐宋时期是行会制度产生和发展的时期①。明清时期，行会制度则日臻完善，出现了诸如会馆、公所等组织。行会来自乡村的"同乡团体"②，与乡村保持千丝万缕的联系，通过行会规则、乡族联系对乡村的经济、政治秩序产生影响。明清时期，行会的组织体系已十分健全，与官方的关系十分密切，官府通过行会组织管理市场、征收税赋，同时承担了官府采购及相应差役的职责，《明史·食货志》中记载："弘治元年，命光禄增加供应。初，光禄俱预支

---

① 全汉昇在《中国行会制度史》中认为"'行'的名称最初见于记载的为隋代"，高其士在其《论中国行会习惯法的产生、发展及特点》一文中认为"隋唐时期是行会习惯法的产生时期"。

② 许慧祺、李贞贞：《明清时期的行会制度初探》，《法制与社会》2007 年第 2 期。

官钱市物，行头吏役，因而侵蚀，乃命各行先报纳而后偿价。"① 与此相应的是行会组织也需要官府维护行业规范，如发生行业内的纠纷，通过官府协查处理。民间私社、宗教团体、社仓及各种慈善救助组织以及各种文化、社会组织对乡村秩序带来的影响，主要通过思想传播、组织规则对成员的约束来实现，与官府的联系都很密切，并成为皇权对乡村控制的工具。

民间势力对乡村的控制通过文化认同、民间规约、乡村精英施加影响等渠道来实现。传统农耕的生产方式决定了乡村农民的农业生产以家庭作业为单元，固定在狭小的空间内从事简单的体力劳动，生产缺乏合作，农产品交易方式简单，与外界的信息交流贫乏，这种稳定的生产方式决定了农村的生活方式具有相对的稳定性。尊崇天地、鬼神、祖先，祈求"风调雨顺""平安""和谐"的文化认同，是乡村社会共同遵守的行为规范，并且成为调节乡里、邻里关系的重要准则。传统的儒家思想在乡村影响深远，儒学自秦以后被推崇为国学，成为历朝统治阶层治理乡村的教化工具，也成为凝聚民间力量的精神源泉。对儒学思想在中国的发展，既有儒学家们的参与，又有统治集团的推进，如《吕氏乡约》《蓝田乡约》《南赣乡约》等儒学家推进的乡村公约制定，清朝颁布的《圣训六谕》、《圣谕十六条》和《圣谕广训》等都倡导了一种理想的社会秩序。如《圣谕十六条》所列十六条为：敦孝悌以重人伦；笃宗族以昭雍穆；和乡党以息争讼；重农桑以足衣食；尚节俭以惜财用；隆学校以端士习；黜异端以崇正学；讲法律以儆愚顽；明礼让以厚风俗；务本业以定民志；训子弟以禁非为；息诬告以全善良；诫匿逃以免株连；完钱粮以省催科；联保甲以弭盗贼；解雠忿以重身命。民间规约对规范乡村人口行为亦发挥重要作用，民间规约首先与私社联系在一起，最初来自民间私社的内部规则，民间私社起源时间很早，可追溯到春秋战国时代，据考证：唐代敦煌地区的社邑有女人社、亲情社、兄弟社和渠社等，这些社邑组织活动的规约，又称社条，其内容包括结社的目的、宗旨、组织及活动的规则。以一则社条为例，其内容结构如下：首先，社条的开始部分是对结

① 全汉昇：《中国行会制度史》，百花文艺出版社，2007，第91页。

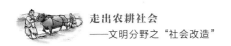

社的指导思想和宗旨的阐述。该社条阐述其立社宗旨是"至诚立社，有条有格。夫邑义者，父母生其身，朋友长其志，危则相扶，难则相救。与朋友交，言如信，结交朋友，世语相续，大者如兄，少者若弟。"这是论述众人结为社邑的思想基础。其次，该社条规定了社邑成员的主要权利义务关系"社内有当家凶祸，追凶逐吉，便事亲痛之名，传亲外喜，一于社格，人各赠例麦粟等。若本身死者，仰众社盖白耽拽便送。赠例同前一般。"这一规定明确了社邑成员在社内成员或其亲属出现死丧情况时应尽的义务，即通过赠物、出力等方式互相援助，这也是成员经济互助的核心内容。最后，关于处罚。如果社员违背社条，不履行义务，就会受到包括罚麦、决杖和开除的处罚。上述社条规定"一切罚麦三斗，更无容免者"等。[1] 北宋的《吕氏乡约》提出了"德业相励，过失相规，礼俗相交，患难相恤"，构建乡村和谐的道德规范。《吕氏乡约》出自乡绅之手，而由官府推行的乡规民约如明代王守仁颁布的《南赣乡约》，其"特为乡约以协和尔民"的口吻，表现了官府对于下层小民的训诫约束。

乡村精英在乡村治理中发挥着重要的作用，在传统乡村社会，精英阶层主要由具有一定社会地位、经济地位的乡绅集团组成。乡绅集团主要由科举及第未仕或落第士子、当地较有文化的中小地主、退职回乡或长期赋闲居乡养病的中小官吏、宗族元老等一批在乡村社会有影响的人物构成。乡绅在乡村治理中担负着双重的角色，既代表官府承担了对下的间接管理职能，又作为区域内的代言人，成为乡村对上表达意愿的渠道。乡绅阶层的文化层次较高，是乡村中见多识广的人，与乡村内外保持较多的联系；乡绅在宗族中的地位较高，是宗族活动的倡导者和组织者；乡绅中的地主阶层占有较多的财富，拥有对较大面积土地的支配权，主导了佃农的经济生活。以上几个方面决定了乡绅阶层成为农村经济生活、政治生活的主导者，是乡村社会管理的中坚力量。

---

① 刘笃才：《中国古代民间规约引论》，《法学研究》2006 年第 1 期。

四　乡村"血缘性"与"地缘性"衍化

从原始部落时代向农耕社会发展的长期历史进程中，人类从血缘性的聚居开始，逐步衍化为既有血缘又有地缘关系的乡村利益共同体，恩格斯在《家庭、所有制和国家的起源》一书中，把国家曾经按血缘关系来划分与组织国民，转变为按地缘关系来划分与组织国民，看作人类社会发展史上具有重大意义的历史性进步的标志。日本学者清水盛光在其著作中，把中国农村社会的村落形态，分为血缘性村落和地缘性村落两种，认为地缘性村落是在血缘性村落解体的基础上出现的（即从单一姓氏村落演变为异姓混居村落）①，乡村社会中，人际关系亦随血缘性向地缘性转变，这种关系的嬗变并不是一蹴而就，而是经历了复杂的过程，至今在社会交往日益广泛的现代社会，血缘关系仍然发挥重要的作用。在乡村村落形态变化的历史过程中，乡村自组织形式、组织结构和组织形态也发生了重大的变化。

1. 地缘性产生：乡村治理的条件嬗变

乡村自组织形成于组织成员共同的需求，血缘组织提供给组织成员情感依附，依附组织以共同抵御来自外界的风险。农耕社会脱胎于原始氏族社会，血缘性对社会组织化影响深远，即使发展到文明程度较高的现代社会，血缘关系也在很大程度上影响着人们的交际行为，如普遍存在于中国社会特别是移民区域的同姓与异姓联宗现象，纵然有多方面原因，但血缘联系则是最重要的，无论其功利性是否明显，血缘联系始终是重建宗族秩序的重要支撑。在古代农耕社会，随生产不断发展，生产力不断进步，商品经济悄然兴起，人们对物质资料的占有关系决定了一切社会关系，人与人的交往具有了更多的功利性，所有社会组织亦受制于生产关系的状态和水平。传统农耕社会中，乡村自组织条件的嬗变表现在三个方面：一是物质资料占有关系的变化对乡村自组织结构的影响。"物以类聚，人以群分"，物质资料私人占有

---

① 钱杭：《血缘与地缘之间：中国历史上的联宗与联宗组织》，http：//www.cass.net.cn/file/2004121328149.html。

关系决定了个人在社会中的地位，在社会财富分配中处于不同地位的人群对重构社会秩序、社会管理的预期不同，不同阶层的人群对组织化的需求也各不一样。由此，物质资料私人占有关系决定了社会的财富分配、占有状况，这一关系的变迁亦决定了乡村社会组织状态的变化。古代中国朝代更迭频繁，皆因农耕社会的重要生产资料——土地被高度集中，贱民失地，加之政治腐败、社会财富分配不均等多方面原因，带来饥民自动聚集，产生"官逼民反"的后果。二是交往方式的变化对乡村自组织方式的影响。远古氏族社会，人与人之间的交往局限在家族、氏族内部，交往的纽带主要来自血缘关系，进入传统的农耕社会，血缘关系在人与人的交际中仍然发挥重要作用，但人们对经济利益的追逐已不再局限于同祖同宗的血缘组织内部，受到利益驱使，主要的决定因素来自地缘性。随商品经济发展，乡村组织的组织方式受到地缘性因素影响。三是外部强制性因素变化对乡村自组织动力的影响。自组织机制产生于组织内部，是组织内部从无序到有序的自我调节过程，乡村自组织过程是实现农村从无序到有序整合的过程，也是乡村内部适应外部环境变化的自我调节过程。在传统的中国社会，事实并非如此简单，在巨大的外部压力条件下，乡村的自组织能力被削弱，他组织能力增强，皇权势力、神权组织以及各种外部势力对乡村的渗透，恶化和削弱了农民实现自我愿景的外部环境和条件。

2. 血缘与地缘共存：乡村治理的形态变化

古代中国乡村社会，血缘家族在村落结构中发挥了重要作用，但自然村落的形成并非单纯依靠血缘关系，另一个重要的因素就是地缘关系。在长期的历史进程中，血缘关系与地缘关系在乡村建构中相互依存、相互作用，共同推动乡村实现"有序状态"。同时，在乡村民众的自组织行为中，血缘组织地缘化与地缘组织血缘化两种趋势也同时并存，并长期影响和制约着乡村的经济、政治和社会发展。

血缘组织地缘化最具代表性的莫过于宗族组织间的联宗现象。联宗是各宗族之间因地缘因素而形成的联合，联宗除同姓之间的联宗外，还有异姓之间的联宗。钱杭认为同姓联宗是若干个分散居住在一个（或相邻）区域中的同姓宗族组织，出于某种明确的功能性目的，把一位祖先（该姓的始祖或首迁该地区的始迁祖）认定为各族共同的祖先，从而在所有参与联宗的宗族间建立起固定的联系①。异姓联宗的原因则更为复杂，既有血统、婚姻关系，又有同一地域的历史、文化的等多方面的原因促成。钱杭《关于同姓联宗的地缘性质》一文中，以清代广东省东莞县的"都庆堂邓氏大宗祠"为例，该祠的核心成员是分居于东莞、新安两县境内的本地系邓氏"五大房"。他们以北宋初邓汉黻为"粤一世始祖"，以第四世邓符协为"五房共祖"，以第七世邓元英、邓元禧、邓元祯、邓元亮、邓元和为"五房始祖"。清康熙二十五年大宗祠创建时共供奉 168 位祖先神位，奉祀于祠内的祖先牌位之年代，上限为北宋初年（宋太祖开宝六年，973 年），下限为清康熙年间，前后约 700 余年。所有参与联宗的宗族与"粤一世始祖"、"五房共祖"和"五房始祖"的直系世系关系都非常明确，但是各族之间则已不存在具有实际意义的旁系世系联系。旁系宗亲之间的关系更多地体现了地缘性而非直接的血缘性，都庆堂大宗祠至雍正十年（1732 年）重修时，除补充了原属于"五房"的 11 位祖先牌位之外，居住于广东省广州府七县（顺德、三水、南海、增城、从化、番禺、新会）境内，其族群系统、历史渊源与"五房"系统完全不同的邓姓通过捐款的方式，也入祀了 25 位祖先牌位，整个都庆堂大宗祠所奉祀的祖先牌位总数达到了 204 位。中国历史上的异姓联宗则更为复杂，是中国古代姓氏制度、宗族制度、婚姻制度发展到一定阶段以后的产物，往往由某一代祖先的出继、兼祧、入赘、改姓等行为而引起，有的异姓联宗仅仅以同一古姓为联宗的依据，仅仅依据传说而已。联宗组织除在祭祀活动中尊崇共同认定的祖先外，更深层次的意义则在于以此方式维护地域内各宗族的利益。居住于川东地区的同姓祠堂，宗族的活动更多地借用血亲关系联结乡邻，从清朝至民国时期，更大的功能在于维护区域内的治安，组织收取费用，自备武器装备，防范串匪袭击。宗祠祠堂修建坚固的围墙，凡粮食、财产皆集中保存，凡遇土匪袭击，则紧闭大门，据险自卫。

---

① 钱杭：《关于同性联宗的地缘性质》，《史林》1998 年第 3 期。

地缘组织血缘化的现象普遍存在，在众多的地缘组织内部，同姓、同宗关系更加亲近，有的血缘关系甚至左右了地缘组织内部的运行，对制定组织规则、实施组织内部管理产生影响。西周时期，乡村村落以血缘关系聚居而成，统治阶层依托这些自然村落建里立社，里成为乡村的一级建制单位，至秦汉时期，里成为国家行政管理的一级行政单位，里无城乡之别，里内居民"比地为伍"，依等级身份划分居住区域，秦与西汉时期，里吏的选任由县负责，而非民间选举产生。社最早源于对土地的崇拜，后来演变为对土地神的祭祀活动和组织。社的本意是"封土立社而示有土尊"。在西周时代，社是各级宗法贵族权力的象征，在层层分封之后，就要封土立社，到两汉时代，社的性质发生了较大变化，从战国至汉代，里、社合一的制度基本得到延续，然而里、社分离的历史趋势已明显存在。西汉晚期，民间百姓在里社（官社）之外另立私社，里社分离已经出现，社的活动开始出现了私人化、自愿化的趋向。与里社同时存在并延续下来的，还有各种私社勃兴，这些私社有的因职业相同，有的因特定的目标相同而成立，大多数都属于里中部分人自愿参加的私人团体。更多的私社在有直接血缘关系的乡邻中产生，如以宗族关系为纽带而结成的"宗社"，这些私社虽遭到地方政府的禁绝，却屡禁不止，至两晋南北朝时期，战乱频仍，人口流散，汉代严整的里制已无法维持，里社制度不免瓦解，这时，私社得到了更快的发展。中国古代乡村社会，在同一区域内各种"私社"的盛行、各种"社团"的产生，乃至各种"义仓""商会"的兴起，都离不开以血缘关系为纽带的宗族参与，血缘关系在地缘组织内发挥了重要的支撑作用。

3. 乡村组织对强势力量的依附

在传统农耕社会，按照共同需求而自愿结合在一起的乡村组织，除暴力抗争的组织采取对抗方式外，大多数的乡村草根组织都依附于地方官府的庇护，同时，官府也依靠这些组织对乡村施加直接或间接的管理。乡村自组织在对官府的依附中，也直接或间接地接受了官府的政治主张，并对内部组织的运行规则和机制产生影响。乡村组织在内部管理失控、组织处理外部关系中需要官府裁断，而乡村组织在协助官府税收、分配官府役差中发挥了重要作用。传统的乡村自组织离不开对宗族势力的依附，许多乡村自组织如宗族内的互助组织，以明清时期的义庄、义会、长寿社、孝义约等为例，其本身都是由宗族组织倡导而建立的，作用在于帮助宗族内成员脱贫解困。乡村内按自愿原则组建的各类社团、义仓等乡民自组织，离不开宗族势力的支持，没有宗族势力的参与和推动，这些组织就失去了生存与发展的经济、社会基础。

乡村精英阶层在推动传统乡村经济发展、社会稳定中发挥了核心作用，是沟通政府与乡村、统治阶层与普通民众的桥梁，也是乡村各类民间组织的倡议者和维护者。对乡村精英在中国传统乡村中发挥的功能和作用，学界研究很多，大多数研究文献的共同观点是：①乡村精英阶层是中国传统社会政治、经济、文化的产物，乡村精英阶层是乡村富有阶层，具有较高的经济地位，其构成者中大多数是农村的"文化人"或部分退职回乡的官吏，在乡村普通人的眼中，他们是见多识广的有主见的部分人。在古代中国，科举制度不单是选官制度，而且更是乡村士绅阶层产生的制度基础，科举制度的参与者——士绅阶层中的一部分通过层层选拔融入官僚体系，而大多数经受儒家文化熏陶的"读书人"回到乡村，成为乡村社会中乡绅阶层的重要组成部分。②乡绅阶层是沟通官府与普通乡民的桥梁，官府借助于乡绅阶层对乡村进行教化与管理，是落实官府主张的媒介。在传统中国乡村社会存在三个权力体系，即职业化的役吏，里甲、保甲等乡约地保组织以及乡绅阶层，三者之间，县衙门的命令通过衙门胥吏向下传达。这些命令很少是直接发到各户去的，多是把命令传给乡约地保。衙门胥吏虽直接代表统治者和人民接触，但其社会地位特别低，受人奚落和轻视。乡绅是不出面和衙门胥吏直接在政务上往来的。同样，乡约地保也是一个苦差，大多由平民百姓轮流担任。当乡约地保从衙门胥吏那里接到公事后，就得去请示乡绅。乡绅如果认为不能接受的话就退回去。因为违抗了命令，这时乡约地保就会被胥吏送入衙门。于是，乡绅就以私人关系出面和地方官交涉，或通过关系到地方官的上司那里去交涉。交涉成了，县衙命令自动修改，乡约地保也就回乡①。

---

① 章兴鸣：《民间精英与乡村治理》，《东方论坛》2007年第5期。

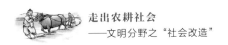
③乡村精英阶层与乡村宗族势力结合紧密。乡绅不但在乡村普通人心目中具有较高地位，而且在本宗族内部也具有较高的地位，有的乡绅也就是本宗族的族长，或是各项宗族活动的倡导者和组织者。

乡村自治组织对精英阶层的依附表现在：一是精英阶层是乡村自治组织的主要倡议者。乡村草根组织对普通民众而言，大多本着自愿的原则加入，是一种加入或不加入的个人选择行为，但乡村组织的产生，需要个人或一群人的倡议，而这些倡议者大多数是有一定见识和社会地位的士绅，由这些乡村精英倡议的组织更能获得大众的信任。历朝退职的官吏还乡后在原籍成立组织比较普遍，特别对强化宗族势力、建立宗族内的互助和乡里的慈善组织发挥了重要作用，如宋仁宗皇佑元年（1049年），范仲淹首创"义庄"，为本族贫寒子弟设立义学，对于遇到天灾人祸或者婚丧嫁娶等大事的人实施临时救助。北宋大臣吕大防、吕大临兄弟俩在家乡蓝田（今陕西省内）与邻里亲友共同制定《吕氏乡约》，把社会民众相互帮助的要求用契约规范的形式确定下来，明朝万历十八年（1590年），杨东明在河南虞城建立"同善会"，是当时影响最广泛的民间慈善组织。二是精英阶层是乡村自组织的主要管理者。乡村自组织的管理者按照民主的原则由成员推举产生，而乡间绅士被推选出来就是顺理成章的事，唐朝民间私社由"三官"进行管理，三官即社长、社官、录事，社长一般由成员中的长者担任，而社官、录事则是大多数成员所信赖的、愿意出面为所有成员做事的人担任。

第二节　社会转型中的治理问题

从传统社会向现代社会过渡，社会治理体系重构是一场深刻的变革。在制度层面，传统的对社会控制与现代的对社会治理是截然不同的两个极端。在社会转型过程中，传统文化、习俗和体制上的积习将在较长的时间内存在，并对建立现代治理体系产生阻碍作用。其中，传统思维与社会消极的因素甚至可能激发社会矛盾，在与现代治理方式背离中使社会转型发展走上弯路。

一 "差序格局" 与制度公平问题

费孝通认为西洋和中国的社会结构格局是不一样的。"西洋的社会有些像我们在田里捆柴，几根稻草束成一把，几把束成一扎，几扎束成一捆，几捆束成一挑。每一根柴在整个挑里都属于一定的捆、扎、把。每一根柴也可以找到同把、同扎、同捆的柴，分扎得清楚不会乱的。在社会，这些单位就是团体。……在团体里的人是一伙，对于团体的关系是相同的，如果同一个团体中有组别或等级的区别，那也是先规定的。"他把这种社会结构的格局称为团体格局，而与之不同的中国则是"我们的格局不是一捆一捆的扎清楚的柴，而是好像把一块石头丢在水面上所发生的一圈圈推出去的波纹。每个人都是他社会影响所推出去的圈子的中心。被圈子的波纹所推及的就发生联系。每个人在某一时间某一地点所动用的圈子是不一定相同的。"① 费孝通先生将这种格局称为"差序格局"，其中维系这种同心圆关系的重要因素是亲属关系，即根据生育和婚姻事实所发生的社会关系。每个人都有一张以亲属关系布出去的网，没有一个网所罩住的人是相同的，这个"蜘蛛网"的中心就是自己。

以"己"为中心，所形成的社会关系如水纹一般，一圈圈推出去，愈推愈远，也愈推愈薄，在和自己发生社会关系的一群人里形成一轮轮波纹般的差序。费孝通先生用"差序格局"这一概念，侧重说明中国传统社会中以己为中心的"自我主义"，即中国传统社会中"私"的问题。在他的眼里，中国传统社会的"私"可使"一个人为了自己可以牺牲家，为了家可以牺牲党，为了党可以牺牲国，为了国可以牺牲天下"。在差序格局中，"公"与"私"是相对的。在《乡土中国》里，费孝通先生分析比较了西方与传统中国社会格局不同，关于"差序格局"的部分没有分析产生中西方社会差别的原因，这些原因固然与其社会历史、沿革和社会价值形成等方面的因素相关，也许比我们想象的更复杂。但从费先生对中国社会的分析

---

① 费孝通：《乡土中国》，三联书店，1985，第78页。

中，差序格局与中国传统文化、传统价值观念是分不开的。差序格局从最古老的血缘社会、传统的农耕社会结构中能找到一脉相承的基因，这种基因在传统文化中是很难被改变的，就如费孝通先生所说："人和人往来所构成的网络中的纲纪"，即他所认为的差序，是儒家最为考究的"人伦"。

差序格局下的网络既是社会关系网，更是利益分配格局的网。从现代社会以"己"为中心所形成的社会关系网，仍然可看到以血缘、地缘关系为纽带的格局存在。随着人口流动性增强、社会交往更加频繁，以"己"为中心的社会关系网更趋复杂。以"自我主义"支撑的差序格局，实则是利己、自私的"亲疏有别"的利益格局，体现了圈内圈外有别的价值判断标准。这种"圈子文化"过去有，现在也存在于人们社会生活的各个方面。诸如以血缘、地缘关系为纽带的家族、宗族组织、同乡会、亲友会等，以业缘关系为纽带的商会、同学会、战友会、学术圈、影视圈、文艺圈等，这些"圈子"皆是传统的差序格局在现代社会的衍生品，可谓五花八门、林林总总。任何一种人、任何一种社会关系都在不同的圈子内或圈子外，在圈子的不同位置拥有不同的社会资源，享受圈内、圈外不同的待遇，包括情感交流、利益占有和权益分配等方面。圈子虽然没有明确的界限，但对个人而言，其社会关系网络中亲疏、远近的关系却是明了的，以至于对待不同的人，态度也可以迥然不同。

从传统社会向现代社会的转型发展中，社会结构向"公民化"转变是制度建设的基础。现代社会强调人的自由，必须以公平的制度为基石，即在制度面前，人人平等，人人有受到约束的义务。制度的正义就是无差别地对待每一个社会成员，除非在制定制度时被所有成员允许差别存在。法国启蒙思想家孟德斯鸠在《论法的精神》中说："对一个人的不公，就是对所有人的威胁。因为对一个人的不公，所显示出来的是制度的逻辑。这种逻辑，可以用来对待所有人，无人能保证自己幸免。"建立现代社会的制度秩序，必须结束传统社会遗留下来的社会格局，以及由此形成的价值体系。而要完成这一社会变革、消除传统思维的影响显然是一个艰难的渐进过程。中国从近代以来，尽管从经济、政治及社会的多个层面完成了从传统向现代的转型发展，但传统社会的制度惯性在大众的观念层面并没有消除，从而对现代制度的建立、完善和执行带来障碍。在传统的差序格局下形成的人情社会，人们根据情感处理社会关系，使形成社会秩序的制度效率大打折扣。"人熟"则可以变相执行或根本放弃制度原则，以至于人人都可不坚守制度，或制度只对"非熟人"有效，而对熟人则是"路路通"。把个人利益置于制度之外而熟视无睹，以至于形成的社会风气是每个人都希望通过"潜规则"谋取个人利益，最终的结果就是社会对制度的蔑视，或制度执行的成本高。马丁·路德金说："我们社会最大的问题，不是对善的忽视，而是对恶的纵容。"从社会整体而言，社会分工使每个人在自己的职业或所处的位置，自觉地为社会提供服务，而每一个人的福利皆来自其他人的服务，在交换中形成平衡的社会关系。如果社会成员不按制度办事，遇事找熟人，钻制度的漏洞，即使只有一少部分人这么干，也会给社会带来很大的伤害。譬如教师和医生两个职业间，教师借其职业优势为子女获得更多的教育福利，那么在医疗上就可能会受到来自医生的不公正待遇，因为医生需要取得比其他人更多的医疗福利。同样的道理，医生在医疗上有比其他人更多的福利，可能在其子女的教育上受到不公的待遇。医生和教师间若要同时享有比普通人更多的医疗和教育福利，除非两者之间进行非制度的特权交换。所有社会成员都希望获得比其他人更多的便利或福利，期望通过制度的非公正行为为己谋利，最终使社会失序殃及每个社会成员，无人能在这样的氛围中幸免。差序格局下的"熟人社会"是缺乏整体意识和社会认同的松散集合，伴随而来的"情感治理"撕裂社会而丧失"团体精神"；扩散到社会治理层面，严重的后果是"公器私用"，使社会成为滋生腐败和产生特权的温床。

传统社会是血缘和地缘共同体，以血缘或地缘维系相对稳定的、复杂的社会关系，社会处于差别化的人际关系网络中，支配着社会资源和利益的分配。这种差别化的社会关系被国家制度和社会意识接受，从而形成等级制度观念。君臣、父子、夫妇之间，上下分明、尊卑有序，按照"君为臣纲、父为子纲、夫为妻纲"三纲及"仁、义、礼、智、信"五常调整、规范人伦关系。等级制建立的人身依附关系，树立了部分人甚至极少数人的权威，

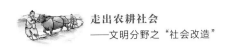
也让权威正当性得到社会承认。这种社会秩序下，每个人都能找到其应有的位置，而这位置的安排是不可改变的。儒家文化的价值观念正是在维护这种等级秩序中，顺应传统社会专制的统治秩序而受到推崇。

等级森严的中国传统社会，治理者与被治理者界限分明。战国著名农学家许行依托远古神农氏"教民农耕"之言，主张"种粟而后食""贤者与民并耕而食，饔飧而治"。他带领门徒数十人，穿粗麻短衣，在江汉间打草织席为生。公元前332年（滕文公元年），许行率门徒自楚抵滕国。滕文公给许行划定了一块可以耕种的土地进行经营。儒家门徒陈相、陈辛兄弟带着农具来到滕国，摒弃儒学观点，拜许行为师，成为农家学派的忠实信徒。后陈相兄弟见孟子，孟子以"社会分工"为据批驳了许行"贤者与民并耕而食，饔飧而治"的观点。孟子与陈相兄弟的对话见于《孟子》的《滕文公章句上》之中："或劳心，或劳力。劳心者治人，劳力者治于人。治于人者食人，治人者食于人，天下之通义也。"其中重点表述了社会分工的重要性，但此后人们所理解到的更深含义则体现了"劳心者"与"劳力者"的本质不同，即两者在社会地位上的悬殊。正如后人理解"劳心者"与"劳力者"的不同如《左传·襄公九年》知武子中说的："君子劳心，小人劳力，先王之制也。"

二 "内卷化" 与行政效率问题

20世纪60年代，美国人利福德·盖尔茨（Clifford Geertz）考察爪哇岛的农耕生活，将原生态的、停滞的农业生产冠名为"内卷化"。此后，这一概念被用于其他学术领域，意指一个社会或组织既无突变式发展，也无渐进式增长，只在简单层次上自我重复。美国学者杜赞奇（Prasenjit Duara）借用"内卷化"的概念提出"国家政权内卷化"，意指没有依靠现有组织机构提高效能来推动社会发展，而是靠扩大非正式机构，把它们内卷于正式组织之中来行使权力的现象。杜赞奇在《文化、权力与国家：1900～1942年的华北农村》一书中，通过对中国河北和山东两省六县六个村庄的调查（使用的是日本南满铁道株式会社基于1940～1942年在中国的调查编成的六卷本《中国惯行调查报告》），发现传统的官僚体系使中国产生大批的经纪人，营利型经纪人在为国家征税的同时不断为自己营利，导致了国家权力的内卷化。20 世纪前半叶，当中国政权依赖经纪制扩大对社会的控制力时，不仅使旧的经纪层扩大，而且使经纪制深入社会的最底层——村庄。这些经纪人形成地方势力，渗入农村各种社会组织中，成为地方政府不可控制的力量，国家统治的合法性也受到村民的质疑。黄宗智将"内卷化"概念用于中国经济发展与社会变迁的研究，他把通过在有限的土地上投入大量的劳动力来获得总产量增长的方式，即单位劳动的边际效益递减的方式，称为没有发展的增长，即"过密化"。黄宗智对中国近代"没有发展的增长"的研究虽然颇有争议，但"过密化"的概念被广泛应用于中国社会治理问题的研究中，并成为剖析"中国问题"的一个特殊切入口。

社会转型发展时期，是各类社会矛盾和问题集中突发的时期。社会结构和利益格局"破"和"立"的过程中，旧的矛盾集中突发和新的问题集中出现，社会治理中的"风险"高频发生。对这些问题的处理出现"内卷化"更加深了矛盾的复杂性，集中表现为：①政府通过强化行政权力（强化职能、增加人员或新设机构）达成治理预期；②政府消耗行政资源（人员、物资和时间）新增行政成本；③对具体某问题的处理或矛盾的解决引发出其他相关问题或矛盾。以上情况叠加反映为"社会治理成本越来越高，社会治理中的问题越来越多"。多年来，一些地方政府在实施具体的治理行为中往往治理的能力增强，"人多枪多"，但问题也越来越多，政府治理陷入不断重复、停滞甚至徘徊不前的困境。20 世纪 80 年代以来，随着城乡要素互融互通，城市与农村同时出现许多社会管理的新情况，如农民工进城的权益维护、社会保障、公共福利等，以及城市与农村同时出现的人口结构变化给家庭、社区带来的新影响。仅各级地方政府为农民工追讨工薪一项，即有各级政府多个部门、金融、司法等系统参与其中，为统一步调，政府组建专门的协调领导小组和办公室，为督促下级政府完成任务，各级政府又组成各种检查组、督导组。拖欠农民工的薪酬问题始终没有从根本上解决，政府为农民工讨薪的工作却成为常态。而因此引发出问题如有农民工上访，甚至直接向政府讨薪、围堵政府机关。近些年来，各级地方政府对遇到的新情况在

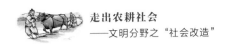

治理方式上，通常的做法就是增设管理机构、增加管理人员、增加财政支出；同时，层层照抄文件、层层下达任务、层层检查督促。机械式地增强和扩大行政权力，造成政府管理边界不清、职能重叠、行政成本高涨、行政效率低下、行政效果不明显。类似的现象还表现在诸如社会保障、乡村建设、信访维稳等诸多方面。

三 "社会共治" 与边界问题

从传统社会向现代社会转变，社会秩序和规范的建立由单一的国家供给向社会多中心治理发展。在封建的、专制国家内部，维护社会秩序的规则由统治者说了算，大多数的普通大众作为附属的社会群体没有发言权，只有服从的义务。皇权或王权与国家权力一体化、自上而下强制施行，依靠外部强制力捆绑社会以维持运行。自欧洲封建制度崩溃、城市市民阶层兴起，与传统的强制和等级制度格格不入的自由和平等思想萌芽并迅速壮大，围绕两种不同价值理念的斗争和革命最终衍生出国家政权新的理论——社会契约论。社会契约论打破"君权神授论"的桎梏，强调国家权力来自社会成员的"让渡"，是社会成员共同利益的体现。由此，那种把国家视为自己或利益集团的所有物，肆意妄为压榨社会而不必向臣民负责的君主权力就失去了法理性。既然体现社会公众利益的政府权力来自授予而非政府先天拥有，那么政府的权力就是有限的。

一方面，个人、家庭、社会组织皆相信自身有能力按照一定的规则处理好与他人和社会组织的关系，有能力办好该办的事，有义务约束自己不为不该为之事。另一方面，政府权力具有强制性，表现在对社会规则的公平维护上，这种权力的强制性不能僭越公众所期盼的公共利益领域而变得无所不能。对此，从社会治理的视角上看，现代社会体现的是"社会共治"的秩序，政府的权力具有一定的"边界"。国家权力边界意味着国家权力是否该受到限制，历来存在两种声音。19世纪以前，"有限政府"的观点至上，虽然现实中并不存在真正意义上的按照所谓"契约"由民众授权组建的政府，但大多数的观点则认为管得越少的政府就是好的政府。进入20世纪，虽然反对"国家干预"的声音始终存在，诸如哈耶克、奥克肖特、伯林等学者对国家权力扩张提出批评，在现实中却进入了国家权力扩张的一个潮流期。1917年第一个社会主义国家苏联诞生，其通过扩大国家权力控制社会和调动资源，在实现工业化和经济高速增长上获得了很大成功。特别在20世纪30年代"大危机"以后凯恩斯主义思潮兴起，"国家干预"成为解决"市场失灵"的措施，而使国家权力得以扩张。直到20世纪70年代随资本主义世界经济出现"滞长"，同时国家权力扩张带来财政赤字、官僚主义和腐败现象，以及高福利社会产生种种压力，新的自由主义抬头，形成了以英国撒切尔主义、美国里根主义为代表的整个西方世界"去国家化"浪潮。这次"去国家化"并未回到古典自由主义所谓的"最小限度国家"或"什么都不管"的国家，因为人们发现"政府失灵"的同时，市场也不是万能的，市场也会失灵。人们在重新审视国家与社会的关系时，不再将两者对立起来，从而为社会治理理论的提出奠定了基础。

治理理论的基本逻辑是：在不排除国家参与的前提下，培养和提高社会自身解决问题的能力，这是社会治理解决问题的根本之道。随着全球化的推进，处理国家与国家之间的问题，不仅需要国家之间的合作与联合，也需要国际非政府组织的联合与合作，由此"全球治理"理论也应运而生。怎样认识和理解"治理"的含义？1992年世界银行发布《治理与发展》研究报告，指出"治理乃是各种政府性和非政府性组织、私人企业以及社会运动为实现发展而在国际经济与社会资源的管理中运用权力的方式。"其中强调要实现治理目标，应充分支持和培养"公众社会"的发展，而所谓的"公众社会"就包括志愿性组织、非政府组织、各种社会团体等。联合国发展计划署在1999年的《人类发展报告》中指出："全球化为人类进步提供了更大的机会，但前提是必须能够进行更强有力的治理。"治理被提到前所未有的高度，体现了人们对新的、超越国家权力逻辑的规则与秩序的渴望。①

---

① 唐士其：《治理与国家权力的边界——理论梳理与反思》，http：//www.chinagovernance. pku.edu.cn。

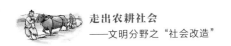

"治理"表现为多中心共治社会的格局，在政府权力与社会张力之间应该有一个界限。这个界限如何确定？英国思想家密尔提出的主张具有一定的参考价值。他认为在三种情况下政府不应替代社会行动。一是"所要办的事，若由个人来办会比由政府来办更好一些"；二是"有许多事情，虽然由一些个人来办一般看来未必能像政府官吏办得那样好，但是仍宜让个人来办而不由政府来办"；三是"最有力的理由乃是说，不必要地增加政府的权力，会有很大的祸患"。在现代社会，对公民权利的维护、自由与尊严的尊重是文明进步的重要标志，任何践踏个人正当权益的国家权力都是对公权力的滥用，理应受到社会的谴责。一方面，社会治理既离不开国家公权力的运用，因为公权力为全体公民提供的公共服务产品，是任何个人或单独的组织所无法提供的。另一方面，国家所代表的公权力也不是万能的，国家是"规则一致"的共同体或称为"公民共同体"，而社会则由千万个个体、家庭和社会组织构成，任何国家权力不可能同时满足千差万别的个体需求，而只有个体具有充分的自由选择权时，在不损害其他人的自由选择权基础上，才能最大限度地满足社会千差万别、不同的个体需求。

列宁认为："国家是维护一个阶级对另一个阶级统治的机器。国家是一个阶级压迫另一个阶级的机器，是迫使一切从属的阶级服从一个阶级的机器"。① 国家是历史的产物，随着私有制和阶级的消亡，国家也随之不复存在。恩格斯说："国家并不是从来就有的。曾经有过不需要国家，而且根本不知国家和国家权力为何物的社会。在经济发展到一定阶段而必然使社会分裂为阶级时，国家就由于这种分裂而成为必要了。"② 恩格斯进一步指出："随着阶级的消失，国家也不可避免地要消失。以生产者自由平等的联合体为基础的、按新方式来组织社会生产的社会，将把全部国家机器放到它应该去的地方，即放到古物陈列馆去，同纺车和青铜斧陈列在一起。"只有在人类消灭阶级、消灭阶级剥削的前提下，私有制失去存在的社会基础，构建人

---

① 程国林：《社会主义国家本质的演变》，载《社会主义研究》1986 年第 3 期。
② 恩格斯：《家庭、私有制和国家的起源》，载《马克思恩格斯文集》第 4 卷，人民出版社，2009。

类"命运共同体"成为各族群的广泛共识，国家的消亡方具备条件。在此之前，至少在可预计的未来国家还将长期存在，因为只有国家权力才可能有效地保护本国民众的利益，有能力使本国免于遭受外来侵略。只有国家公权力才可能使社会全体成员有享受公正、平等权益的机会，才有能力制止和惩罚犯罪。

在国家与社会关系中，现实中的治理边界是相对的。在国家处于非正常时期，国家的统一调动、协调一致是必要的。但在一般情况下，国家应尽量还权于社会，从而使社会保持活力。社会共治格局下，限制代表国家权力的行政权力扩张，有利于最大限度地节约因政府机构膨胀而增加的行政成本、机构重叠产生的协调成本、信息传输中的时间成本，有利于最大限度地提高行政效率，减少行政权力在运行中的"内卷化"。国家权力内在地具有不断滋生繁衍和对外扩张的倾向，对于社会治理中的新问题，单纯依赖国家权力进行处理则会出现新的权力，新的权力又产生新的问题，新的问题又会产生新的权力，这样循环往复，权力就会越来越大，问题就会越来越复杂。为了确保权力的正确运行，必不可少的就是增加对权力的监督，但监督权力本身也是扩大权力。如果将新问题交由社会处理，则会增强社会的自我纠错功能，使社会进入健康发展的轨道。

第三节　社会转型与治理转型

以"人的幸福"为目标，用社会的公平正义搭建"社会和谐"之基，是推动社会从传统走向现代文明的必由道路。当代中国健全人民当家作主的制度体系，用制度体现人民的意志、保障人民权益、激发人民的创造合力，就是推动社会治理的转型发展。

一　从"他律"到"自律"

英国警察尼格尔·柏加到英格兰的一个湖边度假，发现自己在30公里限速区超速行驶，于是给自己开了一张违规驾驶传票，交给了目的地交通当局，这位被罚款 25 英镑的警察被誉为"世界最诚实警察"。这个故事喻示文明社会需要"自律"，即使执法者也不能例外。社会规则针对所有的社会成员，如有特殊和例外，不仅意味着对规则的蔑视，更在于规则失去应有的公正性而沦为欺凌大多数成员的工具。规则既面向被执行人，也面向执行人，执掌规则的人是最懂规则的人，也是应平等执行规则的人。尼格尔·柏加做到了对自己的自律，体现了对规则的尊重，他获得了"世界最诚实警察"的称号。真正的"自律"是不容易做到的。在中国传统社会，尼格尔·柏加似的人物大抵会被视为傻子，皆因传统意识形态中，规则意识淡薄，人们视逃避规则为特权或谋略。人们习惯于在外力作用下顺从地接受"他律"，而不习惯于通过自律主动约束自己，当然，这种情况主要表现在个人对公众利益造成损害而无明显或严重后果的情况下，大家不仅习以为常，甚至受到损害的大众也不会站出来制止不当行为。

其实，中国传统文化强调自律，古人视自律为个人德行的彰显。自古有"志士不饮盗泉之水，廉者不受嗟来之食"的说法。西汉人乐羊子在途中拾得一块金子，拿回家给予其妻，其妻告诫"志士不饮盗泉，廉士不食嗟来，况拾遗金乎？"乐羊子十分惭愧，于是弃之于野。《元史·许衡传》载许衡曾暑中过河阳，渴甚，道有梨，众争取啖之，衡独坐树下自若。或问之，曰："非其有而取之，不可也。"人曰："世乱，此无主。"曰："梨无主，吾心独无主乎？人所遗，一毫弗义弗受也。庭有果，熟烂堕地，童子过之，亦不睨视而去。其家人化之如此。"

在传统专制社会里，制度维护少部分人利益的同时，也剥夺了多数人的利益，包括他们的自由、尊严和财产。国家机器通过高压控制社会，社会大众处于严酷的高压"他律"中，社会矛盾一点一点不断积累，对立情绪一点一点不断加深，与此过程同时进行的是，为了维持社会面的稳定，统治集团又以越来越严酷的措施加强社会控制。这一矛盾难以调和、集中爆发之时就是"政息人亡"之日。中国历史上呈现朝代、政权更迭的周期性规律。1945 年 7 月，黄炎培等六位国民参政员访问延安，在结束考察将回重庆时，毛泽东问黄炎培有何感想。黄炎培坦率地说："我生六十多年，耳闻的不说，所亲眼看到的，真所谓'其兴也勃焉'，'其亡也忽焉'，一人，一家，一团体，一地方，乃至一国，不少单位都没有跳出这周期律的支配力……一部历史'政怠宦成'的也有，'人亡政息'的也有，'求荣取辱'的也有。总之没有能跳出这周期律。"毛泽东回答："我们已经找到新路，我们能跳出这周期律。这条新路，就是民主。只有让人民来监督政府，政府才不敢松懈。只有人人起来负责，才不会人亡政息。"在黄炎培看来："这话是对的"，只有用"民主来打破这周期律，怕是有效的"。

民主制度取代专制制度是历史的必然，也是人类文明进步的重要标志。宋庆龄曾在《20世纪最伟大的事件》中赞道："中国革命是滑铁卢以后最伟大的事件，是20世纪最伟大的事件之一。这场革命取得了最辉煌的成就，它意味着四万万人民从君主专制的政体奴役下解放了出来。这个专制制度已经存在了四千多年，在它的统治下，生存、自由和对幸福的追求是被剥夺的。"民主之路对于具体的族群来说，因其文化传统和经济、社会基础不同而道路各异。民主的道路是这样，实行民主的方式也是这样，什么是好的民主形式？被社会成员普遍接受的民主形式就是最好的形式。任何强加的、或异族推销的民主示范都是违反民主的原则，是反民主的。对于社会大众来说，来自专制制度的体验是"他律"，在民主政体下则是"自律"。民主制度是建立在普通大众觉醒的基础上，大众的觉醒程度决定了实行民主制度的宽度。中国社会几千年专制集权统治，形成了较为牢固的社会基础和文化生态，民众对专制体制有很高的忍耐度，而对民主的体制则具有不适应性。正是这个原因成为晚清执政者拒绝民主政治改革的借口。慈禧以民智未开拖延立宪，袁世凯以民心思旧复辟帝制，吴佩孚以民众"组织未备，锻炼未成"而继续独裁。

社会治理从"他律"到"自律"的思维变迁，涵盖了社会关系、社会组织方式、社会治理结构调整的主要内容，其中，社会成员的公德意识、道德水平、人生信仰是基质。按照《左传·哀公十六年》"呜呼哀哉！尼父，无自律"的含义，自律是自己要求自己，自觉遵循法度，约束自己的一言一行；是不受外界约束和情感支配，据自己的善良意志和道德标准而行事的

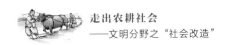

道德原则。真正的自律是自醒、自警、自爱和觉悟，让人在淡定从容中充满向上的力量，在自信中感到幸福快乐。在"自律"和"他律"的取舍中，任何人都愿意自由地按自己的意愿行事，而不愿意受到奴役和管制，按自律约束行为是一种自觉，脱离了在"他律"规则下的强迫约束，从而满足了个人的最大自由，并且在体验自由中心情愉悦，进而达到幸福的境界。对社会而言，社会成员对自律意识的普遍接受程度，代表了社会整体文明程度，体现了团体意识和国家精神的提高。社会自律水平越高，社会的对立情绪越少，社会治理成本越低。诸如人人遵守交通规则，就会减少交警在路口的值守；人人不乱丢弃垃圾，就会减轻环卫工人的劳动强度。人人善待他人，就有和谐；人人坚守自律，就会少了强迫。社会治理功在长久地引导、教育社会大众守规则和秩序，提升社会的自律水平和大众的自觉性，这是比增加管理成本、增设机构和人员更为费省效宏的措施。

二 "从臣民"到"国民"

中国传统社会是"臣民社会"，是严格的等级制社会。皇帝是"天子"，享有绝对的权威。《诗经》中有"普天之下莫非王土，率土之滨莫非王臣"的说法，即天下的土地没有一处不是国君的，各处封土的天边尽头，没有人不是国君的奴仆。臣民社会文化建立的伦理秩序体现在家庭内是臣服的关系，即儿子臣服于父亲，妻子臣服于丈夫。鲁迅说中国的文化说到底是"侍奉主子的文化"，[①]"侍奉主子"就是人分主仆，人与人之间是支配与被支配的关系，人与人之间在地位、尊严、权利和人格等各方面是不平等的。在这样的社会"秩序"中，每个人在不同的场合、情景中他应该说什么话、干什么事都有规范，否则就是失礼的。专制制度下的臣民是人类历史的产物，既有"东方"的社会传统，在西方也出现过；西方学者把专制制度与东方文化挂钩、贴上"东方"的标签是片面的。

与传统的"臣民"概念对应的是"公民"或"国民"，学界对"公民"

---

① 出自《老调子已经唱完》，是 1927 年 2 月 19 日鲁迅在香港青年会的演讲内容。

和"国民"的界定较模糊。对"公民社会"的认识也有很大争议，学界观点集中在：①中国已进入或正在进入公民社会。2008年，北京大学出版社出版了由高丙中、袁瑞军主编的《中国公民社会发展蓝皮书》，书中20多位学者所论重点各不同，但是都认为"中国已经迈进公民社会"。同时，因公民精神尚待进一步培育，以及民间组织需要进一步规范，中国的公民社会还没有发展到成熟的阶段。②2013年10月人民网发表王名《多重视角透视公民社会》的文章，他认为："公民社会归根到底是一种内生的社会现象。我国公民社会的主体自始至终都是我国公民，公民社会建设是我国公民在中国共产党领导下积极探索社会改革和社会建设的过程。"③有效防范西方推崇"公民社会"的战略图谋。2018年1月29日，《光明日报》发表刘志明的文章《廓清西方公民社会理论迷雾》，文章认为公民社会是"西方民主、人权输出的理论工具"，"其意并非维护世界各国的社会稳定、建立'民主'的世界和改善世界的人权，而是以这种看上去很美、实则包藏祸心的理论来掩饰它们打压反西方政权、扶植亲西方政权，颠覆社会主义政权，维护西方垄断资本对世界的统治这一图谋而已"。以上各种观点都不乏支持者，站在各自立场都有充足的理由或事实依据。当前，对"公民社会"的认识需要进一步深化，研究需要进一步深入。

　　"公民社会"从英文"Civil Society"翻译过来，作为一个学术范畴，早在古希腊时期就已经出现了。西方先哲亚里士多德被认为是这一范畴的首倡者，此后众多的哲学大家皆论及了"公民社会"，黑格尔对公民社会有大量论述，马克思在批判继承黑格尔思想基础上提出了公民社会理论。从国家与社会关系的视角看"公民社会"，西方经历了古代、近现代和当代从一元化到二分法、三分法的发展轨迹。从亚里士多德到17世纪启蒙主义思想家，认为"公民社会"就是自治的政治共同体，与政治国家同构；随着资本主义发展而出现的"二分法"，即政治国家——公民社会，"市民社会"主要指私人自主从事商品生产和交换的经济活动领域；当代政治社会——经济社会——公民社会的三分法，按照戈登·怀特（Gordon White）的定义，公民社会的主要思想是："它是国家和家庭之间的一个中介性的社团领域，这一

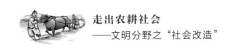

领域由同国家相分离的组织所占据，这些组织在同国家的关系上享有自主权并由社会成员自愿结合而形成，以保护或增进他们的利益或价值。"① 公民社会首先区别于国家，强调政府的有限性，在政府之外、在经济领域之外独立地建立一个领域，用制度和自组织化秩序保障个人权利、个体利益、个人追求的体系。

在黑格尔的著作里，公民社会包括市场经济、志愿组织、独立的司法三个方面。现在的三分法里所谓的公民社会就是志愿组织，皆因西方的市场经济已经成熟，被称为第三部门的志愿组织就被凸显出来成为一种制衡力量。现代公民社会包括私人的领域、公共空间、志愿结社、社会活动等方面。在更高的层次上，则表示一种体现个人自由的社会秩序，即在公共事务处理上采用民主原则，对与政府结成的公共组织关系采用分权的原则。17 世纪英国哲学家洛克在《政府论》中探讨了政府权力的正当性来源，主旨在于构建一个人民同意的有限政府，以此强调生命权、财产权和自由权等基本的个人权利。康德的公民社会是普遍法制的社会，即每个人都有按自己的意愿去追求幸福的权力，但前提是不能伤害别人同样的追求、不能损害别人追求幸福的权利。每个人的权力平等，就必须确立法制的原则。约翰·穆勒在《论自由》中说："任何人的行为，只有涉及他人（影响他人）的那一部分才必须要对社会负责。在仅仅关涉他自己的那一部分，他的独立性照理说来就是绝对的。对于他自己，对于其身体和心灵，个人就是最高主权者。"自由主义关于"公民社会"的观点强调：只有自由的个体、群体和社会都在自由地追逐自己认可的生活，自由地应对自身的问题，自由地选择自己认为最合适的方案解决问题，这一社会才是文明状态。国家意义上的制度设计必须符合保障个人自由的目标才是成功的。

"公民社会"存在于哲学家的理想中，从亚里士多德到资本主义启蒙思想家，再到 20 世纪 70 年代以后，"公民社会"的概念在对现实社会的批判

---

① 孙发锋：《公民社会的涵义及基本特征》，载《重庆科技学院学报》（社会科学版）2010 年第 3 期。

中丰富和发展。无论在哪一个时期，哲学家头脑中的理想状态，即自由主义的"公民社会"都是对现实社会问题提出的解决方案。因为"公民社会"在理论中没有统一的标准答案，那么现实中也没有也不可能有一个理想的和标准的范本。美国式的民主模式自有其历史传统和自身的发展轨迹，把美国式的社会模式机械地移植到其他国家，也是不会成功的。"公民社会"思想产生以来，其价值在于冲破专制政治对个人权利的剥夺，建立以个人自由为先的"自由秩序"。但是，在现代社会中，"公民社会"对个人权利的重视、民主的倡导以及对政府的制衡作用被自私的西方国家极端化，成为颠覆别的国家和实施"颜色革命"的工具。中国是传统文化深厚的国家，在社会转型发展中面临的问题，是其他西方国家所没有经历过的。在中国特色社会主义的民主政治建设中，既需要借鉴人类文明成果以及实践经验，同时也要从中国的实际出发，开启属于中国人民的幸福未来。

借鉴"公民社会"理念创新中国社会治理方式，需要克服两个错误趋向：①照搬西方"公民社会"概念和理论，片面夸大非政府组织、民间团体在社会治理中的作用，将社会与政府对立起来，其结果是社会陷入"无政府主义"状态。②拒绝接受任何外来文化，包括外来文明中科学合理的成分，由此造成思想上的禁锢。近年来，许多人对"公民社会"讳莫如深，把"公民社会"等同于西方资本主义的意识形态而拒之门外，害怕上当受骗。同时，又构想出一些新的概念来替代"公民社会"，使一些研究陷入形式主义的泥淖。实际上，虽然"公民社会"被极端化，成为某些西方国家"西化"中国的工具；但就其概念本身，"公民社会"这个概念在千年以前即已经存在，并随着时代的进步而不断丰富和发展，不能因为它变成了别人利用的工具而成为要全盘否定的东西，我们需要抵制的是某些国家因"敌意"而施加的敌对行为，而非作为工具的"公民社会"概念本身。这就像刀会变成凶器，但不能因为刀可成为凶器而弃之不用。

未来中国社会是创造人民幸福、社会和谐的社会。2015年10月，中国共产党第十八届五中全会提出：必须坚持以人民为中心的发展思想，把增进人民福祉、促进人的全面发展作为发展的出发点和落脚点，发展人民民主，维护社会公平正义，保障人民平等参与、平等发展权利，充分调动人民积极性、主动性、创造性。在政治建设、国家治理和社会治理中，习近平指出："尊重人民主体地位，保证人民当家作主，是我们党的一贯主张"①，"坚持党的领导、人民当家作主、依法治国有机统一是社会主义政治发展的必然要求。"② 人民当家作主就是要维护和实现人民的主体地位，充分体现人民意志；在党领导下有效治理国家，依法扩大人民有序政治参与，保障人民的知情权、参与权、表达权、监督权；加强制度保障，坚持人民代表大会制度，发挥社会主义协商民主的重要作用，用制度体系保证人民当家作主；要充分认识人民群众中蕴藏的巨大潜力和能力，储纳天下英才，调动人人成才的积极性，把党内和党外、国内和国外各方面优秀人才聚集到党和人民的伟大奋斗中来。

按照以上研判，在中国特色社会主义进入新时代的背景下，具有中国特色的社会治理方式既不是照搬西方推介的造成社会分裂的"公民社会"式的，也不是过去式的"臣民社会"，而是充分彰显人民民主权力、内涵和外延更宽广的社会治理形态，本书将它界定为"国民社会"，以甄别于"公民社会"，避免引起歧义。"国民社会"更为中性，所强调的"国民"在本书区别于"公民"突出个人权益的概念外，更赋予"国民"所应具有的社会权益和责任，即国民对于社会、民族或国家不但拥有共同的"权益"，而且有个人需要尽到的责任和义务。特别对于国家而言，每个人对于国家安全、国家强盛不但有共同的需要，而且有共同的责任。在社会治理层面，充分认识"中国特色"，还要分清"人民"与"公民"或"国民"的概念，"公民"（国民，我国宪法里称呼公民）指具有本国国籍，并依照宪法或法律规定，享有权利和承担义务的人。人民在现阶段是指全体社会主义劳动者、拥护社会主义和祖国统一的爱国者。公民是法律概念，人民是政治概念。公民一般表示个体的概念，人民所表达的是群体的概念。我国公民范围比人民范

---

① 2016 年 7 月 1 日，习近平在庆祝中国共产党成立九十五周年大会上的讲话。
② 2017 年 10 月 18 日，习近平在中国共产党第十九次全国代表大会上的报告。

围更广一些，公民包括全体社会成员，人民不包括依法被剥夺政治权利的人和敌对分子。公民中的人民，享有宪法和法律规定的一切公民权利并履行全部义务；公民中的敌人则不能享有全部权利，也不能履行某些义务。社会治理是法律框架内的"社会活动"而非"政治活动"，使用国民（超越公民概念）这一概念更为恰当，其"治理"的内涵主要有以下几方面。

其一，国民享有制度设计的平等权利。任何国民都享有宪法和法律规定的权利，同时必须履行宪法和法律规定的义务。无论何职业、出身、财产状况皆享有同等的权利，没有超越宪法或法律规定的特殊权利，也没有超越普通国民权利的特殊国民。任何人都享有宪法规定的权利，任何机构和个人都没有权力阻止国民享有这种权利。任何人都没有权力放大自己的权利，从而损伤他人享有同等的权利。平等的国民权利体现在政治、经济、文化和社会建设的各个方面，需要通过制度性规范予以保障。要用制度规则的刚性约束所有的人，实现社会"平等"；用公开、透明的执行程序消除"潜规则"，实现社会"公正"。坚持"以人民为中心"的发展思想，就要集中精力解决好社会主要矛盾，即社会、经济、文化发展不平衡和不充分的问题，缩小区域间、城乡之间和个人之间的差距，使社会形成以中等收入人口为主的"橄榄形结构"。在社会贫富差距巨大的情况下，富人"只要用钱能解决的问题就不是问题"与穷人"只要用钱解决的问题就是最大的问题"形成巨大落差，社会巨大的裂痕只会产生对立。只有消除社会的不平等，才可能使"民主"的发展具备和谐的社会基础。要克服"臣民观念"，强化"国民意识"培育，增强协作精神和对集体、国家的认同感。特别是要加强国民的"公德意识"教育，培养民众的公德之心。

其二，竞争有序的市场经济体制。在"政治国家—公民（与国民同）社会"两分法中，市场机制和私人产权两大因素保证个人能够自主地从事经济活动和追求私人利益。即拥有个人产权的市场主体具有自主地从事经济活动的权利，法律赋予并保护市场主体选择或不选择交易的权利。正是商品经济的发展，给"国民社会"的发展奠定了社会基础，没有这种建立在私人产权基础上的私人权利，也就谈不上维护私人权利的"国民社会"。唯有市场经济充分发展，才会有真正意义上的"国民社会"。市场配置资源是最有效率的形式，要充分发挥市场配置资源的决定性作用，减少行政行为对市场的干扰。反对市场垄断，创造对所有市场主体"机会公平"的竞争环境。本着权利、责任、利益对等的原则，对市场主体和市场行为开展监管，制止和惩处市场交易中的虚假和欺诈行为，打击制假售假行为，避免诸如毒奶粉、假疫苗等重大事件再次危害社会。加强市场主体、中介组织诚信建设，实行普遍的企业诚信评价制度，以净化市场的交易环境，降低因企业对交易对象诚信的担忧所产生的交易成本。取消工程交易领域普遍存在的"挂靠"行为，实行招投标中的企业实名投标制，从而从根本上治理"围标"和"串标"现象。

其三，公平正义的制度运行模式。"公平正义"是衡量一个国家或社会文明程度的标尺，是构建"人的幸福"和"社会和谐"的基本条件。按照字面解释，"公"即公共，指大家，"平"即平等，意思是大家平等地存在。公平包含国民参与经济、政治和社会生活的机会公平、过程公平和结果分配公平。正义则是公正的义理，包括社会正义、政治正义和法律正义等。《管子·形势》中说："天公平而无私，故美恶莫不覆；地公平而无私，故小大莫不载。"国家、社会的公平正义体现在国家权力运行中，表现在制度的执行层面上。一是公共权力的运行以公平正义为准则，为全体社会成员提供普遍的、公平的和高质量的公共服务，推进公共服务在区域间、城乡之间和不同群体之间均衡化。保证"幼有所育、学有所教、劳有所得、病有所医、老有所养、住有所居、弱有所扶"。二是公正司法。法律在社会生活中具有至高无上的权威，任何机关、团体和个人都不能享有"法外之地"。以人为本，把追求人的彻底解放和人的幸福生活，实现人与社会、人与自然和谐发展为最高价值理念，并在公正司法中得到体现。三是对制度运行的监督。将"权力装进制度的笼子"，为公共权力划定施行的边界，无论立法、司法和行政机关以及执行这些权力的个人都不可以"公器私用"，不能直接或变相地为自己或他人谋取私利。所有公权力都应在社会的监督中运行，并避免权力越界和权力滥用。

其四，国民"社会组织"健康有序。即通俗所称的"公民社会组织"，组成要素包括"公民的维权组织、各种行业协会、民间的公益组织、社区组织、利益团体、同仁团体、互助组织、兴趣组织和公民的某种自发组合等等"。国民"社会组织"既是国民自我管理、自我教育、自我提高的组织，同时也是政府"缺陷"的补充，因为政府不可能做到面面俱到处理好社会内部极细微的公共事务和满足千差万别的需求，国民组织即可发挥这些作用。现代化的社会是高度组织化的社会，现代社会治理中应积极鼓励各类国民组织的发展，并使之成为现代社会治理中的重要一环。国民社会组织是国民自组织，应本着自愿原则，任何人或组织都不能强迫参加或退出。在政策上大胆扶持基层自治中的各类自治组织发展，如社区议事、社区公益、社区慈善、社区互助、社区治安及社区各项文体、兴趣组织，这不仅可使社区治理更为有效，使社区充满活力，而且在很大程度上可节约行政成本，解决政府治理中的"内卷化"。在经济领域鼓励发展各种合作组织，有利于通过合作实现资源、利益共享。在社会领域鼓励发展公共利益、公益慈善、学术研究、环保等类国民组织，有利于提高国民道德修养，培育国民的社会责任感，使人与社会的关系趋于和谐。同时，所有的社会组织必须在法律规定的范围内活动，以法制思维和手段规范社会组织行为。在鼓励发展的同时，也要打击以牟利为目的或打着各种旗号危害社会秩序的非法社会组织。

三　从"治民"到"治官"

传统社会以"治民"为本，通过"治"民实现国泰民安。在治与被治的关系中，统治者处于支配地位，被"治"的老百姓处于从属地位，采取何种"治"的方式由统治者说了算，老百姓没有发言权。在中国传统文化中，儒家的"仁政"主张"民贵君轻"，墨家提倡"兼爱"，法家"以法治国"，道家则"无为而治"，等等。这些思想体现了"治民"的目标就是实现社会"和谐"，即统治者和被统治者之间达成一种稳定态势。使"民安"而天下太平，既有劝说统治者安抚百姓而使"民安"的思想，也有通过"愚民"而使"民安"的观念。《论语·泰伯》中记载了孔子说过的一句话："民可使由之，不可使知之。"对这句话尽管一直存有争议，但多数人都不怀疑孔子所说的"内容正确性"，因为统治者都是这样做的，而且被证明是有效的。老子在《道德经》第六十五章中说："古之善为道者，非以明民，将以愚之。民之难治，以其智多，故以智治国，国之贼；不以智治国，国之福。"对这句话也有多种理解并存争议，但有一点就是"让老百姓变得糊涂一些"应符合本意，无论是"愚民"而使之安于统治秩序，或者是老百姓变糊涂了从而出现返璞归真的无知无欲的世界，总之倡导的是改变老百姓使之"愚"而不妄生奸诈之心。法家思想对"愚民"的主张更为直接，商鞅提出"弱民、贫民、疲民、辱民、愚民"的主张反映了他"强国弱民"和"强民弱国"的观念。当然商鞅主张中的所谓"民"并不全部是种庄稼的老百姓，其中包括需要"弱"下去的贵族利益。《商君书·弱民》中说："故有国之道，务在弱民。"弱民的根本手段就是使人"朴"，即愚民。他认为："朴则弱，淫则强；弱则轨，淫则越志；弱则有用，越志则强。"也就是人民越愚昧无知，君主的统治就越稳固。

皇帝通过官僚体系"治民"，社会即形成官与民的分层结构。秦统一六国后，在皇权之下设置"三公"，即丞相、太尉、御史大夫，丞相掌管政务、太尉掌管军队、御史大夫掌管监察。这种体制奠定了中国两千余年官僚政治的基本格局。在皇权的统治秩序中，官僚阶层是执行者，直接面对老百姓，从而统治与被统治之间的矛盾就变成官与民之间的矛盾。老百姓的赋税、劳役等负担通过官员和各层级衙门具体执行，以至于在老百姓的眼中，所谓的"贪官污吏"就是他们所承受苦难的制造者。在皇权与官僚阶层之间，"臣事君以忠"是法典性的圣贤之言，"臣忠"才能"民顺"，所以皇帝通过"治吏"而"治民"。中国传统社会是"熟人社会"，人与人之间的信任是基于情感联系和对他人的了解而产生的"人格信任"，而非现代社会基于规则和制度产生的"制度信任"，皇帝与臣属之间常怀猜疑之心，经常表里不一。《韩非子》中说："人主之患在于信人。信人则制于人。人臣之于其君非有骨肉之亲也，缚于势而不得不事也。故为人臣者窥觇其君心也，无须臾之休，而人主怠傲处其上，此世之所以有劫君弑主也。"这段话的意思是：君主的祸患在于信任别人，信任人就会被别人控制。臣子对于君主，是没有骨肉亲情的，因为受到形势约束而不得不侍奉君主。所以作为别人的臣子，无时无刻不在窥视君主的心思，而君主却懈怠傲慢处在上位，这就是世上会发生劫持君主杀害主人这类事情的原因。

皇帝通过"治官"而"治民"，以至于历代王朝皆用制度约束官员的行为。历代吏治包括官吏的设置、配置、选拔、任用、升黜、奖惩、考核、监察、教育、培养、操行、规章等方面的制度。在制度的背后，君臣之间、官与官之间真实存在的是盘根错节的权力博弈，决定官员命运的并不完全是律法等一系列的制度，而是权力的此消彼长。皇权是道义上的绝对权威，官僚的权力依附皇权而存在，在一般情况下皇帝决定官员的命运，视官员的品行、政绩以及对官员的信任和与官员的情感而选择任用。官僚集团内部争夺权利而拉帮结派、明争暗斗。官场内讧导致复杂局面，很多时候连皇帝也难辨忠奸，《贞观政要》记载唐太宗与许敬宗的对话，曰："朕观群臣之中，惟卿最贤，有言非者，何也？"敬宗对曰："春雨如膏，农夫喜其润泽，行人恶其泥泞；秋月如镜，佳人喜其玩赏，盗贼恨其光辉。天地之大，人皆有叹，何况臣乎！臣无肥羊美酒以调众人之口；且是非不可听，听之不可说。君听臣遭诛，父听子遭戮，夫妻听之离，朋友听之别，乡邻听之疏，亲戚听之绝。人生七尺躯，谨防三寸舌；舌上有龙泉，杀人不见血。"帝曰："卿言甚善，朕当识之。"被誉为明君的唐太宗尚且如此，那么历代的皇帝对臣属的怀疑、猜忌也就不难理解了。

历代"治官"的严酷程度至明朝达到顶峰，朱元璋出自贫苦之家，对贪官污吏的恶行深恶痛绝。在建立明朝以后，他采取了极为严厉的措施肃贪，同时也翦除政治上的异己力量。明初规定官员凡贪污六十两银子以上即"剥皮楦草"，后则"犯赃者，不分轻重都杀"。胡惟庸案、空印案、郭桓案、蓝玉案被称为明初四大案，诛杀数万人。其中胡惟庸案和蓝玉案并称"胡蓝之狱"，与朱元璋一起打江山的开国功臣被赶尽杀绝，而空印案和郭桓案则被认为"肃贪之案"。朱元璋杀胡惟庸，罢左右丞相，废除中书省，事务由六部分理，天下权力尽归朱元璋一人之手。明朝用酷刑治吏，使酷吏横行于天下，奸人当道，私刑乱刑泛滥；朱元璋重典治贪，规定地方上德高望重的老人和学子可以直接向他举报贪官，但贪腐从未禁绝。朱元璋是一个勤勉的皇帝，他制定的规矩事无巨细、包罗万象，他设计的世袭爵位制度，给自己的子孙都预留了爵位，并且准备了相应的俸禄。规定子孙们不准当官、不准务农、不准经商，更不准开工厂。却没有想到仅仅一两百年后，他的子孙数量就达到了几十万，国家根本没有那么多俸禄供养，所以有的人领不到俸禄，又不准务农经商，只好活活饿死在家里。他规定"内臣不得干预政事，违者斩"，但明朝宦官专权，扰乱朝纲，屡禁不绝。朱元璋所定下的诸多规矩，最终的结果却是他所希望的反面。他想看到的大明江山是政治清明，百姓乐业的有序社会，但实际上社会却变得极端僵化、一潭死水，最终也没有走出历史兴废的周期律。

传统社会是"治民"的社会，现代社会是"民治"的社会，但同样都面临"治官"的问题。传统社会是"皇权治官"，而现代社会是"民权治官"，因权力归属发生了变化。由于治理主体发生变化，治官的形式和内容就出现了区别。传统社会官与民分层明显，其界限不可逾越。"官"则意味着财富、权力和地位，可以高高在上俯视众生。古代之民分"士、农、工、商"，其中士人阶层是一个特殊的群体，是对读书人的统称。读书人入仕即可为官，历代选官制经历了秦以前王权与族权统一的世袭制、秦时按军功授爵制度、汉时察举制和征辟制、魏晋南北朝时期注重门第的九品中正制以及隋之后的科举制，在发展轨迹上呈现了从民中选官逐渐制度成熟的过程。科举制的兴起，在"民"与"官"之间架起了一个管道，"士民"通过这个管道成为官身，在某种程度上疏解了官民矛盾，"民"中的精英分子入仕为官，为统治阶层吸纳了人才，也为"民"中的优秀分子找到了实现自我价值的渠道。也就是说通过个人努力，人下人也可成功逆袭为人上人，一旦成为官僚阶层中的一员，个人乃至家庭、家族的命运尽可改观。现代意义的官可界定为国家、政府或军队中的公职人员，是公共办事机构中的工作人员。按照这个概念的界定，所有的社会成员包括公职人员都平等享受社会提供的公共服务，这部分公职人员也属于"民"的范畴。《宪法》规定了所有社会成员享有的权利、责任和义务是平等而无差别的，社会也不存在超越宪法享受特殊权利的特殊公民或特权阶层，包括公职人员也没有这种特殊。据此可看出，现代社会没有官民阶层之分，所谓的"官"只是相对于传统社会中相应的政府职能而言，即"为公家办事的人"，这与传统社会的"官僚"大相径庭。

从战国至晚清，监察制度经历了两千多年的发展历程，伴随官僚制度的产生而产生。除了明文的监察制度外，另一种"权谋治官"则是无处不在、无时不在的治官之术。其中将"告密"作为对官员的监督措施，不但阴险地使众多官员处于恐惧之中，而且极大地败坏了社会风气。南北朝时期的"侯官制度"即典型的特务监察制度，据《资治通鉴》载："义熙三年，魏主硅如豺山宫。侯官告司空庾岳，服饰鲜丽，行止风采，拟则人君。硅收岳，杀之。"武则天设"铜匦"，鼓励天下之人，人人参与告密。当时两个最擅长告密者名周兴和来俊臣，周兴擅长发明各种刑具，受其诬告者众多，最后周兴被"请君入瓮"死于来俊臣之手。来俊臣更是一个擅长于告密的无耻之徒，他罗织党羽数百人专门从事告密之事，并组织撰写了《罗织经》以传授告密之术。明朝的锦衣卫以及东厂、西厂、内行厂制度，则开了正规化"特务制度"的先河，这些特务组织制造冤狱、随意监督缉拿大臣令天下人人自危。传统中国以皇帝独裁为大，皇帝的权力大到随意践踏别人尊严、剥夺他人自由甚至生存的权利，而行使这些权力的并非皇帝一个人，还有得到皇帝授权或首肯的人，这些人一旦拥有了被允许的权力就会放大这些权力，对他认为不顺眼的人或与他利益相悖的人给予致命一击。这种非制度性的手段不仅动摇了社会的公平正义，更严重之处在于损伤了社会基于良知的道德认同，使人在狭隘的私利和凶残的欲望诱使下而不择手段，最终导致社会道德和价值观处于紊乱状态。

现代"民治"的社会也需要"治官"，而"治官"的意义在于还权于民。按照"一切权力属于人民"的宪法精神，凡个人、家庭在私人领域自己能够办好的事情，应由自己办理，而私人领域自己不能办的事即成为公共领域，则由人民授权政府加以办理，政府所办理的公共事务体现了全体人民的利益。政府的管理触角不能延伸到私人领域，这既体现了宪法所确定的对个人权利的尊重，也作为一个边界区分了传统与现代社会治理之不同。传统的专制社会将国家权力绝对化，使统治者的权益最大化、老百姓的权益最小化，这些权益不但表现在器物层面，也表现在意识层面。朱元璋制定的规矩事无巨细，甚至管到了穿衣戴帽。他规定贱民不准穿靴，违者斩，洪武二十六年八月，朝廷命礼部出榜晓谕军民等，不许穿靴，违者处以极刑。他规定饿死京师饮酒唱歌的、养禽鸟的市民；凡聚饮讨论时事甚至乡村人口出远门都要发配充军。明余继登撰《皇明典故纪闻》中说："太祖谓户部曰：……尔户部即榜谕天下，其令四民，务在各守本业。医卜者，土著不得远游，凡出入作息，乡邻必互知之。其有不事生业而游惰者及舍匿他境游民者，皆迁之远方。"凡此种种规定，不尽细数，反映了专制制度下的权力达到了无所不及的地步。在现代社会治理框架下，公共权力要守住边界必须制度化，让法律限制权力膨胀。

改变中国传统社会"官民二元"社会结构，必须从根本上消除产生这种结构的思想基础。在现代社会，"为官食禄"作为人生的价值追求虽然失去了存在的制度基础，但"官本位"的思想仍然存在，且渗透到社会生活的方方面面。不但在所谓的"官场"内，而且在各个行业、各种场合，以及工作圈、生活圈、社交圈无不以官职或与之相当的级别分伯仲。这般"家"或那般"家"抵不过这"长"那"长"，使社会出现"全域官僚化"的病态。官职从一种身份象征转变为职业象征，是社会治理转型发展的重要标志，这不但需要从制度上剥离附着在官员职位上的特殊利益，而且要从国民意识上淡化特权思想。健康的社会是高度分工合作的社会，个人职业本质上无高低贵贱之分，社会既需要"阳春白雪"，也需要"下里巴人"。创造美好生活既需要"好官"，也需要好教师、好医生、好工匠、好农民，无论哪种职业皆可做到"极致"，无论何种营生都平等地受人尊敬，这才是正常的社会心态。社会要弘扬职业道德精神，个人要尊崇"三百六十行，行行出状元"的古训，相信每一种社会分工所产生的职业都值得个人奉献毕生精力，而不是"学而优则仕"。政府要重新塑造社会荣誉体系，牢牢掌握各种奖项、荣誉的评比，杜绝国内外任何组织或个人设置各种代表国家荣誉的奖项、操作各种评比。要将荣誉授给各行各业的突出贡献者，使"荣誉""奖励"这些精神产品非功利化，真正发挥其引领社会发展方向的作用。

四　从"科层制"到"扁平化"

科层制就是官僚制，它既是组织结构，又是一种管理体制。德国社会学家 M. 韦伯（Max Weber）认为，任何组织都是以某种权力为基础的，合理—合法的权力是官僚制的基础；它为管理活动、管理人员和领导者行使权力提供了正式的规则。科层制表现出命令与服从的运行关系，韦伯认为任何一种合乎需要的统治都有着合理性基础，根据合理性的基础发展出三种相互独立的统治形式，即基于传统背景的合法化统治、依靠个人魅力而建立的合法化统治和借助法律的正当性建立的合法化统治，它们分别被韦伯概括为传统型统治、"卡里斯马"型统治和法理型统治。韦伯认为现代科层制由于其明确的技术化、理性化和非人格化而表现出它的合理性，而这种现代科层制具有以下特征：（1）金字塔形的纵向的等级权力结构，按照控制幅度设定组织层次；（2）以专业化和部门化为基础的分工，通过权威体系实现协作；（3）基于绩效的人事选拔与晋升制度；（4）以法制为基础的目标设定和活动组织；（5）标准化的非人格化的运作程序与理念；（6）官员个人生活和公共身份的割裂；（7）特殊的行政激励和保障制度。在各国科层制的实际发展过程中，这些方面都至少在法律制度和政策层面成为基本的要求。①

任何一种组织形态都是在适应环境的变化中而变化发展，韦伯的科层理论具有深刻的社会背景，适应时代需要而产生。它回应了 19 世纪末工业化和民主化的社会对公共部门执行体系的效率要求，体现了德国式的社会科学与美国式的工业主义的结合。但是，随着后现代社会到来，社会复杂程度提高、人的价值取向多元化和诸多对科层制提出的挑战，使科层制的行政管理模式成为诸多社会诟病的代名词。从 20 世纪后半期开始，对科层制的改革

---

① 敬乂嘉：《政府扁平化：通向后科层制的改革与挑战》，《中国行政管理》2010 年第 10 期。

建立在对其广泛的批判基础上，但从未形成一个统一的、有效的组织形式取而代之，因而"扁平化"作为一种对科层制的修补方案，在探索中被广泛地运用。美国通用电气公司 CEO 杰克·韦尔奇（Jack Welch）对企业组织结构的改造最为典型，他将通用电气公司庞大的管理机构大幅精简，使原来的 12 个管理层级减少到 6 个，公司员工从 41 万人减少到 29.3 万人，管理人员从原来的 2100 人减少到 1000 人。所谓的"扁平化"就是减少企业管理层级，扩大企业管理幅度，从而压扁企业管理"金字塔"的改革趋势，这种方式作为解决企业管理僵化、机构臃肿、对外界反应迟钝等问题发挥了作用，从而在企业、社会组织中被广泛推崇，也被政府改革所借鉴。

社会在发展中趋于社会组织结构复杂化、利益多元化、诉求多样化，在科层制政府治理结构中，通常采用增加机构和职能以应对环境变化的影响，而这种应对的结果就是政府机构臃肿、效率低下、成本攀高，社会对政府的批评加剧。通过"减少层级，扩大幅度"的扁平化改革，可增强信息传导的时效性，提高对环境的应变能力；可简化办事程序和减少办事环节，提高办事效率；可节约人力物力，降低行政成本。在科层制的基本构架没有发生根本变化的情况下，"扁平化"带来的普遍担忧是各个层级下的幅度扩大而导致秩序失控，这取决于治理能力和治理方式的同步改进。在"社会共治"的格局下，基层的民主自治担负了众多烦琐的公共事务，这些公共事务包括社会成员共同需要的社区服务、社区公益事业等，只有社区自身不能解决的问题才由政府办理。同样的道理，下一层级能够办理的事务，就不由上一层级办理，这样形成的治理机制是根据社会需要由下而上的治理模式，与传统的由上而下执行命令的模式完全不同。如果没有这样的治理理念转换，"扁平化"改革就只是形式上的，也就存在可能幅度宽而失控的问题。当前，随着信息技术日新月异发展，现代信息传播手段、人工智能在社会治理上的运用，许多过去费时费力的工作可被新的技术手段取而代之，政府"扁平化"改革更是大势所趋。

目前全世界有 191 个国家和地区，地方政府行政层级在三级以下的有 170 个国家和地区，只有 21 个国家和地区在三个层级以上。在国土面积居于前 10 位的国家中，除中国和印度外，其他国家地方政府层级都在三级以下。其中，加拿大、美国、澳大利亚、巴西等国为两级制；俄罗斯、阿根廷为三级制。美国实行三级政府架构，在联邦政府以下设置州政府和地方政府，州以下无论大小皆为地方政府。日本的地方政府由都、道、府、县以及之下的市、町、村两级构成。按照中国《宪法》规定，在中央人民政府之下，地方政府设置为三级，即省、自治区、直辖市；自治州、县、自治县、市；乡、自治乡、镇。但由于历史沿革、管理体制惯性影响，在省以下由原来的地区行政公署衍变为地级市政府，之下管辖市或县级市。同时，乡镇之下的村民委员会本属于自治组织，但都由地方财政支撑，成为准政府组织。以上两方面原因，使中国政府层级达到五级或六级，当属世界之最。

20 世纪 90 年代以来，各地方政府大刀阔斧开展建制调整，主要特点是撤并机构和减少中间层级，在县以下普遍撤销了区管乡体制，并开展了合村并乡设镇工作，县和乡镇、村的管理幅度扩大。与此同时，政府机构也在不停调整中，改革开放以后，国务院机构进行了八次改革，组成部门由 1982 年的 100 个削减到 2018 年的 26 个。各级地方政府机构也随之大幅减少，"大部门制"实现行政职能整合、机构归并，地方政府的"扁平化"改革的力度很大。从同层级组织结构来看，"大部门制"在一定程度上减少了内耗，提高了办事效率，但是，机关组织规模没有发生改变，机构臃肿的现象没有从根本上得到解决。从纵向组织结构来看，政府层级之间人员交流少，宏观与微观层面职能重叠、上下对口，层级责任不明确。传统的科层制在行政资源配置上呈金字塔分布，金字塔的尖端向上，这纯粹从机构的数量分布上可能是这样的，但从治理能力上看，人力资源的专业水准、行政权威、财力等要素构成的科层制却是倒金字塔，尖端在下，意味着越接近于微观和实际，政府治理的能力越呈衰减状态，这就造成宏观与微观、上层与基层在认识上的"断层"，即在实际中表现为上层"本本主义"、下层"经验主义"，两者互不相融。推行政府"扁平化"不仅要减少中间环节，增加幅度，更重要的是从制度规范上融通上下层级的关系，缩短宏观与微观之间的距离。宏观与微观之间要合理分权，明确各不相同的职责，使责任不至于上下推诿

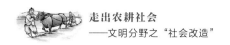

而旁落。

政府的"扁平化"改革中，"改"的环节通过机构撤并相对容易，而"革"的环节需要革除"臃政"相对较难，因为大多数的"臃政"皆因利益而起，"臃政"的背后涉及既得的利益。所谓的臃政就是本不应存在的事务以名正言顺的方式被政府变成政务，这也是导致"内卷化"的重要因素。政府的"臃政"一般有几种情况：①官场"积习"。现代社会的政府与传统社会的衙门截然不同，虽然"政府"是过去的"衙门"现代版，但两者之间在社会关系中的地位、职能和作用大不相同。与中国传统社会的官府权力来自"皇权"、为皇帝服务相比，现代社会的政府机构权力来自"民权"，为民众服务，两者的根本区别是"唯上"与"唯下"的不同。现代社会中的民主政府，无论大小其职能皆为民众服务，这是政府之所以"正当地存在"的理由，但是，受惯性影响，传统官场的积习仍存在于政府运行中。对政府、官员的绩效评价自上而下，以此"唯上"风气盛行。官场内对上逢迎产生各种形式主义，对下应付产生官僚主义。形式主义与官僚主义正是"臃政"产生的根源。②传统"积弊"。这里所指"传统"乃改革开放以前的计划经济时期，那时的群众运动"大呼隆"而上，用政治斗争的方式处理经济和社会问题，不计行政成本，耗费大量资源。这种传统的"积弊"造成大量的"臃政"使政府效率低下。③新的"弊政"。即社会在发展中出现的新情况、新问题，政府在应对上缺乏弹性，以至于政府在层级之间、办事机构之间需要花大量的时间、人力和物力进行协调。其中，大量的事务在政府"体内循环"，由政府内部的部门之间互相"制造"很多工作，使政府处于"高速"而非"高效"运转中，从而出现所谓的"内耗"。革除以上各种"臃政"，既需要从体制上解决问题，也需要从机制上理顺关系，在体制上需要建立和完善制度，转换政府职能；机制上需要剔除职能交叉、条块不顺的"臃政"，推行各级政府、职能部门明晰的"责任制"。

第七章
国民性：近代"观念革命"的文化反思

不了解过去，就无以警醒未来。中国近代所遭遇的苦难对后人是一面镜子，甚至对西方也成为"反面教材"。在欧美列强眼里，中华帝国曾经是强大的象征，这个给英国女王"下旨"、让欧洲使团"下跪"的辉煌帝国，短短的几十年时间内轰然倒下，就像《水浒》中鲁智深眼中威风凛凛的泥塑金刚，瞬间化为碎片。一个庞大的帝国在列强的枪炮声中倒下，惊诧中给他们带来的更多是思考。1899年4月10日，西奥多·罗斯福（Theodore Roosevelt）在芝加哥发表了一次著名的演讲，在这篇以"赞奋斗不息"为题的演讲中，他说："我们决不能扮演中国的角色，要是我们重蹈中国的覆辙，自满自足，贪图自己疆域内的安宁享乐，渐渐地腐败堕落，对国外的事情毫无兴趣，沉溺于纸醉金迷之中，忘掉了奋发向上、苦干冒险的高尚生活，整天忙于满足我们肉体暂时的欲望，那么，毫无疑问，总有一天我们会突然发现中国今天已经发生的这一事实：畏惧战争、闭关锁国、贪图安宁享乐的民族在其他好战、爱冒险的民族的进攻面前是肯定要衰败的。"这篇令中国人脸红的演讲，道出了当时中国制度上的没落，也影射了中国文化颓废的一面。

中华文明上下五千年，优秀传统文化经久不衰，文脉永续。从春秋"百家争鸣"到中世纪传统文化形成，儒、道、佛的思想看似自成派系，其实在精神上却一脉相承。"执中致和"成为中华民族繁衍生息的精神内核。正是文化传统上的包容性创造了人与社会、人与自然的和谐相处，也成为同化任何外来精神的前提；"以孝为先"的价值理念创建了中华世代相传的精神家园，形成了世界上独一无二的中华文化圈;"修身克己"的道德取向塑造了历代的圣贤楷模。但是,延续几千年的小农社会所固有的保守思想、皇权专制制度对人性的压制又成为文化之"殇",以致在人类社会的前进步伐中,特别是在新的时代到来之时,传统"痼疾"成为社会裹足不前的障碍。本章拟对近代化中同样面临困境的两个国家——中国和日本作一比较,从中探寻文化观念对"国民性"塑造的影响。并在此基础上透视中国在转型发展中文化价值观念的演进轨迹,即面对未来发展时的"观念革命"。

第一节　参照:中国与日本近代的文化演进

研究近代中国文化的演进,一个有益的参照就是日本的近代化问题。中国与日本是相邻的两个国家,在历史中有千丝万缕联系。曾经,日本以中国为学习的榜样,并受到中华文化圈的深刻影响。至近代明治维新以后,日本与中国走上了两条不同的道路,日本的强盛和扩张给中国和整个亚洲带来了梦魇。如果说近代欧美列强在历次侵华战争中谋取了大量商业利益,那么日本对中国的侵略则不仅谋求经济利益,它想要夺取的东西更多,甚至于不惜屠族灭种。日本文化的"狼性"只有在更强大的暴力面前才会屈服。这个曾经崇尚儒家文化而始终处于"中华文化圈"之外的岛国,一旦其实力足以满足野心需要,它的孤悬海外的危机感所爆发出的巨大能量,对邻国而言则意味着灾难。毕竟明治政府早在19世纪就提出"失之于欧美,取之于邻国"的国策,这足以成为亚洲其他国家时刻警醒的理由。

对中国和日本在文化演进中的比较应分两个阶段。第一阶段的特点是"相同",第二阶段则"相异",之所以这样表述是因为日本在过去的几千年中皆以中国为师,社会精英以儒家学说为其正统。与中国一样,孤悬海外的日本闭关锁国,处于僵化的落后状态,直到来自欧洲的海外贸易叩开其大门。促动日本走进近代化的时间是18世纪,这也是日本从学习东方转向学习西方的重要时期,其后日本在19世纪开启近代化的第二阶段,走过了与中国不同的发展道路。在近代化中与中国比较,日本更为迅速地完成了

"华丽转身"，归功于从 18 世纪（甚至更早）以来的文化逐渐蝶变，以及此后从精英阶层到整个社会对近代化到来的思想准备。一个有趣的现象是：18 世纪中国正处于盛世的巅峰期，而日本却转身学习西方，是什么因素促成这一变化？找寻答案需要回顾 18 世纪中国和日本究竟发生了什么。1543 年欧洲的葡萄牙人发现日本，至 1639 年被驱逐出境大约经过了一个世纪，西班牙人、英国人在日本没有站稳脚跟，只有荷兰人留在了日本。正是在日本的荷兰人给日本人提供了了解欧洲的机会。日本是一个学习能力极强的国家，且能融汇于自身国情，以变图强。18 世纪以前，日本以中国为师，创造了日本独有的文字。传统的"士农工商"阶层中，士人阶层与中国的不同之处，在于中国的士人阶层以文人为主，而日本的士人阶层则是武士群体，包括幕府将军、数不清的藩主和剑客，甚至于浪人都属于武士群体。近代日本在军队建设上，海军以英国为师，陆军以法国为师，在普法战争以后则以德国为师，充分表现了日本以强者为师的理念。

一 18世纪的日本与中国

对荷兰的研究即"兰学"作为一门学问，从"蛮学"演变到与传统的"儒学"同等重要的地位经历了较长的过程，其间离不开如本多利明、司马江汉、西善三郎、前野良泽、杉田玄白等一批开明的思想家或学者、医生的努力，是他们把被称为"红毛"、与妖精和禽兽等同的荷兰人变成了"老师"。在"兰学"与"儒学"的角力中，最终兰学占据了上风，兰学学者大规玄泽（1757～1827 年）说："近年，兰学开始兴盛起来，儒学家中有人认为不应该接受蛮夷之说，并呈现排斥倾向。这种观点到底说明什么？荷兰的学说（与儒家相同）并不完美，但是，我们选择了其中优秀的内容而学习，何以备受指责？拒绝议论兰学的优劣，沉湎于旧习而不愿改变自身才是更愚蠢、可笑。"① 另一位学者也指出："中国学问已经丧失了生命力，中国学问最好的传统如今已经由荷兰人继承。因此，只有依据具体事实而不是凭空而

---

① （日）唐纳德·金：《日本发现欧洲》，孙建军译，江苏人民出版社，2018。

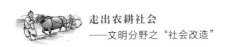
论的兰学才是日本人必须学习的。"① 当时儒学在日本被视为正统的理论，且与"和魂"一体化，在德川时代，大部分儒学家认为，来自中国的高深学问与日本人的优秀精神、美德相辅相成，只有追求两者的完美才能成就最佳境界。兰学在其发展和扩张中，曾经长久地受到来自统治阶层的抵触和限制。

1720 年，热衷于改善本国历算、农业、驯马等具体技术的第八代将军德川吉宗宣布放松洋书之禁，允许与基督教无关之西洋文献在国内有限流通，这标志着日本吸取西欧科学知识跨出关键一步。从此，"兰学"作为一门学问得到广泛的社会认同，日本学者野吕元丈和青木昆阳在将军的支持下专门从事兰学研究。就这样"兰学"的社会影响力与日俱增，并很快风靡日本国内。

18 世纪是日本转向学习西方的重要时期，在"明治维新"到来之前的长达一个多世纪里，日本整个社会弥漫着"文化反思"的味道，他们从来自东方、西方的知识和学问中，吸收有益的营养。摆脱过去对儒学的崇拜，逐渐接受了来自欧洲的科学观念。他们通过解剖刑场上的尸体、比对来自中国的古典医书和荷兰的解剖图谱，认为荷兰的图谱更加出色，从而下定决心翻译来自西方的医典。卡尔·佩特·通贝里是一名瑞士人，1775 年至 1776 年在出岛荷兰商馆当医生，日本人发现他比之前的任何医生具有更高学术造诣，奉其为"任何方面都能为自己提供知识的贤人"，他受到无比尊敬。正是医学和天文学等实用科学的传播，开启了西学进入日本的大门。在此基础上，知识精英的兴趣并没有只停留在医学和天文学上，他们更关心如何从欧洲吸取经验教训，谋求日本富国强兵之道，以保护日本免受外来侵略。

日本在"明治维新"之前的"文化反思"触发了日本社会整体价值观念转变，"思变图强"与现代思维模式引领社会更具活力。唐德刚先生在《晚清七十年》中写道："说者以日本明治维新前之社会结构，实与西欧封建末期之社会结构，极为相似；而此一相同之结构则为欧洲'产业革命'之温床也。日本既有此温床，蓄势待发，因此一经与西欧接触，符节相合，

---

① （日）唐纳德·金：《日本发现欧洲》，孙建军译，江苏人民出版社，2018。

一个东方产业革命乃应运而生矣。此一'欧罗巴社会结构'说，颇能道其契机。"

同样在18世纪，中国处于盛世的光环中。耀眼的光辉曾经点燃欧洲的"中国热"，1700年1月7日，法国国王路易十四举办了迎接18世纪到来的盛大舞会，名曰"中国之王"，汇集巴黎社会名流、贵族于金碧辉煌的凡尔赛宫。国王身着中国服装，乘坐八抬大轿伴着音乐和人们的惊叹声缓缓出场。这场中式舞会是欧洲时尚的"中国风"缩影，此一时期来自中国的丝绸、茶叶、陶瓷等用品风靡欧洲。欧洲启蒙运动先驱伏尔泰（Voltaire）十分推崇儒家文化，他把孔子的画像摆放在家中。在伏尔泰眼中，儒家的"仁、义、礼、智、信"就是真正的自由、平等、博爱的文化。他把中国人称为"所有人中最理性的人"，因此有人说："孔子启蒙了伏尔泰，伏尔泰启蒙了西方。"重农学派的始祖魁奈（Francois Quesnay）因自信是孔子学说的继承人，而被称为"欧洲的孔子"。德尼·狄德罗（Denis Diderot）是法国启蒙思想家、哲学家，百科全书派代表人物，他说："中国民族其历史的悠久，文化、艺术、智慧、政治、哲学的趣味，无不在所有民族之上。"中国儒家思想对欧洲近代影响之深可见一斑，儒家倡导的民本思想甚至中国实行的科举制度，即从平民中选拔官员的办法也备受欧洲人青睐。

18世纪是"大航海时代"结束后中西方文明相互接触、相互借鉴和融通最为频繁的时期。从欧洲人的视角看，15世纪末至16世纪初的"大航海"是一个重要的时期，它奠定了欧洲向外殖民、贸易扩张的地理基础，是欧洲资本主义产生与发展的重要基石。对于欧洲人而言，"殖民"并不陌生，早在公元前6世纪至8世纪的古希腊城邦时期即已开展"殖民"活动，而这正是欧洲人继承来自地中海古老"商业文化"衣钵的一部分。对于中国而言，早在欧洲"大航海"之前的大半个世纪，即在15世纪初就有郑和七下西洋的壮举。虽然中国人的足迹早于欧洲人跨越大洋进入域外之地，但并没有像欧洲人一样凭借武力开辟殖民地，而是在其势力影响的范围内建立起基于"臣服"的朝贡体系。中国是一个在东方无与伦比的大国，素为"中心之国"，拥有辽阔的疆域，凭借强大的经济、军事实力和政治、文化

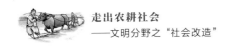
影响力，俯视着周边其他国家。"自大"的心态铸就了对其他"蛮夷"的不屑之感，以至于对正在变化的世界漠然视之，成为井底之蛙。

与日本比较，中国接触欧洲的时间更早、机会更多。据称东汉时即有古罗马使团到访过中国，具体史实已不可考。早在秦汉时期，陆上和海上的"丝绸之路"即打开了中国与西亚各国，甚至远达地中海各国的交往之门，从贸易往来中达成广泛的文化交流。13世纪来到中国的马可·波罗留下了在欧洲很有影响的《马可·波罗游记》；16世纪到访中国的利玛窦是天主教在中国的传教先驱，他给中国人带来了欧洲的天文、地理和数学等方面的知识，广交中国官员和社会名流，是中西方文化交流融通的典范。利玛窦的经历在以上章节中有所描述，这里要提到他在1598年冬的一场辩论，即与声望极高的大和尚雪浪大师关于"世界起源""人性善恶"讨论的终极对决。现在所知的仅有《利玛窦札记》中的记载，而辩论的另一方并没有留下文字记录。仅从利玛窦单方面陈述的事实来看，两人从基督教和佛教的教义来解释世界的本源显然并无赢家，但利玛窦更善于运用逻辑的法则和理性思维，从而胜过了雪浪空洞的辩解。引用利玛窦的话："我们的论证必须从理性出发，绝不能靠引据既成的经典。我们双方的教义不同，谁都不承认对方经典的有效性。既然我也能从我的经典里引证任意多的例子，所以，我们的辩论现在要由我们双方共同的理性来加以解决。"这场辩论之后，利玛窦认为中国人缺乏逻辑、对简单问题的争论都很难得出正确的结论。因此，他翻译并介绍了许多欧洲的经典著作，借以宣扬"科学"和"理性"。

利玛窦之后的晚明清初，士大夫中兴起"西学"之风。从明万历至清顺治年间，约有150余种西学典籍被译成中文。但是，这股"西学"之风并没有像在日本一样，在社会精英阶层中形成科学的价值体系，进而形成促动社会进步的力量。其一，明清的"科举制度"仍是文化人的正途，而其他知识则是异端。在等级制的社会，文人士子通过科举谋取一官半职是获得社会地位、光耀门楣的大事，而科举成功需要获取的知识主要来自儒家经典。习练古代圣贤言辞典故，在故纸堆里找寻"高论"胜过任何的技术和发明。所谓"劳心者治人"，只需要学习掌握"御人之术"，加上诗词歌赋这些有别于下层人民的高雅爱好，任何的科学技术和发明创造都是多余的。严复曾对科举制这样描述："八股取士，使天下消磨岁月于无用之地，堕坏志节于冥昧之中，长人虚骄，昏人神智，上不足以辅国家，下不足以资事畜"。① 其二，明清时期的"文字狱"达到顶峰，朱元璋大兴文字狱打击文人儒士，摧残士人身心，使社会知识精英丧失精神自由而奴性盛行。清初满人当权，对文人限制极严，稍有触犯即大兴文字狱，受株连的人数众多。据估计清前期时，顺治帝兴文字狱 7 次，康熙帝兴文字狱 12 次，雍正帝兴文字狱 17 次，乾隆帝兴文字狱多达 130 多次。1663 年（康熙二年），发生了整个清代文字狱史上罕见的大案——庄廷龙明史狱，庄廷龙依照大逆律被剖棺戮尸，庄氏全族和为此书写序、校对以及买书、刻字、卖书、印刷的共 70 余人被杀，还有几百人充军边疆。残酷的"文字狱"以消灭肉体的方式消灭思想，其历史可追溯至秦汉时期。秦始皇在统一六国的征战中，纵容将领坑杀几十万俘虏，从肉体上消灭反对者。同时，为了从精神上消除从春秋时兴起的诸子争鸣的文化氛围，他采用了李斯提出的"安宁之术"，即禁锢图书、控制教育等手段，达到"天下无异意"。秦始皇开"文字狱"之先河，被历代诸王朝效仿。从汉晋到明清，皆有以言论罪、论心定罪的律令，以此防民之口、禁民之言。中国的"文字狱"不但剥夺了知识阶层的自由，而且禁锢了思想，所谓历朝历代的"饱学之士"只是"知识的拥有者"，不是"思想的拥有者"。

18 世纪欧洲"中国热"和日本的"欧洲热"几乎同时出现，但最终的结局大相径庭。在明治维新以前，日本经历了一场旷日持久的深入人心的思想启蒙运动。这场运动，虽然与西欧特别是法国革命前的思想启蒙运动不能相比，但它的确是日本成功地进行社会变革和步入现代化的关键因素。与此同时，长达百年中中国则在遵循祖宗成规中安享太平。1811 年，即嘉庆十六年，皇帝作《守成论》，其中说："列圣所遗之成规也，守者世世子孙守

---

① 谢伟健：《严复科学教育思想初探》，载《文教资料》2008 年第 15 期。

而不易也。盖创业之君，继前朝弊坏之余，开盛世兴隆之业，殚心竭虑，陈纪立纲，法良意美，无不详尽。后世子孙当谨循法则，诚求守成至理，以祖宗之心为心，以祖宗之政为政，率由典常，永绥宝祚，咸有一德，守之不变，丕基至于万世可也。"随即又说："历观汉唐宋元明，载之史册，皆中叶之主不思开创艰难，自作聪明，妄更成法，人君存心改革，即有贪功悻进之臣从而怂恿，纷纭更易，多设科条，必至旧章全失，新法无成，家国板荡，可不戒哉？"最后说："我大清圣圣相承，度越前古，典章制度钜细毕该，敬守成宪何敢稍易乎？惟百有余年，间有一二庸碌官寮因循怠玩，不遵旧制。予宵旰勤求，殚心修复，永昭法守，仰副训政授宝之深恩于万一。守成大旨，在于勤修欲废之章程，莫为无益之新图，成法不变不坏，屡更屡敝，徒自贻戚耳。况不守祖宗成宪，先不以祖宗为是，其心尚可问乎？若存此念，天必降殃，亡国之君皆由于不肯守成也。守成二字所系至重，敬天法祖、勤政爱民体在是，岂浅鲜哉。"至 20 世纪初，离所谓的欧洲"中国热"和日本的"欧洲热"过去一个多世纪，中国在欧洲人眼里变成了自私、残暴的"傅满洲"，而日本则变为列强之一。

二 中日近代"维新"的文化视角

19 世纪中叶，中日两国同样面临空前的民族危机和生存压力。在西方强国的枪炮声中，结束屈辱的历史唯有革新之途。对于古老的东方文明而言，这一时代不同寻常，处于打破千年酣梦的艰难抉择之中。人类文明进入新纪元，东方在迷茫中艰难前行，找寻新时代的曙光。经历两次鸦片战争以后，东亚所固有的"传统文化圈"和国际秩序被打破，在东西方文明激烈碰撞的大背景下，中国与日本选择了不同的革新路径，以致结局迥异。自 1868 年明治天皇开启维新以后，日本先后废除了幕府时代与西方各国签订的一系列不平等条约，重新夺回了国家主权，经过 20 多年的发展，国力日渐强盛。中国在同一时间，开启了"洋务运动"，建起了亚洲首屈一指的海军——北洋水师。至 1894 年中日甲午战争中国落败，两国的命运发生根本性的逆转。日本凭借战争和掠夺进入了现代资本主义国家行列，而中国则进一步沦为半殖民地国家。

有许多的文献从不同的角度解读中日之间的甲午战争，乃至这场战争带给中日此后半个世纪的历史命运。无可否认，中日之间的甲午战争和此后的日俄战争（1904年至1905年间，甲午战争之后20年），日本基于完胜的结局所滋长的野心，铸定了日本这个岛国在亚洲的肆无忌惮，以及此后扩张政策的崩溃。历史的偶然事件背后，终有必然的结局，这是值得后人深度思考的问题。回过头来再看中国和日本同时出现在19世纪中期的革新运动，看似时间和面临的机遇、困难以及所需达成的目标一致，实际上两国所选择的道路大相径庭。面对向西方学习的课题，日本选择了全面"西化"的模式，从政治的深层次革新，"版籍奉还""废藩置县"；社会体制方面废除传统时代的"士、农、工、商"身份制度，实现形式上的"四民"平等；通过公债补偿形式，逐步收回华族和士族的封建俸禄；此外颁布武士《废刀令》，以及建立户籍制度基础的《户籍法》。经济上推行殖产兴业，改革土地制度，发展工商业，统一货币，建立现代意义上的金融制度；同时，大兴教育，推进文明开化。无疑这场改革触及了社会各阶层利益，撼动了旧的封建秩序的社会根基，使日本整个社会在步入近代化中充满了活力。再看中国发生的"洋务运动"，则是少部分识时务的官僚发起的自救运动，主张"中学为体，西学为用"，即以中国伦常经史之学为原本，以西方科技之术为应用。其根本在于维护清朝的统治秩序，同时采用西方科学技术建造船炮、修铁路、开矿山、架电线、发展现代文化教育等，以此挽救危局。

中学和西学之争直到戊戌变法失败以后都未停止，虽为维护儒家正统的论争，实则维护旧的统治秩序之争。旧秩序不仅需要统治阶层对下层民众施加"高压"，也需要价值认同上下一致。只有价值认同上下一致，统治才具有合理性，统治集团建立的社会秩序才是稳定的。在新的时代到来之际，新的思想与旧的价值观念发生碰撞，原有的价值体系被打破，统治集团不愿放弃自身利益而抱残守缺，剩下的就只有"高压"了。晚清政府无论办洋务还是变法，之所以最终失败，与外国列强的野蛮侵略有关，更与内部的分崩

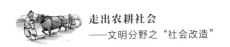

离析相连。戊戌变法被慈禧太后扼杀于摇篮之中，正是康有为、梁启超等人的主张动摇了清王朝统治根基，从而被保守派抨击为"保中国不保大清"，最终赞成变法的光绪皇帝被囚禁于瀛台，戊戌六君子被杀，康、梁亡命海外。

日本的"明治维新"是自下而上的改革，维新派所依赖的是广大中下级武士（德川幕府时期，日本武士及其家属占总人口的6%～10%，在武士实力雄厚的萨摩藩，甚至占该藩人口的25%）、商人等阶层的庞大力量。在广大农民和市民积极参加和支持下所发起的"倒幕"运动，一举推翻了几乎与中国清朝历史同样长久的德川幕府统治。"王政复古"使明治天皇获得了至高无上的权力，在新建立的政治秩序中，日本皇室与下层民众（主要是维新派）对国家和建立新秩序具有更多的认同感。重主朝政的明治天皇，励精图治，锐意改革，决心使日本走上富强之路，这一点在他以后的施政中做到了。为了建设强大的海军，他带头"撙节内宫开支，进餐时的四碟八碗撤了，入夜的笙管笛箫停了"。1887年7月，天皇发布谕令："朕以为在建国事务中，加强海防是一日也不可放松之事。而从国库岁入中尚难以立即拨出巨款供海防之用，故朕深感不安。兹决定从内库中提取三十万元，聊以资助，望诸大臣深明朕意。"① 谕令一出，日本上下竞相效仿，纷纷解囊捐款，不到三个月海防捐款总额竟达103万元帑银之多。1893年即甲午战争前一年，明治天皇又决定此后六年每年从内库中拿出30万元帑银支持海军，再次带动日本政府议员献出1/4薪俸。前线将士得知天皇每天只吃一餐的时候，人人涕泪横流，呼号之声满营。

对比日本朝野上下追逐近代化的情形，与清朝廷的挥霍无度、骄奢淫逸形成鲜明对照。中国当权者慈禧太后每餐菜品百样以上，牛奶沐浴，每次用浴巾百条以上，30多年每天饮人奶。1894年，是慈禧60大寿，清廷拨出专款3000万两白银于一年前即开始筹备。正当庆典筹备紧锣密鼓进行之时，1894年7月，日本舰队在黄海挑起事端，8月1日，中日互下宣

---

① 张飙：《甲午战争120年祭：中国人心中永远的痛》，载《科技日报》，2014年2月7日。

战书。当时为修缮颐和园，户部拨款达 3000 万两之巨，而拨给海军的军费核定为 100 万两。北洋海军自成军以后，即面临经费紧张，设备维修困难，战备、训练松弛等诸多问题。其时北洋海军是号称亚洲第一、全世界第六的庞大舰队，它正如大清帝国一样貌似强大，实则外强中干，在真正强大的对手面前注定了失败的命运。这支成军于 1888 年的北洋水师并非没有强大过，甚至成军之前的 1886 年一艘军舰到访日本长崎港，偶然发生与长崎警察和市民的械斗，引发日本史上所称"清国长崎水兵事件"，在北洋军舰的巨炮对准长崎市区、战事一触即发的态势下，最后以日本的妥协告终。可悲可叹的是，这支曾经强大的海军败于日本之手，仅仅就在数年之后。

当中国在甲午海战中惨败的消息传遍全世界时，中国的老百姓却莫名其妙地沉浸在胜利的欢呼声中。朝廷为了维护稳定和形象，玩弄"愚民"手段，封锁战争失利的消息。国内报纸大肆宣传清军英武善战、新式箭弩威力无比，以及传播日本战败乞降的消息，让国内民众为之一振。为了将假戏做真，清廷沿街收购外文报纸，高价贿赂外媒编造清廷运筹帷幄、清军英勇善战的消息。各地官府和学政衙门纷纷组织本地才子大肆创作、编造国运昌盛的作品，以至于当时的年画蜂拥出现《倭国投降图》、《李中堂镇倭图》以及《小日本朝拜太后图》等作品。但是，这一迷惑人的表演终究难以掩盖失败赔款的事实。日本攻战旅顺时实施大屠杀，幸存者逃出来说出了真相，特别是战争赔款被转嫁到老百姓头上后，发生过的一切终于大白于天下。

如果将"明治维新"与"洋务运动"的成败作出比较，不同的论者可得出不同的结论。追溯到制度层面，最终离不开制度背后的文化基因。传统文化的"惯性"、制度的"惰性"阻滞了中国近代化的步伐，"故步自封"是以上两个方面叠加的结果。文化的"惯性"产生自大，拒绝任何新的思想；制度的"惰性"产生自满，僵化了社会肌体，排斥任何外来的刺激。滚滚向前的历史巨轮容不得半点等待，落后者终究会被淘汰，这是生存的法则，也是世界和人类在进化中亘古不变的规律。在人类文明的进化中，中世纪传统的、专制的制度终究要被现代的、文明的社会制度所取代。在中世纪的黑暗中，专制权柄掌握在少数人手中，代表统治阶层的利益，而现代的文明制度之下，只有全部社会成员的利益，没有政府所代表的特殊利益。在现代文明之门开启之前，所有代表少数人利益的专制制度不会自动放弃既得的利益，总是千方百计维护旧有的统治秩序。清王朝从关外走来，其最高的利益就是维护统治地位，同中国历史上任何的"皇家天下"一样，国家利益也是皇权利益的一部分。"国家"属于皇权的拥有者，而不属于普天之下的老百姓。老百姓更关心的是"一日三餐"和"衣食父母"，"国家"对他们而言就是一个名义上的"符号"，究竟"国"能给"家"带来什么利益？他们是漠然无知的。对于现代的民主政权而言，国家是每个社会成员的利益共同体，代表了社会成员的利益，社会成员对"国家"具有较高的认同感。而专制制度代表少数统治阶层的利益，当代表全体国民利益的"国家利益"与"皇家利益"不一致时，统治阶层首要的是维护皇权而非国家主权，这也一次次地被清末所采取的对外政策所证明。

日本是一个四面临海的岛国，国土面积狭小，资源匮乏。生存发展中的风险意识催生了其天然的进取精神和国家认同感，使"明治维新"获得了空前的成功。而中国在清朝时虽然是大一统的多民族国家，但社会内部民族、阶层之间的矛盾，以及文化认同感的分化撕裂了国家整体意志，从而在抵抗外敌入侵的战争中软弱无力。清王朝的大厦与其说倾覆于洋枪洋炮，不如说倾覆于民心。统治者只顾自身安危、抛弃国家仓皇出逃，是王朝没落的象征。在日本掀起"兰学"的荷兰人，于1740年在印度尼西亚屠杀一万多名华人，这一震惊世界的"红溪惨案"消息传回国内，朝野讨论三个多月，最后换来乾隆对死去的华人"自弃王化，系彼地土生，实与番民无异"的斥责。国家整体意志的缺乏，是明清时期的共性。类似"红溪惨案"的事在明朝也屡屡发生。16世纪末期，西班牙殖民者来到东南亚，将菲律宾作为殖民地，在60余年内三次屠杀华人近8万人，其中1639年残杀华人2.5万；1639年屠杀华人2.4万人，此次屠杀以后，吕宋岛一带华侨几近绝迹。对于这几次大屠杀，明朝廷几乎无所作为。

第二节　社会转型与"观念革命"

技术革命、制度革命的基础和最终归宿在于"观念革命"。社会主流意识摆脱旧的传统和秩序束缚开辟新的境界，是民族国家开创未来的根本之途。"观念革命"是社会所有成员的"集体修炼"，某种程度上比社会的技术革命、制度革命更难。中国从近代走向现代，经历了漫长的传统文化反思和现代人文精神的"回归"，在制度层面和技术层面的更新如火如荼之时，观念层面的价值变化却是缓慢的，难以适应现实发展的需要。

一　文化的"性格"与国民性

民族独有的思维方式、行为习惯、处事风格代表民族的文化性格，在对内和对外关系中发挥重要作用。文化性格作为社会意识形态，由社会存在所决定并对社会存在发挥反作用。从社会存在与社会意识的辩证关系视角，推及一个民族独有的文化性格，其先进的或落后的作用，在推进或阻滞社会发展中发挥重要影响。民族的文化性格与生产生活方式相关，并受到该民族施行的政治制度的影响。人类历史从氏族公社到现代国家，经历了游牧生活、农耕生活和现代生活方式，所创造的文化无不凸显相应时代的生活特性。游牧时代逐草而居，在生产力很低的情况下，面对无情的大自然，人们习得了粗犷豪放的性格，游牧生活充满野性；农耕时代在相对固定的地域专事农桑，春种秋收，周而复始，任劳任怨成为生存的法则；现代生活方式主导下的文化模式，使人们在谋取物质利益的同时更加现实而理性。国家政治制度对民族文化性格的影响，表现为专制和民主两种制度框架下，民众普遍养成和认同的思维方式和行为习惯。专制制度对国民性有压制作用，普通民众在被动服从中养成懦弱的特性，其文化性格大多有胆小、退让、明哲保身的特点。政治制度民主化赋予社会成员自由、平等的身份认同，在共同参与中产生合作、共享心态，具有更高的规则意识和

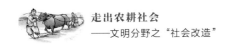
集体认同感。

出于地理、历史、民族和国家形成等方面的原因，东西方文化传统所赋予的文化性格迥异。地中海文明向欧洲腹地扩散，古希腊和罗马时期文化传统、基督教文化以及日耳曼民族对欧洲文化的影响，构成了现代欧洲文化性格的内核。与此相对应的中华传统文化以儒、释、道为基础，农耕生产方式和传统的专制制度对文化性格的影响深远。中西方文化性格的差异以及基于文化性格的不同国民性，反映在中西方文明类型上为海洋文明与大陆文明、对外商业殖民与农耕朝贡体制的区别。

传统文化中的儒、释、道构成中国人文化性格的基质，其价值观念渗透到中国人的血液中，成为"中国人"的文化基因，世代相传，延绵不断。儒家文化秉持《易经》"天行健，君子以自强不息"精神，塑造了中华民族生生不息、努力进取的民族之魂。儒家修身进取，以仁义、孝悌、修身齐家治国平天下为己任。儒家是立德的文化，克己修身而成其德性，强调为人之道要"诚以立身、仁以待人、公以处世"。道家讲求虚静自守，《道德经》中说："致虚极，守静笃"，强调虚静的智慧，虚静是做人的最高境界。"道法自然"强调社会和人的行为应遵守自然法则，顺应自然，无为有序。老子说："是以圣人居无为之事，行不言之教……功成而弗居。"人生态度"为而不争"，不逞强好胜，就没有怨咎，达到"以其不争，故天下莫能与之争"的效果。道家提倡"知足常乐，宁静恬淡"的生活，老子认为"祸莫大于不知足，咎莫大于欲得。故知足之足，长足矣。"庄子则认为"朴素而天下莫能与之争美"，只有朴素才是人的本性，唯此人才能具有高尚的品德和人格。佛家讲求万事皆缘，随遇而安。人生面对现实，只能接受，随缘生活，随心自在，谋事随顺因缘而不勉强，尽力而为，成败检讨得失，而不为成败喜忧。

中国传统文化根植于小农经济，小农生产方式深刻地影响和固化了中国传统文化性格。以家庭为生产单元的小农经济致力于维持家庭消费，丰盛的收成来自大自然的恩赐和艰苦的劳动付出。这种生产模式持续几千年，孕育了中国人吃苦耐劳和勤俭持家的精神。"精耕细作"的生产方式和周而复始的劳动体验，培养了中国人沉稳和耐心细致的优良品格。传统的"畜力铁耕"固守于家庭生产模式，缺乏生产过程的分工与协作，也使"小农"的自私狭隘意识十分明显。传统的乡村生活格局中，"鸡犬之声相闻，老死不相往来"虽略显夸张，但农村人口居住分散，家庭内的"男耕女织"自成一体，独立于外界而缺乏合作。在传统乡村中，来自自然、社会及家庭的变故始终存在，小生产的脆弱性表现在遇到自然灾害或家庭突发变故时即告破产，家庭随之陷入困境，而稳定种养殖业的收成是农民聊以自足的预期，所以"靠天吃饭"、期盼"风调雨顺"，转化为祈求上天、祖先的迷信行为，在崇尚上天、祖先，相信命运的心理中寻找安慰。同时，对生产中可能出现的风险，传统小农大多采取尽量规避"意外"的行为方式，所以宁愿保守地、一成不变地坚持传统的耕作习惯，也不愿意采用新的生产技术。自私、狭隘、保守的"小农意识"一向多含贬义，而且代表传统乡村社会的落后意识，但在特定历史条件下，在特殊的"小农"生产环境中，其价值取向则体现了小农的理性。

中国传统文化价值观以及小农生产方式完全契合了中国传统社会的治理模式，专制皇权的高压统治使社会在一定的历史条件下具有相对的稳定性。最底层民众的软弱服从、小农生产的分散自保正是统治者所需要的。帝王心目中的皇权无所不及、无所不包和无所不能，"皇家天下"包括所有的财富、资源，还有他人的生命和一草一木，只要他愿意皆可支配。总之，皇权是主宰一切的权力，皇帝作为"天子"成为上天的代言人，被赋予了神一般的话语权。最自私的专制制度尽最大的可能压制其他人群的权利，尽最大的可能消灭一切对专制权力的挑战，尽最大的可能防止社会发生变化。[①] 文化意识形态的终极目标就是说服所有人"服从"，并为"尊卑有序"的格局寻找各种正当的理由，使居于劣势地位的人"安于天命"。从秦始皇建立郡县制确立专制的制度框架，到汉武帝"独尊儒术"固化与专制相适应的意识形态，到隋唐"科举制度"的完善，从根本上改变中国"士"阶层的思

---

① 张宏杰：《中国国民性演变历程》，湖南出版社，2016，第2页。

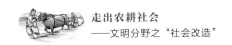
维模式，专制制度对普通人"头脑"的控制达到极致。人类历史上所有的"专制"或"独裁"，无一例外地用"消灭肉体的方式消灭思想"，因此就有了数不胜数的刑罚私狱，中国古代致人死亡的酷刑有几十种之多。在掌握生杀大权的帝王将相、各级官僚面前，唯"思想者"不得不三缄其口，而为脱离饥寒奔忙的老百姓唯一能做的就是服从。毕竟，保住尊严的代价有可能是瞬间失去生计、陷入牢狱甚至失去性命，对任何一个人或家庭来讲，这种代价和后果都是灭顶之灾。

从春秋到唐宋再到明清，中国人的性格历程如同奔泻直下的三叠瀑布，落差之大令人惊讶。源头的中国人，品格清澈；唐宋时的中国人雍容文雅；及至明清，多数中国人却麻木懦弱，毫无创造力。张宏杰在《中国国民性演变历程》一书中，从尚武精神、侠义精神、儒家传统以及文学作品中反映出来的精神面貌等方面，对不同时期的国民性进行比较，可见一斑。春秋时期，贵族个个下马能文、上马能武，侠客遍地，武士横行，一言不合就拔剑相斗。那时候的中国人，不喜欢一步三摇弱不禁风的白面书生，不论男女，皆以高大健硕为美。而至明万历年间，到达中国的传教士利玛窦写给罗马的信中说："很难把中国的男人看作可以作战打仗的人。"他发现，这个帝国里最聪明的人看起来都像女人："无论是他们的外貌气质，还是他们内心的情感流露，看起来全像温柔的女子。"描述中国人："彼此争斗时表现出来的，也只是妇道人家的愠怒，相互殴斗时揪头发。"这些男人"不惜每天花费两个小时来梳理他们长长的头发，考究地整理他们的服饰，他们就这样悠闲自得地打发着美好的时光"。鸦片战争以后的中国人更是变得胆小、软弱，南京大屠杀资料集中收录了一位日本军人的回忆，他惊讶于数千中国士兵驯服而默然地经过如山的同伴尸群，走向死亡而毫不反抗。

春秋时期的侠文化演绎出赵氏孤儿、聂政刺侠累、荆轲刺秦王的悲壮故事。慷慨赴死的侠义精神至明清时期尽失，曾经的侠客变成了攀附权力的附庸。鲁迅在《流氓的变迁》一文中说："一部《水浒》，说得很分明：因为不反对天子，所以大军一到，便受招安，替国家打别的强盗——不'替天行道'的强盗去了。终于是奴才。"他称《七侠五义》中的英雄，表面上是侠客，实质上却是奴才，"满洲入关，中国渐被压服了，连有侠气的人，也不敢再起盗心，不敢指斥奸臣，不能直接为天子效力，于是跟一个好官员或钦差大臣，给他保镖，替他捕盗"。他们"虽在钦差之下，究居平民之上，对一方面固然必须听命，对别方面还是大可逞雄，安全之度增多了，奴性也跟着加足。"在专制制度的压迫下，中国士人阶层的奴化更为明显。春秋时期各种学派"百家争鸣"，儒家先驱孔子、孟子坚持自己的主张，合则留，不合则去，特别注重精神的自由和人格的独立。秦汉以后，至唐宋时期，中国士人阶层的独立精神逐渐丧失，思想不断僵化守旧，沦为皇权驯化普通百姓的主要工具。一些清高之士或愤世嫉俗，或归隐田园，孤傲的人格大多是官场失意后形成的。至明清时期，士人做隐士的自由也被剥夺。朱元璋说："率土之滨，莫非王臣。寰中士大夫不为君用，是自外其教者，诛其身而没其家，不为之过。"儒士出身的官僚们只需要俯首帖耳为皇上办事，不需要有自己独立的思想。"奸臣"固然并非国家之幸，"名臣"的出现其实也不是什么好事，国家只需要唯命是从、办事可靠的奴才。

二 中国近代"观念革命"

人是自己观念的囚徒。钱满素在《爱默生和中国——对个人主义的反思》中说："真正的革命发生在人们的头脑中，没有观念上的革命，社会革命不过像波浪一样——只是水面的振荡，水下却依然如故。一套固定的观念经过千百年的反复灌输，已经成为中国人思想和生活的一部分。观念革命正是对既定价值的一次全面再评判，它把人的精神从旧思想的樊篱中解放出来，引入一个崭新的境界。历史表明，观念革命成功的种子往往并非完全异己的思想，而是那些能够为旧体系所接受和吸收的思想，否则难免被扼杀在萌芽状态，绝无渗透的可能。"近代工业革命肇始于技术革命，技术革命的兴起离不开此前欧洲的文艺复兴及思想启蒙运动，正是14世纪起的文艺复兴以及至17、18世纪的思想大解放，使人们从"中世纪的黑暗"中解放出来，这一长达近400年的"观念革命"启动了声势浩大的"技术革命"。从历史经验上看，打破欧洲中世纪封建统治秩序，摆脱宗教对人们思想的束

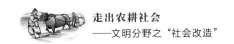
缚，这一跨越几个世纪之久的观念革命牵引了制度层面和技术层面的根本变革。观念层面新的价值体系形成是新的制度体系形成的先决条件，同时又是技术变革的基础。新的价值体系一经形成，则具有相对稳定性，而技术层面的革新则相对更为活跃。中国社会近代技术变革，源于外界输入和刺激，由此表现出来的"观念革命"总是无法跟上"技术革命"的步伐。

英国学者李约瑟（Joseph Terence Montgomery Needham）在其著作《中国科学史》中提出："尽管中国古代对人类科技发展做出了很多重要贡献，但为什么科学和工业革命没有在近代中国发生？"这一此后被称为"李约瑟难题"的问题，引起了众多学者的关注和思考。包括李约瑟自身在内的许多学者给出了众多的解释，从政治、社会、历史、哲学以及思维模式、价值理念和地理位置的不同视角给出了不同的答案。爱因斯坦（Albert Einstein）说："西方科学的发展基于希腊哲学家发明的形式逻辑以及通过系统的实验方法发现的因果关系。在我看来，中国的贤哲没有走上这两步。"[1] 对爱因斯坦的解答，李约瑟认为其浓重的欧洲中心主义者观点不足以令人信服，从而加以否定。李约瑟在对中国历史的系统研究中，对他自己提出的问题给予了一种解释：那就是缺乏产生科学的自然观、偏重于实用的经验运用，以及中国士人醉心于科举致仕，而忽视任何科技发明、技术进步的风气是导致中国落后的重要因素。学人对李约瑟难题以及与此类似的"钱学森之问"[2] 多有探索，各有答案，从众多的解答中我们不难发现其共同点。即观念层面和制度层面的因素皆难以排除在外，许多学者从不同的专业角度寻找答案时，最后都没有离开这两个方面的重要影响。

因为传统价值观念禁锢和制度僵化，中国近代的"观念革命"经历了长时段，"西学"与"中学"之争此起彼伏，最终以"西学"为用，"中学"终不能为"体"，甚至被边缘化。中国士人沿着"西学为用"的方向走

---

① 《爱因斯坦文集》第1卷，译者：许良英、范岱年，商务印书馆，1976年。
② "为什么我们的学校总是培养不出杰出人才？"这是著名的"钱学森之问"。2005年，国务院总理温家宝在看望钱学森的时候，钱老感慨地提出了这个问题。他还说："这么多年培养的学生，还没有哪一个的学术成就、能够跟民国时期培养的大师相比"。

上了"中学不能为体"的路，中国士人不知不觉中被西方改变了思想方式。在中西方文化竞争中，传教士处于最前沿。19世纪之前，不仅中国士人自认中国为世界文化中心，就是17、18世纪来华之耶稣会士也认可中国人是"世界上最文明的民族"。但科技革命和工业革命带来的发展使西人的自信心与日俱增，故19世纪来华之新教传教士对中国文化的看法就远没有耶稣会士那样高，而且随着其自信心的增强，可以说是越来越看低了中国文化。在19世纪30年代，他们尚认为中国文化典籍至少在量上不仅超过任何非开化民族，而且超过希腊和罗马。到19世纪50年代，他们只承认中国文化优于周边国家许多，却已远逊于任何基督教国家了。[①] 在19世纪中叶，中国士人仍能坚持中国文化的正统和优越感，即使鸦片战争中英国使用了最先进的铁甲舰"复仇神号"，中国士人认识到西人的"长技"，但并没有消减自己的文化优越感。在中国士人眼中，西方的"长技"不过长于"术"的层面，而非真正的、正统的"学问"所长。

宗教传统与科学思想本互不相容，但西方传教士在传播"福音"时，却运用了与宗教教义矛盾的暴力手段和"科学知识"。而真正让中国士人在不知不觉中接受西方观念的并非宗教，而是科学文化。在中西方文化的长久博弈中，西方的文化观念逐渐取得优势。这种优势从器物到制度、文化，构成了西方强大的秘诀，使中国士人不得不放弃传统的思想方式，转而接受和推崇西方的文化观念。西方文化伴随"船坚炮利"进入中国，正如蒋梦麟在其著作《西潮》中说："如来佛是骑着白象到中国的，耶稣基督却是骑在炮弹上飞过来的。"但真正让中国士人"西化"的并非完全的炮舰征服，而是长久的"说服"与渗透，其中契合中国人"变新图强"心理的科学技术和民主制度发挥了关键作用。1834年，在广州的西人组织了一个"在华传播有用知识会"，其章程将传播知识的活动称为"战争"，提出该会的目的是要"天朝向智力的大炮屈服，向知识认输"，而其姿态仍是一种说服的姿态。

---

① 罗志田：《权势转移：近代中国的思想与社会》，北京师范大学出版社，2014。

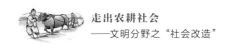

理学家魏源首先提出"师夷长技以制夷",类似的观念在中国士人思想中占据重要位置。主张西学的郑观应说:"夫欲制胜于人者,必尽知其成法,而后能变通,能变通而后能克敌。"冯桂芬在其《校邠庐抗议》之《采西学议》中议中国士人改从西学,皆"出于夷而转胜于夷"。他提出学西方要"始则师而法之;继则比而齐之;终则驾而上之"。此时,反对西学的声音以倭仁为代表,认为传统学问"足以驾西人而上之",不必"师事夷人",但其目的也在于"攘夷"。冯桂芬将西方文化分为"礼"与"器"两种类型,提出"用其器非用其礼也,用之乃所以攘之也"。这种观点坚守了"西学为用""中学为体"的"攘夷"思想,代表了19世纪中叶中国士人主流意识。但是,随着"西学"的发展,"中学"的颓势逐渐显现出来,并在19世纪末遇到更加激进的"西学之风。"1897年12月,严复翻译的《天演论》刊印出版,在中国社会掀起强烈反响。"物竞天择、适者生存"的观点改变了中国士人传统的"崇让"观念,而这种转变正契合了甲午战争失败后中国士人寻求国家富强的普遍心态。儒家经典《春秋谷梁传》(定公元年)说:"人之所以为人者,让也。"老子主张"不争",墨子讲究"不斗",这些思想皆为"崇让不崇争"。西潮入侵后,国人由重理转而重力,过去受到压抑的法家耕战思想被重新"发现",进而引发出商战以至于学战思想,"争"的意识渐具正面价值。[1]《天演论》在近代中国的重要影响不仅解释了中国"因劣"而败的原因,而且提出了"尚争"图强的路径。

1906年清朝廷诏准废除科举、兴办学堂,终结了延续1300年的中国传统的开科取士制度。这一重大事件与1894年中国在甲午战争中失败后一系列变法运动,共同构成了影响中国历史进程的重要因素,标志着中国的变革图新从"学战"扩张到根本的政治制度层面。甲午战争的失败,打击了士人坚守传统文化的优越心理,使西学成为图"新"的代名词。在追捧西方文化优势的同时,"中学"传统随之边缘化,这种边缘化不但表现在器物层

---

① 罗志田:《权势转移:近代中国的思想与社会》,北京师范大学出版社,2014。

面，而且深入中国人的思想层面。严复在 1902 年驳斥"中体西用"的观点时指出："中学有中学的体用，西学有西学的体用；分之则并立，合之则两亡"，事实上他的观点已接近于"全盘西化"了。甲午战争中，日本战胜中国成为亚洲强国，从 1896 年清朝廷首先选派留日学生，此后至 20 世纪上半叶，中国形成了一股留学日本的风潮。昔日向中国学习的日本变成了中国的"老师"，中国则转向日本学习西方文化。许多颇具现代意义的词汇如民主、经济、政治等，中国就是从日本学过来的。从 1872 年至 1875 年中国向欧美派出四批留学幼童以来，中国人纷纷走出国门学习西方文化。从学欧美到学习俄国，西方文化以崭新的姿态改变着中国人的传统理念。与此同时，国内由教会、政府或地方实力派兴办起了一大批新式学堂，由此，新式的知识分子阶层逐渐取代传统的士人阶层而引领新的潮流。

三 转型社会的文化之"痒"

社会存在决定社会意识，社会意识形态的变迁较之社会存在的转型发展更为复杂而缓慢。从近代以来，中国从农业社会向工业社会、从传统社会向现代社会的过渡中，文化转型发展从未停止过。从器物层面到制度层面、从生产方式到生活方式、从价值理念到国民性改造，文化观念的更新至今还在路上。现代生产方式以及与之相适应的生活模式来源于西方，中国文化在被动接受中改造与发展，与此相随的传统文化在中西方交流与碰撞中，也经历了否定和再次肯定的起伏过程。西方的"科学与民主"思想经历百年，被中国人接受并落地生根，这一结果贯穿于一次次重大的、跌宕起伏的历史事件，在传统与现代思想博弈中而产生。迄今为止，我们所享有的现代文明成果无不与此相关，包括超越传统农业文明时期的丰富物质生活、文化生活。然而，中华文化数千年经久不息，在内忧外患中从未中断过。无论朝代更迭，甚至南北朝、元、清时期，全国政权易手于中国腹地之外的游牧部族，中华文明迭经挑战、重挫，却能传承、延续下来。纵观世界上其他的古老文明，四大文明古国中，印度文明雅利安化；希腊文明被中断上千年；埃及文明则经历了希腊化、罗马化，其后又伊斯兰化。世界上曾经强大一时的罗马帝国、奥匈帝国、奥斯曼土耳其帝国，如过眼云烟，其兴也勃焉，其亡也忽焉。从近代以来，中华传统文化在抗争中一度处于低潮，但从未沉沦过。当西方的文化凸显其优势，强势地植入每个人的意识深处后，人们透过物质享乐，在众多的西方思潮中逐渐看清了资本的血腥和天生自私的劣根性，这正是当下国人对传统文化的再一次反思以及呼唤其回归的理由。

任何一种文化，无论是传统的还是现代的、无论是中国的还是外国的都不可能尽善尽美，也不可能是一成不变的。文化所包含的诸多要素如人类创造的物质产品以及知识、信仰、道德、技能、风俗和形成的社会关系、行为规范等，都具有时代局限性。随着社会进步和时代变迁，文化以及在文化中表现出来的价值观念也在不断地进化和发展。适应于社会发展要求、引领社会发展方向的文化就是先进的，反之则是落后的文化。一个成熟的社会具有成熟的文化，其显著的特征是大众的价值观念和价值判断标准具有一致性，只有在这样的条件下，才可能建立起社会成员间的相互认同感，以及对社会公正的信任感。与此同时，维系社会运转的法律和一切行为规范才是正当而有效的，这样的社会是相对稳定、和谐的。近两百年以来，中国结束了传统的农耕时代，进入物质生活相对丰富的现代社会，但是，政治、经济、社会的快速发展并没有消解文化发展滞后所带来的负面影响，以致社会在整体转型发展中出现价值观"迷失"的现象，即社会在转型中的文化之"痒"。

中国是发展不平衡和不充分的国家。小农经济在广阔的乡村地区仍具有较强的生命力，城乡差别巨大；区域之间发展不平衡，东西部差距明显。从20世纪70年代末以来，改革开放在推动整体经济和社会向前发展的同时，也催生了个人收入差距的扩大，而且这种收入之间的差距已经成为社会矛盾积聚的重要原因。文化转型发展是社会转型发展的核心，个人收入差距扩大使社会族群之间的矛盾趋于显化。在社会矛盾激发的状态下，社会整体的价值观念出现分化，会削弱共同的认同感，导致道德功利化、价值判断标准模糊化和个人行为失范。在缺乏道德约束和社会规范、人们相互之间没有认同感的社会，个人对法律和一切规矩失去敬畏之心，最终导致社会中个人主义、拜金主义、享乐主义盛行，整个社会人情冷漠，人人唯我独尊。

迄今"小农意识"对社会的影响不仅指仍然固守在乡村、从事小农生产的那一部分人，而且包括传统社会所传承下来、深入中国人骨髓中的意识和观念。这种意识和观念既在乡村的人口中存在，也在进入城市的乡村人口中存在；既在普通大众中存在，也在"精英"人士中存在。小农所具有的封闭、保守、自私、狭隘观念，不仅表现在普通人的人际关系上，而且也影响到社会生活的诸多方面。封闭意识缺乏合作精神，影响到社会资源在优化配置中的共享；保守意识安于现状，缺乏创新和进取精神，使社会缺乏活力；自私意识以自我为中心，损公肥私，使社会、组织失去凝聚力；狭隘意识固执己见，缺失应有的价值判断标准，使个人行为失去自我约束。当然，小农生产方式下形成的意识形态，并非从一开始就是落后的或"坏"的东西，在传统的农耕时代，小农意识所代表的思想观念适应所在的时代，其包容性和风险规避意识，正是小农经济形式延续数千年不衰的文化根基。直到如今进入工业化和信息化时代，"小农"身上所独有的勤劳、刻苦精神仍是现代社会所需要的。

对社会转型发展影响很大的不仅有小农意识，还有以制度文化为核心的传统文化观念，其中"官本位"思想体现在社会生活的各方面。作为专制制度的副产品，"官本位"意味着权力、利益、地位和尊严，是特定的制度模式下，驱使每个人不遗余力把"为官"当成人生的目标和最高的价值追求。在中国传统文化中，社会只由"官"和"民"构成，无论士农工商皆可划分为官或民，官是社会的管理者，民则是被管理的对象。西方汉学家卡尔·奥古斯特·魏特夫（Karl August Wittfogel）说中国中古历史阶段就是"二千年官吏与农民的国家"。王亚南在《中国官僚政治研究》中认为中国自秦以来至清朝两千余年一直受到专制政体——官僚政治的支配。秦代的官僚政客是在封建贵族政治崩溃过程中养成的，而秦后各朝代的官僚政客，则都是在官僚政治局面下养成的。两千年的历史，一方面表现为同一形式的不同王朝的更迭，另一方面又表现为各王朝专制君主，通过他们的文武官吏对农民施行剥削榨取，表现为支配权力的转移。

传统文化中的等级观念对现代政治、社会发展仍具有影响，虽然等级制度在现代政治、社会生活中消亡，"人人平等"的制度安排成为主流，但是，传统文化中根深蒂固的等级观念还存在，并对现代政治和社会发展产生影响。潜意识中的等级观念助长特权思想，使人们不自觉地用"血统"、"财富"和个人的"成就"划分等级，谋取超国民待遇。在政治参与中，等级观念损伤民主氛围，阻碍民主政治健康发展。同时，等级观念与"公民意识"相背而行，漠视公民的平等权利和义务，与现代社会生活格格不入。在中国传统社会，等级观念与"依附人格"相伴，在少部分人获得专制特权的同时，大多数人依附于皇权、宗权、神权、夫权而存在，没有独立的人格，处于社会底层的人成为专制制度的牺牲品。在现代社会，人们潜意识里仍然存在等级观念，这对人们的政治、经济、社会和文化生活产生影响，特别是现代社会中的"官二代"、"富二代"以及"农二代"和"穷二代"的区分，不自觉地在年轻人中造成隔阂和对立情绪，不利于社会持久的和谐。

社会转型发展中，文化的转型发展是一个艰苦的、复杂的过程。这一过程也许要经历较长的一个时期。中国从近代化开始即进入文化转型发展中，其中的核心即中西方、传统与现代之间的价值观念剧烈碰撞，许多重大的历史事件皆因此而起。回过头来重新审视这一现象，贴上现代标签的西方文化观念在为我们输入现代科学和民主理念的同时，也输入了资本主义所独有的嗜血和贪婪。正如马克思指出的"资本来到人间，从头到脚，每个毛孔都滴着血和肮脏的东西"。现代社会的价值"迷茫"并非全部来自传统的、落后的文化影响，而更多的则来自西方输入的极端自私、个人功利至上的思想观念。社会转型时期的多重价值观意味着统一的价值判断标准缺失，以致陷入一切以物质、权力和金钱为衡量标准的"道德陷阱"。

为追逐个人物质利益而不择手段，使社会失去了以个人道德约束为基础的诚信环境。以高科技手段为特征的各种欺骗行为屡见不鲜，令人人自危；涵盖方方面面的造假作伪，令人人受害。对物质利益的争夺加深了社会阶层、族群之间的矛盾，无益于对历史的、现实的问题的化解。

第三节　关于"小康"社会的文化视域

《旧唐书·魏徵传》中记载了一段李世民说过的话："夫以铜为镜，可以正衣冠，以史为镜，可以知兴替，以人为镜，可以明得失。"人类的发展历程，是一部在反思中不断进取的历史。回眸所走过的路，每一次跌倒留下的痛苦都是前行的亮光。中华民族走过辉煌、经历创伤，留给现代人无尽的思考。进入 21 世纪上半叶，中国已进入"全面小康"社会，前进的道路仍然曲折而多变，要沉着应对前进中出现的困难和问题，需要更加冷静地反思过去、展望未来，着力建设适应新时代中国特色社会主义的文化体系，在继承与创新中培育统一、先进的核心价值观，创造美好的"精神家园"。

一　"小康"与"小康文化"

"小康"这个词出自《诗经·大雅·民劳》"民亦劳止，汔可小康。"是指为中国广大群众所享有的介于温饱和富裕之间的比较殷实的生活状态。儒家把比"大同"社会低一级的一种社会称为小康，描绘的是在夏禹，商汤，周代的文王、武王、成王、周公治理下出现的盛世。在古人的心目中，《礼记·礼运》中具体描述了"小康"与"大同"社会，真正的理想社会是大同社会。两种理想的社会形态因"道"而别，所谓的"大道"即治理社会的最高理念，其中以"公"为基本的价值观。因为"天下为公"，所以人人皆有"公心"，进而"不独亲其亲，不独子其子"。因为具有"公心"，所以社会才能"选贤与能，讲信修睦"。"大道之行"就是"天下为公"的政治秩序、伦理秩序和道德秩序。

"大同"社会是儒家认可的最高理想社会，其思想基础来自"三皇五帝"时期，即原始社会后期的氏族部落秩序。在经过长期的战乱和动荡之后，人们渴望建立稳定而平和的社会秩序，这也就是儒家提出"大同"理想的社会基础。事实上秦汉时期距离远古的、传说中的尧舜时代相距数千年，在缺乏文献记载的情况下，儒家的"大同"思想包含了对远古人类生活的理想化，同时反映了对社会现实的反叛。《礼记》大抵成书于秦汉时期，此时正是中国传统社会治理模式形成时期，在经历长达数百年战乱和社会动荡以后，大一统的中华帝国奠定了以私有制为主体的制度框架。儒家理想中的"大同"失去了赖以存在的制度和社会基础，在"大道既隐"的情况下，提出的"小康"理想更接近于社会的现实状况。儒家基于"私有"前提的"小康"，其理想是以"礼"为核心建立社会秩序，以"礼"正君臣、笃父子、睦兄弟、和夫妇。

对理想生活的追求，中国古人从不缺乏想象和行动。历朝历代在结束乱世之后，皆图盛世之治，无论变法还是革新，其愿景大多是构建一个风调雨顺、国富民安的"小康"式的社会。以"小康"为目标的帝王之治当数明朝的"永乐之治"，明成祖朱棣提出"斯民小康，朕方与民同乐"，"如得斯民小康，朕之愿也"。在中国传统社会，"小康"的盛世出现，往往与皇权的"德治"相连，即贤明君主励精图治的结果。明太祖朱元璋也曾赞过元朝的"小康"，《明太祖实录》中说："元主中国，殆将百年，其初君臣朴厚，政事简略，与民休息，时号小康"（卷三十九）。以及"朕思三代及汉、唐、宋历年多者，皆其祖宗仁厚，结于人心，植本深固，人不能忘故也。元自世祖，混一天下，宽恤爱人，亦可谓有仁心矣，但其子孙能持仁厚之心，守而不替，社稷之福也"（卷三十四）。历史上短暂的"盛世"尽管辉煌一时，表现出经济富足、社会安定的状况，但是，这些表面上的繁荣并没有形成推动社会发展的动力，从而逃不出朝代兴亡更替的周期律。

古代先哲提出的"大同"理想，并非完全如"乌托邦"式的幻想存在于人的想象中，在近代成为政治革新和社会变革的重要理论源泉。洪秀全所设想的太平天国"凡天下田，天下人同耕；天下人人不受私，物物归上主"。所达成的社会理想是"无处不均匀，无人不饱暖"。康有为在其《大同书》中设想的未来大同世界没有私有制，人人生而平等，他把人类社会推演为"据乱世、升平世、太平世"三个不断进化的系统，"太平世"即"大同社会"。孙中山所倡导的大同社会以"平等"为核心，"社会主义为人类谋幸福，普遍普及，地尽五洲，时历万世，蒸蒸芸芸，莫不被其泽惠"。他对于未来社会的理解是"人人平等自由，世界幸福"。孙中山将破除人类之不平等视为一切革命的宗旨："夫世界古今何为而有革命？乃所以破除人类之不平等也。孔子曰：'汤武革命，顺乎天而应乎人。'革命之时义大矣哉！"

　　从 20 世纪 80 年代开始，"小康"成为中国人心目中的"热搜词"。"小康"被所有人关注，是因为从改革开放之初确定的奋斗目标即"小康"，"小康"不但作为社会改革与发展目标引人注目，而且在新的时代背景下被赋予更新、更广的含义，代表了一个时代的进步。1979 年 12 月，日本首相大平正芳率领代表团访问中国，在和邓小平的会见中，就中国发展的长远规划问题向邓小平发问：中国将来会是什么样？邓小平给出的答案是："我们要实现的四个现代化，是中国式的四个现代化。我们的四个现代化的概念，不是像你们那样的现代化的概念，而是'小康之家'。"邓小平对"小康之家"的解释在其以后的谈话中多次出现，1981 年 4 月，在会见古井喜实为团长的日中友好议员联盟访华团时，邓小平又说："在本世纪末我们肯定不能达到日本、欧洲、美国和第三世界中有些发达国家的水平。……我们只能达到一个小康社会，日子可以过。"1988 年 8 月，在与日本首相竹下登谈话时说："提到这件事，我怀念大平先生。我们提出在本世纪内翻两番，是在他的启发下确定的。中国历史上有'小康之家'的说法。小康社会就是还不富裕，但日子好过。就我们来说，目标定得低一点有好处。目标定低一点是为了防止产生急躁情绪，避免又回到'左'的错误上去。"1984 年 4 月在会见英国外交大臣杰弗里·豪时，邓小平第一次对"小康"之后的发展目标作了设想。他说："我们的第一个目标就是到本世纪末达到小康水平，第二个目标就是要在 30 年至 50 年内达到或接近发达国家的水平。"直到 1987 年 2 月在与加蓬总统邦戈谈话时，邓小平才第一次把"接近发达国家水平"改成达到"中等发达国家水平"，以更符合实际和可能。1987 年 4 月邓小平在会见西班牙工人社会党副总书记、政府副首相阿方索·格拉时提出了"三步走战略"，邓小平说：我们的目标是，"第一步在 80 年代翻一番。以

1980 年为基数，当时国民生产总值人均只有 250 美元，翻一番，达到 500
美元。第二步是到本世纪末，再翻一番，人均达到 1000 美元。实现这个目
标意味着我们进入小康社会，把贫困的中国变成小康的中国。那时国民生产
总值超过 10000 亿美元，虽然人均数还很低，但是国家的力量有很大增加。
我们制定的目标更重要的还是第三步，在下世纪用 30 年到 50 年再翻两番，
大体上达到人均 4000 美元。做到这一步，中国就达到中等发达的水平。"在
邓小平的心目中，"小康"仍是一个较低的目标，是超过温饱、低于富裕的
一个过渡愿景。这个目标主要是经济上的，即使这个目标实现了，与世界上
的发达国家相比仍有较大的差距。

　　自"小康"目标设定以后，1982 年中共十二大正式提出从 1981 年起到
20 世纪末在 20 年时间里实现全国工农业年总产值翻两番（由 1980 年的
7100 亿元增加到 2000 年的 28000 亿元左右）、达到"小康"水平的战略目
标。十三大提出："我国经济建设的战略部署大体分三步走。第一步，实现
国民生产总值比 1980 年翻一番，解决人民的温饱问题。第二步，到本世纪
末，使国民生产总值再增长一倍，人民生活达到小康水平。第三步，到下个
世纪中叶，人均国民生产总值达到中等发达国家水平，人民生活比较富裕，
基本实现现代化。"此后，党的十五大提出"下个世纪的目标是使人民的小
康生活更加宽裕"；十六大提出"全面建设小康社会的任务"，即在 21 世纪
头二十年，集中力量建设惠及十几亿人口的更高水平的小康社会；十七大在
实践基础上做出一系列部署，丰富了小康的"全面"内容；十八大正式提
出"全面建成小康社会"，进一步丰富了"小康"的内涵，使"小康"涵
盖了经济、政治、文化、社会、生态文明的内容，"小康"思想更趋完善；
十九大报告指出，按照全面建成小康社会的要求，坚决打好三大攻坚战，使
全面建成小康社会得到人民认可，经得起历史检验。

　　改革开放之初提出的"小康"目标，重点体现在各项经济指标上。以
后历次中共党代会对"小康"的内涵不断丰富和完善，目标更加具体。进
入 21 世纪，十六大首次提出从政治、经济、文化和可持续发展等具体层面
建设"小康"社会的阶段性目标，经济上"社会主义市场经济体制得到完

善，经济体系更加开放、更具活力"。政治上要"完善社会主义民主，完善社会主义法制建设，从根本上保障人民政治、经济、文化等各方面权益的依法治国方略"。文化上共建"全民学习型社会"，从整体上提升全民族的思想道德素质和科学文化素质，注重提升人民健康素质。同时指出"进一步增强全社会的可持续发展能力，力争改善生态环境，促进人与自然和谐发展"。中共十七大提出，到 2020 年全面建设小康社会目标实现之时，中国将"成为人民富裕程度普遍提高、生活质量明显改善、生态环境良好的国家，成为人民享有更加充分民主权利、具有更高文明素质和精神追求的国家，成为各方面制度更加完善、社会更加充满活力而又安定团结的国家，成为对外更加开放、更加具有亲和力、为人类文明作出更大贡献的国家"。在实现总体"小康"目标基础上，中共十八大提出全面"小康"要"更加注重推进科学发展，全面推进经济建设、政治建设、文化建设、社会建设、生态文明建设；统筹城乡协调发展、区域协调发展、经济社会协调发展、人与自然协调发展，统筹国内发展和对外开放，加快形成新的经济发展方式"。

中国共产党第十九次代表大会提出"在全面建成小康社会的基础上，分两步走：从 2020 年到 2035 年，基本实现社会主义现代化；从 2035 年到本世纪中叶，把我国建成富强民主文明和谐美丽的社会主义现代化强国"。也就是说直到 21 世纪中叶以前，即中国仍处于"小康"社会阶段。在这之前，仍然是不断加快发展、完善制度、励精图治的关键时期。当今世界处于"百年未有之大变局"中，国际政治、经济环境瞬息多变，潜在的风险巨大，逆全球化、贸易保护主义抬头，中国在复兴之路上面临打压、围堵和各种威胁。从 1949 年至今，中国经历了从站起来到富起来的历史转变，今后30 年要实现从富起来向强起来的历史跨越，我们必须沉着应对各种挑战，保持战略定力，以新的担当和姿态做好自己的事业。其中，要在坚持"文化自信"中发展好中国特色社会主义文化事业，全面提升中国文化软实力。正如习近平在党的十九大报告中所说："发展中国特色社会主义文化，就是以马克思主义为指导，坚守中华文化立场，立足当代中国现实，结合当今时代条件，发展面向现代化、面向世界、面向未来的，民族的科学的大众

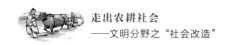

的社会主义文化，推动社会主义精神文明和物质文明协调发展。"民族的、科学的、大众的文化内涵包括有别于西方价值观体系，体现中华民族特质的自然观、人生观和价值观；摆脱愚昧和迷信，崇尚科学的人生态度；被大众认同、具有广泛社会基础的文化形态。

"小康文化"是中国特定发展时期的社会文化形态。是中国小康社会所体现出来的国家意志、民族精神；反映小康社会的经济、政治、社会关系，是与物质文明相适应的小康精神文明；是人们在科学文化、道德修养方面的内在素质及外在表现，体现小康社会的核心价值观。"小康文化"以其独特的价值追求彰显民族性、时代性、科学性、革命性，价值观的独特性表现在既不同于以往又不照搬西方的价值理念上，同时，它又是中华文化的继承和发扬，也是对全人类文明成果的吸收和借鉴。是带有小康社会特质、以先进的科学思想和优秀的道德精神为支撑的文化体系。中国实行改革开放以来，经过几十年的总结探索，中共十八大报告明确提出"三个倡导"，即"倡导富强、民主、文明、和谐，倡导自由、平等、公正、法治，倡导爱国、敬业、诚信、友善，积极培育社会主义核心价值观"的论断。三个论断分别从国家、社会和个人三个层面高度概括了社会主义核心价值观的基本内容，成为体现时代性的"小康"文化建设的基本遵循。

文化是相对于经济、政治而言的人类全部精神活动及精神活动产品，国家、民族的昌盛不但表现在物质层面，也表现在精神层面。历史经验证明，一个文明的兴亡最终表现为文化的兴衰，中华文明绵延五千年，其中最重要的标志在于承继五千年文脉不断。直到近代，中国人的潜意识里仍然保持着文化优越感。正如宋人陆九渊说："圣人贵中国，贱夷狄，非私中国也。中国得天地中和之气，固礼义之所在。贵中国者，非贵中国也，贵礼义也。"（《陆九渊集·大学春秋讲义》）今天，实现国家富强、民族振兴、人民幸福的"中国梦"，我们仍然要将文化培育放在突出的位置，不遗余力地推进与小康社会相适应的"小康文化"建设。

"小康文化"是社会理想融于现实的文化。古代先贤所设想的"小康社会"存在于中国人的观念世界中，是儒家理想中的禹、汤、文、武、成王、周公之治下所呈现的政治清明、人民富足、平等有序的社会图景。在中国历史中，虽然多次出现过盛世之治，但多数并未与"小康"画上等号。《汉书·景帝记》载："汉兴，扫除烦苛，与民休息。至于孝文，加之以恭俭，孝景遵业，五六十载之间，至于移风易俗，黎民醇厚，周云成康，汉言文景，美矣！"将文景之治比作周成王时期的小康社会。"小康社会"作为理想中的存在，在丰富和完善中不断地被理想化。在孔子看来，小康社会以礼为基础构建社会秩序，礼是维持国家政权、社会秩序和家庭伦理的行为准则，循礼则兴、背礼则亡。孟子则强调民本仁爱思想，与民小康以建仁政，广施仁政以得天下。道家将社会动荡的原因归结于统治者的欲望，主张统治者不扰民、不妄为的"无为之治"。理想中的小康社会，除了百姓获得宽裕的生活外，显著的特点是讲规则和秩序、遵"礼"重"仁"的社会模式。进入现代社会，将"小康社会"理想融于现实中，社会发展的条件、基础已发生根本性的变化，新的时代赋予了其更宽广、更深刻的含义。小康的目标、体系、模式更接近于现实社会的实际，但小康理想中的文化特质仍然存在并得到彰显。儒家设想的小康社会是等级森严的社会，君臣、父子、夫妻、长幼之间尊卑有序，在仁政之下遵循礼法，从而达到社会和谐。而在现代社会，专制制度已然消亡，人人生而平等，但家庭、社会伦理存在，并对社会和谐发挥重要作用。

"小康文化"是优秀传统与人类文明相融的文化。鲁迅在《且介亭杂文集》中说："只有民族的，才是世界的。"中国无论发展到哪一步、发展到哪个程度，都需要保持民族的独特性，只有这样才能永远屹立于世界民族之林。近代以来，中华文化的传承走过了曲折的道路，在中西方文化碰撞与博弈中，经历了肯定与否定再到肯定的过程，在经历长达百年的文化反思之后，中华优秀传统文化再度熠熠生辉。近代新生的知识分子大多抱有"变革文化"的思想，其中的典型代表甚至提出全盘否定中国传统文化的观点。如新文化运动倡导者之一的钱玄同说："若玄同者，于新学问、新智识一点也没有；自从十二岁起到二十九岁，东撞西摸，以盘为日，以康瓠为周鼎，以瓦釜为黄钟，发昏做梦者整整十八年。自洪宪纪元，始如一个响霹雳震醒迷梦，始知国粹之万不可保存。"陈独秀说："新旧（文化）之间，绝无调和两存之余地。"他说："我们现在认定只有这两位（德、赛，即民主与科学）先生，可以救治中国政治上道德上学术上思想上一切的黑暗。"有的学者甚至主张不读或少读中国书，只读外国书，钱玄同建议"应烧掉中国书"以及取消中国旧戏。诚然，中国之近现代化走的是一条全盘西化的路，西方文化观念、习俗、信仰无不渗透到中国人生活的各个方面。近代以来，中国在"西文东渐"中吸收了"科学与民主"的思想，并推动了社会向现代转型发展，这是中国"新文化"运动以来，运用人类文明成果的具体成效。随着时代前行的步伐，而今中国正日益强盛，这也印证了"只有自信的民族，才有自信的文化"，因为日益强盛而奠定的自信，让中国人有更多的机会放眼世界，回过头来找寻文化之"根"。中国传统文化追求建立"道德社会"，以抑制个人欲望、达成"和谐"，西方文化追求建立"功利社会"，以张扬个性而崇尚竞争规则，这是两种文化的分水岭。对于现代社会因功利性膨胀、极端民族主义、恐怖主义所引发的国与国之间、民族之间、人与人之间的纷争和矛盾，唯中国传统文化的"和合"思想可提供良方。如孔子的后人子思在《礼记·中庸》中提出："中也者，天下之大本也；和也者，天下之达道也。致中和，天地位焉，万物育焉"，"和合"思想蕴含的和顺、和畅、和美不仅惠及人类，也可推及整个宇宙。由此，作为引领一个时代的"小康文化"，既是中国传统文化的"回归"，又是在人类文明成果基础上的再次"创新"。

"小康文化"彰显人的全面发展和社会全面进步。人的全面发展是社会全面进步的结果。马克思主义认为："只有在生产力获得极大发展的社会历史条件下，每个人才可能在现实社会中具体地历史地进行劳动创造，进而实现人的自由而全面的发展。"1880年，恩格斯在《社会主义从空想到科学的发展》中指出："通过社会生产，不仅可能保证一切社会成员有富足的和一天比一天充裕的物质生活，而且还可能保证他们的体力和智力获得充分的自由的发展和运用。"人是社会的人，社会是人的社会，社会与人相互依存，人的全面发展与社会全面进步具有内在统一性。社会的全面进步体现在多方面，包括经济发达、政治清明、文化繁荣等都需要通过"人"这一核心要素才能表现出来，人的全面发展是社会全面进步的基石。"小康文化"作为中国从"富起来"到"强起来"这一特殊阶段的文化形态，除了包含富起来的生活方式和精神风貌外，更重要的是对"强起来"的文化引领。强起来既反映在物质和器物层面，更反映在精神层面；既表现在"社会"层面，更表现在"人"的层面，也就是人的全面发展。马克思关于人的自由全面发展指的是人的本质全面发展、人在社会实践活动中各种关系的全面发展，以及人的自身能力、素质和个性的全面发展。这种全面发展以人的自由为前提，消除内在与外在的各种束缚，摆脱对人的本质"异化"，从而使人的个性得以张扬、能力素质得以提升、道德水平得以提高、心智得以健全。

"小康文化"彰显"人的幸福"与"社会和谐"。中国共产党的十九大报告指出："带领人民创造美好生活，是我们党始终不渝的奋斗目标。必须始终把人民利益摆在至高无上的地位，让改革发展成果更多更公平地惠及全体人民，朝着实现全体人民共同富裕不断迈进。"习近平强调，中国共产党所做的一切，就是为中国人民谋幸福、为中华民族谋复兴、为人类谋和平与发展。中国共产党人坚持不忘初心、继续前进，坚持一切为了人民，就是要"不断把为人民造福事业推向前进"。早在2006年10月，中国共产党十六届六中全会即作出《关于构建社会主义和谐社会若干重大问题的决定》，作出了"社会和谐是中国特色社会主义的本质属性，是国家富强、民族振兴、人民幸福的重要保证"的判断。以上关于"人的幸福"和"社会和谐"的命题是"小康文化"的根本，体现在社会的改革、发展、稳定的各个方面。具体来讲，就是要解决好"人民对美好生活的向往与发展不平衡、不充分的矛盾"，缩小贫富差距，让发展惠及更多的普通大众；保障公民在经济、政治、社会治理等方面的公平参与权；保护宪法赋予个人的平等自由权，消除特权意识；树立全社会面向未来的价值观、自然观和人生观。

二 国民性"塑造"

19世纪末，美国传教士明恩溥（Arthur Henderson Smith）撰写并出版了

《中国人的性格》（或译为《中国人的气质》）一书，他以在华生活二十多年的经历，凭借西方人的眼光观察中国人，总结出了中国人的 25 种性格特征。即：保全面子、节俭持家、勤劳刻苦、讲究礼貌、漠视时间、漠视精确、易于误解、拐弯抹角、顺而不从、思绪含混、不紧不慢、轻视外族、缺乏公心、因循守旧、随遇而安、顽强生存、能忍且韧、知足常乐、孝悌为先、仁爱之心、缺乏同情、社会风波、株连守法、相互猜疑、缺乏诚信。这些性格特征虽不能说完全客观与准确，却给我们提供了一面镜子。这面镜子照出了百年前的中国人，一定程度上何尝不是现代中国人的写照呢？

明恩溥是近代最了解中国人的外国人，对中国人性格的描述形象直观，其中既概括了中国人勤劳、朴实、善良的品格，也概括了中国人自私、狭隘、保守的性格；既描绘了中国人坚韧、顽强、吃苦耐劳的精神，又揭示了中国人缺乏同情、不讲诚信的人生态度。对中国人存在的多重性格研究，早期大多来自西方人的观察，如英国传教士约翰·麦高温（John Macgowan）的《多面中国人》，以及美国传教士、外交官何天爵所著《中国人的本色》。明恩溥说："中国人具备并且表现出来的一切美好德操，我们理所当然要大加由衷的赞美。同时，我们又不能陷于某种先定的思维束缚，过于抬高他们实际上所不具有的道德品行——这种行为的危害性，并不亚于那种不分青红皂白的指责。"

西方人对中国国民性的观察研究，其后成为中国人自身反思的一面镜子。辜鸿铭、梁启超、严复、鲁迅等皆对中国人的国民性进行过系统的思考，并提出各自不尽相同的观点。辜鸿铭著书《中国人的精神》，认为那些被西方称为"汉学家"的外国人并不了解中国及中国人，对中国人性格的了解存在"曲解"成分。中国人的性格和中国文明的特点是深沉、博大、淳朴，正是西方人所缺乏的。他说："学习中国文明，能使美国人变得深沉，使英国人变得博大，使德国人变得淳朴。"而更多的、一代代的精英则在反思、批判中，痛骂甚至诅咒国民的"劣根性"。戊戌变法以后，严复提出"开民智、新民德、鼓民力"，梁启超倡导"新民"运动，揭开了民族性改造思潮的序幕。鲁迅先生早在留学日本期间，即已接触到明恩溥著作的日译本，对明氏提出的中国人的"面子""做戏的本能""自欺欺人"等性格缺陷，多有认同，从而塑造出阿Q形象，鲁迅把这种国民的病态心理归结为"精神胜利法"。民国时期的社会学家潘光旦在编译《民族特性与民族卫生》一书的自序中肯定了明氏著作的观点，他说："其一，作者明恩溥作为传教士在中国生活了几十年，一生著述全以中国为对象，'观察所及，当不致于浮泛'；其二，凡和明恩溥接触过或熟悉他的传教士，'都众口一词说他脑筋敏捷、眼光锐利、辩才无碍'，对他多留下良好的印象；其三，长期从事农村调查的本土社会学家李景汉等人，也称赞明氏此书所描述的中国人特性特别是农民的特性，'大体上很可以说是一幅逼真的写照'；其四，《中国人的气质》（即明恩溥的《中国人的性格》）所历数的中国人特性，不仅多属事实，也确乎是一些不可避免的结果。"

从西方传教士以别样的眼光观察中国人，或褒或贬对中国人的性格加以评说以来，围绕中国国民性的话题从未停止过。百余年来，在对中国人性格、中国的国民性研究中充满矛盾性，或讥贬而提出需要改造，或赞美而提出需要继承，这正说明了一个基本的事实：那就是在中华独一无二的、独特的文化体系中，中国人的文化性格所决定的国民性是一个完整的矛盾统一体，既包含了优秀的、对人类文明有巨大推进作用的方面，也有着落后的、具有历史局限性的一面。辜鸿铭出版《中国人的精神》一书，正值第一次世界大战期间，西方世界正陷入战乱之中。他说："眼下这场战争，吸引了全世界的目光，令人无暇旁顾。""要结束这场战争，我们首先必须根除暴民崇拜，继而消除强权崇拜，因为，它们正是战争的根源。"他还说："正是我们每一个人的自私和懦弱，导致了暴民崇拜。自私使我们见利忘义，懦弱使我们不敢站出来对抗群体、对抗暴民。"辜鸿铭认为要消灭军国主义，人类无须"以暴制暴"，必须坚守爱与正义的法则，即利用道德的力量。有了道德力量，军国主义就丧失了必要性，就会自行消亡。他说："我坚信，欧洲人能够在中国，在中国文明中，找到这种力量。这一能使军国主义自行瓦解的道德力量，就是中国文明的良民宗教。"所谓的"良民宗教"即不仰仗教士、军警，却能使整个国家的人民遵守社会秩序的宗教。"一个中国

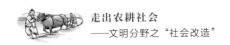

人，之所以感觉不到武力的需要，是因为人人都遵守道义；他确信，被普遍认可的正义和公理，是一种比武力更高的力量。"如果全人类都认可道义、遵守道义，武力就变得毫无必要。

张宏杰在《中国国民性演变历程》一书中，总结了中国历朝国民性特征：春秋时代的贵族精神、淳朴未泯的"汉人"、不可再现的魏晋风流、大唐的雄健与阳光、宋代之平民盛世，直到"流氓化"的大明王朝、世人皆为奴隶的清王朝。中国国民性的沉沦与专制制度的延续相关，正如约翰·麦高温在其著作《多面中国人》中说过的"阻碍中国人思想发展的真正原因是：许多个世纪以来，一只'过去的死亡之手'（the Dead Hand of the past）一直掌控着这个国家。它就仿佛是一棵枝繁叶茂的菩提树，哪怕在夏日里也遮蔽着树底下数以百计的人们，不让阳光照到他们身上；又仿佛是小花瓶中的一束植物，相互缠绕在一起，使得大家都不能有效生长。中国的情况也类似，但是这只致命的死亡之手正在松动，它的阴影和蜘蛛网一般的手指正在空气中缓慢消散。不久，一股新生的力量会让大自然为自己所犯的错误付出代价。"

一个国家、民族的兴旺发达源于这个国家、民族的国民性所决定的民众素质。如辜鸿铭所说："一个文明的价值不在于它已经建成或能够建成多么宏伟的城市，多么华美的房屋，多么平坦的道路；也不在于它已经打造或能够打造多么精致舒适的家具，多么巧妙实用的仪器、工具和设备；甚至不在于它确立了怎样的制度、发展了怎样的艺术和科学。在我看来，衡量一个文明的价值，我们最终要问的是：它能塑造怎样的人，怎样的男人和女人。只有一个文明所塑造的男女大众，才能真正体现这个文明的本质和个性，也就是这个文明的灵魂。"1924年孙中山演讲时说："中国在千年以来应该是头一等的强国，为什么我们这个国家变成这样一个地步呢，这就是（因为）我们这个国民睡着了，我们是中国人，应该赶快想想法子，怎么来挽救中国，大家要醒醒、醒醒。"近代以来，中国从传统的农耕社会走过来，在追赶世界发展脚步的进程中，思想文化领域的改造从未停息过，但是，塑造全新的、优秀的和先进的国民性引领未来，仍是重大的历史任务。甚至可以这样认为：近代中国国民性改造具有滞后性，没有跟上经济发展、制度革新的脚步。其中的原因除了传统的落后意识形态根深蒂固地驱动中国人的思维惯性外，随生活方式的"西化"而来的功利性，掩盖了中国传统文化中所固有的"美德"。正如辜鸿铭先生在《中国人的精神》中所担忧的"在文明似正濒临崩溃的此时此刻，我希望欧洲人和美国人注意到，在中国还有一笔极其宝贵的、至今未被世界认知的文明财富。它并非贸易和铁路，也不是金、银、铁、煤等矿产资源，而是中国人——尚未变质的、纯粹的中国人，以及他们的良民宗教，这是今日世界的文明财富。"他说："在此，我由衷地告诫欧洲人和美国人，不要毁掉这笔宝贵的文明财富；不要像现在这样，试图以新学改变和腐化真正的中国人。"

　　人与社会之间是相互影响的关系，近代中国存在一个关于制度与国民性的论争，那就是"国民性决定制度，或是制度决定国民性"问题。梁启超等人认为没有合格的新人，就建立不了新制度。鲁迅认为"大约国民如此，是决不会有好的政府的"，① 所以"其首在立人，人立后而凡事举"。② 胡适的思想经历了"国民性决定论"到"制度决定论"的转变，后期的胡适认为："人民只有在民治制度之下才能得到政治上的训练，才能变成好公民。反过来说，人民如果没有执行政治的权利，永不能得到那种相当的政治训练，永没有做好公民的机会。"③ 健康的国民性，开放的现代人格是现代化的主体。重塑国民性是中华民族走向"伟大复兴"的重要标志。社会的现代化进程中，最根本的是"人"的现代化，而"人的现代化"核心则是培育面对现代社会、引领未来发展、体现国民的主体意识和民族素质的国民性。重塑国民性的首要一课乃是继承和发扬中华优秀的传统文化，呼唤具有鲜明特色的中华民族性格、传统美德的回归；同时，重塑国民性需要吸收先进的人类文明成果，形成培育具有时代特征的优秀国民性的制度土壤。

---

① 鲁迅：《华盖集》，人民文学出版社，1973。
② 鲁迅：《文化偏至论》，载《新诠详注文化偏至论》，鲁迅原著；裘沙诠注，山东文艺出版社，2001。
③ 胡适：《〈政治概论〉序》，资料来源于邵建：《胡适与鲁迅》，华中科技出版社，2008。

（1）重塑"自由精神"。马克思把"人的解放和复归"当作人类社会发展到一定阶段的客观要求。他说："要不是每一个人都得到解放，社会本身也不能得到解放。"[①] 人的解放可理解为人性的解放、人的复归就是人的本质复归。重塑国民性首要的是回归"自由精神"，恢复自然的人性，塑造自由而独立的人格。马克思在《1857～1858年经济学手稿》中，曾描述三个不同历史时期人的存在状态：在前资本主义社会，人的存在以人与人的依赖关系为基础；在资本主义社会，人的存在以对物的依赖关系为基础；在未来社会，人的存在体现为自由个性的发展。人的本质突破"异化"的束缚而复归，就是要从对人的依附（表现为对权力依附）和对物的依附（表现为对财富的依附）中解脱出来，恢复人的自由本性。重塑"自由精神"需要从制度层面尊重个人的自由权，保护个人对自身生活的选择权，只要这种选择不影响其他人的自由或其他人的利益，社会就应该容忍或尊重。社会需要万紫千红，不需要千篇一律，充分张扬个性的社会，才是具有活力的社会。社会是宽容的，甚至容许错误的发生，因为只有在不断的"试错"中才有真理，社会才能汇聚起前行的动力。要鼓励和保护言论自由，这是一个正常社会必须拥有的社会生态，没有言论自由的社会，就是假话泛滥的社会，假话泛滥的社会就是失去了诚信的社会。一个家庭、一个组织乃至于大到国家，要立规矩、建制度，允许、鼓励说真话，谴责说假话，只有在言论自由的环境里，人们不怕说真话，大家鄙视说假话，才能从根本上杜绝"指鹿为马"的状况发生。

（2）重塑"科学思维"。对科学的态度体现了一个民族文明的程度。用科学思维取代迷信思想是国民性现代化的标志，也是一个民族摆脱愚昧的重要途径。具备"科学思维"即用科学的态度认识事物、用科学的方法分析事物、用科学研究的结果评判事物，面对未知的事物，保持科学的理性，而不是盲目迷信。用"科学思维"面对生活，既是一种生活方式，也是一种生活态度，更是现代文明价值的体现。创设一个文明社会，必须用"科学

---

① 《马克思恩格斯全集》第20卷，人民出版社，1971，第318页。

思维"改造国民性，从制度设计上提高国民的科学素养水平。当前，用"具备基本科学素质的公民（用了解科学知识、理解科学方法、理解科技对个人和社会的影响三个方面衡量）"数占全体公民数的比值（CSL 值）来表示国民科学素质，中国与其他发达国家的差距很大。我国和美国曾同时公布了截止到 2007 年年底的 CSL 值，当时美国为 25%，我国只有 2.25%。2010年我国进行第八次公民科学素质调查，结果表明中国大陆的 CSL 值为3.27%，相当于日本、加拿大、欧盟等主要发达国家和地区 20 年前的水平。正是国民科学素质水平低下，才使社会屡屡出现"水变油""气功""特异功能"等一浪又一浪的伪科学骗局。在社会遭遇重大风险时刻，人们宁愿相信谣言，也不愿意相信事实。20 世纪 80 年代，美国促进科学协会提出"2061 计划"，旨在使美国儿童适应 2061 年彗星再次临近地球时科学技术和社会生活的发展变化。《面向全体美国人的科学》一书中指出："如果广大公众不了解科学、数学和技术，以及没有科学的思维习惯，科学技术提高生活的潜力就不能发挥。没有科学素养高的民众，美好生活的前景是没有指望的。"按照我国"十三五"规划，2020 年中国公民的 CSL 值要达到 10% 以上，即使达到这个数值，离发达国家的国民科学素养仍然有较大差距。

（3）重塑"责任意识"。托尔斯泰说："一个人若是没有热情，他将一事无成，而热情的基点正是责任心。"责任就是自觉地、毫无怨言的承担。从字面上理解责任有两层含义，即该尽的义务和应承担的过失。马克思说："世界上有许多事情必须做，但你不一定喜欢做，这就是责任的含义。"在1912 年 4 月 14 日那个恐怖的夜晚，泰坦尼克号上共有 705 人获救，1502 人罹难。男人们将生还的希望留给妇女和孩子，这些人中有世界首富亚斯特四世、银行大亨古根海姆、亿万富翁阿斯德、资深报人斯特德、炮兵少校巴特、著名工程师罗罗布尔等。美国梅西百货公司创始人斯特劳斯，在生死选择的最后一刻对救生员说："我决不会在别的男人之前上救生艇。"泰坦尼克号的 50 多名船员，除指挥救生的二副莱特勒幸存外，全部死在自己的岗位上。《永不沉没》的作者丹尼·阿兰巴特勒说："这是因为他们生下来就被教育，责任比活着更重要！"责任所体现出来的高尚是一种"自觉"，是危难时刻的"献身精神",与个人的学识、地位和财富无关。人在家庭、组织和社会中的位置决定了他应该尽的责任,家庭内父子之间、夫妻之间、兄弟姐妹之间应尽的责任来自相互之间的情感寄托;组织内上下级之间、同事之间的责任来自共同信仰和组织约束;社会中教师与学生之间、医生与病人之间、生产者与消费者之间的责任来自"道义";国民对国家所尽的责任来自崇高的价值认同。人所具备的"责任意识"源自社会环境、个人所受教育和自我道德修养,要注重国民德育,培育对家庭、社会和国家的责任感。加强"德治"教育是文化建设的长久之计,也是提升文化软实力的核心所在。国家致力于"德政",引导国民"共治共享",是形成统一的"国家意志"的核心。现阶段中国不乏危难时刻挺身而出的人,如汶川地震、武汉暴发新冠肺炎疫情时,无数的普通人逆行而上。同时也不乏危难时刻贪生怕死的人,如新疆火灾时号令小学生让领导先逃生的事例。重塑国民"责任意识",目的就是让社会中的"逆行者"更多、"逃跑者"更少。

三 教育与学术

文化是民族之魂,教育和学术则是文化之根。《说文解字》中说:"教,上所行,下所效也","育,养子使作善也"。"教育"一词最早见于《孟子·尽心上》的"得天下英才而教育之"。传统意义上的教育,通俗地讲就是"传道、授业、解惑",这是社会在新陈代谢中,一代一代地延续下去的纽带。学术是什么?1911年,梁启超写过一篇文章叫《学与术》,其中说:"学也者,观察事物而发明其真理者也;术也者,取所发明之真理而致诸用者也。例如以石投水则沉,投以木则浮。观察此事实以证明水之有浮力,此物理也。应用此真理以驾驶船舶,则航海术也。研究人体之组织,辨别各器官之机能,此生理学也。应用此真理以疗治疾病,则医术也。学与术之区分及其相互关系,凡百皆准此。"在众多的关于学术的解释中,唯梁公在百年前的说法最为简单明了,按照他的解释,"学"就是研究事物获得新知识,掌握事物的发展规律;"术"就是运用学到的知识解决实际问题。"学"与"术"的结合,是社会在创新中发展的动力之源。

　　教育是传承，学术是创新，两者对于社会进步缺一不可。哲学家雅斯贝尔斯（Karl Theodor Jaspers）说："教育的本质意味着：一棵树摇动一棵树，一朵云推动一朵云，一个灵魂唤醒一个灵魂。"[①] 有教育就有未来，一个国家、民族对教育的重视与否，代表着这个国家、民族是否理性地思考未来。重视教育的国家、民族总是蓬勃向上、奋发有为的。日本是世界上最重视教育的国家，从中日甲午战争获得的赔款除了用于军事外，就是用于教育，日本在1905 年日俄战争时即已普及了小学教育，中日战争时期已普及初中教育，"二战"日本投降后的第二天学校照常开课。1961 至 1970 年，日本国民生产总值增加 3.5 倍，国民收入增加 3.4 倍，教育费总额则增加了 3.7 倍，超过国民生产总值和国民收入增长率。从 2018 年起，日本的幼儿教育实行免费，2020 年大学基本免费。再来看美国，美国所有公立学校都是免费的，即从小学到高中实行 12 年免费义务教育，在美国上学不需要为钱操心。对孤儿、贫困家庭儿童、无监护人的移民儿童等各个群体都制定了保障制度，为需要帮助的儿童提供生活、学习教育等各方面服务。一般美国社区，都有图书馆、文化活动中心等丰富居民生活的文化设施。而且借书和参加活动几乎是免费的。

　　学术思想是否发达是一个国家、民族文化发达与否的标志之一。梁启超说："学术之在一国，犹人之有精神也。而政事、法律、风俗及历史上种种之现象，则其形质也。欲睹其国文野强弱之程度如何，必欲学术思想焉求之。"[②] 诺贝尔奖从 1895 年创立以来，截至 2019 年已颁发给 919 人和 24 个团体。美国、英国、德国获奖数量分列前三名，获奖的个人都在百人以上，日本有 27 位科学家获得过诺贝尔奖，中国至今获奖者寥寥。无人能否认诺奖的权威性，特别在自然科学领域，从诺奖颁奖情况可看到科学研究领域的差距。1995 年 11 月，日本国会一致通过《科学技术基本法》，并在其中确立"科技创新立国"为基本国策。1996 年 7 月，日本内阁制定了为期五年的"科学技术基本计划"，加大投入，改善科研环境，提升整体创新能力。

---

① 〔德〕雅斯贝尔斯：《什么是教育》（中文版邹进译），生活·读书·新知三联书店出版，1991 年。
② 白奚：《中国古代的思想自由与百家争鸣》，资料来源于知网（www.cnki.com.cn）。

日本注重基础研究，保证基础研究的经费投入，科研团队潜心攻关而不急功近利。正是得益于科研投入保障和严谨的科学态度，赤崎勇、天野浩等人获得 2014 年诺贝尔物理学奖。日本科学界注重维系学术传统，重视传承，汤川秀树 1949 年获物理学诺奖后，共有 11 人获得同类诺奖，其中 7 人师出同门。美国是世界上学术水平最高、科研实力最强的国家，至 2019 年有 381 人获得了诺贝尔奖。从 1985 年至 2005 年的 20 年间，共有 52 位获得诺贝尔物理学奖，其中 34 位为美国人或在美国居住；共有 47 位获得诺贝尔化学奖，其中有 28 位为美国人或在美国从事研究工作；有 46 位获得诺贝尔生理学或医学奖，其中有 28 位美国人；共有 33 位获得诺贝尔经济学奖，其中 23.5 位美国人（其中一人为以色列和美国双重国籍）。美国的科研实力雄厚，无人可及，许多重大的前沿技术和重大的发明创造皆来自美国。美国的研究机构除了政府科研机构、高等院校外，还有产业界和非营利机构，如总部设在俄亥俄州哥伦布市的巴特尔纪念研究所，是世界上最大的独立研究机构。作为美国著名的非营利科研机构，巴特尔纪念研究所享受免税待遇，按照公司方式运行。自 1965 年成为美国能源部国家实验室的合同承包商以来，巴特尔纪念研究所管理了美国能源部的 6 个国家实验室、美国国土安全部的国家生物方位分析与反制中心，其经费的 80% 来自政府。

中国十分重视教育和学术活动，特别是改革开放以来，教育为各行各业的发展输送了众多的人才，同时也整体提高了全民的文化素质；学术活动层出不穷，经济、社会和文化发展保持了旺盛的活力。根据教育部网站提供的情况，至 2018 年，全国共有 51.88 万所各级各类学校，在校生达到 2.76 亿人；共有义务教育阶段学校 21.38 万所，在校生达 1.50 亿人；小学学龄儿童净入学率达到 99.95%，全国初中阶段毛入学率达 100.9%，义务教育普及程度达到世界高收入国家的平均水平。在培育国家创新能力方面，中国也十分重视学术和研发工作，在投入水平上不断缩小与发达国家的差距。根据国家统计局资料，2018 年，我国的研发经费投入总量为 19677.9 亿元，研发投入占比（研发经费占 GDP 的比重）为 2.19%，在世界上处于中上水平。但是教育和学术的许多问题也备受国民关注，其中存在的很多问题事关国家发展大计，以至于呼唤教育改革之声日渐高起。

（1）教育问题。中国在公共教育上的投入水平与世界其他国家比较差距较大。按照世界银行的数据分析：①从1975年至2005年，基于72个国家13年（每隔5年取样）的数据样本统计，世界各国公共教育支出占GDP比重的平均值在4.132%至5.002%间波动，13年的综合平均值是4.619%。②72个国家按人均GDP水平由低至高排列，分成三组，每组24个国家，然后比较每组国家的教育投入占GDP水平，人均GDP最低的国家人均GDP为0.0678万美元，公共教育支出占GDP的比重平均值为4.0968%；24个中等国家人均GDP为0.4870万美元，公共教育支出占GDP的比重均值为4.6681%；人均GDP最高的国家，人均GDP为2.2669万美元，公共教育支出占GDP的比重均值为5.3678%。③按公共教育支出占GDP的比重4%为界分成两组，在4%之上的国家共有48个，这些国家的人均GDP为1.2156万美元，公共教育支出占GDP比重的均值为5.5008%；在4%以下的国家有24个，人均GDP为0.3905万美元，公共教育支出占GDP比重的均值为3.1312%；72个国家在13年间人均GDP均值为0.9406万美元，公共教育支出占GDP比重的均值为4.7109%。[①] 对比中国类似数据，从1998年到2007年，国家财政性教育经费占GDP的比重从2.3%提高到3.32%。

近年来，中国教育投入逐年提高，与世界发达国家的差距逐步缩小。至2018年，全国教育经费总投入为46135亿元，比上年增长8.39%。但是，教育的问题不仅在于用多少钱上，更重要的在于教育的理念、制度和目的等深层次问题上。多年以来，我们熟知的口号就是"再穷不能穷教育，再苦不能苦孩子"，那是在"穷"和"苦"中的一种思想境界。现在我们不再像原来那么穷、苦了，但教育是否不再穷了？孩子们是否不再苦了？答案是显而易见的。在许多山区仍然困于投入不足而办学难，城市里"上学贵"成为普通家庭的沉重负担。现在的绝大多数孩子虽然免于饥寒之苦，但应试教

---

① 蒋义：《4%：公共教育支出占GDP比重必须达到的分配规律》，《2010年中国教育经济学学术年会论文集》2010年。

育的枷锁让他们苦不堪言。近年来，教育体制改革逐步推进，正在解决投入、招生、就业等一系列实际问题，教育资源、师资队伍、教育环境及社会对教育的重视程度都有了很大改观。但是，从实际效果来看，教育的数量型增长没有解决"质量提高"的问题，以至于教育对社会输出出现"理论与实践脱节，知识与能力脱节，专业划分与实际需要脱节"的现象。

教育的目的无非两点：一为提高国民素质，二为社会提供有用之才。如何转变教育理念，为进一步深化改革找准方向？①让教育远离功利性。对国家而言，教育是针对国民的公共服务，这种服务对所有的国民应体现"机会公平"的原则。不仅要解决城乡之间、区域之间教育不均衡问题，而且要逐步解决好个人之间教育不平等问题。教育不能产业化、学校不能商业化、文凭不能商品化，这是社会所应该秉持的基本良知。教育的功利性表现为教育资源的逐利行为，这种逐利不仅反映为直接"创收"，而且更多地、间接地创造了教育的不平等机会。应试教育中家庭要求学生"不输在起跑线上"，而这"起跑线"事实上就是不平等的；学校追逐高升学率，竞相争抢所谓优质生源，形成学生中的等级观念；国家对学校划分重点、非重点，对从事同样教学的学校划出高低等级，使部分教育资源紧张和大量教育资源浪费的现象并存。②让教育远离"奴化"。柏拉图说："一个人从小受的教育把他往哪里引导，能决定他后来往哪里走。"教育需要张扬人的"个性"，保护和发掘个人的创造力。学校不仅需要传授知识，更需要培养能力。社会需要的是创造者，不是对权威的依附者。家庭教育要避免压制孩子的心性，使孩子在成长中保持健康的心灵；学校教育要允许学生试错、怀疑权威，培养独立思考、敢于创新的品德。

（2）学术问题。学术可以理解为治学、做学问的艺术或方法，这里也泛指科学技术创新与研究。梁启超在《论学会》中推崇"学无不成，术无不精"的治学精神。从古至今，做学问就是一项艰苦、耐得住寂寞的工作，古代有囊萤映雪、凿壁偷光、悬梁刺股的故事，国外也有许多科学家励志的故事。但是，当前学术界被功利思想侵蚀，以至于浮躁、短视、急功近利造成的学术不端、学术造假屡见不鲜。令人担忧的不仅如此，以下这些情况也不断加剧学术精神颓废。①学术圈子化。学术圈衍变成社交圈、熟人圈，圈内人皆为利益攸关者，圈外人凭人脉关系而不是学术造诣进入圈内，圈内对圈外是排斥的。圈内之人即使学术观点不同，也不会去争论，总得留几分面子。而对圈子外有异见者，圈内人也许就会联合起来以权威的姿态群起而攻之。圈内之人互相抬爱，在项目申报、评奖评级、资金争取等方面互相给予方便。②学术崇洋化。一些学术研究没有观点、没有结论，视国外研究者的观点为权威，大量借鉴，"扯大旗做虎皮"。部分学者以在国外发表论文、与国外同行私交为业内晋升的资本。③学术官僚化。一些学术机构成了官僚机构，官阶即代表学术水平，官大者拥有表达权，领导即学术权威。由此产生的导向是做学问不如做官，有成果不如有官帽。④学术符号化。有些学者一旦获得有权威的头衔，如院士、教授、院长、主任等学术职称或行政职务后，即成为一个领域的权威"符号"，本人不再从事具体的研究工作，这些工作就由"下面的人"代劳了。甚至有些科研成果只需要签上权威者的名字，即有了一张在业内的"通行证"，成了权威的成果。与此同时，名不见经传的青年才俊所取得的成果，也许需要通过各种渠道签上权威者的名字，方能在业内得到认可。

　　"一切向钱看"败坏了学术风气，也使受到污染的"学术"为害社会。许多的科研人员不再沉心静气于研究工作，热衷于到外面搞咨询、评审，承揽各种规划、设计项目。许多专家不专心于本职工作，解决问题凭感觉妄下结论，信口开河。许多人沽名钓誉，妄称学者，头衔满天飞，实则愚弄大众，骗取钱财。以上所列问题犹如"皇帝的新衣"，人们司空见惯，而无人愿意揭穿。学术风气败坏皆因社会风气影响，"正学风"除了需要通过改革科研、学术管理体制，净化学术空间外，根本之途亦在于通过"社会改造"，创造健康、纯净的社会风气，使社会成为"既人性又知性"的社会。

图书在版编目（CIP）数据

走出农耕社会：文明分野之"社会改造"／潘晓成
著．－－北京：社会科学文献出版社，2021.9
ISBN 978 - 7 - 5201 - 8621 - 6

Ⅰ.①走…　Ⅱ.①潘…　Ⅲ.①社会发展 - 研究 - 中国
Ⅳ.①D668

中国版本图书馆 CIP 数据核字（2021）第 126676 号

走出农耕社会
——文明分野之"社会改造"

著　　者／潘晓成

出 版 人／王利民

责任编辑／桂　芳

出　　版／社会科学文献出版社·皮书出版分社（010）59367127
　　　　　　地址：北京市北三环中路甲 29 号院华龙大厦　邮编：100029
　　　　　　网址：www.ssap.com.cn

发　　行／市场营销中心（010）59367081　59367083

印　　装／北京玺诚印务有限公司

规　　格／开　本：787mm × 1092mm　1/16
　　　　　　印　张：22　字　数：333 千字

版　　次／2021 年 9 月第 1 版　2021 年 9 月第 1 次印刷

书　　号／ISBN 978 - 7 - 5201 - 8621 - 6

定　　价／128.00 元

本书如有印装质量问题，请与读者服务中心（010 - 59367028）联系